kompaktwissen

JAKOB WOLF (Hrsg.)

Das Management-Handbuch

Aktuelles Wissen
für Führungskräfte

Originalausgabe

Wilhelm Heyne Verlag
München

HEYNE KOMPAKTWISSEN
Nr. 22/286

Herausgeber der Reihe »kompaktwissen«:
Dr. Uwe Schreiber

Printed in Germany 1993
Umschlaggestaltung: Atelier Ingrid Schütz, München
Satz: Schaber Datentechnik, Wels
Druck und Bindung: Ebner Ulm

ISBN 3-453-05094-0

Inhalt

1 Einleitung 9

2 Die Führungskraft 13

2.1 Rechtlicher und sozialer Status 13
2.1.1 Anstellungsverträge 13
2.1.2 Der Geschäftsführer 26
2.1.3 Prokura und Handlungsvollmacht 34
2.1.4 Soziale und materielle Absicherung 42
2.1.5 Beförderung, Versetzung, Kündigung 52
2.1.6 Konflikt-Situationen 58

2.2 Aufgaben und Verantwortung 69
2.2.1 Fachliche Befähigung, Zuständigkeit und Kompetenz 69
2.2.2 Vorgesetzten- und Leitungskompetenz 74
2.2.3 Soziale Kompetenz 79
2.2.4 Führungs- und Handlungsverantwortung 84

2.3 Selbst-Management 89
2.3.1 Streßbewältigung und persönliche Leistung 89
2.3.2 Time-Management 95
2.3.3 Eigene Engpässe erkennen und abbauen 100
2.3.4 Die eigene Weiterbildung 103
2.3.5 Selbst-Motivation 106
2.3.6 Der Personalcomputer als Führungsinstrument .. 111

2.4 Beruflicher Aufstieg 121
2.4.1 Persönliche Karriereplanung 121
2.4.2 Sich trennen und neu binden 128
2.4.3 Bewerbung, Auswahl, Vorstellung 133
2.4.4 Der Start im neuen Unternehmen 143
2.4.5 Leistung, Bewährung, Beurteilung 149
2.4.6 Aus- und Weiterbildung 154
2.4.7 Erfolgs- und Kapitalbeteiligung 163

3 Das Unternehmen ... 177

3.1 Konzeption und Strategie ... 177
3.1.1 Vision, Unternehmensphilosophie, Ziele ... 177
3.1.2 Unternehmensentwicklung ... 186
3.1.3 Orientierungsparameter ... 194

3.2 Betriebliche Funktionsbereiche ... 207
3.2.1 Unternehmensleitung, Unternehmensplanung ... 207
3.2.2 Forschung und Entwicklung ... 216
3.2.3 Beschaffung, Materialwirtschaft, Logistik ... 221
3.2.4 Produktion ... 229
3.2.5 Marketing, Vertrieb, Verkauf ... 237
3.2.6 Werbung ... 247
3.2.7 Personal- und Sozialarbeit ... 252
3.2.8 Finanz- und Rechnungswesen ... 262
3.2.9 Controlling ... 268
3.2.10 Öffentlichkeitsarbeit ... 272

3.3 Führung, Organisation und Kommunikation ... 278
3.3.1 Management-Regelkreis ... 278
3.3.2 Horizontale und vertikale Zusammenarbeit ... 283
3.3.3 Zielsetzung und Kontrolle ... 287
3.3.4 Delegation, Dezentralisation und Partizipation ... 295
3.3.5 Struktur- und Leitungsorganisation ... 302
3.3.6 Information und Kommunikation ... 309
3.3.7 Gesprächsführung ... 318
3.3.8 Organisationsentwicklung ... 327
3.3.9 Personalentwicklung ... 333
3.3.10 Unternehmenskultur ... 340

3.4 Besondere Aspekte ... 345
3.4.1 Management der öffentlichen Verwaltung ... 345
3.4.2 Management sozialer Organisation ... 352
3.4.3 Management der Verbände ... 356

4 Wirtschaft und Gesellschaft ... 363

4.1 Volkswirtschaftliche Grundlagen ... 363
4.1.1 Marktwirtschaft und Weltwirtschaft ... 363
4.1.2 Chancen und Grenzen des Wettbewerbs ... 369

4.1.3 Konjunktur und Rezession 377
4.1.4 Der EG-Markt 383

4.2 Sozialpolitische Grundlagen 392
4.2.1 Das System der Sozialversicherung 392
4.2.2 Soziale Pflichten und Rechte des Betriebes 402
4.2.3 Betriebsverfassung und Mitbestimmung 412
4.2.4 Die Gewerkschaften 419
4.2.5 Die Sozialbilanz 425

4.3 Ökologische Grundlagen 431
4.3.1 Ökologische Gleichgewichts- und Kreislaufmodelle 431
4.3.2 Ökobilanz 443
4.3.3 Ökologische Leitungsverantwortung 448
4.3.4 Umweltschutz im Betrieb 454

4.4 Besondere Aspekte 460
4.4.1 Ethik, Effizienz und Erfolg 460
4.4.2 Streß und persönliche Stabilität 468
4.4.3 Der Wertewandel in Familie, Freizeit, Kultur 478
4.4.4 Probleme von heute — Trends für morgen 487

Autorenverzeichnis 496

Stichwortverzeichnis 500

1 Einleitung

Eine prosperierende Volkswirtschaft benötigt ständig qualifizierte Führungskräfte in Unternehmen und Verwaltung. Zu den Führungskräften zählen insbesondere:

- Die Unternehmensspitze (Topmanagement), wie Vorstandsmitglieder einer Aktiengesellschaft, Geschäftsführer einer GmbH, Inhaber von Einzelunternehmen, Gesellschafter-Geschäftsführer von Personengesellschaften.
- Leitende Mitarbeiter in den Unternehmen, die Führungsfunktionen erfüllen, wie Produktionsleiter, Marketingleiter, Leiter des Rechnungswesens und dgl.
- Leitende Mitarbeiter in der öffentlichen Verwaltung, in sozialen Organisationen, in Verbänden und Vereinen.

An eine Führungskraft von heute, gleichgültig ob in einem Unternehmen oder in einer Verwaltung, werden große Anforderungen gestellt. Will jemand eine Führungskraft werden und in der Unternehmenshierarchie bzw. in der Verwaltungshierarchie aufsteigen, muß er jederzeit bemüht sein, seine Qualifikationen mit den Anforderungen an ein modernes Management soweit wie irgend möglich zur Deckung zu bringen.

Von einer Führungskraft werden vor allem die folgenden Charakterzüge erwartet:

- Weltoffenheit und Flexibilität
- Zielstrebigkeit und Durchsetzungskraft
- Begeisterungsfähigkeit und Kreativität

Nur wer ständig an sich arbeitet, wird sich diese notwendigen Fähigkeiten, die eine Führungskraft braucht, aneignen und im erforderlichen Maße fortentwickeln.

Das vorliegende Handbuch vermittelt in einer Kompaktdarstellung das Grundwissen, das für eine Führungskraft von heute als unerläßlich angesehen wird. Ihm liegt das folgende Konzept zugrunde:

Punkt 2 ist der Führungskraft selbst gewidmet.

In Punkt 2.1 wird die Führungskraft mit den rechtlichen Grundlagen vertraut gemacht, die ihre eigene Stellung gegenüber dem Arbeitgeber, für den sie tätig ist, betreffen. Sie lernt ihre Rechte und Pflichten kennen und wird darüber hinaus informiert, wie sie sich in Konfliktsituationen zu verhalten hat. Ebenso wird sie über ihre soziale und materielle Position und Absicherung aufgeklärt.

Punkt 2.2 befaßt sich mit den Aufgaben, die eine Führungskraft zu bewältigen, und mit der Verantwortung, die sie zu tragen hat. Hier werden Kompetenzfragen genauso angesprochen wie Fragen der Führung und der Handlungsverantwortung.

Punkt 2.3 zeigt der Führungskraft, wie sie erfolgreich Selbstmanagement betreiben kann. Sie wird mit der Technik des Time-Managements, mit den Fragen der Selbstmotivation und der eigenen Weiterbildung vertraut gemacht. Der Führungskraft wird darüber hinaus der Personal Computer als Hilfsmittel für ein effizientes Selbstmanagement erläutert.

In Punkt 2.4 werden die Fragen und Probleme des beruflichen Aufstieges einer Führungskraft dargestellt. Dieser Punkt befaßt sich mit der persönlichen Karriereplanung und mit den Fragen, die mit dem Eintritt oder Austritt aus einem Unternehmen verbunden sind, bis hin zur Erfolgs- und Kapitalbeteiligung der Führungskraft an einem Unternehmen.

Punkt 3 ist dem Unternehmen gewidmet.

In Punkt 3.1 wird die Bedeutung der Unternehmensphilosophie und der Unternehmensziele für ein Unternehmen herausgestellt. Der Führungskraft werden die Kriterien aufgezeigt, die auf eine organische und gedeihliche Unternehmensentwicklung hinweisen. Es werden darüber hinaus die Orientierungsparameter dargestellt, die eine Führungskraft permanent beobachten sollte, um eine positive oder eventuell auch negative Unternehmensentwicklung jederzeit feststellen zu können.

Punkt 3.2 bringt eine Darstellung der betrieblichen Funktionsbereiche. Die Führungskraft lernt sämtliche Funktionsbereiche, von der Unternehmensplanung über Forschung und Entwicklung bis hin zum Controlling, kennen.

Punkt 3.3 stellt, ausgehend vom Managementkreis, die Führungsfunktionen dar, die eine Führungskraft erfüllen muß. Die Führungskraft wird über das Setzen von Zielen, über die Planung, über die Kontrolle und über Kooperationen genauso informiert wie über die Führungsstile, die in einem Unternehmen angewandt werden können. Die Bedeutung der Personalentwicklung und der Organisationsentwicklung für den Erfolg eines Unternehmens werden ebenso dargestellt wie die Fragen der Unternehmenskultur.

Punkt 3.4 hat die besonderen Aspekte zum Inhalt, die sich für eine Führungskraft ergeben können, die im Management der öffentlichen Verwaltung, sozialer Organisationen oder von Verbänden tätig ist.

Punkt 4 ist den Fragen der Wirtschaft und Gesellschaft gewidmet.

Punkt 4.1 befaßt sich mit den volkswirtschaftlichen Grundlagen, die einer Führungskraft bekannt sein müssen. Sie wird über grundlegende Fragen der Marktwirtschaft, über Wettbewerbsfragen und über Konjunktur und Rezession informiert. Außerdem werden die zentralen Fragen des EG-Binnenmarkts dargestellt.

In Punkt 4.2 wird der Führungskraft die soziale Komponente der Marktwirtschaft, das heißt unser soziales Sicherungssystem, erläutert. Dieser Punkt behandelt insbesondere auch die Fragen der Betriebsverfassung und der Mitbestimmung, die Rolle der Gewerkschaften und die Sozialbilanz der Unternehmen.

Punkt 4.3 verdeutlicht, daß heute keine Führungskraft ihre Aufgaben erfüllen kann, ohne die Umweltproblematik in ihre Entscheidungen miteinzubeziehen. In diesem Punkt werden ökologische Gleichgewichts- und Kreislaufmodelle, die Öko-Bilanz bis hin zum Umweltschutz im Betrieb behandelt.

Punkt 4.4 bringt besondere Aspekte, die einer Führungskraft ebenfalls bekannt sein sollten, wie ethische Fragen, der Wertewandel in Familie, Freizeit und Kultur sowie Probleme von heute und auffällige Trends von morgen.

Den Führungskräften in Unternehmen und Verwaltung wird mit diesem Buch eine Gesamtdarstellung geboten, die alle relevanten Fragen und Probleme anspricht, die mit der Übernahme von Führung und Verantwortung auftreten.

Jakob Wolf

2 Die Führungskraft

2.1 Rechtlicher und sozialer Status

2.1.1 Anstellungsverträge

Arnulf Tänzer

Engagement und Dynamik sind für leitende Mitarbeiter selbstverständlich. Völlig undynamisch ist doch häufig ihr Anstellungsvertrag. Die Übernahme neuer Aufgaben und größerer Verantwortungsbereiche bleibt oft ohne Auswirkungen auf die Gestaltung des Vertrages. Das merkt man meist erst bei der Beendigung des Arbeitsverhältnisses.

Die wesentlichen Elemente des Anstellungsvertrages mit einer Führungskraft sind

- Aufgabenbereich
- Bezüge
- Gehaltsfortzahlung und sonstige Nebenleistungen
- Urlaub
- Altersversorgung
- Nebentätigkeit
- Arbeitszeit
- Diensterfindungen
- Geheimhaltung
- Vertragsdauer und Kündigung
- Schlußbestimmungen.

Für den rechtswirksamen Abschluß des Anstellungsvertrages genügt grundsätzlich eine mündliche Vereinbarung. Der schriftliche Vertrag ist jedoch allgemein üblich und unbedingt zu empfehlen. Unklarheiten und mangelnde Vollständigkeit der Abmachungen führen häufig genug zu Auseinandersetzungen und Demotivation.

Aufgabenbereich

Das Aufgabengebiet sollte im Vertrag möglichst genau umschrieben werden. Zuständigkeiten, Entscheidungskompetenzen, Über- und Unterstellungsverhältnisse bedürfen einer klaren Abgrenzung.

Für den »leitenden Angestellten« gelten nach den Arbeitsgesetzen einige Besonderheiten. So findet auf ihn das Betriebsverfassungsgesetz von 1988 grundsätzlich keine Anwendung (vgl. geänderten § 5 Abs. 3 des Gesetzes). Nach der Arbeitszeitordnung aus dem Jahre 1938 gelten für ihn die Bestimmungen über die Höchstarbeitszeit nicht. Das Kündigungsschutzgesetz von 1969 enthält für diese Personengruppe eine wesentliche Einschränkung: Im Kündigungsprozeß braucht der Arbeitgeber den Auflösungsantrag nicht zu begründen (§ 14 Abs. 2 Kündigungsschutzgesetz). Zu beachten ist, daß die Eigenschaft des leitenden Angestellten in den einzelnen Gesetzen an unterschiedliche Voraussetzungen geknüpft ist.

Behält sich das Unternehmen die Versetzung an einen anderen Ort vor, so ist dies im allgemeinen rechtswirksam. Bei Führungskräften sollte jedoch die Änderung der Aufgaben, vor allem wenn sie mit einem Ortswechsel verbunden ist, zweckmäßigerweise im Einvernehmen mit dem Mitarbeiter geschehen.

Bezüge

Von besonderer Wichtigkeit ist bei jeder Vertragsverhandlung die Festlegung der Höhe und Struktur der Vergütung. Ein Hauptabteilungsleiter auf der 1. Ebene unter der Geschäftsführung verdient 1991 durchschnittlich 160 000 DM brutto pro Jahr, ein Abteilungsleiter 125 000 DM. Hinter diesen Durchschnittswerten verbergen sich breite Vergütungsspannen. Sie werden u. a. durch die

- Größe des Unternehmens,
- organisatorische Einstufung,

- ausgeübte Funktion,
- Personalverantwortung,
- Berufserfahrung

bestimmt.

Je größer das Unternehmen und je weiter oben der Manager in der Hierarchie steht, um so höher sind die Bezüge. Die Zahl der Monatsgehälter ist dabei von nachrangiger Bedeutung. Dafür bestehen häufig allgemeine betriebliche Regelungen. Entscheidend ist, was pro Jahr »unter dem Strich herauskommt«.
Die jährliche Überprüfung des Grundgehaltes sollte in jeden Anstellungsvertrag aufgenommen werden. Eckdaten für die Gehaltsanpassung sind die persönliche Leistung der Führungskraft, die wirtschaftliche Entwicklung des Unternehmens, die Steigerung der Lebenshaltungskosten und die Gehaltsentwicklung der Branche.

Die Vereinbarung einer automatischen Gehaltsanpassung hat dabei nicht nur Vorteile. Zwar gewährt sie dem Mitarbeiter mehr Sicherheit, birgt aber gleichzeitig die Gefahr, daß auf eine aktive Vergütungspolitik verzichtet wird. Das Unternehmen begnügt sich z.B. mit einer prozentualen Anhebung, die dem Tarifabschluß entspricht. Die Bewertung individueller Leistung und überdurchschnittliche Gehaltserhöhungen sind damit häufig ausgeschlossen.

Bei der Wahl der Bezugsgröße für die Gehaltsdynamisierung ist das Währungsgesetz von 1948 zu beachten. Danach ist das Eingehen einer Geldschuld genehmigungspflichtig, wenn ihr Betrag durch den künftigen Preis oder Wert von andersartigen Gütern oder Leistungen bestimmt werden soll.

Diese sog. Wertsicherungsklauseln, zu denen auch die Bindung an den Lebenshaltungskostenindex gehört, sind von der Bundesbank (über die zuständige Landeszentralbank) zu genehmigen. Die Genehmigung einer Klausel, die an die Lebenshaltungskosten anknüpft, wird regelmäßig nicht erteilt. Diese Vertragsbestimmung ist damit unwirksam.

Genehmigungsfrei sind sog. Spannungsklauseln (z.B. Bindung an Tarifgehälter).

Erfolgsbeteiligung

Die leistungsorientierte Vergütung eröffnet die Möglichkeit, einen Teil der Bezüge mit dem Arbeitserfolg des einzelnen Mitarbeiters und der Unternehmensentwicklung in Übereinstimmung zu bringen. Nach den Untersuchungen der Kienbaum-Vergütungsberatung erhalten 65 % der leitenden Mitarbeiter eine variable Vergütung. Die Höhe des variablen Anteils liegt zumeist zwischen 10 und 15 % der Gesamtbezüge.

Die Erfolgsbeteiligung sollte in Form einer verbindlichen Tantieme zugesagt werden. Zweckmäßig ist eine Bemessungsgrundlage, die

- für die Unternehmenszielsetzung relevant ist, in enger Beziehung zur Leistung des Mitarbeiters steht,
- rechnungstechnisch einfach bestimmbar und durch den Betroffenen beeinflußbar und kontrollierbar ist.

Der Mitarbeiter muß im voraus erkennen können, ob bestimmte Leistungen oder deren Unterlassen Auswirkungen auf die Höhe der Vergütung haben. Von einer Berechnungsgrundlage, die nicht oder nur teilweise von der Führungskraft beeinflußt werden kann, können kaum Impulse zur Leistungssteigerung ausgehen.

Für die Bestimmung der variablen Vergütung gewinnt das Erreichen von vorgegebenen Zielen zunehmende Bedeutung. Die gesetzten Leistungsziele können sehr unterschiedlicher Natur sein. Zunächst kommen Ziele in Betracht, die direkt an zentrale Aufgaben der jeweiligen Position anknüpfen. Vor allem für Stabs- und Querschnittsfunktionen bietet sich eine zweite Variante an: Definition einmaliger Projekt- und Aktionsziele.

Die Erarbeitung dieser Ziele verlangt in weit stärkerem Maße als bei generellen Zielvorgaben die Mitwirkung des Stelleninhabers. Die Projektvorgaben werden durch Maßnahmen- und Zeitpläne untermauert, so daß eine laufende Fortschrittskontrolle möglich ist. Das Ausmaß der Zielerfüllung läßt sich nur vereinzelt durch exakte Prozentsätze bestimmen. Häufiger begnügt man sich statt dessen mit mehrstufigen verbalen Beurteilungsskalen — etwa in Form von Schulnoten. Der jeweilige Grad der Zielerreichung wird mit absoluten Tantiemebeträgen oder mit Beträgen in Prozent der Grundbezüge verknüpft.

Gehaltsfortzahlung

Im Krankheitsfall hat der Angestellte Anspruch auf Fortzahlung des Gehaltes für die Dauer von sechs Wochen (§ 616 Bürgerliches Gesetzbuch). Erstreckt sich die Krankheit über einen längeren Zeitraum, kann dies ohne zusätzliche Absicherung bei leitenden Mitarbeitern zu Härten führen. Die Gehaltsfortzahlung über die gesetzliche Dauer hinaus sollte deshalb in jedem Vertrag zugesagt sein. Sie gibt der Führungskraft zusätzliche Sicherheit und belastet das Unternehmen nicht mit einem übermäßigen Kostenrisiko.

Die übliche Fortzahlungsdauer bei Krankheit beträgt etwa sechs Monate. Eine Staffelung nach Betriebszugehörigkeit erscheint vertretbar.

Gezahlt wird üblicherweise die Differenz zwischen Krankengeld der Kasse und Nettogehalt. Eine entsprechende Formulierung sollte dies im Vertrag berücksichtigen.

Marktüblich ist auch die Gehaltsfortzahlung bei Tod. Dauer der Zahlung: drei Monate. Während dieses Zeitraumes entfallen zumeist Leistungen aus einer eventuell bestehenden betrieblichen Altersversorgung.

Reisekosten

Für die Erstattung der Reisekosten genügt im Anstellungsvertrag eine Bezugnahme auf die firmeninterne Richtlinie. Ist eine solche Reisekostenordnung im Unternehmen nicht vorhanden, empfiehlt es sich, im Vertrag zumindest auf die Kostenerstattung nach den steuerlichen Vorschriften (Höchstbeträgen) hinzuweisen.

Dienstwagen

Der Firmen-PKW hat sich in den letzten Jahren zunehmend als besonders attraktive Zusatzleistung herausgestellt. Gestiegene Anschaffungs- und Unterhaltskosten sowie der nach wie vor hohe Prestigewert haben zu dieser Entwicklung geführt.

Im Vertrag sollte der zulässige Umfang der Privatnutzung geregelt werden. Außerdem sollte festgelegt werden, wer die Betriebs- und Unterhaltungskosten trägt (zumeist das Unternehmen).

Der geldwerte Vorteil ist in der Regel vom Mitarbeiter zu versteuern (Sachbezüge gemäß § 8 Abs. 2 Einkommensteuergesetz). Seine Berechnung erfolgt zumeist in Höhe von monatlich ein Prozent des — auf volle hundert DM abgerundeten — Kaufpreises des PKW. Der maßgebende Preis ist, auch für Gebrauchtwagen, der Listenpreis zum Zeitpunkt der Erstzulassung zuzüglich Kosten für Sonderausstattungen und Mehrwertsteuer.

Hinzu kommt ein pauschaler geldwerter Vorteil für die Fahrten zwischen Wohnung und Arbeitsstätte. Er beträgt zur Zeit 0,84 DM pro Entfernungskilometer.

Unfallversicherung

Führungskräfte mit häufigen Dienstreisen sind in besonderem Maße unfallgefährdet. Vor allem für jüngere Manager, deren Anwartschaft in der gesetzlichen Rentenversicherung bislang keine nennenswerte Höhe erreicht hat, ist die Absicherung der Invalidität durch eine Unfallversicherung außerordentlich wichtig.

Die durchschnittliche Versicherungssumme erreicht im Todesfall etwa die Höhe der jährlichen Gesamtbezüge, im Invaliditätsfall verdoppelt sie sich. Abgesichert ist zumeist das dienstliche und private Risiko.

Urlaub

Der Jahresurlaub ist im Anstellungsvertrag festzuschreiben. Die übliche Dauer beträgt 30 Arbeitstage.

Die Abstimmung des Urlaubstermins mit dem nächsten Vorgesetzten und mit den Kollegen versteht sich von selbst. Dennoch erscheint es sinnvoll, diese Verpflichtung der Klarheit halber in den Vertrag aufzunehmen.

Altersversorgung

Die betriebliche Altersversorgung ist für das Unternehmen die kostspieligste, für den Mitarbeiter aber die wertvollste Zusatzleistung. Angesichts der schwindenden Kraft der Rentenversicherung wird die Versorgungszusage zunehmend wichtiger.

Die Höhe des Altersruhegeldes beträgt bei Führungskräften im Durchschnitt 20 bis 35% der Grundbezüge.

Wesentliches Kriterium für die Qualität einer Versorgungszusage ist die Dynamik des Anspruchs während der Anwartschaft. Insbesondere für die Höherverdienenden ist von Bedeutung, daß die Rentenanwartschaft mit ihrer Einkommensentwicklung Schritt hält und nicht von der Inflation ausgezehrt wird.

Die angemessene Versorgungszusage wird ergänzt durch die Invaliditäts- und Hinterbliebenenrente. Die Witwe erhält überwiegend 60%, Halbwaisen 15 und Vollwaisen 25% der Mannesrente.

Die schriftliche Fixierung der wesentlichen Eckdaten ist hier besonders wichtig. So sollte die Pensionszusage nicht nur in Aussicht gestellt, sondern verbindlich zugesagt werden. Der Beginn der Versorgungszusage ist festzulegen — dies ist u.a. wichtig für die Frage der Unverfallbarkeit. Die Berechnungsgrundlage ist genau zu definieren: also nicht nur x Prozent der »Bezüge«, sondern genau festschreiben, ob Grund- oder Gesamtbezüge die Basis bilden und was in welcher Höhe angerechnet wird.

Nebenleistungen mit begrenzter zeitlicher Bedeutung wie Umzugskostenerstattung, Trennungsentschädigung, aber auch umfangreiche Stellenbeschreibungen sollten in einem Anhang zum Vertrag geführt werden. Sie würden den Anstellungsvertrag nur unnötig aufblähen und ihn unübersichtlich machen.

Nebentätigkeit

Dem Mitarbeiter steht es grundsätzlich frei, ohne Benachrichtigung seines Arbeitgebers eine Nebentätigkeit aufzunehmen. Unzulässig ist jedoch die Nebenbeschäftigung, wenn die Arbeitskraft des Mitarbeiters erheblich beeinträchtigt wird oder damit Wettbewerbsinteressen des Unternehmens berührt werden.

Ein Verbot oder eine vertragliche Einschränkung der Nebentätigkeit ist wirksam, wenn das Unternehmen ein berechtigtes Interesse daran hat. Eine Vertragsklausel sollte in diesem Bereich für Klarheit sorgen. Bei beabsichtigter Nebentätigkeit empfiehlt sich eine frühzeitige Abstimmung mit dem Unternehmen. Späterer Ärger wird so vermieden.

Veröffentlichungen und Vorträge des Mitarbeiters können z.B. durchaus im Interesse des Unternehmens liegen. Andererseits könnten damit Betriebsgeheimnisse an die Öffentlichkeit gelangen. Auch wenn diese Gefahr als relativ gering einzuschätzen ist, sollte eine vertragliche Regelung für Klarstellung sorgen und diese Aktivitäten an die Zustimmung der Geschäftsleitung binden.

Arbeitszeit

Führungskräfte schulden in erster Linie einen von ihrem persönlichen Zeitaufwand weitgehend unabhängigen Erfolg, nicht aber die Anwesenheit zu einer festgelegten Arbeitszeit. Eine Klausel, nach der für den Leitenden »die betriebsübliche Arbeitszeit gilt«, wird seiner Funktion und Stellung nicht gerecht.

Die Arbeitszeitordnung ist jedenfalls auf die leitenden Angestellten nicht anwendbar, die Vorgesetzte von mindestens 20 Arbeitnehmern sind. Überstunden sind grundsätzlich nur dann zu bezahlen, wenn die Vergütung von Mehrarbeit ausdrücklich vereinbart ist.

Diensterfindungen

Erfindungen, die von dem Angestellten während der Dauer des Arbeitsverhältnisses gemacht werden, unterliegen dem

Gesetz für Arbeitnehmererfindungen von 1957. Sind die Erfindungen aus der dem Angestellten im Unternehmen obliegenden Tätigkeit entstanden oder beruhen sie maßgeblich auf Erfahrungen oder Arbeiten des Unternehmens, so handelt es sich um Diensterfindungen. Fehlt dieser unmittelbare Zusammenhang mit dem Arbeitsverhältnis, handelt es sich um freie Erfindungen.

Der Arbeitnehmer hat die Diensterfindung und die freie Erfindung unverzüglich dem Arbeitgeber schriftlich zu melden. Das Unternehmen kann die Diensterfindung unbeschränkt oder beschränkt in Anspruch nehmen oder sie freigeben. Mit der Inanspruchnahme erwirbt der Mitarbeiter einen Anspruch auf angemessene Vergütung.

Zur Berechnung der Erfindervergütung sind vom Bundesminister für Arbeit und Sozialordnung »Richtlinien für die Vergütung von Arbeitnehmererfindungen im privaten Dienst« herausgegeben worden. Für die Höhe der Vergütung sind u.a. wirtschaftliche Verwertbarkeit sowie der Anteil des Unternehmens am Zustandekommen der Erfindung maßgebend.

Geheimhaltung

Die Geheimhaltung von Geschäftsgeheimnissen versteht sich von selbst. Die Verpflichtung dazu ergibt sich aus den allgemeinen Pflichten des Anstellungsverhältnisses. Dennoch sollte durch eine Vertragsbestimmung die Bedeutung der Verschwiegenheit betont werden.

Der Klarstellung dient auch die Klausel, im Falle des Ausscheidens Unterlagen der Gesellschaft herauszugeben. Bei dringendem Unternehmensinteresse empfiehlt sich eine Bestimmung zur Abgabe einer eidesstattlichen Versicherung, daß der Mitarbeiter seiner Herausgabepflicht nachgekommen ist.

Vertragsdauer und Kündigung

Jeder Anstellungsvertrag sollte den Zeitpunkt nennen, ab dem die Vertragslaufzeit beginnt. Der Beginn des Vertrages hat u.a. Auswirkungen auf die Gewährung von Zusatzleistungen, die häufig von der Zahl der Dienstjahre abhängig gemacht werden.

Auch im Bereich der Führungskräfte liegt die Vereinbarung einer Probezeit (mit dem Vorteil einer kürzeren Kündigungsfrist) im beiderseitigen Interesse. Die vertraglich fixierte Erprobungsphase dauert im Regelfall sechs Monate, im Ausnahmefall zwölf Monate.

Dauert die Probezeit (das »Arbeitsverhältnis«) länger als sechs Monate, greift der Kündigungsschutz ein (vgl. § 1 Abs. 1 Kündigungsschutzgesetz).

Mit leitenden Mitarbeitern werden regelmäßig Anstellungsverträge auf unbestimmte Zeit vereinbart. Soweit im Vertrag keine abweichende Regelung getroffen wird, beträgt die gesetzliche Kündigungsfrist sechs Wochen zum Quartalsende. Diese Frist ist für leitende Mitarbeiter zu kurz bemessen. Im beiderseitigen Interesse erscheint eine Frist von sechs Monaten zum Halbjahresende (oder auch Quartalsende) angemessen.

Befristete Anstellungsverträge — in der Regel auf drei bzw. fünf Jahre abgeschlossen — finden sich selten. Die Befristung ist nach der Rechtsprechung nur wirksam, wenn Kündigungsschutzbestimmungen nicht umgangen werden und ein sachlich rechtfertigender Grund vorhanden ist.

Vor allem in großen Unternehmen trifft man häufiger auf den sogenannten »langfristigen Vertrag«. Vertragsformulierung: »Der Vertrag ist auf die Dauer von fünf Jahren geschlossen. Er verlängert sich automatisch um weitere fünf Jahre, wenn er nicht mit einer Frist von neun Monaten vor Vertragsablauf gekündigt wird.«

Ein solcher Vertrag ist nicht befristet, sondern auf unbestimmte Zeit geschlossen. Für die Vertragsbeendigung ist nach wie vor eine Kündigung erforderlich. Der Kündigungsschutz findet Anwendung.

Auf leitende Angestellte ist das Gesetz über die Fristen für die Kündigung von Angestellten von 1926 anwendbar. Danach erhöht sich die gesetzliche Kündigungsfrist nach einer Beschäftigungsdauer von

- fünf Jahren auf drei Monate,
- acht Jahren auf vier Monate,
- zehn Jahren auf fünf Monate,
- zwölf Jahren auf sechs Monate

jeweils mit Kündigung zum Ende des Kalendervierteljahres.

An diese Kündigungsfristen muß sich nur der Arbeitgeber halten. Der Mitarbeiter kann mangels abweichender Vereinbarung nach wie vor mit der allgemeinen gesetzlichen Kündigungsfrist kündigen (sechs Wochen zum Quartal). Eine Klausel im Anstellungsvertrag, nach der eine Verlängerung der Kündigungsfrist für beide Vertragspartner gilt, bewahrt das Unternehmen vor unliebsamen Überraschungen.

Die Kündigung aus wichtigem Grund kann vertraglich nicht ausgeschlossen werden. Dies im Vertrag zu erwähnen, erübrigt sich im Regelfall. Nach § 626 BGB kann von beiden Vertragsteilen fristlos gekündigt werden, wenn Tatsachen vorliegen, aufgrund derer dem Kündigenden die Fortsetzung des Dienstverhältnisses bis zum Ablauf der Kündigungsfrist oder bis zur vereinbarten Beendigung des Dienstverhältnisses nicht zugemutet werden kann. Von wesentlicher Bedeutung ist die Einhaltung der Erklärungsfrist von zwei Wochen, innerhalb der die Kündigung zu erfolgen hat. Aus der Kündigungserklärung muß hervorgehen, daß es sich um eine fristlose Kündigung handelt. Die Angabe der Gründe im einzelnen ist zu ihrer Wirksamkeit nicht notwendig.

Die Kündigungserklärung ist grundsätzlich nicht an eine bestimmte Form gebunden. Sie kann mündlich oder schriftlich abgegeben werden. Dennoch ist es aus Beweisgründen zweckmäßig, die Schriftform zu vereinbaren.

Die Angabe der Kündigungsgründe ist für die Wirksamkeit der Kündigung nicht Voraussetzung. Allerdings sind bei der fristlosen Kündigung die Gründe dem Kündigungsgegner auf dessen Verlangen unverzüglich mitzuteilen (§ 626 Abs. 2 Bürgerliches Gesetzbuch).

Wettbewerbsverbot

Wettbewerbstätigkeit während der Anstellung verbietet sich für den leitenden Mitarbeiter bereits aufgrund seiner allgemeinen Treuepflicht (vgl. §§ 60, 61 Handelsgesetzbuch).

Schwierigkeiten bereitet in der betrieblichen Praxis immer wieder das nachvertragliche Wettbewerbsverbot. Nach Beendigung des Anstellungsvertrages ist der leitende Mitarbeiter grundsätzlich nicht gehindert, seine Erfahrungen einem Konkurrenzunternehmen zur Verfügung zu stellen. Dennoch erscheint die Vereinbarung eines Wettbewerbsverbots nur sinnvoll, wenn das Unternehmensinteresse dies dringend erfordert.

Bei der Abfassung der Wettbewerbsvereinbarung sind die vom Gesetzgeber festgelegten Grundsätze (§§ 74 ff. Handelsgesetzbuch) sowie die weitgehende Rechtsfortbildung durch die Gerichte zu beachten. Danach müssen

- der Schutz berechtigter geschäftlicher Interessen des Unternehmens und
- das Interesse des Mitarbeiters an einer möglichst ungehinderten beruflichen Weiterentwicklung

gegeneinander abgewogen werden.

Das Wettbewerbsverbot bedarf der Schriftform und der Aushändigung einer vom Arbeitgeber unterzeichneten Urkunde an den Mitarbeiter.

Die Konkurrenzklausel muß nach Zeit, Ort und Gegenstand begrenzt sein. Die höchstzulässige Dauer beträgt zwei Jahre. Die Laufzeit beginnt mit der rechtlichen Beendigung des Anstellungsverhältnisses, nicht schon mit der Freistellung nach erfolgter Kündigung.

Die Wettbewerbsklausel ist nur verbindlich, wenn der Arbeitgeber für die Dauer des Verbots eine Entschädigungszahlung zusagt. Sie muß zumindest die Hälfte der letzten vertragsmäßigen Bezüge betragen. Zu den Bezügen zählt das Festgehalt ebenso wie die variable Vergütung. Bei variablen Bezügen ist der Durchschnittsbetrag der letzten drei Jahre maßgebend.

Der leitende Mitarbeiter muß sich auf die Entschädigungszahlungen anrechnen lassen, was er durch anderweitige Verwertung seiner Arbeitskraft erwirbt oder zu erwerben böswillig unterläßt.

Die Vereinbarung einer Vertragsstrafe für den Fall eines Verstoßes gegen das Wettbewerbsverbot ist zulässig.

Schlußbestimmungen

Änderungen oder Ergänzungen des Anstellungsvertrages können im beiderseitigen Einvernehmen jederzeit erfolgen, nur sollte dafür die Schriftform vorgesehen werden.

Die Änderung von Gesetzen oder Rechtsprechung kann zur Unwirksamkeit einzelner Vertragsbestimmungen führen. Damit nicht zugleich der gesamte Anstellungsvertrag unwirksam wird (§ 139 Bürgerliches Gesetzbuch), stellt die sog. salvatorische Klausel die Gültigkeit der übrigen Vertragsbestimmungen sicher.

Die Vereinbarung eines anderen als des gesetzlichen Gerichtsstandes ist nach § 38 Zivilprozeßordnung nicht mehr zulässig.

Für Streitigkeiten zwischen Arbeitgeber und leitenden Angestellten sind ausschließlich die Arbeitsgerichte zuständig (§ 2 Arbeitsgerichtsgesetz).

Literaturhinweise

Juristisches Kurzlehrbuch Handelsrecht, Capelle, Canais, 21. Auflage, München 1989

HGB Handelsrecht, Bilanzrecht, Steuerrecht, Kommentar von Glanegger/Niedner/Renkl/Ruß, 2. Auflage, Heidelberg 1990

Tänzer, Arnulf, Rechtsanwalt

2.1.2 Der Geschäftsführer

WOLFGANG MÜLLNER

Eine besonders gesetzlich geregelte Position hat eine Führungskraft inne, die Geschäftsführer einer Gesellschaft mit beschränkter Haftung (GmbH) ist. Die GmbH muß gem. § 6 Abs. 1 GmbHG einen oder mehrere Geschäftsführer haben. Dem Geschäftsführer obliegt gem. § 35 GmbHG die gerichtliche und außergerichtliche Vertretung der Gesellschaft. Der Geschäftsführer gestaltet die Grundsätze der Unternehmenspolitik und leitet das Unternehmen. Der Geschäftsführer, die Gesellschaftsversammlung und, soweit ein Aufsichtsrat besteht, auch diese bilden die Organe der GmbH.

Besondere Beachtung verdient das Verhältnis zwischen den Gesellschaftern einer GmbH und dem Geschäftsführer. Der Geschäftsführer muß wissen, daß hier ein weiter Gestaltungsrahmen besteht. Im Unterschied zum Vorstand einer Aktiengesellschaft leitet der Geschäftsführer die GmbH nicht kraft eigener Autonomie, sondern er ist der Weisungsbefugnis der Gesellschafter unterworfen. Ganz gleich, ob die Weisungen konkreter oder genereller Art sind, die Führungskraft, die eine Geschäftsführerposition bekleidet, ist verpflichtet, diese Weisungen der Gesellschafter durchzuführen. Allerdings ist nicht der einzelne Gesellschafter berechtigt, solche Anordnungen zu erteilen, sondern über dieses Recht verfügen nur die Gesellschafter als Gesamtheit. In der Praxis werden häufig einzelne Maßnahmen an die Zustimmung der Gesellschafter gebunden, eine Geschäftsordnung für die Führungskräfte erlassen oder eine detaillierte Geschäftsverteilung zwischen den Geschäftsführern vorgenommen.

Eine Führungskraft, die mit einer Geschäftsführerposition betraut wird, sollte sich neben des hohen fachlichen Anspruchs solch einer Funktion stets dessen bewußt sein, daß das GmbH-Gesetz dem Geschäftsführer eine hohe zivil- und strafrechtliche Verantwortung auferlegt.

Geschäftsführer sind keine Arbeitnehmer (BGH 10,187; 12,1; 36,142). Der Bundesgerichtshof hat lediglich einzelne wenige auf der Treue- und Fürsorgepflicht basierende Vorschriften des Arbeitsrechts in analoger Anwendung auf das Dienstverhältnis von Geschäftsführern für geboten gehalten. Grundsätzlich findet damit das Arbeitsrecht auf Geschäftsführer keine Anwendung. Dies bedeutet, daß viele gesetzliche Schutzvorschriften, welche Führungskräfte mit Arbeitnehmerstatus in Anspruch nehmen können, für Geschäftsführer nicht gelten. Geschäftsführer müssen also in weit größerem Umfang ihre eigene Rechtsposition vertraglich absichern.

Von grundsätzlicher Bedeutung ist ferner die Unterscheidung zwischen dem körperschaftlichen Akt der Bestellung zum GmbH-Organ und dem schuldrechtlichen Anstellungsverhältnis. Zwar sind Organstellung und Dienstverhältnis in vielfältiger Weise miteinander verknüpft, aber dennoch als getrennte Rechtsverhältnisse zu behandeln.

Die organschaftliche *Bestellung* zum Geschäftsführer kann insbesondere durch Bestellung im Gesellschaftsvertrag sowie durch Gesellschafterbeschluß gem. § 46 Ziff. 5 GmbHG erfolgen. Sind die ersten Geschäftsführer mittels Gesellschaftsvertrag bestellt worden, so können dieselben auch ohne Änderung des Gesellschaftsvertrages abberufen und neue Geschäftsführer durch einfachen Gesellschafterbeschluß bestellt werden. Der Gesellschaftsvertrag kann die Bestellung des Geschäftsführers auch einem Gremium, z.B. dem Aufsichtsrat, oder der Zuständigkeit einer bestimmten Person, z.B. einem Gesellschafter, übertragen. Der Beschluß über die Bestellung bedarf der Schriftform. Der Beschluß ist der Anmeldung der GmbH bei Gericht beizufügen.

Der Geschäftsführer hat in der Anmeldung bei Gericht zu versichern, daß keine Umstände vorliegen, die seiner Bestellung zum Geschäftsführer entgegenstehen. Eine derartige

Versicherung könnte folgendermaßen lauten: »Ich versichere nach bestem Wissen und Gewissen, daß ich nicht wegen Bankrotts, Verletzung der Buchführungspflicht, Gläubigerbegünstigung oder Schuldnerbegünstigung verurteilt worden bin und daß mir ferner auch nicht die Ausübung des Berufs, Berufszweiges, Gewerbes oder Gewerbezweiges durch gerichtliches Urteil oder vollziehbare Entscheidung einer Verwaltungsbehörde untersagt worden ist.« Andere Qualifikationen des Geschäftsführers, welche zur Ausübung ihrer Tätigkeit erforderlich oder wünschbar sind, müssen dem Registergericht nicht nachgewiesen werden.

Fehler im Bestellungsakt der Führungskraft zum Geschäftsführer (z.B. Nichteinhaltung von Formalien in bezug auf den Gesellschafterbeschluß) führen zu einem Eintragungshindernis. Das Registergericht wird versuchen, durch Auflagen dieses Hindernis zu beseitigen, gelingt dies ausnahmsweise nicht, ist die Anmeldung zurückzuweisen.

Geschäftsführer unterliegen während ihrer Beschäftigung einem Wettbewerbsverbot (BGH 49,30). Das bedeutet, daß sie nicht in Konkurrenz zu ihrer Gesellschaft treten dürfen. Sie haben ferner in allen beruflichen Angelegenheiten dem Nutzen der Gesellschaft zu dienen und Weisungen der Gesellschaftervertretung zu beachten. Keinesfalls dürfen sie ihre weite Vertretungsmacht mißbrauchen (BGH WM 84,305).

Die Geschäftsführer haben gem. § 43 GmbHG in Angelegenheiten der Gesellschaft die Sorgfalt eines ordentlichen Kaufmanns anzuwenden. Geschäftsführer, welche ihre Obliegenheiten verletzen, haften der Gesellschaft solidarisch für den entstandenen Schaden. Der Führungskraft mit Geschäftsführerposition droht damit ein größeres Haftungsrisiko als Führungskräften mit Arbeitnehmerstatus. Letztere können sich evtl. auf die Haftungsmilderung nach den Grundsätzen über gefahrgeneigte Arbeit berufen, welche vom Bundesarbeitsgericht immer arbeitnehmerfreundlicher fortentwickelt werden. Wichtig ist, daß das höhere Haftungsrisiko für Geschäftsführer durch eine entsprechend hohe Geschäftsführervergütung kompensiert wird.

Von der Organstellung des Geschäftsführers ist das *Dienstverhältnis* zu unterscheiden. Der Geschäftsführer schließt mit der GmbH einen Dienstvertrag ab. Da die gesetzlichen Schutzvorschriften für ein Dienstverhältnis nicht besonders ausgeprägt sind, ist auf die vertragliche Gestaltung größte Sorgfalt zu verwenden. Um eine Gewähr für die Vollständigkeit der vertraglichen Regelungen zu haben, sollte auf entsprechende Vertragsmuster (z.B. Hoffmann-Becking, Schippel [Hrsg.], Beck'sches Formularbuch zum Bürgerlichen, Handels- und Wirtschaftsrecht, 4. Aufl., S. 1102 ff.) zurückgegriffen und diese für die konkreten Bedürfnisse modifiziert werden.

Folgende Fragen sollten möglichst einer vertraglichen Regelung zugeführt werden:

- Aufgaben und Pflichten des Geschäftsführers
- Wettbewerbsverbot während der Dauer des Dienstvertrages
- Vertragsdauer
- Bezüge (Art und Höhe, evtl. Direktversicherung)
- Fortzahlung der Bezüge bei Krankheit, Unfall, Ableben
- Urlaub.

Für den Abschluß des Dienstvertrages sind bei einer nichtmitbestimmten GmbH die Gesellschafter zuständig, wobei die Satzung durchaus auch andere Personen oder Gremien vorsehen kann. Bei einer nach dem Montanmitbestimmungsgesetz oder dem Mitbestimmungsgesetz von 1976 mitbestimmten GmbH ist der Aufsichtsrat zuständig.

Die Beendigung des Dienstvertrages kann eintreten:

- durch Zeitablauf
- durch Aufhebungsvertrag
- durch ordentliche Kündigung
- durch außerordentliche Kündigung aus wichtigem Grund.

Erfolgt die Kündigung durch die Gesellschaft, steht das Kündigungsrecht dem für die Einstellung und Abberufung zuständigem Organ zu. Die gesetzliche Kündigungsfrist richtet sich nach § 622 Abs. 1 BGB (BGH 79,291). Sie beträgt sechs Wochen zum Quartalsende. Dies gilt auch für Geschäftsführer, welche maßgeblich am Kapital beteiligt sind. Eine außerordentliche (fristlose) Kündigung hat die Voraussetzungen des § 626 BGB zu erfüllen. Insbesondere muß ein wichtiger Grund vorliegen, welcher unter Berücksichtigung aller Umstände des Einzelfalls und unter Abwägung der Interessen beider Vertragsteile die Fortsetzung des Dienstverhältnisses bis zum Ablauf der regulären Kündigungsfrist nicht als zumutbar erscheinen läßt.

Nach der Kündigung und noch während der Laufzeit eines Dienstverhältnisses ist gem. § 629 BGB dem Geschäftsführer angemessene Zeit zum Aufsuchen eines anderen Beschäftigungsverhältnisses einzuräumen. Die GmbH hat die Pflicht zur Ausstellung eines Zeugnisses, wobei der Geschäftsführer sich für ein einfaches oder qualifiziertes Zeugnis entscheiden kann. Ferner muß die GmbH den Grundsatz der Gleichbehandlung bei der Gewährung von Ruhegeld berücksichtigen.

Die *Vertretung* der GmbH erfolgt außergerichtlich und gerichtlich durch den (die) Geschäftsführer. Bei mehreren Geschäftsführern besteht entweder Einzel- oder Gesamtvertretung. Die Zeichnung des Geschäftsführers erfolgt in der Weise, daß der Zeichnende zu der Firma der Gesellschaft seinen Namen hinzufügt. Gemäß § 8 Abs. 4 GmbHG ist in der Anmeldung bei Gericht anzugeben, welche Vertretungsbefugnis die Geschäftsführer haben. Die Vertretung betrifft das Außenverhältnis, sie kann nicht eingeschränkt werden. Für die Abgabe von Erklärungen nach außen gegenüber Dritten gilt nach dem GmbH-Gesetz der Grundsatz der Gesamtvertretung. Ist nichts gesondert bestimmt, so muß die Erklärung und Zeichnung durch sämtliche Geschäftsführer erfolgen. Wichtig zu wissen ist für den Geschäftsführer, daß für eine gegenüber der Gesellschaft abzugebende Willenserklärung ausreicht, wenn dieselbe an nur einen Geschäftsführer erfolgt (Passivvertretungsbefugnis).

Zu den besonderen Aufgaben des Geschäftsführers gehört neben der Vertretung der Gesellschaft nach außen die *Geschäftsführung*. Die Geschäftsführung beinhaltet sowohl strategische Unternehmensentscheidungen als auch die allgemeine Verwaltung. Insbesondere gehören hierher die Festlegung der Unternehmensphilosophie, der Unternehmenspolitik, der corporate identity und die Leitung der Gesellschaft. Im Gegensatz zum Vorstand einer Aktiengesellschaft unterliegt der Geschäftsführer aber viel stärker den Weisungen der Gesellschafter. In der Praxis werden deshalb die weitreichenden Unternehmensentscheidungen von den Gesellschaftern geprägt oder mitgestaltet. Die laufende Geschäftsführung liegt hingegen in den Händen der Geschäftsführer. Darunter sind in erster Linie die tatsächlichen und rechtsgeschäftlichen Handlungen zu verstehen, welche der gewöhnliche Betrieb des Handelsgewerbes mit sich bringt.

Besonders hervorzuheben sind aus dem Aufgabenkreis des Geschäftsführers die Erstellung des Jahresabschlusses. Dieser muß gem. § 264 Abs. 1 HGB in den ersten drei Monaten des Geschäftsjahres für das verflossene Geschäftsjahr zusammen mit dem Lagebericht aufgestellt werden. Bei kleineren GmbHs verlängert sich die Frist auf sechs Monate. Nach § 42a GmbHG haben die Geschäftsführer den Jahresabschluß und den Lagebericht unverzüglich (ohne schuldhaftes Zögern) nach der Aufstellung den Gesellschaftern zum Zweck der Feststellung des Jahresabschlusses vorzulegen. Ist der Jahresabschluß durch einen Abschlußprüfer zu prüfen, so haben die Geschäftsführer ihn zusammen mit dem Lagebericht und dem Prüfungsbericht des Abschlußprüfers unverzüglich nach Eingang des Prüfungsberichts vorzulegen. Der geprüfte Jahresabschluß nebst Lagebericht ist spätestens vor Ablauf des neunten Monats des dem Abschlußstichtag nachfolgenden Geschäftsjahres dem Handelsregister einzureichen (§ 325 Abs. 1 HGB). Gemäß § 326 HGB hat die Geschäftsführung einer kleinen GmbH die Bilanz und den Anhang spätestens vor Ablauf des zwölften Monats des dem Bilanzstichtag nachfolgenden Geschäftsjahrs einzureichen.

Zu den Aufgaben der Geschäftsführer gehört ferner nach § 49 GmbHG die Einberufung der Gesellschafterversammlung. Gemäß Abs. 3 dieser Bestimmung muß die Versammlung unverzüglich einberufen werden, wenn aus der Jahresbilanz oder aus einer im Laufe des Geschäftsjahrs aufgestellten Bilanz sich ergibt, daß die Hälfte des Stammkapitals verloren ist.

Die Geschäftsführer setzen die Beschlüsse der Gesellschafterversammlung um. Bei Überschuldung oder Zahlungsunfähigkeit haben sie gem. § 64 GmbHG Konkurs anzumelden. Den Geschäftsführern obliegen die gesetzlich geforderten Anmeldungen zum Handelsregister.

Geschäftsführer haben in den Angelegenheiten der Gesellschaft die Sorgfalt eines ordentlichen Geschäftsmannes anzuwenden. Verletzt ein Geschäftsführer schuldhaft seine Obliegenheiten aus dem Anstellungsvertrag oder nach dem GmbHG, so *haftet* er der Gesellschaft gegenüber für den entstandenen Schaden.

Besonders wichtige Pflichten sind:
- die ordnungsgemäße Buchführung und Bilanzierung
- Anmeldungen von Satzungsänderungen
- korrekte Durchführung von Kapitalerhöhungen und Kapitalherabsetzungen
- Einforderung von Nachschüssen
- rechtzeitige Stellung des Konkurs- und Vergleichsantrags.

Der Geschäftsführer haftet auch für ein fahrlässiges Verhalten. Ein Verschulden kann auch in der Verletzung der Aufsichtspflicht für Arbeitnehmer der Gesellschaft liegen. Die Haftung nach § 43 GmbHG kann vorweg weder durch Satzung noch durch Vertrag eingeschränkt werden. Die Verjährungsfrist beträgt fünf Jahre.

Kraft § 46 GmbHG sind den Gesellschaftern und nicht den Geschäftsführern insbesondere
- die Feststellung des Jahresabschlusses und die Verwendung des Ergebnisses;
- die Einforderung von Einzahlungen und Stammeinlagen;
- die Gewinnverteilung und die Erhöhung bzw. Herabsetzung des Stammkapitals und
- die Bestellung von Prokuristen und von Handlungsbevollmächtigten zum gesamten Geschäftsbereich vorbehalten.

Die *Bestellung* des Geschäftsführers ist gem. § 38 GmbHG zu jeder Zeit *widerruflich* und zwar fristlos und ohne Angabe von Gründen. Die Organstellung des Geschäftsführers ist also entsprechend dem Gesetz sehr labil. Der Gesellschaftsvertrag kann jedoch die Widerruflichkeit auf das Vorliegen eines wichtigen Grundes beschränken. Was einen wichtigen Grund darstellt ist stets unter Beachtung der Gesamtumstände zu beurteilen. Entscheidend ist hierbei, ob der Gesellschaft der Verbleib des Geschäftsführers weiter zugemutet werden kann. Das Gesetz nennt in § 38 Abs. 2 GmbHG als solche Gründe insbesondere grobe Pflichtverletzungen oder Unfähigkeit zur ordnungsgemäßen Geschäftsführung.

Mit dem Widerruf aber auch einer Amtsniederlegung verliert der Geschäftsführer grundsätzlich seine Vertretungsbefugnis. Gegen Willkürentscheidungen ist der Geschäftsführer dadurch geschützt, daß mit dem Widerruf nicht automatisch auch der Anstellungsvertrag endet. Dieser bedarf in der Regel einer Kündigung, wobei im Widerruf einer Bestellung aus wichtigem Grund oft auch eine außerordentliche Kündigung des Dienstverhältnisses zu sehen ist. Hierfür müssen aber die gesetzlichen Voraussetzungen des § 626 BGB vorliegen.

Zusammenfassung

1. Anders als im Arbeitsverhältnis ist beim Geschäftsführer zwischen Organstellung und schuldrechtlichem Dienstvertrag zu unterscheiden.
2. Der Geschäftsführer ist kein Arbeitnehmer, er kommt deshalb nicht in den Genuß der Haftungserleichterung für gefahrgeneigte Arbeit und unterfällt auch sonst grundsätzlich nicht den Schutzbestimmungen des Arbeitsrechts.
3. Der Geschäftsführervertrag ist für die Führungskraft mit Geschäftsführerfunktion von überragender Bedeutung. Dem Vertrag ist größte Sorgfalt zu widmen. Im Zweifel ist einer umfassenden Regelung aller Fragen der Vorzug zu geben.
4. Der Geschäftsführer unterliegt hohen Haftungsrisiken, deshalb ist eine gründliche Kenntnis seiner Pflichten not-

wendig, ferner sollte das Risiko in der Höhe der Vergütung Berücksichtigung finden.

5. Die Organstellung als Geschäftsführer einer GmbH ist, sofern der Gesellschaftsvertrag nichts anderes bestimmt, leicht widerruflich. Dies berührt jedoch nicht unmittelbar den Dienstvertrag, sondern dieser muß gesondert etwa durch Aufhebungsvertrag oder Kündigung beendet werden.

Literaturhinweise

BALSER / MEYER / PIORRECK: Die GmbH, Handbuch, 9. Aufl., 1991

BARTL / HENKES / SCHLARB: GmbH-Recht, Handbuch und Kommentar, 3. Aufl., 1990

SPÖRLEIN / TAUSEND: Handbuch für den Geschäftsführer der GmbH, 14. Aufl., 1990

TILLMANN: Der Geschäftsführervertrag der GmbH und der GmbH & Co., 4. Aufl., 1986

MÜLLNER, WOLFGANG, Prof. Dr., Pentling

Hochschullehrer an der Fachhochschule Regensburg, Fachbereich Betriebswirtschaft, Arbeitsrecht, Wirtschaftsrecht.

2.1.3 Prokura und Handlungsvollmacht

WILHELM STÖRLE

Der Inhaber eines Handelsgeschäfts kann aufgrund handelsrechtlicher Vollmacht oder anderer Vollmachten vertreten werden. Handelsrechtliche Vollmachten sind die Prokura (§§ 48—53 HGB) und Handlungsvollmacht (§§ 54 ff. HGB). Für sie gelten außer den speziellen Vorschriften im HGB die Regeln des BGB über die Stellvertretung (§§ 164—181 BGB).

Der Inhaber kann beliebige andere Vollmachten (§§ 164 ff. BGB) erteilen, z.B. Einzelvollmachten zu bestimmten Rechtshandlungen oder *Generalvollmacht.* Letztere ist besonders bei großen Unternehmen verbreitet, reicht inhaltlich weiter und steht im Ansehen höher als die Prokura. Rechtlich ist sie eine besonders weitreichende Form der Vollmacht nach §§ 164 ff. BGB, nicht der Handlungsvollmacht nach §§ 54 ff. HGB.

Nach § 48 I HGB kann die Prokura »nur von dem Inhaber des Handelsgeschäfts oder seinem gesetzlichen Vertreter« erteilt werden. Eine Prokuraerteilung durch einen Generalbevollmächtigten oder einen Prokuristen ist mit § 48 I HGB unvereinbar. Ein Minderkaufmann kann nach § 4 I HGB keine Prokura erteilen. Die Erteilung der Prokura, die eine Bevollmächtigung i. S. von § 167 BGB darstellt, kann nach § 48 I HGB »nur mittels ausdrücklicher Erklärung« erfolgen. Dazu muß zwar nicht unbedingt das Wort »Prokura« verwendet werden, doch ist eine »stillschweigende« Prokuraerteilung mit dieser Vorschrift nicht vereinbar. Die Erteilung der Prokura kann nach § 167 I BGB nicht nur gegenüber dem Prokuristen, sondern auch gegenüber einem Dritten oder durch Erklärung gegenüber der Allgemeinheit (z.B. Briefe an Geschäftsfreunde) erfolgen, doch sind die beiden letztgenannten Varianten in der Praxis äußerst selten.

Die Prokura erlischt durch den Tod des Prokuristen, zumal die Prokura grundsätzlich nicht übertragbar ist (§ 52 II HGB), nicht durch den Tod des Inhabers (§ 52 III HGB). Im übrigen erlischt die Prokura auch

- mit dem »ihrer Erteilung zugrundeliegenden Rechtsverhältnisse« (§ 168 Satz 1 BGB), d.h. mit Ende des Dienstverhältnisses,
- durch jederzeit zulässigen Widerruf, der »unbeschadet des Anspruchs auf die vertragsmäßige Vergütung« (§ 52 I HGB) erfolgt, d.h. auf den Fortbestand des Dienstverhältnisses keinen Einfluß hat, sofern nicht ein wichtiger Grund zur Aufhebung gegeben ist,
- bei endgültiger Einstellung des Handelsgeschäfts,
- bei Veräußerung des Unternehmens trotz fortbestehendem Dienstvertrag,
- bei Verlust der Vollkaufmannseigenschaft,

- durch Konkurseröffnung über das Vermögen des Inhabers des Handelsgeschäfts.

Die Erteilung der Prokura ist von dem Inhaber des Handelsgeschäfts zur Eintragung in das Handelsregister anzumelden (§ 53 I HGB). Die Anmeldung und Eintragung in das Handelsregister ist kein Wirksamkeitserfordernis und hat nur bestätigende, d.h. deklaratorische Wirkung. Das Erlöschen der Prokura ist ebenso wie die Erteilung der Prokura zur Eintragung in das Handelsregister anzumelden (§ 53 III HGB). Bis zur Löschung wirkt die Eintragung zugunsten gutgläubiger Geschäftspartner entsprechend § 15 HGB fort.

Die Prokura ermächtigt »zu allen Arten von gerichtlichen und außergerichtlichen Geschäften und Rechtshandlungen, die der Betrieb eines Handelsgewerbes mit sich bringt« (§ 48 I HGB). Zur Veräußerung und Belastung von Grundstücken ist der Prokurist nur berechtigt, wenn ihm dieses Befugnis besonders erteilt ist (sog. Immobiliarklausel) (§ 49 II HGB). Die Prokura berechtigt zur Vornahme aller Geschäfte, die der Betrieb irgendeines Handelsgewerbes mit sich bringt. Im Gegensatz zum Umfang der Handlungsvollmacht stellt § 49 HGB weder auf ein bestimmtes Handelsgeschäft noch auf eine bestimmte Branche ab. Die Vertretungsbefugnis eines Prokuristen erfaßt also grundsätzlich alle denkbaren Handelsgeschäfte von der Personaleinstellung, Erteilung von Handlungsvollmachten, Kreditaufnahme bis hin zur Errichtung neuer Zweigniederlassungen und Prozeßführung. Ausgenommen sind die sogenannten *Grundlagengeschäfte,* da sie nicht zum »Betrieb« eines Handelsgewerbes gehören. Zu den Grundlagengeschäften gehören vor allem die Veräußerung, Verpachtung oder Einstellung des Handelsgeschäfts, die Änderung der Firma, die Aufnahme von Gesellschaftern und die Stellung eines Konkursantrages.

Eine Beschränkung des Umfangs der Prokura ist Dritten gegenüber unwirksam (§ 50 I HGB). Dies gilt gemäß § 50 II HGB insbesondere für die Beschränkung, »daß die Prokura nur für gewisse Geschäfte oder gewisse Arten von Geschäften oder nur unter gewissen Umständen oder für eine gewisse

Zeit oder an einzelnen Orten ausgeübt werden soll«. Allerdings kann der in § 49 HGB gesetzlich festgelegte Umfang der Prokura im Innenverhältnis beschränkt werden. Beachtet der Prokurist diese Beschränkungen nicht, so wird die Wirksamkeit der vorgenommenen Rechtshandlungen im Außenverhältnis zu Dritten selbst dann nicht berührt, wenn der Dritte die Beschränkung kannte oder kennen mußte, soweit er nicht rechtsmißbräuchlich handelt.

Anstelle von Einzelprokura ist auch Gesamtprokura möglich. Gemäß § 48 II HGB liegt Gesamtprokura vor, wenn mehrere gemeinschaftlich Prokura erhalten. Dabei kann es auch zu Mischformen kommen: A hat Einzelprokura, B daneben Gesamtprokura gemeinsam mit A. Auch gemeinsame Vertretung durch Prokuristen und organschaftliche Vertreter einer Gesellschaft ist möglich, also Bindung des Prokuristen an die Mitwirkung eines Gesellschaftsorgans oder Geschäftsführers oder Vorstandes (gemischte Gesamtprokura § 48, 125 III Satz 1 HGB, § 78 III AktG).

Zulässig ist nach § 50 III HGB die Beschränkung der Prokura auf eine von mehreren Niederlassungen, wenn diese unter verschiedenen Firmen betrieben werden. Die Prokura kann auch auf die Hauptniederlassung beschränkt werden, so daß der verbreitete Ausdruck Filialprokura nur für einen Teil der Fälle zutrifft.

Das Risiko eines Mißbrauchs der im Außenverhältnis unbeschränkt wirksamen Prokura trägt grundsätzlich der vertretene Inhaber des Handelsgeschäfts. Etwas anderes gilt nur im Falle eines offensichtlichen Mißbrauchs der Prokura. Ein Mißbrauch der Prokura führt in folgenden Fällen dazu, daß der Vertretene nicht verpflichtet wird:

- Kollusion, d.h. absichtliches Zusammenwirken von Vertreter und Dritten zum Nachteil des Vertretenen (§§ 138, 826 BGB).
- Der Dritte weiß, daß der Prokurist mißbräuchlich handelt.
- Der Dritte hätte bei Anwendung der im Verkehr erforderlichen Sorgfalt erkennen müssen, daß der Vertreter pflicht-

widrig zum Nachteil des Vertretenen handelt. Dabei müssen sich die das mißbräuchliche Verhalten begründeten Umstände dem Dritten aufdrängen.

Der Prokurist ist bei schriftlichen Erklärungen verpflichtet, die Firma, seinen Namen und einen auf die Prokura hinweisenden Zusatz (ppa) anzugeben (§ 51 HGB). Ein Verstoß gegen § 51 HGB, der nur Ordnungsvorschrift ist, macht für sich allein das Handeln des Prokuristen nicht unwirksam. Es ist nach allgemeinen Regeln zu klären, wer verpflichtet wird. Unterzeichnet der Prokurist mit dem Namen des Geschäftsinhabers oder ist sonst ersichtlich, daß er namens des Inhabers handelt, wird dieser verpflichtet. Handelt der Prokurist nicht erkennbar in fremdem, sondern in eigenem Namen, wird er selbst verpflichtet (§ 164 II BGB).

Die *Handlungsvollmacht* unterscheidet sich von der Prokura durch ihre geringere Bedeutung, die sich darin zeigt, daß weniger strenge Voraussetzungen für ihre Erteilung bestehen, keine Eintragung in das Handelsregister vorgesehen ist und der Umfang individuell auf das einzelne Handelsgeschäft bzw. einzelne Handelsgeschäfte zugeschnitten ist.

Die Handlungsvollmacht kann formlos und im Gegensatz zur Prokura auch durch schlüssiges Verhalten gegenüber dem zu Bevollmächtigenden oder einem Dritten erteilt werden (§ 167 BGB). Zur Erteilung von Handlungsvollmachten sind alle Kaufleute, d.h. abweichend von der Prokura auch Minderkaufleute (§ 4 HGB) berechtigt. Handlungsbevollmächtigter kann jedoch nur eine natürliche Person werden.

§ 54 I HGB definiert die Handlungsvollmacht wie folgt: »Ist jemand ohne Erteilung der Prokura zum Betrieb eines Handelsgewerbes oder zur Vornahme einer bestimmten zu einem Handelsgewerbe gehörigen Art von Geschäften oder zur Vornahme einzelner zu einem Handelsgewerbe gehöriger Geschäfte ermächtigt, so erstreckt sich die Vollmacht (Handlungsvollmacht) auf alle Geschäfte und Rechtshandlungen, die der Betrieb eines derartigen Handelsgewerbes oder die Vornahme derartiger Geschäfte gewöhnlich mit sich bringt.«

Danach sind drei Arten von Handlungsvollmachten zu unterscheiden:

- sogenannte Generalhandlungsvollmacht zum gesamten Betrieb eines derartigen Handelsgewerbes (Beispiel: Geschäftsführer eines Minderkaufmanns);
- Arthandlungsvollmacht zur Vornahme von bestimmten, zu einem derartigen Handelsgewerbe gehörenden Geschäften (Beispiele: Zweigstellenleiter von Kreditinstituten, Leiter des Ein- und/oder Verkaufs, Leiter der Finanzabteilung);
- Spezialhandlungsvollmacht zur Vornahme einzelner oder sogar nur eines einzigen Geschäfts.

Die Handlungsvollmacht erstreckt sich auf alle Geschäfte und Rechtshandlungen, die der Geschäftsbetrieb oder solche Geschäfte gewöhnlich mit sich bringen (branchenübliche Geschäfte); unüblich sind z.B.:

- Angabe von Verzichtserklärungen,
- Vereinbarung eines ausländischen Gerichtsstandes,
- langjährige Ausschließlichkeitsabrede.

§ 54 I HGB schützt also nur gegen ungewöhnliche Beschränkungen der Handlungsvollmacht in Einzelfällen, z.B. Ausnahme einzelner Akte, Wertgrenze, Erfordernis der Zustimmung anderer.

Beschränkungen gelten nach § 54 II HGB für die Veräußerung oder Belastung von Grundstücken, Eingehung von Wechselverbindlichkeiten, Aufnahme von Darlehen oder Prozeßführung; diese Geschäfte und Rechtshandlungen darf der Handlungsbevollmächtigte nur vornehmen, wenn ihm eine solche Befugnis besonders erteilt ist.

Sonstige Beschränkungen der Handlungsvollmacht gelten Dritten gegenüber nur bei Kenntnis oder Kennenmüssen (§ 54 III HGB).

Auf die durch § 54 HGB gezogenen Grenzen einer Handlungsvollmacht kann sich der Inhaber eines Handelsgeschäfts dann nicht berufen, wenn er sich nach den Grundsätzen der Anscheinsvollmacht behandeln lassen muß. Eine Anscheinsvollmacht liegt vor, wenn der Vertretene das Handeln eines angeblichen Vertreters zwar nicht kennt, aber bei Anwendung pflichtgemäßer Sorgfalt hätte erkennen und verhindern können und wenn so für Dritte der Schein entsteht, der Vertretene dulde und billige das Verhalten seines Scheinvertreters (ständige Rechtsprechung). Dies ist ein auf den Handels- und Berufsverkehr beschränkter reiner Rechtsscheintatbestand. In der Regel begründet nur ein Verhalten von einiger Häufigkeit und Dauer einen zurechenbaren Rechtsschein, besonders bei laufenden Geschäftsverbindungen. Von der Anscheinsvollmacht zu unterscheiden ist die Duldungsvollmacht. Sie liegt vor, wenn der Vertretene wissentlich zuläßt (duldet), daß jemand für ihn wie ein Vertreter auftritt und Dritte nach Treu und Glauben bei Anwendung der ihnen jeweils zuzumutenden Sorgfalt auf die Erteilung einer entsprechenden Vollmacht schließen dürfen (ständige Rechtsprechung). Dies ist ein rechtsgeschäftlicher Tatbestand entsprechend einer schlüssigen Erklärung der Vollmacht gegenüber Dritten (§ 167 I BGB).

Der Handlungsbevollmächtigte ist verpflichtet, mit einem Zusatz zu zeichnen, der seine Bevollmächtigung ausdrückt: »per«, »i. V.«, »für«, »in Vollmacht«. Jeder Hinweis auf eine Prokura ist zu vermeiden. Die Bestimmung ist nur Ordnungsvorschrift (§ 57 HGB).

Nur mit vorheriger Zustimmung oder nachträglicher Genehmigung des Inhabers des Handelsgeschäfts oder des Prokuristen kann der Handlungsbevollmächtigte seine Handlungsvollmacht auf einen anderen übertragen (§ 58 HGB).

Die Handlungsvollmacht erlischt nach allgemeinen Regeln (§§ 168 ff. BGB), im Konkurs des Geschäftsherrn, durch Widerruf oder Beendigung des zugrundeliegenden Rechtsverhältnisses. Bei Tod des Geschäftsherrn besteht die Handlungsvollmacht nur im Zweifel fort (§ 168 Satz 1 BGB).

Zusammenfassende Darstellung

	Erteilung	*Umfang und Beschränkbarkeit*	*Gesamtvertretungsmacht*
Prokura	§ 48 I HGB; nur durch Inhaber oder seinen gesetzlichen Vertreter; nur durch ausdrückliche Erklärung an Prokuristen oder an Allgemeinheit; keine Anscheins- oder Duldungsvollmacht; Eintragung im Handelsregister (§ 53 HGB).	§ 49 I HGB; alle Arten von gerichtlichen und außergerichtlichen Geschäften und Rechtshandlungen, die der Betrieb (!) eines (!) Handelsgewerbes mit sich bringt; Ausnahme: Veräußerung von Grundstücken (§ 49 II HGB); Beschränkungen unzulässig (§ 50 I HGB); Ausnahme: Filialprokura (§ 50 III HGB).	Gesamtprokura zulässig (§ 48 II HGB); zulässig auch Bindung des Prokuristen an Mitwirkung von Inhaber, geschäftsführenden Gesellschafter, Vorstand oder Geschäftsführer. Erteilung als Gesamtvollmacht ist eintragungspflichtig (§ 53 I HGB).
Handlungsvollmacht	Interne oder externe Vollmacht; Erteilung durch Bevollmächtigte, Duldungs- und Anscheinsvollmacht möglich; keine Eintragung im Handelsregister.	Nach § 54 HGB drei Arten: General-, Art- und Spezialvollmacht; alle Handlungen, die der Betrieb eines derartigen (!) Handelsgewerbes oder die Vornahme derartiger (!) Geschäfte gewöhnlich (!) mit sich bringt; Ausnahme: »gefährliche Geschäfte« nach § 54 II HGB; Beschränkungen zulässig, jedoch Schutz gutgläubiger Dritter (§ 54 III HGB).	Gesamthandlungsvollmacht zulässig; zulässig auch Bindung an Mitwirkung von Inhaber, geschäftsführenden Gesellschafter, Vorstand oder Prokuristen; keine Eintragung im Handelsregister.

Literaturhinweise

Juristisches Kurzlehrbuch Handelsrecht, Capelle. Canaris, 21. Aufl., Beck-Verlag, München 1989

HGB Handelsrecht, Bilanzrecht, Steuerrecht, Kom. von Glanegger / Niedner / Renkl / Ruß, 2. Aufl., C. F. Müller Juristischer Verlag, Heidelberg 1990

Handelsgesetzbuch, Kom. von Baumbach / Duden / Hopt, 28. Aufl., Verlag C. H. Beck, München 1989

STÖRLE, WILHELM, Prof. Dr. jur., Regensburg

Professor für das Lehrgebiet Recht an der Staatlichen Fachhochschule in Regensburg. Freiberuflich tätiger Dozent bei der IHK Regensburg. Rechtsberatende Tätigkeit als Rechtsbeistand.

2.1.4 Soziale und materielle Absicherung

GOTTFRIED NAHR

Die *soziale und materielle Absicherung* beinhaltet die Absicherung des erwünschten Lebensstandards über die Aktivitätsphase als Führungskraft im Unternehmen hinaus für die Zeit nach dem aktiven Erwerbsleben, für den Fall der Invalidität oder auch im Fall des vorzeitigen Todes für eine entsprechende Absicherung der Familienmitglieder. Sie sollte ein integraler Bestandteil der persönlichen Lebenseinkommensplanung jeder Führungskraft sein.

Obwohl immer häufiger gerade bei älteren Führungskräften die Beurteilung der Qualität eines Arbeitsplatzes von der damit verbundenen sozialen und materiellen Absicherung beeinflußt wird, werden in der Praxis solche Fragen bisweilen leicht übersehen. Vor allem jüngere Mitarbeiter, die ihre Einkommensplanung auf ihre Tätigkeit als aktive Führungskraft konzentrieren, legen der Einkommenserzielung nach ihrer Aktivenphase nur eine geringe Bedeutung bei. Da die Finanzierung der Einkommenssicherung über das Erwerbsleben hinaus jedoch stets nur in der Aktivitätsphase erfolgen kann und sich außerdem über einen möglichst langfristigen Zeitraum erstrecken soll, ist es wichtig und entscheidend, sich rechtzeitig und in frühen Jahren des Berufslebens mit diesen Fragen auseinanderzusetzen.

Soweit es sich bei Führungskräften um Arbeitnehmer oder arbeitnehmerähnliche Personen handelt, gründet sich die soziale und materielle Absicherung auf das sog. *Drei-Säulen-Modell.* Die erste Säule bildet als Basissicherung die gesetzliche Rentenversicherung. Die zweite Säule ist als Zusatzsicherung zu verstehen und erfolgt in der Form der betrieblichen Altersversorgung. Die dritte Säule als ergänzende Alterssicherung bezieht sich auf die persönliche Eigenvorsorge. Für die soziale und materielle Absicherung von Führungskräften sind alle drei Säulen von Bedeutung. Insbesondere die *gesetzliche Rentenversicherung* gewährleistet nur bis zu einer gewissen Einkommenshöhe eine befriedigende, ausreichende Absicherung des Lebensstandards, und auch die betriebliche Absicherung kann nur bedingt den verbleibenden Bedarf befriedigen, den die gesetzliche Rentenversicherung in zunehmendem Maße für höherverdienende Führungskräfte offenläßt. Die persönliche Eigenvorsorge gewinnt deshalb für die Zukunft stetig an Bedeutung.

Die gesetzliche Rentenversicherung als erste Säule der sozialen und materiellen Absicherung ist in der Bundesrepublik Deutschland Bestandteil der *Sozialversicherung.* Für alle Arbeitnehmer im Inland, mit Ausnahme von Vorstandsmitgliedern von Aktiengesellschaften und beherrschenden Gesellschafter-Geschäftsführern von GmbHs, gilt grundsätzlich eine Versicherungspflicht. Soweit Führungskräfte ganz oder nur vorübergehend im Ausland tätig sind, gelten besondere Bestimmungen, über die man sich bei dem zuständigen Rentenversicherungsträger, i. d. R. der Bundesversicherungsanstalt für Angestellte, genauestens informieren sollte.

Die gesetzliche Rentenversicherung gewährt auf Antrag Leistungen im Alter, bei verminderter Erwerbsfähigkeit (Invalidität) und bei Tod des versicherten Arbeitnehmers. Die Leistungsvoraussetzungen für die Alters- und Invalidenleistungen sind z. T. sehr komplex.

Die Leistungsvoraussetzungen für Altersleistungen sind insbesondere in einer durch das Rentenreformgesetz 1992 geschaffenen Übergangsphase hier im einzelnen nicht darstellbar. Es gilt jedoch für die Zukunft, daß Altersleistungen in vollem Umfang sowohl für Männer als auch für Frauen erst ab Vollendung des 65. Lebensjahres gewährt werden. Daneben werden die Altersleistungen auch vor Vollendung des 65. Lebensjahres an Schwerbehinderte oder an längerfristig arbeitslose Arbeitnehmer (mindestens 1 Jahr) gewährt, wenn diese das 62. Lebensjahr vollendet haben. Die flexible Altersgrenze wurde durch das Rentenreformgesetz für jüngere Jahrgänge auf das 62. Lebensjahr abgesenkt; für ältere Jahrgänge gilt mit einem gleitenden Übergang noch die alte flexible Altersgrenze von 63 Jahren. Wichtig und entscheidend ist jedoch, daß die Inanspruchnahme der flexiblen Altersgrenze durch die jüngeren Jahrgänge in der Zukunft eine Kürzung der Altersrente mit sich bringt, und zwar wird die sich nach der Rentenformel ergebende Altersrente um jeweils 0,3 % für jeden Monat gekürzt, um den der Beginn der Altersrente vor Vollendung des 65. Lebensjahres liegt.

Invalidenrenten werden aus der gesetzlichen Rentenversicherung sowohl wegen Erwerbsunfähigkeit als auch wegen Berufsunfähigkeit gewährt. Erwerbsunfähigkeit liegt regelmäßig vor, wenn der Versicherte aufgrund Krankheit oder Behinderung auf nicht absehbare Zeit außerstande ist, einer Erwerbstätigkeit in gewisser Regelmäßigkeit nachzugehen. Die Berufsunfähigkeit schränkt diesen Tatbestand jedoch sowohl im Hinblick auf den Umfang der Erwerbsminderung (mehr als 50 % im Vergleich mit einem gesunden Versicherten) als auch auf den erlernten bzw. ausgeübten Beruf ein, so daß bei Berufsunfähigkeit durchaus noch einer Erwerbstätigkeit nachgegangen werden kann. Infolgedessen beträgt die Rente wegen Berufsunfähigkeit nur ⅔ der entsprechenden Rente wegen der Erwerbsunfähigkeit. Da die Berufsunfähigkeit von der Ausbildung und der ausgeübten Tätigkeit abhängig ist, tritt sie um so eher ein, je qualifizierter und spezialisierter die ausgeübte Tätigkeit war.

Nach dem Tod des Versicherten werden auf Antrag Witwen-, Witwer- und Waisen-Hinterbliebenenrenten gezahlt. Da die persönliche Einkommensplanung sich nicht nur auf die eigene Person als Führungskraft beziehen darf, sondern den gesamten Haushalt und damit die Familie mit einschließen muß, ist hierauf besonders zu achten.

Für die Gewährung sämtlicher Leistungen im Alter, bei Erwerbsunfähigkeit oder Berufsunfähigkeit sowie bei Tod des Versicherten sind jedoch Wartezeiten zu beachten. Grundsätzlich gilt für alle Leistungen die allgemeine Wartezeit von fünf Jahren, d.h. eine Leistung wird erstmals nach einer Versicherungsdauer von fünf Jahren gewährt. Besondere Wartezeiten zwischen 15 und 35 Jahren gelten für Altersrenten wegen Arbeitslosigkeit und Altersrente für Frauen ab Vollendung des 60. Lebensjahres, für Erwerbsunfähige vor Erfüllung der allgemeinen Wartezeit, für vorzeitige Altersrenten an langjährig Versicherte und Schwerbehinderte, Berufs- oder Erwerbsunfähige.

Diese Wartezeiten haben einen Einfluß auf die Versorgungsplanung, denn es ergeben sich gerade für Berufsanfänger und jüngere Führungskräfte gravierende Versorgungslücken. Soweit im einzelnen die Wartezeiten in der gesetzlichen Rentenversicherung noch nicht erfüllt sind, sollte man durchaus entstehende Versorgungslücken durch alternative Versorgungsansprüche (z.B. betriebliche Vorsorgezusagen oder Eigenvorsorge über entsprechende private Versicherungsverträge) schließen.

Die Höhe der Leistungen werden gem. Rentenreformgesetz 1992 durch die Multiplikation folgender drei Faktoren bestimmt:

- dem aktuellen Rentenwert,
- der Rentenartenfaktor und
- den persönlichen Entgeltpunkten.

Der aktuelle Rentenwert wird jährlich neu bestimmt und entspricht grob gesprochen der monatlichen Altersrente, die sich aufgrund einer Jahresbeitragszahlung aus dem Durchschnittsentgelt aller Beschäftigten ergibt. Ab 1. Juli 1992 beträgt der aktuelle Rentenwert 42,63 DM. Zur Rentenbemessung wird dieser nun mit dem Rentenartenfaktor und den persönlichen Entgeltpunkten vervielfältigt. Der Rentenartenfaktor ergibt sich aus der jeweiligen Rentenart und beträgt zum Beispiel für die Alters- und Erwerbsunfähigkeitsrente 1,0; für Renten wegen Berufsunfähigkeit 0,6667 sowie für die große Witwenrente 0,6, für die Halbwaisenrente 0,1 und für die Vollwaisenrente 0,2.

Die persönlichen Entgeltpunkte spiegeln den persönlichen Versicherungsverlauf wider und geben der jeweiligen Rentenhöhe ihr individuelles Gepräge. Entgeltpunkte werden für sämtliche Beitragszeiten gewährt. Hierzu zählen auch die beitragsfreien und beitragsgeminderten Zeiten. Die Entgeltpunkte werden durch das Verhältnis der Beitragsbemessungsgrundlage zum Durchschnittsverdienst desselben Kalenderjahres bestimmt und über die Beitragsjahre aufsummiert. Beitragsbemessungsgrundlage sind dabei die beitragspflichtigen Einnahmen; bei Arbeitnehmern ist dies das Arbeitsentgelt bis zur Höhe der jeweiligen Beitragsbemessungsgrenze (BBG), die z.B. im Jahr 1992 81600 DM beträgt.

Bei höherverdienenden Führungskräften führt diese Begrenzung nun nicht nur zu einer Begrenzung der Beitragsbelastung in der Aktivenzeit, sondern vor allem auch zu einer Begrenzung der in einem Kalenderjahr erreichbaren Entgeltpunkte und damit zu einer Begrenzung des Versorgungsniveaus im Versicherungsfall. Selbst wenn man davon ausgehen könnte, daß die gesetzliche Rentenversicherung für Arbeitnehmer eine angemessene Versorgung leistet, wird diese Aussage für höherverdienende Arbeitnehmer durch die Beitragsbemessungsgrenze (BBG) relativiert. Je mehr das persönliche Arbeitseinkommen die Beitragsbemessungsgrenze übersteigt, um so geringer wird die erreichbare Sozialversicherungsrente gemessen am gesamten persönlichen Arbeitseinkommen. Dazu bietet die auf Basis statistischer Erhebungen entwickelte

Schätzformel für Altersrenten aus der gesetzlichen Rentenversicherung (vgl. Bundesminister der Finanzen, Schreiben vom 10. 12. 1990 – IV B 2 – S 2167 – 61/90 – mit aktuellen Änderungen) ein anschauliches Bild:

persönliches Arbeitsentgelt in Relation zur BBG (1992 = 81 600)	erreichbare Sozialversicherungsrente in % des Arbeitsentgeltes
25%	ca. 48%
50%	ca. 48%
75%	ca. 46%
100%	ca. 40%
125%	ca. 32%
150%	ca. 27%
175%	ca. 23%
200%	ca. 20%

Neben dem dramatischen Absinken der Altersversorgung aus der gesetzlichen Rentenversicherung für Arbeitseinkommen, die für Führungskräfte wesentlich oberhalb der Beitragsbemessungsgrenze (BBG) liegen dürften, ist aus diesen Zahlen auch erkennbar, daß die gesetzliche Rentenversicherung heute bereits für alle Einkommensschichten nur eine Grundversorgung leistet und je nach den persönlichen Einkommensverhältnissen und Anspruchsgrundlagen einer Ergänzung durch die betriebliche Altersversorgung und/oder Eigenvorsorge bedarf.

Für die *betriebliche Altersversorgung* ist zu beachten, daß es sich zunächst um freiwillige Leistungen des Arbeitgebers handelt, die von ihm finanziert und getragen werden, auch wenn in dieser Beziehung die Grenzen im Sinne einer Gesamtvergütungsbetrachtung immer fließender werden (Cafeteria-Prinzip). Jedoch muß der Arbeitgeber grundsätzlich bereit sein, Leistungen der betrieblichen Altersversorgung zu gewähren.

Die Freiwilligkeit der Leistungsgewährung bezieht sich jedoch nur auf die Einführung der betrieblichen Altersversorgung im

Rahmen der Zusage des Arbeitgebers an den Arbeitnehmer. Der Leistungsumfang wird individuell zwischen den Vertragspartnern festgelegt und kann Alters-, Invaliditäts- sowie Witwen- und Waisenrentenansprüche umfassen. Nach Zusage der betrieblichen Altersversorgung wird der Arbeitnehmer durch die Regelungen des Gesetzes zur Verbesserung der betrieblichen Altersversorgung (Betriebsrentengesetz) geschützt.

Der Arbeitgeber kann die Altersversorgung auf verschiedene Weise organisieren: Er kann die Versorgung unmittelbar oder mittelbar durchführen (Durchführungswege). Bei der unmittelbaren Versorgung ist der Arbeitgeber selbst der Versorgungsträger, der die Versorgung bei Eintritt des Versorgungsfalles leistet. Bei der mittelbaren Versorgung schaltet der Arbeitgeber einen externen Versorgungsträger ein, der die Versorgung für ihn abwickelt. Externe Versorgungsträger sind Unterstützungskassen, Pensionskassen oder Unternehmen der Lebensversicherung.

Für die begünstigte Führungskraft haben alle Durchführungswege im Hinblick auf die arbeitsrechtlichen Rahmenbedingungen und die Leistungssicherheit im Grunde die gleiche Qualität. Im Rahmen des für alle Durchführungswege geltenden Betriebsrentengesetzes werden z.B. die Unverfallbarkeit der Ansprüche unter bestimmten Voraussetzungen wie langjähriger Betriebszugehörigkeit auch bei Firmenwechsel und Kündigung gesichert oder Ansprüche auf wegen Zahlungsunfähigkeit des Arbeitgebers von diesem nicht erbringbarer Leistungen über eine Insolvenzsicherung (Pensionssicherungsverein) verbürgt.

Bezüglich der steuerlichen Behandlung beim Arbeitgeber und beim Arbeitnehmer ergeben sich jedoch bedeutende Unterschiede, die die Wahl des Durchführungsweges (Versorgungsträgers) entscheidend beeinflussen. Externe Versorgungsträger sind für den Arbeitgeber aus steuerlicher Sicht in der Regel unattraktiv und bezüglich der Freiheitsgrade in der Versorgungsgestaltung mehr oder weniger beschränkt, so daß sich die unmittelbare Versorgung als die häufigste Form der betrieblichen Altersversorgung durchgesetzt hat. Lediglich bei einzelnen Großfirmen existieren aus historischen oder organisatorischen Gründen firmeneigene Unterstützungskassen oder Pensionskassen, wobei die Pensionskassen in der Regel die betriebliche Altersversorgung und die Eigenvorsorge der Arbeitnehmer durch Eigenbeitragsleistungen integrieren.

Ansonsten ist es zweckmäßig, die Eigenvorsorge im Wege einer Lebensversicherung zu betreiben und zwar in Form einer *Direktversicherung* aus Gehaltsumwandlung oder in Form einer privaten Lebensversicherung, wobei sich beide Formen gegenseitig nicht ausschließen. Aus der Sicht des Arbeitnehmers hängt dies in erster Linie von seinen persönlichen steuerlichen Rahmenbedingungen ab. In einem ersten Schritt wird man die private Lebensversicherung immer dann einrichten, wenn im Bereich der steuerlich abzugsfähigen Vorsorgeaufwendungen noch genügend Raum verblieben ist. Ansonsten ist die Direktversicherung aus Gehaltsumwandlungen vorzuziehen, wobei es hier wiederum der Handreichung durch den Arbeitgeber bedarf. Direktversicherungen sind nämlich nach der Definition im Betriebsrentengesetz Versicherungen, die der Arbeitgeber (auf das Leben des Arbeitnehmers) abschließt.

Der Arbeitgeber kann in diesem Fall die Versicherungsbeiträge gem. § 40b EStG bis zu einem Höchstbetrag von 3000 DM jährlich (bzw. innerhalb einer Gruppenversicherung bis 4200 DM, wobei der Betragsdurchschnitt 3000 DM nicht überschreiten darf) pauschal mit einem Steuersatz von derzeit 15% versteuern. Leistet der Arbeitgeber nun die Beitragszahlung aus dem Gehalt des Mitarbeiters, so verkürzt sich im Zeitpunkt der Beitragszahlung das der Lohnbesteuerung zu unterziehende Gehalt. Dadurch tritt für den Arbeitnehmer zunächst eine Lohnsteuerersparnis in Höhe des Grenzsteuersatzes ein, die allerdings durch die pauschale Lohnsteuer in Höhe von 15% wieder gemindert wird. Je größer die Differenz zwischen dem persönlichen Grenzsteuersatz und dem pauschalen Lohnsteuersatz ausfällt, um so größer ist die Steuerersparnis und die Attraktivität dieser (indirekten) Form der Eigenvorsorge.

Bei Abschluß einer Lebensversicherung ist aus steuerlicher Sicht beachtlich, daß die Verzinsung aus einer Kapital-Lebensversicherung gegen laufende Beitragszahlungen dann nicht der Einkommensbesteuerung unterliegt, wenn der Lebensversicherungsvertrag eine Laufzeit von mindestens zwölf Jahren aufweist. Durch diese Steuerfreiheit der Zinsen und die Möglichkeit, die Beiträge über eine Direktversicherung aus Gehaltsumwandlung pauschal zu versteuern oder als Vorsorgeaufwendungen geltend zu machen, macht die Lebensversicherung zum überaus attraktiven Instrument der Eigenvorsorge.

Als weitere Instrumente der Eigenvorsorge, die insbesondere langfristig und relativ risikobegrenzend wirken, sollten beachtet werden: der Erwerb von Immobilien oder Beteiligungen an Immobilienfonds sowie von Beteiligungs- und Gläubigerpapieren (Wertpapieren). Gerade in den letzten Jahren haben zahlreiche Finanzinnovationen ziel- und zweckorientierte Möglichkeiten der Wertpapieranlage geschaffen. Grundsätzlich sollte die Führungskraft jedoch auch hier den Rat des Anlagespezialisten suchen.

Der Führungskraft ist folgendes anzuraten

1. Prüfen Sie, ob und welche Leistungen Sie oder Ihre Hinterbliebenen aus der gesetzlichen Rentenversicherung im Alter, bei Invalidität oder Tod erwarten können anhand Ihrer ganz persönlichen Verhältnisse. Organe von Aktiengesellschaften und beherrschende Gesellschafter-Geschäftsführer können im Zweifel keine oder nur eingeschränkt Leistungen aus der gesetzlichen Rentenversicherung erhalten.
2. Beginnen Sie mit der Versorgungsplanung und ihrer Umsetzung möglichst frühzeitig in Ihrem Erwerbsleben und versuchen Sie dabei die Mitwirkung Ihres Arbeitgebers zu erreichen.
3. Vermeiden Sie bei der Mitwirkung Ihres Arbeitgebers im Rahmen einer betrieblichen Altersversorgung diesen zu überfordern. Bedenken Sie, daß eine lebenslänglich zahl-

bare Altersrente in Höhe von monatlich 1000 DM ab Vollendung des 65. Lebensjahres mit Übergang auf eine lebenslängliche Hinterbliebenenversorgung in Höhe von 60% der Altersrente nach geltenden Bewertungsrichtlinien im Alter von 65 Jahren eines Kapitalbetrags von ca. 131500 DM bedarf und z.B. eine Hinterbliebenenrente in Höhe von 1000 DM bei Tod im 45. Lebensjahr je nach Alter des Ehepartners zwischen 170000 und 180000 DM.

4. Falls sich Ihr Arbeitgeber in Fragen der betrieblichen Altersversorgung eines Fachberaters (auch versicherungsmathematischen Gutachters) bedient, sollten Sie bei Ihrer Versorgungsplanung mit Zustimmung Ihres Arbeitgebers auf dessen Fachwissen und Kompetenz zurückgreifen.
5. Wechsel des Arbeitgebers sind im Hinblick auf den Bestand der betrieblichen Altersversorgung nicht unproblematisch. Prüfen bzw. beachten Sie die bereits angesprochene Unverfallbarkeit anhand der gesetzlichen Regelungen in den §§ 1, 2 Betriebsrentengesetz.
6. Informationen erhalten Sie auch allgemein zum Thema der betrieblichen Altersversorgung bei der ABA Arbeitsgemeinschaft für betriebliche Altersversorgung e.V., Postfach 101208, 6900 Heidelberg.

Literaturhinweise

Höfer / Abt: Altersversorgung für Unternehmer und Führungskräfte, Stuttgart 1987

Von Schaub / Schusinski / Strör: Erfolgreiche Altersvorsorge, 3. Aufl., München 1989

ABA (Hrsg.): Handbuch der betrieblichen Altersversorgung, Wiesbaden 1983

Nahr, Gottfried, Prof. Dr., Dipl.-Kfm., Regensburg

Professor für Finanzwirtschaft an der Fachhochschule Regensburg.

2.1.5 Beförderung, Versetzung, Kündigung

Günter Hölzl

Die Begriffe Beförderung, Versetzung und Kündigung stammen aus dem Arbeitsrecht. Da zu den wesentlichen Aufgaben von Führungskräften auch das »Führen von Mitarbeitern« zählt, ist es unumgänglich, daß sie mit diesen Begriffen umgehen können. Führungskräfte müssen wissen, wie man Kündigungen ausspricht, welche Fristen hierbei zu beachten sind usw. Aber auch für die Führungskraft selbst ist das Wissen um die Bedeutung dieser Begriffe wichtig. So werden z.B. Dienstverträge mit leitenden Angestellten nur in Ausnahmefällen durch Kündigung beendet.

Eines der Hauptziele eines Arbeitnehmers ist der berufliche Aufstieg. Ein Anspruch auf *Beförderung* existiert in der freien Wirtschaft nicht. Einziges Kriterium, um befördert zu werden, ist die eigene Leistung. Selbst im Beamtenrecht ist es nicht möglich, eine Beförderung zu erzwingen. Allerdings kann der Arbeitnehmer aufgrund der Fürsorgepflicht des Arbeitgebers verlangen, daß mit ihm von Zeit zu Zeit Gespräche geführt werden, damit die Chancen seines beruflichen Fortkommens erörtert werden.

Mit *Versetzungen* gibt es in der Praxis immer wieder Probleme. Vorab ist anzumerken, daß es zwei unterschiedliche Versetzungsbegriffe gibt. Die arbeitsvertragliche Versetzung ist die Änderung des Aufgabenbereiches nach Art, Ort und Umfang der Tätigkeit. Versetzung i. S. des Betriebsverfassungsgesetzes ist die Zuweisung eines anderen Arbeitsplatzes, die voraussichtlich die Dauer von einem Monat überschreitet oder mit einer erheblichen Veränderung der Arbeitsbedingungen des Arbeitnehmers verbunden ist (§ 95 Abs. 3 Betriebsverfassungsgesetz).

Grundlage für jede Versetzung ist das *Direktionsrecht* des Arbeitgebers. Unter Direktionsrecht versteht man die Weisungsbefugnis des Arbeitgebers, die ihm die rechtliche Grundlage bietet, die im Rahmen der vertraglich umschriebenen Verwendung des Arbeitnehmers konkret noch nicht festgelegten Leistungspflichten nach Art, Ort und Zeit im einzelnen nach billigem Ermessen zu bestimmen, soweit damit die gesetzlichen oder kollektivrechtlich gezogenen Grenzen der Arbeitspflicht nicht überschritten werden. Das Direktionsrecht des Arbeitgebers ist durch den konkreten Vertragsinhalt des Arbeitsvertrages begrenzt. Der Arbeitgeber kann dem Arbeitnehmer keine andere als nach dem Arbeitsvertrag geschuldete Arbeit zuweisen.

Beispiel: Laut Dienstvertrag ist ein Arbeitnehmer bei einem großen Kaufhaus als Verkäufer eingestellt worden. Der Geschäftsleitung ist es somit ohne weiteres möglich, ihn von einer Abteilung in die andere »zu versetzen«, da die arbeitsvertraglich geschuldete Leistung des Verkaufens in jeder Abteilung vollbracht werden kann. Wäre der Arbeitnehmer laut Arbeitsvertrag als »Verkäufer für Spielwaren« eingestellt worden, wäre eine Versetzung in eine andere Abteilung nicht mehr ohne weiteres möglich. Eine Versetzung nach dem Direktionsrecht des Arbeitgebers scheidet aus, da vertraglich genau festgelegt ist, welche Tätigkeit der Arbeitnehmer schuldet.

Damit Schwierigkeiten der eben geschilderten Art gar nicht erst auftreten können, sollte bei einer Arbeitsvertragsgestaltung beachtet werden, daß ein Versetzungsrecht im Vertrag verankert wird. Bei Führungskräften ist dies ohnehin absolut üblich, da eines der Hauptkriterien für eine Führungskraft Flexibilität ist.

Die *Kündigung* ist eine von mehreren Möglichkeiten, einen bestehenden Arbeitsvertrag zu beenden. Unter Kündigung versteht man eine einseitige, empfangsbedürftige Willenserklärung, die geeignet ist, ein bestehendes Arbeitsverhältnis zu einem bestimmten Termin zu beenden. Da jede Kündigung empfangsbedürftig ist, muß der Kündigende sicherstellen, daß die Kündigung dem Empfänger auch tatsächlich zugeht. Für den *Zugang der Kündigung* ist der Kündigende beweispflichtig. Deswegen ist es in der Praxis äußerst wichtig, wie dieser Zugang bewirkt werden kann. Folgende Möglichkeiten haben sich als praktikabel erwiesen:

- persönliche Aushändigung und schriftliche Bestätigung des Empfängers
- Einschreiben mit Rückschein
- Einwurf in den Briefkasten per Bote, am besten noch mit einem Zeugen.

Mit folgenden Arten von Kündigungen muß sich jede Führungskraft vertraut machen:

- *außerordentliche (fristlose) Kündigung,*
- *ordentliche Kündigung,*
- Änderungskündigung.

Die außerordentliche, fristlose Kündigung ist in § 626 BGB geregelt. § 626 Abs. 1 BGB bestimmt hierzu folgendes: »Das Dienstverhältnis kann von jedem Vertragsteil aus wichtigem Grund ohne Einhaltung einer Kündigungsfrist gekündigt werden, wenn Tatsachen vorliegen, aufgrund derer dem Kündigenden unter Berücksichtigung aller Umstände des Einzelfalles und unter Abwägung der Interessen beider Vertragsteile die Fortsetzung des Dienstverhältnisses bis zum Ablauf der Kündigungsfrist oder bis zu der vereinbarten Beendigung des Dienstverhältnisses nicht zugemutet werden kann.«

Ein *wichtiger Grund* ist folglich dann gegeben, wenn Tatsachen vorliegen, die unter Berücksichtigung aller Umstände und unter Abwägung der Interessen beider Vertragsteile dem Kündigenden die Fortsetzung des Vertragsverhältnisses unzumutbar machen (Günter Schaub, Arbeitsrechts-Handbuch, 6. Auflage, C. H. Beck'sche Verlagsbuchhandlung, München 1987, Seite 860). Da es sich bei dem wichtigen Grund um einen unbestimmten Rechtsbegriff handelt, wurde in der Praxis versucht, bestimmte Fallgruppen zu entwickeln. So sind insbesondere als wichtige Gründe für eine außerordentliche Kündigung anerkannt:

- sämtliche Straftaten wie Diebstahl, Betrug, Unterschlagung
- eigenmächtiger Urlaubsantritt oder Urlaubsverlängerung

- weitere Gründe siehe Schaub Arbeitsrechts-Handbuch, Seite 864 ff.

Weiter muß beachtet werden, daß gem. § 626 Abs. 2 HGB die außerordentliche Kündigung nur innerhalb von zwei Wochen erfolgen kann. Die Frist beginnt mit dem Zeitpunkt, in dem der Kündigungsberechtigte von den für die Kündigung maßgebenden Tatsachen Kenntnis erlangt. Wird diese Frist versäumt, ist eine außerordentliche Kündigung nicht mehr möglich.

Wie bereits erwähnt, muß auch bei der außerordentlichen Kündigung eine Interessenabwägung stattfinden. Es gilt das sogenannte *»ultima ratio-Prinzip«*, d.h. die außerordentliche Kündigung ist nur dann zulässig, wenn die Kündigungstatsachen das Arbeitsverhältnis in unzumutbarer Weise belasten und kein milderes Mittel, wie etwa die ordentliche Kündigung in Betracht kommt. Der Kündigende muß sich folglich immer fragen, ob nicht ein milderes Mittel ausreichend ist.

Die ordentliche Kündigung beendet das Arbeitsverhältnis unter Einhaltung einer *Kündigungsfrist.* Gesetz und Tarifverträge kennen unterschiedlich lange Kündigungsfristen, wobei derzeit auch noch zwischen Angestellten und gewerblichen Arbeitnehmern unterschieden wird.

In Kleinbetrieben mit weniger als sechs Mitarbeitern ist der Ausspruch einer ordentlichen Kündigung unproblematisch. Es muß lediglich die jeweils gültige Kündigungsfrist eingehalten werden.

Problematisch werden ordentliche Kündigungen, falls das *Kündigungsschutzgesetz* Anwendung findet. Das Kündigungsschutzgesetz gilt für alle Arbeitnehmer, deren Arbeitsverhältnis in demselben Betrieb ohne Unterbrechung länger als sechs Monate bestanden hat, und das Unternehmen zum Zeitpunkt der Kündigung regelmäßig mehr als fünf Arbeitnehmer beschäftigt hat. Auszubildende werden in die Berechnung nicht miteinbezogen und auch nicht Arbeitnehmer, deren regelmäßige Arbeitszeit wöchentlich zehn Stunden oder monatlich 45 Stunden unterschreitet. Ist das Kündigungsschutzgesetz anwendbar, ist es dem Arbeitgeber nur noch möglich, dem Arbeitnehmer zu kündigen, falls personenbedingte, verhaltensbedingte oder betriebsbedingte Gründe vorliegen.

Voraussetzung für eine *personenbedingte Kündigung* ist, daß der Arbeitnehmer aufgrund seiner persönlichen Fähigkeiten und Eigenschaften nicht mehr in der Lage ist, künftig seine arbeitsvertraglichen Verpflichtungen zu erfüllen. Hierzu zählen vor allem mangelnde körperliche oder geistige Eignung, Erkrankungen, die die Verwendbarkeit des Arbeitnehmers herabsetzen, sowie altersbedingte Abnahme der Leistungsfähigkeit usw. Insbesondere krankheitsbedingte Kündigungen sind in der Praxis äußerst schwierig durchzuführen. In Betracht kommt eine Kündigung wegen häufiger Kurzerkrankungen oder einer langanhaltenden Krankheit. Beide Male ist es erforderlich, daß zum Zeitpunkt der Kündigung eine *negative Zukunftsprognose* getroffen werden kann. Sollte dies möglich sein, muß aber weiterhin dargelegt werden, ob durch den krankheitsbedingten Ausfall negative Auswirkungen auf den Betriebsablauf gegeben sind. Spätestens hier scheitern die meisten krankheitsbedingten Kündigungen.

Gemäß § 1 Abs. 2 Satz 1 Kündigungsschutzgesetz ist eine Kündigung sozial ungerechtfertigt, wenn sie nicht durch Gründe, die in dem Verhalten des Arbeitnehmers liegen, bedingt ist. *Verhaltensbedingte Kündigungsgründe* sind nur solche, die sozial anerkannt sind oder anders formuliert, die einen ruhig und verständig denkenden Arbeitgeber zur Kündigung veranlassen würden (Schaub, Arbeitsrechts-Handbuch, Seite 895). Als Gründe sind u.a. anerkannt, Alkoholgenuß trotz Alkoholverbot, beharrliche Arbeitsverweigerung, schlechte oder unzureichende Leistungen, dauernde Unpünktlichkeit, unbefugtes Verlassen des Arbeitsplatzes usw. Wichtig ist, daß eine verhaltensbedingte Kündigung grundsätzlich nur möglich ist, falls das beanstandete Fehlverhalten vorher abgemahnt wurde. Die *Abmahnung* ist der Ausdruck der Mißbilligung eines Verhaltens unter Androhung von Rechtsfolgen für die Zukunft, sofern das mißbilligte Verhalten nicht geändert wird. Die Abmahnung ist nur gerichtsverwertbar, falls das beanstandete Verhalten genau geschildert und dem Mitarbeiter konkret mitgeteilt wird, daß er im Wiederholungsfalle mit einer Kündigung zu rechnen hat.

Eine ordentliche *Kündigung aus betriebsbedingten Gründen* ist dann sozial ungerechtfertigt, wenn sie nicht durch dringende betriebliche Erfordernisse, die einer Weiterbeschäftigung des Arbeitnehmers in diesem Betrieb entgegenstehen, bedingt ist. Eine betriebsbedingte Kündigung ist Ausfluß einer Unternehmerentscheidung. Es wird versucht, das Personal an einen veränderten Arbeitsbedarf anzupassen. Gemäß § 1 Abs. 3 Satz 1 Kündigungsschutzgesetz ist eine Kündigung unwirksam, wenn keine hinreichende soziale Auswahl getroffen worden ist. Folgende Kriterien sind bei der *Sozialauswahl* von entscheidender Bedeutung:

- Dauer der Betriebszugehörigkeit,
- Lebensalter,
- Unterhaltsverpflichtungen usw.

Zusammenfassend läßt sich sagen, daß nach den Grundsätzen der Sozialauswahl derjenige Arbeitnehmer zu entlassen ist, der dem Betrieb am kürzesten angehört und der am schnellsten bei einem anderen Unternehmen wieder einen Arbeitsplatz findet.

Falls ein Mitarbeiter mit der ausgesprochenen Kündigung nicht einverstanden ist, muß er gegen die Kündigung *Kündigungsschutzklage* beim zuständigen Arbeitsgericht erheben. Die Klagefrist beträgt drei Wochen ab Zugang der Kündigung. Wird die *Klagefrist* versäumt, so gilt die Kündigung als wirksam.

Folgende Punkte sollte eine Führungskraft unbedingt beachten

a) Bei Konzeption von Arbeitsverträgen unbedingt Versetzungsmöglichkeit mit in den Vertrag aufnehmen.
b) Kündigungsprozesse vermeiden durch Aufhebungsverträge.

c) Falls eine verhaltensbedingte Kündigung geplant ist, diese durch Abmahnungen vorbereiten.

d) Bei fristloser Kündigung Zwei-Wochen-Frist einhalten.

Literaturhinweise

SCHAUB, GÜNTER: Arbeitsrechts-Handbuch, 6. Aufl., C. H. Beck Verlag, München 1987

HUECK / V. HOYNINGEN-HUENE: Kündigungsschutzgesetz, 11. Aufl., C. H. Beck Verlag, München 1992

Beck Rechtsberater im dtv Arbeitsrecht von A—Z von Günter Schaub, Deutscher Taschenbuch-Verlag, 1988

HÖLZL, GÜNTER, ASS., Regensburg

Rechtsreferent im Landesverband des Bayer. Einzelhandels — Arbeitsrecht/Wettbewerbsrecht

2.1.6 Konflikt-Situationen

THOMAS STAHL

Unternehmen sind nach Max Weber Formen der legitimen Herrschaft.

Das heißt, die Kooperation mit Mitarbeitern und Führung im Betrieb erfolgen auf Basis einer vertraglichen Regelung, die rechtsstaatlich kodifiziert ist.

Arbeitsrecht, Betriebsverfassungsgesetz und viele andere Rechtsnormen sind Grundlage dieses Vertrages.

Verträge sind immer Ausdruck von gemeinsamen *und* unterschiedlichen Interessen, deren Entfaltungsspielräume normiert werden sollen. D. h., neben dem gemeinsamen Ziel der Wettbewerbsfähigkeit des Betriebes etwa existieren zwischen Mitarbeitern und Betriebsführung u. U. Interessengegensätze, wenn es um die Art der Verfolgung dieses Ziels (etwa durch Rationalisierungsmaßnahmen) geht.

Derartige Interessengegensätze zwischen Arbeitgeber, Arbeitnehmer, Management und Mitarbeitern etc. können Ursache von betrieblichen Konflikten sein, sie sind beim Konfliktmanagement regelmäßig zu beachten.

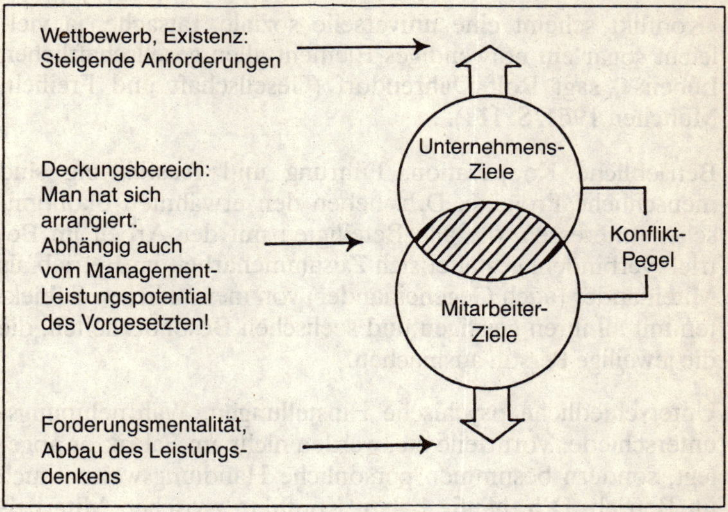

Diese rechtliche Seite, die Konflikte im Betrieb immer haben können, muß von der Führung zuerst bedacht werden, denn in jedem Konflikt schlummert ein Rechtsstreit.

Führungskräfte müssen hierzu Rechte und Pflichten der beteiligten Konfliktpartner prüfen, die rechtlichen Grundlagen ihrer konfligierenden Ansprüche untersuchen und schließlich überlegen, welche Art von Rechtsstreit abzusehen ist, wenn keine gütliche Beilegung des Konflikts möglich ist. Der Betriebsrat spielt bei all diesen Aktionen eine wichtige Rolle: Kooperation statt Konfrontation sollte die Devise der Betriebsführung sein.

Typische Konfliktfelder im Betrieb sind

- die endlosen Geschichten von der leistungsgerechten Entlohnung

- Akzeptanz bzw. Angst und Widerspruch bei organisatorischen Veränderungen
- Führungsverhalten und Führungsstil
- sowie weitere, im folgenden ausgeführte psycho-soziale Bereiche.

»Konflikt scheint eine universelle soziale Tatsache, ja vielleicht sogar ein notwendiges Element allen gesellschaftlichen Lebens«, sagt Rolf Dahrendorf (Gesellschaft und Freiheit, München 1961, S. 114).

Betriebliche Kooperation, Führung und Ausführung sind menschliche Projekte. D.h. neben den erwähnten ökonomischen Interessen, die alle Beteiligten mit der Arbeit im Betrieb verbinden, gestaltet sich Zusammenarbeit im Betrieb als Miteinander (auch Gegeneinander) von menschlichen Subjekten mit all ihren geistigen und seelischen Besonderheiten, die die jeweilige Person ausmachen.

Unterschiedliche psychische Einstellungen, Wahrnehmungsunterschiede, Vorurteile etc. werden nicht am Fabriktor abgelegt, sondern bestimmen persönliche Handlungsweisen auch im Betrieb. D.h. häufig haben Konflikte zwischen Mitarbeitern oder zwischen Management und Mitarbeitern gar keine betrieblichen Ursachen, sondern werden nur durch betriebliche Auslöser virulent.

Beispiel: Ein Meister kommt aufgrund persönlichen Ärgers mit seinen Kindern schon »geladen« in den Betrieb. Ein banaler Fehler eines Auszubildenden wird zum Anlaß für eine »Explosion«, in deren Verlauf er den Jugendlichen unsachlich beschimpft. Dieser beschwert sich beim Ausbildungsleiter …

Dieses Beispiel einer Frustrations-Aggressionskette, das zeigt wie betriebliche Konflikte außerbetriebliche Ursachen haben können, weist zugleich auf das Problem der Konfliktverschiebung hin, das Konfliktmanagement häufig so schwierig macht. Konflikte im Betrieb manifestieren sich häufig an anderen Stellen, als an ihren Entstehungsgründen.

Beispiel: Der oben zitierte Meister wird beim Ausbildungsleiter nicht auf seinen privaten Ärger als Konfliktquelle verweisen, sondern »quasiobjektive« Gründe für sein Verhalten vorbringen: »der kritisierte Azubi macht immer Fehler ...«

Die Schwierigkeit beim Konfliktmanagement besteht bereits darin, Konfliktauslöser von Konfliktursachen zu unterscheiden, um adäquat einzugreifen.

Nach einer Untersuchung von Euler zu betriebsinternen Konfliktgründen sind latente Unzufriedenheit mit bestimmten betrieblichen Umständen zwar Ausgangspunkt für Streitigkeiten, sie bedürfen aber weiterer Auslöser für ihre Manifestation. Dies zeigt sich in der folgenden Grafik am quantitativen Auseinanderdriften von Unzufriedenheit und wirklichen Auseinandersetzungen.

Unterschiedliche Nennungen von Konfliktauslösern

	Unzufriedenheit	Auseinandersetzung
Ungünstige Umwelteinflüsse (Lärm, Schmutz u. a.)	70 %	33 %
Höhe des Produktionssolls	47 %	29 %
Schlechte Materialversorgung	35 %	31 %
»Antreiberei«	34 %	24 %
Spannungen zwischen verschiedenen Arbeitsschichten	31 %	29 %
Geringe Aufstiegsmöglichkeiten	29 %	10 %
N = 396		

Quelle: H. P. Euler, Arbeitskonflikt und Leistungsrestriktion im Industriebetrieb, Düsseldorf 1973, S. 91 f.

Konfliktumleitung findet in der Regel statt, wenn bei direkten Konfrontationen mit der Ursache Nachteile befürchtet werden.

Da Konfliktverhalten das Ziel verfolgt, bestehende Widersprüche der Situation zu verringern, die Situation aus eigener

Sicht erträglicher zu gestalten, ist Konfliktumleitung natürlich das ungeeignete Mittel.

Das Verhalten des Menschen wird dann durch die unterschiedlichen Erfolgsaussichten in Bereiche kanalisiert und gelenkt, in denen der Erfolg leichter ist. Aber damit ist die eigentliche Ursache dieses Verhaltens nicht aus dem Wege geräumt.

Neben sachlichen Gründen für Unzufriedenheit und Konflikte im Betrieb, neben persönlichen, psychisch bedingten Konflikten und Konfliktumleitungen sind es soziale Gründe, die betriebliche Konflikte bestimmen.

Menschen sind soziale Wesen. Jeder Betrieb hat informelle Sozialstrukturen.

Eine klassische Konfliktsituation im Unternehmen ist eine unvorhergesehene Änderung von Managementvorgaben, die mit den Plänen und Vorstellungen der Mitarbeiter nicht in Einklang ist.

Beispiel: Ein eiliger Auftrag muß fertiggestellt werden. Dies bedeutet Überstunden für die Mitarbeiter, die bereits andere Freizeitpläne haben. Der Meister Müller bekommt die Anweisung, diese Überstunden durchzusetzen.

Müller gerät hier in einen typischen *Rollenkonflikt.* Einerseits will er als aufstiegsorientierte Führungskraft den Anforderungen des Managements genügen, er sieht die ökonomische Notwendigkeit der Überstunden (Konventionalstrafe bei nicht termingerechter Lieferung) und er sieht die Sanktionsgewalt seiner Vorgesetzten (Nichtaufstieg bei »Führungsschwäche«). Andererseits will er seinen Ruf als kooperativer Führer bei seinen Mitarbeitern nicht gefährden. Er sieht deren Sanktionsgewalt (Boykottieren, »Schneiden«, Hintertreiben von Anweisungen). Er weiß, daß er auf ihre Kooperation angewiesen ist.

Dieser Intrarollenkonflikt (innerhalb der Meisterrolle treten unvereinbare Verhaltenserwartungen seitens wesentlicher Bezugsgruppen auf) ist charakteristisch für Rollenkonflikte im mittleren Management. Er äußert sich in den unterschiedlichsten Formen von Konflikten zwischen Meister und Mitarbeitern oder Meister und Vorgesetzten.

Rollenidentifikationen und Führung werden durch derartige Konstellationen erschwert.

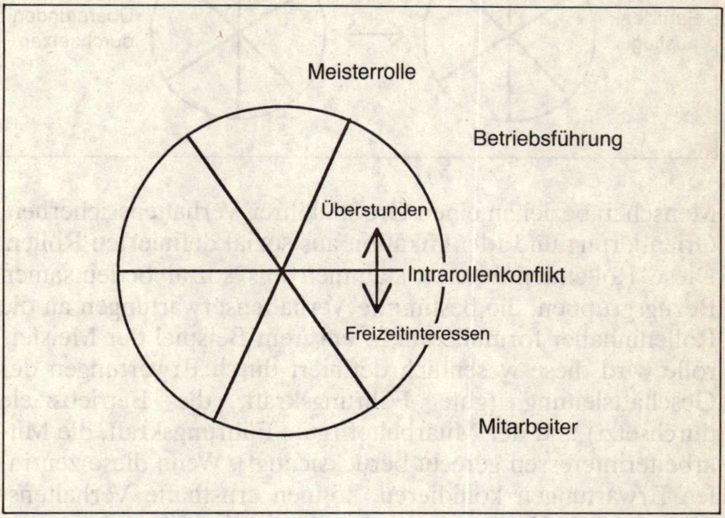

Eine Konfliktsituation zwischen unterschiedlichen Interessen von Betriebsführung und Mitarbeitern wird zum Rollenkonflikt des Meisters, der Probleme bekommt, seinen sozialen Bezugsgruppen gleichermaßen gerecht zu werden.

Beispiel: Meister Müller hat am Freitagnachmittag einen Familienausflug vor.

Zusätzlich zu seinem Intrarollenkonflikt bekommt Müller nun Probleme mit seiner Rolle als Familienvater. Er sieht die Sanktionsgewalt der Familie (Liebesentzug, Autoritätsverlust), wenn er den Familienausflug zugunsten der Überstunden absagt.

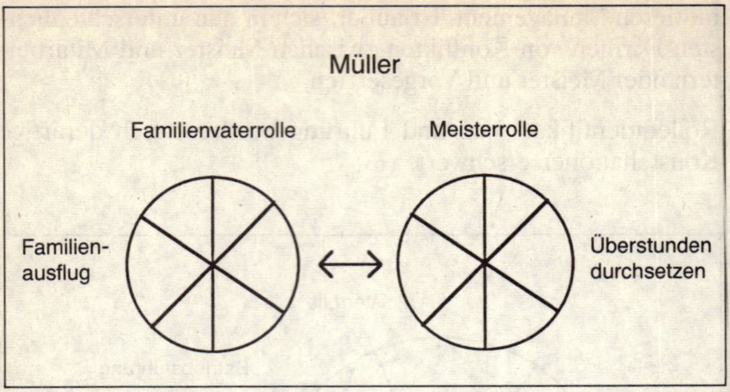

Menschen beziehen einen Großteil ihrer Verhaltenssicherheit, Orientierung und Identifikation aus sozial definierten Rollen. Diese Rollendefinitionen stammen aus sozial bedeutsamen Bezugsgruppen, die bestimmte Verhaltenserwartungen an die Rolleninhaber formulieren. In unserem Beispiel der Meisterrolle wird diese wesentlich definiert durch Erwartungen der Geschäftsleitung (gute Führungskraft, die Betriebsziele durchsetzt) und der Mitarbeiter (gute Führungskraft, die Mitarbeiterinteressen gerecht berücksichtigt). Wenn diese zentralen Erwartungen kollidieren, können ernsthafte Verhaltensprobleme die Konsequenz sein, die via Konfliktumleitung in Erscheinung treten.

Konfliktmanagement muß immer Rollenkonflikte der beteiligten Konfliktparteien in Erwägung ziehen.

Weitere klassische Konfliktursachen im Betrieb sind informelle soziale Strukturen bzw. soziale Gruppen.

Dies gilt für die Auseinandersetzung zwischen Mitarbeitern ebenso wie zwischen Management und Mitarbeitern.

In allen Betrieben existiert neben der formellen Betriebs- und Arbeitsorganisation, die die Kooperation der Betriebsangehörigen regelt, eine nicht formell kodifizierte, aber ebenso wirksame informelle soziale Organisation. Auch diese regelt die Zusammenarbeit der Menschen im Betrieb, kennt handlungsverbindliche Normen, legt Hierarchien fest etc.

Werden diese informellen sozialen Beziehungen gestört, etwa durch eine nicht abgesprochene Änderung der Ablaufstruktur, so können ernsthafte Konflikte die Folge sein. Scheinbar kleine, technische Änderungen der formalen Organisation können tief in informelle Normensysteme eingreifen, Statushierarchien gefährden und Gruppentabus verletzen. Auseinandersetzungen sind die Folge, wobei gerade hier Konfliktumleitung wahrscheinlich ist.

Die drei Ebenen der Führung:

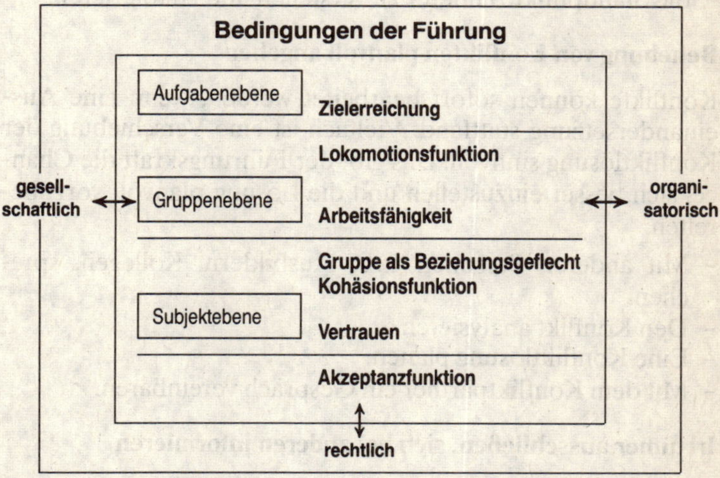

Quelle: K. A. Geißler, Zeitgemäße Führung und die Qualifikation dafür, in: Lernfeld Betrieb 2/1990, S. 37

Konflikte treten im Betrieb auf allen Ebenen von Führung auf. Aufgaben, Gruppen und Subjekte können allein oder auch im Zusammenwirken Konflikte erzeugen. Konfliktumleitung tritt im Betrieb in erster Linie in Richtung auf die Aufgabenebene auf. Das heißt aber, daß sowohl auf der Ebene der Subjekte wie auf der Ebene der Gruppen »Konfliktprophylaxe« betrieben werden muß.

Dem entsprechen die Vorstellungen des »interaktiv-dynamischen« Führungsverständnisses, welches Moderation und helfende Beziehungen vor Autorität und Kontrolle stellt.

Führen durch Konflikte

Konflikte sind Teil unseres Lebens. In einer freien Gesellschaft muß die »Konfliktbewältigung auf partnerschaftlicher Ebene« gelernt werden. Mit Hilfe der Führungskraft kann der Mitarbeiter lernen,

- sich selbst zu kontrollieren
- angemessen zu reagieren
- Konflikte rational zu durchdringen
- Kompromisse zu schließen
- die Standpunkte anderer zu verstehen und zu tolerieren.

Behebung von Konflikten planvoll angehen

Konflikte können sofort bearbeitet werden, wenn eine Auseinandersetzung stattfand. Vielfach ist eine Verschiebung der Konfliktlösung sinnvoll. Das gibt der Führungskraft die Chance, sich besser einzustellen und die Lösung planvoll vorzubereiten.

- Mit anderen Personen, z.B. Ausbildern, Kollegen, sprechen.
- Den Konflikt analysieren.
- Eine Konfliktlösung planen.
- Mit dem Konfliktpartner ein Gespräch vereinbaren.

Irrtümer ausschließen, sich bei anderen informieren

Vielfach entstehen Konflikte durch einen Informationsmangel. Andere Kollegen wissen vielleicht mehr über die Betroffenen und sehen auch das Verhalten der Führungskraft distanzierter als diese selbst. Vielleicht führen Gespräche mit Kollegen zu Erkenntnissen, die den Konflikt in völlig neuem Licht erscheinen lassen.

Wissen → Erkennen → Verstehen

Ziele der Beteiligten analysieren – Ersatzziele entwickeln

Bei der Konfliktlösung müssen wir drei Zielebenen unterscheiden. Auf der übergeordneten Zielebene versucht die Führungskraft mit dem Mitarbeiter zu einem Ausgleich zu kommen und zugleich ein bestimmtes Verhalten oder bestimmte Einstellungen des Mitarbeiters zu verändern.

Auf der Analyseebene versucht die Führungskraft die Ziele zu erfassen, die er selber und die der Mitarbeiter im Konflikt verfolgten.

Die dritte Ebene der Zielbestimmung ist die Erfindung von Ersatzzielen, die dem Mitarbeiter im Konflikt angeboten werden, wenn man ihn von den ursprünglichen Zielen abbringen will.

Konfliktschema protokollieren

Konflikte sind vielschichtig. Viele Menschen können sich solche Sachverhalte besser merken und erschließen, wenn sie sich einige schriftliche Notizen machen. Man kann auch später, wenn der Konflikt nicht beizulegen war, den Ausgangspunkt besser belegen.

Hier sind zunächst die üblichen Fragen zu stellen:

- Wer?
- Wann?
- Wo?
- Was?
- Warum?

Dieser Vermerk ist schnell angefertigt. Wesentlich sind aber noch Vermerke zu folgenden Fragen:

- Welches Ziel verfolgte der Mitarbeiter (z.B. sich um Verantwortung drücken, sich durch Lügen entlasten, Fehler vertuschen, Fehlverhalten relativieren)?
- Welches Ziel verfolgte die Führungskraft (z.B. eine Arbeitsanweisung durchsetzen, Ordnung aufrechterhalten, Disziplin sichern)?
- Wann soll ein Gespräch geführt werden?
- Was wurde im Gespräch vereinbart?

In zwei Schritten zur Konfliktlösung:

1. Schritt: Die Führungskraft bringt sich in der Konfliktsituation selbst unter Kontrolle.
   - Sie äußert ihren Ärger später.
   - Sie reagiert gebremst aggressiv.

- Sie redet sich selbst Gelassenheit ein.
- Sie zieht sich kurzfristig zurück.

2. Schritt: Die Führungskraft führt mit dem Mitarbeiter ein Gespräch über den Konflikt:

- Sie erinnert an die gemeinsamen Ziele.
- Sie lenkt den Mitarbeiter von dessen Zielen ab und bietet Ersatzziele.
- Sie konzentriert ihre Ausführungen auf das konfliktauslösende Moment.
- Sie setzt Gespräche, die in Streit übergehen, zeitweilig aus.

Das Verhalten der Beteiligten bewerten

Während des Konfliktes und danach sollte die Führungskraft das Verhalten der Beteiligten bewerten. Vor allem die ehrliche Selbstbewertung bringt die Führungskraft weiter. Impulsive Menschen werden es immer schwer haben, sich in Konfliktsituationen zu beherrschen. Da hilft nur die Einübung eines planvollen Vorgehens.

Und wenn es wieder einmal schiefgeht, nun, dann sollte man trotzdem mit sich selbst Freund bleiben. Es gibt so viele Möglichkeiten, durch engagierten Einsatz eigene Schwächen auszugleichen.

Abschließend ein wichtiger Hinweis

Konflikte können durchaus produktiv sein, wenn es den Beteiligten gelingt, die subjektive Emotionalität zu kontrollieren und die sachlichen Differenzen in gemeinsame neue Problemlösungen zu überführen. Fortschritt im Betrieb ist häufig Resultat von gelungenen Konfliktlösungen.

Konflikte sollten von der Betriebsführung deshalb nicht als persönlicher Angriff aufgefaßt werden, sondern als Anzeichen für notwendige Reformschritte seitens des Managements und damit als Innovationschance positiv begriffen werden.

Literaturhinweise

NEUHAUSER, P. C.: Stammesfehden im Unternehmen, Freiburg i. B. 1989

LUMMA, K.: Strategien der Konfliktlösung, Eschweiler 1982

WAGNER, D.: Konfliktsituationen in alternativen Organisationsmodellen, München 1988

STAHL, THOMAS, Dr., Dipl.-Soz., Regensburg

Sozialwissenschaftlicher Unternehmensberater, Forschungs- und Entwicklungsarbeit in betrieblicher Personalentwicklung, Senior Consultant EUROTECNET, Brüssel.

2.2 Aufgaben und Verantwortung

2.2.1 Fachliche Befähigung, Zuständigkeit und Kompetenz

GEORG WENZEL

> Jeder Betrieb ist so gut wie seine Mitarbeiter. Die Mitarbeiter sollen daher für ihre Arbeit begeistert, interessiert und motiviert werden. Alle Maßnahmen der Personalorganisation und der Personalführung sollen dazu dienen, die Bedürfnisse des arbeitenden Menschen im Betrieb bestmöglich zufriedenzustellen, seine materiellen ebenso wie seine ideellen Bedürfnisse. Deshalb müssen gemäß den fachlichen Befähigungen die Zuständigkeiten und Kompetenzen geregelt werden. Dies gilt sowohl für die Vorgesetzten als auch für die Mitarbeiter.

Jedes Mitglied einer Organisation, also auch eines Betriebes, hat feste Zuständigkeiten, Kompetenzen, die einen fachlich abgegrenzten Bereich von Leistungspflichten bedeuten. Die Kompetenzen werden dabei nicht individuell und im Einzelfall auf die persönlichen Eigenschaften der Mitglieder hin konzipiert, sondern personenunabhängig und generell festgelegt. Es werden solche Personen eingestellt, die geeignet erscheinen, das vorgegebene Aufgabengebiet zu übernehmen. So wird eine Struktur geschaffen, in der die einzelnen Mitglieder ausgetauscht werden können, ohne daß diese organisatorische Struktur dadurch geändert werden muß.

Auf diese Weise entsteht eine *Hierarchie,* d.h. ein System von Über- und Unterordnungen, wodurch eine Abstimmung zwischen den einzelnen Aufgabenbereichen bewirkt wird.

Um diese organisatorische Aufgabe durchführen zu können, muß die Hauptaufgabe des Betriebes gedanklich in kleinste Einheiten zerlegt werden, um Bausteine zu erhalten, die dann in geeigneter Kombination den Personen bzw. Institutionen zugeordnet werden können. Die Frage, wie weit die Untergliederung der Hauptaufgabe in Teilaufgaben zu gehen hat, um *Elementaraufgaben* zu gewinnen, kann nicht generell, sondern nur im konkreten Einzelfall und stets unter Berücksichtigung der Zuordnung erfolgen.

Die Zuordnung der Elementaraufgaben erfolgt an *Aufgabenträger* oder Arbeitsträger, d.h. an personale oder instrumentale Ausführende von Verrichtungen. Personen, denen die durch Aufgabensynthese gebildeten Aufgaben im Hinblick auf ihre Erfüllung zugeordnet werden, bezeichnet man als Aufgabenträger.

Auf diese Weise kommt es zur Bildung von *Stellen.* Die Stelle ist die kleinste organisatorische Einheit im Betrieb. Sie grenzt aufgabenmäßig den Zuständigkeits- oder Kompetenzbereich für den Stelleninhaber ab.

Für jede Stelle soll eine *Stellenbeschreibung* erstellt werden.

Die Stellenbeschreibung zeigt die Eingliederung einer Stelle in den Organisationsaufbau. Sie soll folgende Punkte enthalten:

- Bezeichnung der Stelle,
- Ziele,
- Aufgaben im einzelnen,
- Kompetenzen und Verantwortlichkeiten,
- Beziehungen zu anderen Stellen,
- aktive und passive Stellvertretung.

Bei der Einführung der Stellenbeschreibung wird nach drei Schritten vorgegangen:

- Erarbeitung eines Sollzustandes der Organisation.
- Aufnahme des Ist-Zustandes zur Ermittlung genauer Informationen über das bestehende Zuständigkeitssystem und seine Handhabung sowie die Einstellung der Mitarbeiter gegenüber dem Ist-Zustand.
- Vergleich von Ist- und angestrebtem Soll-Zustand.

Die Einführung dürfte in etwa zwei Jahre in Anspruch nehmen. Danach müssen die Stellenbeschreibungen mindestens im Abstand von drei Jahren aktualisiert werden.

Welche Gründe sprechen nun für die Einführung einer Stellenbeschreibung?

- Klarstellung der Beziehungen
- Überprüfung und Verbesserung der Organisationsstruktur
- Unterlage für eine gerechte Gehaltsstruktur
- Verbesserung des Verständnisses des Stelleninhabers für seine Arbeit
- Auswahl der Mitarbeiter (Stellenbesetzung)
- Entlastung der Führungskräfte durch Delegation
- Einführung neuer Stelleninhaber in ihre Aufgaben
- Hilfe zur Leistungsbewertung der Mitarbeiter (Beurteilung)
- Unterlage für die Personalplanung
- Aufbau eines Informationssystems
- Hilfe bei Entscheidungen über Beförderungen
- Vergleich örtlich getrennter Stellen
- Erstellung von Leistungsstandards
- Vergleich der Stellen mit solchen anderer Unternehmen
- Bestimmung notwendiger Schulungen

Die Stellenbeschreibung wird zweckmäßigerweise ergänzt durch das *Funktionendiagramm.* Dies ist die grafische Darstellung der Aufspaltung von Aufgaben in Funktionen und ihre Verteilung auf Stellen. Die *Funktion* ist somit die verantwortliche Teilnahme eines Aufgabenträgers an der Erfüllung einer komplexen Aufgabe.

Stelle / Aufgabe	Stelle 1	Stelle 2	...	...	Stelle j
Aufgabe 1	F_{11}	F_{12}			F_{1j}
Aufgabe 2	F_{21}	F_{22}			
⋮					
⋮					
Aufgabe i	F_{i1}				F_{ij}

Das Funktionendiagramm zeigt uns zeilenweise alle Funktionen verschiedener Stellen, die zur Erfüllung der komplexen Aufgabe i) erforderlich sind. Es zeigt uns spaltenweise alle Funktionen der Stelle j) in Erfüllung verschiedener komplexer Aufgaben.

Die Funktionen des Vorgesetzten werden in erster Linie bestimmt durch seine Leitungsaufgaben. Man spricht in diesem Zusammenhang von einer *»Instanz«*. Instanzen sind Stellen oder Personen mit Leitungsaufgaben. Dabei ist eine *Leitungsaufgabe* durch eine sachbezogene Aufgabenstellung mit den folgenden drei Merkmalen charakterisiert:

- Entscheidungs- und Anordnungsbefugnis,
- schöpferische Eigeninitiative,
- Eigen- und Fremdverantwortung.

Verantwortung bedeutet die Pflicht, über die zielgerechte Aufgabenerfüllung Rechenschaft abzulegen.

Von der Leitungsaufgabe wird die *Führungsaufgabe* unterschieden. Hierbei handelt es sich um eine Aufgabe mit einer personenbezogenen Zielsetzung.

Der Vorgesetzte ist z.B. Leiter einer *Abteilung*. Wie werden Abteilungen gebildet? Maßgebend dafür sind folgende Gesichtspunkte:

- Art, Bedeutung und Zusammengehörigkeit der Aufgaben.
- Umfang der Arbeiten unter Berücksichtigung der Möglich-

keiten des Einsatzes sachlicher Hilfsmittel und des Grades der Automatisierung.
- Übersehbarkeit des dem Stellenleiter unterstellten Bereiches, so daß er ihn verantwortlich zu führen vermag; ein häufiges Beurteilungskriterium hierfür ist die Anzahl der ihm direkt unterstellten Personen *(Leitungsspanne)*.
- Fachliche Eignung des Stellenleiters.

Für den Aufbau der Hierarchie ergeben sich dann typisch folgende Bezeichnungen:

- Hauptabteilung
- Unterabteilung
- Gruppe

Die hierarchische Struktur ist in der Praxis durch folgende Merkmale gekennzeichnet:

- Es gibt Vorgesetzte und Untergebene.
- Je weiter oben eine Stelle in die Hierarchie eingeordnet ist, desto größer ist ihre Entscheidungsgewalt.
- Die Vorgesetzten tragen die Verantwortung für ihren Bereich.
- Die Untergebenen werden gewissen Zwängen unterworfen.
- Die Vorgesetzten werden mit Statussymbolen ausgestattet.

Häufig wird die Hierarchie mit dem Walten eines autoritären Führungsstils verwechselt. Darin zeigt sich jedoch ein Mangel an Differenzierungsvermögen zwischen einer wertneutralen Organisationsform und den angewandten Führungsmethoden, die diese Form ausfüllt. Innerhalb des hierarchischen Aufbaus einer Organisation ist es durchaus möglich, daß kooperativ geführt wird.

Literaturhinweise

Heinen, E.: Betriebswirtschaftliche Führungslehre, Wiesbaden 1978
Kormann, H.: Planung effizienter Führungsorganisationen, Baden-Baden 1977
Krüger, W.: Organisation der Unternehmung, Stuttgart 1984

Wenzel, Georg, Prof. Dr., Diplom-Volkswirt, Fachhochschule Landshut

Autor von:
Personalwesen, in: Bestmann, Uwe, Hrsg., Kompendium der Betriebswirtschaftslehre, 6. Auflage, München 1992
Übungen zum Kompendium, Teil Personalwesen, Hrsg. Bestmann, Uwe, und Preißler, Peter, München 1991
Vorschlagswesen und Qualitätszirkel, in: Service Handbuch, Hamburg 1992.

2.2.2 Vorgesetzten- und Leitungskompetenz

Georg Wenzel

Die Notwendigkeit der Hierarchie drückt sich organisatorisch in der stufenweisen Schaffung von Leitungsstellen (Instanzen) aus, woraus sich das bekannte Bild der Pyramide ergibt.

Leitungsbeziehungen entstehen dadurch, daß eine personale Trennung von Entscheidung und Ausführung erfolgt. Der Vorgesetzte steckt durch seine Entscheidungen die Handlungsspielräume so weit wie erforderlich ab und wirkt dadurch integrierend und koordinierend. Leiten heißt also Entscheidungen für andere treffen. Entscheidungen, die nur den eigenen Arbeitsbereich betreffen, sind keine Leitungsentscheidungen.

Um Entscheidungen organisatorisch wirksam werden zu lassen, muß auch das Durchsetzungsproblem geregelt werden. Hierzu dient das der Instanz übertragene Recht, nachgelagerte Stellen durch *Anordnungen* (Weisungen) zu führen, eigene Entscheidungen also vollzugsverbindlich zu machen.

Um den Führungsregelkreis schließen zu können, ist nach der Ausführung eine Kontrolle erforderlich. Der Vorgesetzte hat die Pflicht, sich von der regelrechten Ausführung der angewiesenen Entscheidung zu überzeugen. Um dieser Pflicht nachkommen zu können, muß er das Recht eingeräumt bekommen, andere zu kontrollieren *(Fremdkontrolle)*. Die Mitarbeiter haben sich vor dem Vorgesetzten zu verantworten.

Die inhaltliche Ausgestaltung dieser Leitungsbeziehung zwischen dem Vorgesetzten und dem Mitarbeiter ist damit noch keineswegs festgelegt. Wie die Entscheidung vorbereitet und gefällt wird, ob z.B. die Mitarbeiter daran mitwirken oder nicht, ist völlig offen. Desgleichen bleibt offen, wie groß der den Mitarbeitern bei der Ausführung verbleibende Spielraum ist, ob also z.B. durch Rahmenaufträge oder durch detaillierte Einzelvorgaben geführt wird. Es ist Sache des Führungsstils der Vorgesetzten bzw. des in einem Betrieb vorherrschenden Führungskonzepts, die unterschiedliche Ausführung der Führungsfunktionen zu regeln.

Die Anzahl der Mitarbeiter, die einem Vorgesetzten direkt unterstellt sind, wird als Leitungsspanne bezeichnet. Von dieser Größe hängt die Breite der Hierarchie ab. Je größer die Leitungsspanne ist, desto weniger Leitungsebenen müssen gebildet werden.

Die Anzahl der Hierarchiestufen bestimmt die *Leitungstiefe*. Flache Hierarchien sind ebenso möglich wie sehr steile, in denen lange Instanzenwege auftreten.

Der Kern einer zweckmäßigen Gestaltung des Management-Systems liegt darin, sicherzustellen, daß effiziente Entscheidungen getroffen werden. Speziell bei der Planung der Organisationsstruktur geht es darum, Zuständigkeiten für die Mitwirkung an Entscheidungsprozessen so auf die Führungsstellen zu verteilen, daß insgesamt eine hohe Entscheidungs-Effizienz erreicht wird. Effiziente Entscheidungen sind darauf gerichtet, die kurz- und langfristige Ertragskraft des Unternehmens zu steigern.

Wenn eine Stelle mit Führungsbefugnis, eine Instanz, innerhalb der Führungsorganisation für etwas zuständig ist, dann bedeutet das eine Festlegung hinsichtlich

- des Aufgabenbereichs im Rahmen der Arbeitsteilung der Unternehmensführung,

- der Mitwirkungsrechte an Entscheidungsprozessen (Kompetenz), insbesondere der formellen Autorität zum Fällen von Entscheidungen und zur Anordnung ihrer Durchführung,
- der Rolle, insbesondere der Verantwortlichkeit für die Erfüllung der Anforderungen der Unternehmensleitung,
- der Förderung der Zusammenarbeit der der Instanz zugeordneten Mitarbeiter.

Im Rahmen des Aufgabenbereichs werden einer Führungskraft Zuständigkeiten eingeräumt, an welchen Entscheidungsprozessen und in welcher Weise sie mitwirken kann. Zur Beschreibung der Mitwirkungsmöglichkeiten an Entscheidungsprozessen kann das Phasen-Theorem herangezogen werden, nachdem der gesamte Entscheidungsprozeß in

- Anregungsphase,
- Such- und Bewertungs-Phase,
- Entscheidungs-Phase,
- Durchsetzungs-Phase,
- Kontrollphase

gegliedert wird.

Dabei ist die Hierarchie der Schritte von entscheidender Bedeutung: Fehler in der Identifizierung des Problems und der Informationssuche können durch ausgeklügelte Bewertungstechniken in der darauffolgenden Entscheidungsphase nicht mehr aufgeholt werden. Man wird grundsätzlich davon ausgehen müssen, daß eine Instanz die ihr zugewiesenen Aufgaben nur dann wirksam bewältigen kann, wenn sie zugleich über die hierfür erforderlichen Entscheidungskompetenzen verfügt. Man kann diese Maxime aber nicht dogmatisch anwenden, vielmehr kann es in der Praxis gute Gründe geben, daß es zweckmäßiger ist, den Kompetenzbereich enger oder weiter zu fassen als den Aufgabenbereich. Beispiel: die Marketing-Leitung ist verantwortlich für das aus dem Umsatz resultierende Ergebnis und kann zu diesem Ziel Leistungsangebot, Preis und Liefer-Service festlegen. Bei den in manchen Geschäften ausschlaggebenden Zahlungsbedingungen ist das

Marketing aber an die oft einschränkenden Entscheidungen der Finanzleitung gebunden.

Das Entscheidungsverhalten des Vorgesetzten sollte in der Praxis eine gewisse Normierung erfahren. Dies kann durch folgende Regelungen bewirkt werden:

- durch ausführliche Aufgabenbeschreibungen und Zuständigkeitskataloge;
- durch Richtlinien und Verfahrensregeln für das »Wie« der Aufgabenerfüllung; z.B.: als Vorschrift für den Einkauf wird festgelegt, daß bei Einkaufsbeträgen über eine bestimmte Summe mindestens vier Angebote eingeholt werden müssen;
- durch starke Spezialisierung der Rolle der Führungskräfte auf ihre fachliche Zuständigkeit.

Zwischen verschiedenen Entscheidungselementen besteht häufig ein *Koordinationserfordernis.* Dies bedeutet das Abstimmen von zwei Entscheidungselementen und damit das Zusammenwirken zweier in diesen Entscheidungselementen befaßten Stellen. Die Koordination kann beruhen auf:

- einem Weisungsrecht einer vorgesetzten Instanz, die jeder der zwei oder mehreren nachgeordneten Instanzen sagt, was sie tun sollen: hierarchische Koordination;
- der Eigenkoordination zweier oder mehrerer Stellen, die sich abstimmen, ohne dazu eine übergeordnete Instanz heranzuziehen.

Der Vorgesetzte hat im Rahmen seiner Kompetenzen den Mitarbeitern die notwendigen Aufträge zu erteilen. Art und Güte der Ausführung von Aufträgen hängen weitgehend von der richtigen Anweisung ab. Die Durchführung der Aufgabe wird dann vom Vorgesetzten durch einen Soll-Ist-Vergleich kontrolliert.

Zur Leitungskompetenz des Vorgesetzten gehört auch die *Beurteilung.* Darunter verstehen wir eine systematische, planvolle Bewertung der individuellen Eignung und Leistung des Mitarbeiters auf der Grundlage objektiver Beurteilungskriterien. Die Beurteilung wird durch den Vorgesetzten in der Regel einmal im Jahr unter Zuhilfenahme eines Beurteilungsbogens durchgeführt. Entscheidend für eine gute Beurteilung ist das Beurteilungsgespräch mit dem Mitarbeiter, das ihm neue Motivationen bringen sollte.

Die Mitarbeiterbeurteilung ist eine wesentliche Grundlage für die *Förderung* des Mitarbeiters. Diese gehört zu den dringendsten Aufgaben des Vorgesetzten. Sie geschieht bereits durch die Aufgabenverteilung sowie durch entsprechende Fort- und Weiterbildungsmaßnahmen. Ein guter Vorgesetzter zeichnet sich dadurch aus, daß er das Interesse des Betriebes über das Ressortdenken stellt und bereit ist, gute Mitarbeiter zu fördern und schließlich in Kauf nimmt, sie infolge der Übernahme höherer Aufgaben zu verlieren.

Literaturhinweise

HEINEN, E.: Betriebswirtschaftliche Führungslehre, Wiesbaden 1978

KORMANN, H.: Planung effizienter Führungsorganisationen, Baden-Baden 1977

KRÜGER, W.: Organisation der Unternehmung, Stuttgart 1984

WENZEL, GEORG, Prof. Dr., Diplom-Volkswirt, Fachhochschule Landshut

Autor von:

Personalwesen, in: Bestmann, Uwe, Hrsg., Kompendium der Betriebswirtschaftslehre, 6. Auflage, München 1992

Übungen zum Kompendium, Teil Personalwesen, Hrsg. Bestmann, Uwe, und Preißler, Peter, München 1991

Vorschlagswesen und Qualitätszirkel, in: Service Handbuch, Hamburg 1992.

2.2.3 Soziale Kompetenz

Ernst Maudrich

Bei der Nachwuchsrekrutierung und Besetzung von Führungspositionen legen die Unternehmen immer mehr Wert auf außerfachliche Qualifikationen. Die soziale Kompetenz steht dabei ganz an vorderster Stelle. Gemeint ist die Fähigkeit der Mitarbeiter und Führungskräfte, miteinander richtig umzugehen, sich zu verständigen und ihre zwischenmenschlichen Beziehungen positiv zu gestalten.

Wie wichtig diese Fähigkeit ist, läßt sich daran ermessen, daß einer Studie zufolge mehr als die Hälfte an Arbeitsenergie in den Unternehmen durch Spannungen und Konflikte verlorengeht. Die Ursachen sind meist nicht sachliche Differenzen, sondern Beziehungsstörungen zwischen Mitarbeitern, Kollegen und Vorgesetzten. Ob eine Verständigung klappt, hängt nicht so sehr von ihrer Fachkompetenz ab, sondern vielmehr davon, wie intakt ihre Beziehungen sind. Dies macht z. B. verständlich, warum Personen sich nicht einig werden können, obwohl sie in der Sache einer Meinung sind, während andere trotz gegenseitiger Standpunkte zu einem Konsens finden.

Sozial kompetent sein heißt, das Instrumentarium zur Gestaltung der Beziehungen zu beherrschen. Dazu reicht ein Fingerspitzengefühl allein nicht aus. Es bedarf eines Grundwissens über Kommunikationsvorgänge und deren Mechanismen, verbunden mit Verhaltens- und Kommunikationstraining. Vor allem kommt es darauf an, das eigene Kommunikationsverhalten und die Abläufe immer wieder zu reflektieren und das Beziehungsklima zu verbessern.

Auf diese Aufgabe sind die meisten Nachwuchskräfte kaum vorbereitet, weil ihnen diese Fähigkeit in den Schulen überhaupt nicht vermittelt wird. So fehlt es den jungen Berufsstartern an der Fähigkeit und dem Geschick, Verhandlungen zu führen, Gruppen zu moderieren, Entscheidungsprozesse zu steuern oder mit Konflikten umzugehen. Nur wenige sind in der Lage, z.B. Arbeitsergebnisse und Konzepte überzeugend zu präsentieren. Solche Qualifikationen müssen aber künftige Fach- und Führungskräfte täglich unter Beweis stellen. Es liegt daher im Interesse dieser Leute, ihre sozialen Fähigkeiten durch innerbetriebliche Trainingsmaßnahmen oder durch Besuch externer Seminare zu erwerben.

Jeder Mitarbeiter bringt neben den fachlichen Fähigkeiten seine ganze Persönlichkeit in ein Unternehmen ein. In ihr kommen seine individuellen Leistungen zum Ausdruck. Wichtiger Bestandteil des Persönlichkeitsprofils ist neben seinem Denkstil, seinen Einstellungen und Grundhaltungen und seinem persönlichen Arbeitsstil seine soziale Kompetenz. Sie besteht aus folgenden Elementen, die je nach Aufgabenstellung für ihn relevant werden:

- die Fähigkeit zur Kommunikation

Kommunizieren kann, wer in den vielfältigen Situationen des betrieblichen Alltags Überzeugungsarbeit leistet, sei es in Konferenzen, Mitarbeitergesprächen oder Interviews, bei Verkaufsgesprächen oder bei der Präsentation von Arbeitsergebnissen. Zum Überzeugen gehören nicht nur gut vorbereitete Inhalte und Sachargumente, sondern auch die Art und Weise, wie diese Inhalte gestaltet und dargeboten werden. Das betrifft vor allem das Bemühen um Verständlichkeit.

Damit Kommunikation nicht zur Einbahnstraße wird, ist es wichtig, die anderen aktiv in die Überzeugungsarbeit einzubeziehen. Schließlich hängt der Erfolg noch von der Glaubwürdigkeit und Seriosität ab, die der einzelne durch sein Auftreten und seine Persönlichkeit vermittelt. Dazu gehören rhetorisches Geschick, Gestik und Mimik, eine partnerschaftliche Grundhaltung und die Fähigkeit, aktiv zuzuhören. Nicht zu vergessen ist auch ein ansprechendes äußeres Erscheinungsbild.

- die Fähigkeit zur Darstellung nach außen

Soziale Kompetenz ist nicht nur auf die internen Beziehungen eines Unternehmens beschränkt, sondern berührt auch alle seine Kontakte nach außen. Jeder Mitarbeiter ist durch sein Auftreten und Verhalten Repräsentant des Unternehmens und trägt dazu bei, welche Wertschätzung dieses in der Öffentlichkeit erfährt. Mitarbeiter müssen auch über das Unternehmen richtig kommunizieren können. Außenstehende wie Kunden, Lieferanten, Banken oder mögliche neue Mitarbeiter wollen erfahren, was das Unternehmen gegenüber den anderen profiliert und attraktiv macht, aber auch welche Probleme und zukünftigen Herausforderungen es meistern muß.

Diese Fähigkeit, das Unternehmen identitätsgerecht und wahrheitsgetreu darzustellen, ist in vielen Betrieben bei den Mitarbeitern unterentwickelt. Die moderne Kommunikationsdisziplin »Corporate Identity« hat die Aufgabe, diese Lücke zu schließen.

- die Fähigkeit, Mitarbeiter richtig zu führen

Da Menschenführung überwiegend aus Kommunikation besteht, bedeutet Führung in diesem Zusammenhang, die Beziehungen zu und unter den Mitarbeitern so zu fördern und mitzugestalten, daß ein möglichst angst- und druckfreies, offenes Kommunizieren möglich wird. Dies gelingt vor allem dann, wenn Führungskräfte ihre bisher gewohnte Dominanz zurücknehmen und die Mitarbeiter mehr zum Zuge kommen lassen. Das heißt im einzelnen:

- die Mitarbeiter mehr in Kommunikationen einzubeziehen und ihnen auch mehr zuzuhören;
- weniger Anweisungen, dafür aber mehr Impulse zu geben und Fragen zu stellen;
- die Kompetenz und Eigenständigkeit der Mitarbeiter zu fördern;
- das Informationsmonopol zugunsten eines freien Informationsaustausches aufzugeben;
- Feedback bei den Mitarbeitern abzurufen, um zu erfahren, wie sie bei ihnen ankommen;

- ein menschenfreundlicheres Ambiente für formale und informale Kommunikation herzustellen.

- die Fähigkeit, mit Konflikten richtig umzugehen

Mit anderen klarzukommen setzt auch einen gekonnten Umgang mit Konflikten voraus. Konflikte treten sowohl auf der Inhalts- als auch auf der Beziehungsebene auf.

Auf der Inhaltsebene handelt es sich um sachliche Einwände. Sie lassen sich durch verschiedene Methoden der Einwandbehandlung und Argumentation wie z.B. die Plus-Minus-Methode relativ leicht in den Griff bekommen.

Schwieriger ist es mit den Konflikten auf der Beziehungsebene. Sie treten mehr oder weniger offen zutage wie durch aufkommende Langeweile, Passivität, Schweigen, Aggressionen, Nörgeln oder Imponiergehabe.

Eine Lösung dieser Probleme setzt die Fähigkeit voraus, über Kommunikation kommunizieren zu können. Techniken hierfür sind das Feedback-Geben, die Analyse des Gesprächsablaufs, aktives Zuhören sowie das vorbehaltlose Erproben und Anwenden neuer Kommunikationsregeln.

Eine wichtige Rolle bei der Konfliktlösung spielt der Umstand, auf welche gemeinsamen Erfolge die Konfliktparteien zurückgreifen können. Persönliche Niederlagen und lang andauernde Frustrationen mindern die Konfliktfähigkeit des einzelnen.

- die Fähigkeit, im Team zu arbeiten

Die Aufgaben sind heute so komplex geworden, daß Höchstleistungen im Alleingang kaum noch möglich sind. Deshalb kommen Spezialisten aus verschiedenen Gebieten und Verantwortungsebenen zusammen, um an bestimmten Problemen oder Projekten zu arbeiten. Teamfähigkeit wird dabei zu einem unverzichtbaren Anforderungsmerkmal aller Mitarbeiter im Unternehmen. Folgende Grundbedingungen müssen die Teammitglieder erfüllen, damit Teamarbeit funktioniert:

- die Kommunikationsbedingung

  Die Teammitglieder müssen bereit sein, vorbehaltlos ihr Wissen und alle für die Aufgabe wichtigen Informationen dem Team zur Verfügung zu stellen. Sie sind verpflichtet, gefundene Lösungen einander mitzuteilen.

- die Akzeptierungsbedingung

  Jedes Mitglied muß bereit sein, sich den Beschlüssen des Teams auch dann zu beugen, wenn diese im Gegensatz zu seinen eigenen Vorschlägen stehen. Gegen den Teamgeist verstößt, wer auf den Eigenteil an der Teamleistung pocht oder sich aus der Teamarbeit einen separaten Vorteil verschaffen will.

- die Unabhängigkeitsbedingung

  Jedes Teammitglied darf den Meinungen anderer nicht völlig kritiklos gegenüberstehen, sondern soll sich eine eigene Meinung bilden und diese zur Geltung bringen. Das Ja-Sagen sowie das prinzipielle Verneinen verhindern gute Teamergebnisse. Außerdem haben Teammitglieder ihre Unabhängigkeit auch nach außen hin zu wahren, indem sie Abteilungs- und Ressortinteressen zurückstellen.

- die Bedingung des hierarchiefreien Raums

  Innerhalb des Teams darf es keine hierarchischen Über- und Unterstellungsverhältnisse geben. Alle Teammitglieder sind gleichberechtigte Partner. Der Teamleiter ist dabei »Erster unter Gleichen«. Seine Fähigkeit liegt nicht so sehr im Fachlichen, sondern im Methodenwissen, um Gruppen erfolgreich zu steuern.

- die Bedingung des Fair Play

  Jedes Mitglied ist verpflichtet, alles zu tun, damit die Teamarbeit reibungslos verläuft. Er darf die Zusammenarbeit nicht durch Feindseligkeiten stören und sich auch nicht durch Sympathien oder Antipathien leiten lassen. Gegenseitige Hilfsbereitschaft ist Trumpf.

- das Beherrschen allgemeiner Umgangsformen

Soziale Kompetenz zeichnet sich auch dadurch aus, inwieweit Mitarbeiter und Führungskräfte gewisse Regeln des guten Umgangstones miteinander beachten und auch in schwierigen

Situationen nicht aufgeben. Aufgrund der zunehmenden Internationalisierung vieler Unternehmen gewinnt die interkulturelle Kompetenz immer mehr an Bedeutung. Es geht hier um den richtigen Umgang mit Mitarbeitern, Kunden, Lieferanten und sonstigen Geschäftspartnern aus fremden Kulturkreisen. Wer beispielsweise mit Japanern Geschäfte abschließen will, muß neben der Sprache auch deren Sitten und Gebräuche sowie Lebensphilosophie kennen.

Literaturhinweise

Franke, Heinz: Das Lösen von Problemen in Gruppen, Goldmann Verlag, München 1975

Hanan, Cribbin und Berrian: Verhandlungsstrategien im Verkauf. Wie Sie Kunden zu Partnern machen, Sauer Verlag, Heidelberg 1978

Peters, Tom: Kreatives Chaos – Thriving on Chaos, Hoffmann und Campe, Hamburg 1988

Seifert, Josef W. und Pattay, Silvia: Visualisieren – Präsentieren – Moderieren, Gabal Verlag, 2. Aufl., Speyer 1989

Thiele, Albert: Mit neuen Techniken wirkungsvoll präsentieren, verlag moderne industrie, Landsberg/Lech 1991

Watzlawick, Paul, Weakland John H. und Fisch, Richard: Lösungen – Zur Theorie und Praxis menschlichen Wandels, Verlag Hans Huber, Bern/Stuttgart/Wien 1974

Maudrich, Ernst, Dipl.-Kfm., Pulheim

2.2.4 Führungs- und Handlungsverantwortung

Georg Wenzel

Führung ist eine personenbezogene Handlung, bei der einzelne Personen auf andere Personen einwirken, um diese zu einem zielentsprechenden Handeln zu veranlassen. Führen heißt so viel wie *Verhaltensbeeinflussung* in Richtung auf bestimmte Ziele. Eine Person führt insoweit, als es ihr gelingt, anderen Personen Ziele, Handlungsbeschränkungen oder Handlungsanweisungen vorzugeben. Es ist dabei unerheblich, ob diese Vorgaben den persönlichen Zielen und Vorstellungen des Führenden entspringen oder aus Vorgaben übergeordneter Führungspersonen abgeleitet sind.

Auch liegt Führung nicht nur dann vor, wenn Widerstände gegen die Annahme solcher Vorgaben überwunden werden müssen. Sie ist gleichermaßen gegeben, wenn der Geführte vorgegebene Entscheidungsprämissen freiwillig übernimmt, z.B. weil sie seinen eigenen Interessen entsprechen oder mit diesem verträglich sind. Führung als zielgerichtete Verhaltensbeeinflussung vollzieht sich auf allen hierarchischen Ebenen einer Betriebswirtschaft.

Eine *Führungsinstanz* steht in der Praxis regelmäßig in einer unbedingten Verantwortung, daß die ihr gesetzten Ziele nicht gefährdet werden. *Verantwortung* heißt, für die Folgen einer Entscheidung einzutreten. Jeder Mitarbeiter hat im Rahmen der ihm übertragenen Aufgaben die Verantwortung zu tragen. Dies bezeichnen wir als die *Handlungsverantwortung.* Er könnte sich nur dann rechtfertigen, wenn der Vorgesetzte im Rahmen seiner Führungsverantwortung Fehler gemacht hätte. Die *Führungsverantwortung* des Vorgesetzten bezieht sich insbesondere auf die Auswahl der Mitarbeiter, auf ihre Einarbeitung, auf die Kontrolle der Mitarbeiter, die erforderliche Information sowie auf die Weiterbildung der Mitarbeiter.

Die Unterscheidung zwischen Führungs- und Handlungsverantwortung wird insbesondere im sogenannten »Harzburger Modell« herausgearbeitet. Das »Harzburger Modell« oder die Führung im Mitarbeiterverhältnis ist eine in der BRD viel verbreitete Führungskonzeption. Sie wendet sich gegen die autoritäre Führung, wie sie in der Vergangenheit sehr oft praktiziert wurde. Das Grundprinzip besteht im Führen durch Delegation von Verantwortung. Der hierarchische Aufbau des Betriebs bleibt dabei erhalten.

Die Grundkonzeption besteht aus folgenden Punkten:

- Die Entscheidungen werden nicht mehr lediglich von einem oder einigen wenigen an der Spitze des Betriebes getroffen, sondern jeweils von den Mitarbeitern auf den Ebenen, zu denen sie ihrem Wesen nach gehören.

- Dem Mitarbeiter werden keine Einzelaufträge mehr erteilt. Er erhält einen festen Aufgabenbereich mit den dazugehörigen Kompetenzen, in dem er selbständig handelt und entscheidet.
- Ein Teil der Verantwortung der obersten Spitze wird mit den Aufgaben und den dazugehörigen Kompetenzen auf die Mitarbeiterebene übertragen.
- Der Betrieb wird von unten nach oben aufgebaut. Der Vorgesetzte übernimmt von vornherein nur die Aufgaben, die von den Mitarbeitern nicht übernommen werden können.
- In Stellenbeschreibungen werden im einzelnen die Aufgaben festgelegt, die jeder Stelleninhaber zu erfüllen hat.
- In einer »allgemeinen Führungsanweisung« werden die Grundsätze der Führung im Mitarbeiterverhältnis für den Betrieb verbindlich festgelegt.

Der Vorgesetzte erfüllt Sachaufgaben und Führungsaufgaben. Der Vorgesetzte delegiert bestimmte Sachaufgaben und die dazugehörige Handlungsverantwortung und die Entscheidungsbefugnisse an die Mitarbeiter. Die Führungsaufgaben und die Führungsverantwortung bleiben uneingeschränkt beim Vorgesetzten.

Der Mitarbeiter hat für Fehler in seinem Verantwortungsbereich selbst einzustehen. Die Grundsäulen der Führung im Mitarbeiterverhältnis sind die allgemeine Führungsanweisung und die Stellenbeschreibung.

An der allgemeinen Führungsanweisung und der Stellenbeschreibung orientieren sich alle Führungsaufgaben. Die *Führungsanweisung* besteht aus folgenden Elementen:

- kurze Darstellung des Wesens der Führung im Mitarbeiterverhältnis,
- Kennzeichen der Delegation von Verantwortung,
- Pflichten der Mitarbeiter,
- Pflichten der Vorgesetzten,

- Verantwortung bei einer Führung im Mitarbeiterverhältnis,
- Mitarbeiterbesprechung und Mitarbeitergespräch,
- Dienstaufsicht und Erfolgskontrolle,
- Kritik und Anerkennung,
- Grundsätze der Information,
- Anregung des Vorgesetzten,
- Richtlinien,
- Stab-Linie,
- Teamarbeit,
- Rundgespräche,
- Stellvertretung und Platzhalterschaft,
- Einzelauftrag,
- Beschwerde,
- Dienstweg,
- Fachvorgesetzte,
- Disziplinarvorgesetzte.

Durch die allgemeine Führungsanweisung soll ein einheitlicher *Führungsstil* erreicht werden. Sie ist die Grundlage für die Kontrolle der Mitarbeiter. Mit der allgemeinen Führungsanweisung ist bestimmt, wie sich jeder Vorgesetzte im Rahmen einer Führung im Mitarbeiterverhältnis gegenüber seinen Mitarbeitern und umgekehrt jeder Mitarbeiter gegenüber seinen Vorgesetzten zu verhalten hat. Wir ersehen daraus, wie sehr Führungs- und Handlungsverantwortung mit dem praktizierten Führungsstil zusammenhängen. Wir haben es dabei mit zwei extremen Möglichkeiten zu tun, dem autoritären und dem kooperativen Führungsstil.

Beim *autoritären Führungsstil* vollzieht sich die Willensbildung nicht kollegial im Team, sondern individuell beim Vorgesetzten. Willensdurchsetzung und Informationen erfolgen bilateral vom Vorgesetzten zum Untergebenen. Die Kontrolle geschieht als Fremdkontrolle von seiten des Vorgesetzten gegenüber dem Untergebenen. Die Einstellung des Vorgesetzten zum Mitarbeiter basiert auf Mißtrauen, umgekehrt die Einstellung des Mitarbeiters zum Vorgesetzten auf Respekt und Abwehr. Der Vorgesetzte sieht die Motive seines Handelns in erster Linie darin, seine Mitarbeiter zu Pflichtbewußtsein zu führen und zur Leistung zu bringen. Deshalb sind die Handlungsmotive des Mitarbeiters hauptsächlich gekennzeichnet durch Sicherheitsdenken und Zwang. Die Bindung der Mitarbeiter an das Führungssystem ist schwach, das soziale Klima im Betrieb gespannt.

Der *kooperative Führungsstil* dagegen bindet die Mitarbeiter in die Entscheidungen mit ein. Die Willensbildung geschieht nicht mehr rein individuell, sondern mehr kollegial. Entscheidungsaufgaben werden auf die Mitarbeiter delegiert, vollziehen sich also eher dezentral. Die Art der Willensdurchsetzung und die Informationsbeziehungen sind multilateral entwickelt. An die Stelle der *Fremdkontrolle* durch den Vorgesetzten tritt überwiegend die *Selbstkontrolle* durch den Mitarbeiter, die Kontrolle durch den Vorgesetzten beschränkt sich auf Stichproben. Die Einstellung des Vorgesetzten zum Mitarbeiter ist durch Offenheit gekennzeichnet, umgekehrt die Einstellung des Mitarbeiters zum Vorgesetzten auf persönliche Achtung und einer gewissen Vertrautheit. Das wichtigste Handlungsmotiv des Vorgesetzten ist die Integration, z.B. wenn es in der Abteilung Außenseiter oder Isolierte gibt oder wenn Konflikte auftreten. Die Handlungsmotive des Mitarbeiters sind Selbständigkeit und Einsicht. Seine Bindung an das Führungssystem ist positiv und stark, das soziale Klima erträglich.

Daraus wird deutlich, daß die Führungsverantwortung des Vorgesetzten insbesondere die *Integration* und *Motivation* der Mitarbeiter betrifft. Die Betriebe müssen den sozialen und demokratischen Anforderungen unserer Zeit gerecht werden. Dies läßt sich nur erreichen, wenn wir Vorgesetzte haben, die diese Verantwortung erkennen und bereit sind, entsprechende Schritte in Richtung auf den kooperativen Führungsstil zu tun.

Literaturhinweise

HEINEN, E.: Betriebswirtschaftliche Führungslehre, Wiesbaden 1978

KORMANN, H.: Planung effizienter Führungsorganisationen, Baden-Baden 1977

KRÜGER, W.: Organisation der Unternehmung, Stuttgart 1984

WENZEL, GEORG, Prof. Dr., Diplom-Volkswirt, Fachhochschule Landshut

Autor von:

Personalwesen, in: Bestmann, Uwe, Hrsg., Kompendium der Betriebswirtschaftslehre, 6. Auflage, München 1992

Übungen zum Kompendium, Teil Personalwesen, Hrsg. Bestmann, Uwe, und Preißler, Peter, München 1991

Vorschlagswesen und Qualitätszirkel, in: Service Handbuch, Hamburg 1992.

2.3 Selbst-Management

2.3.1 Streßbewältigung und persönliche Leistung

GÜNTHER KRÜGER

Ganz wesentlich für eine Führungskraft ist die Auseinandersetzung mit Streß und die Überwindung des negativen Stresses. Entspannung und Körpertraining ist ebenso wichtig wie die Kenntnis der persönlichen Leistungskurve und eine sinnvolle Freizeitgestaltung.

Streß ist ein lebenswichtiger Vorgang in unserem Körper. Ohne Streß können wir nicht leben. Jede einzelne Handlung unseres Lebens wird durch Streß begleitet. Wir werden jeden Tag gefordert — gereizt. Diese Reizfaktoren (Stressoren) können negativ oder positiv wirken. Gesundheitsschädlich ist sowohl zuviel als auch zu wenig Streß. Streß ist im übrigen nicht auf den beruflichen Bereich beschränkt, sondern tritt gleichermaßen im privaten Bereich auf.

Streß ist erst dann negativ, schädlich, also krankmachend, wenn man einem Übermaß an Streß ausgesetzt ist oder zu vielen Streßauslösern gleichzeitig. Übermäßigen Streß kann man jedoch nur vermeiden, wenn man den Streß verarbeitet, also abbaut.

Positive Streßbewältigung wird hauptsächlich durch Entspannung erzielt. Die meisten Menschen entspannen sich vielfach automatisch. Beispiele hierfür:

- Ein kühles Bad oder eine Dusche belebt.
- Ausreichender Schlaf oder ein Nickerchen zwischendurch regeneriert.
- Ein ausgedehnter Spaziergang im Wald läßt durchatmen.
- Eine sportliche Betätigung bringt den Kreislauf auf Touren und baut Aggressionen ab.
- Ein Hobby lenkt ab.

Zur Vorbeugung und wenn diese automatischen Entspannungen nicht mehr ausreichen, kann man sich durch gezielte Entspannungstechniken weiterhelfen. Fast in jeder Stadt werden Kurse derartiger Techniken angeboten. Die bekanntesten Methoden sind:

- Spontanentspannung
- Autogenes Training
- Biofeedback
- Meditation
- Yoga

Eine optimale Technik kann nicht empfohlen werden. Man muß selbst erproben, was einem hilft. Wichtig ist aber bei allen Techniken, daß man unvoreingenommen an sie herangeht und vor allem an den Erfolg glaubt.

Die Leistungsfähigkeit des Menschen ist über den ganzen Tag betrachtet nicht gleich hoch. Sie schwankt sogar erheblich. Der durchschnittliche Rhythmus ergibt sich aus der nachfolgend abgebildeten REFA-Normkurve.

Diese Normkurve trifft natürlich nicht auf jeden Menschen zu. Deshalb ist es wichtig, daß man seine persönliche Leistungskurve kennt. Fertigen Sie sich ein Schema wie in der obigen Abbildung an und beobachten Sie dann über einen längeren Zeitraum bewußt Ihre Leistungsfähigkeit.

Haben Sie erst einmal Ihre persönliche Leistungskurve ermittelt, so können Sie ohne besondere Anstrengung Ihre Lei-

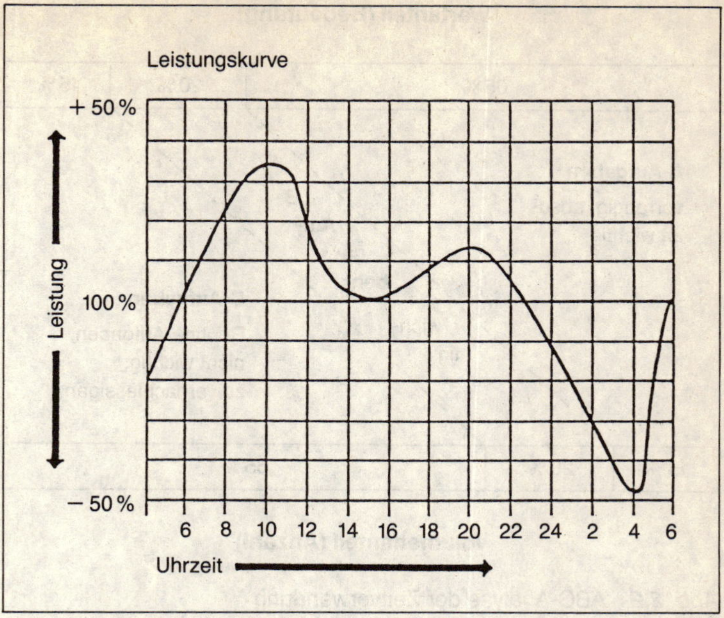

Abb. 2.1 Durchschnittliche Leistungskurve eines Menschen im Tagesverlauf

stung erheblich steigern, indem Sie Ihre Arbeits- und Zeitorganisation hierauf abstimmen. Bedienen Sie sich dafür der *ABC-Analyse.*

Das Problem vieler tätiger Menschen liegt darin, daß zuviel Zeit mit unwichtigen Dingen vertan wird, während zu wenig Zeit für die wirklich wichtigen Dinge verbleibt. Die nachfolgende Abbildung zeigt auf der Grundlage einer Untersuchung den absoluten und wertmäßigen Anteil der drei Aufgabenkategorien in der betrieblichen Praxis.

Bei den *A-Aufgaben* handelt es sich um absolut wichtige Aufgaben der von Ihnen ausgeübten Funktion. Diese Aufgaben sind vorrangig zu bearbeiten und *nicht* delegierbar. Dies gilt um so mehr, je höher Ihre hierarchische Einstufung ist.

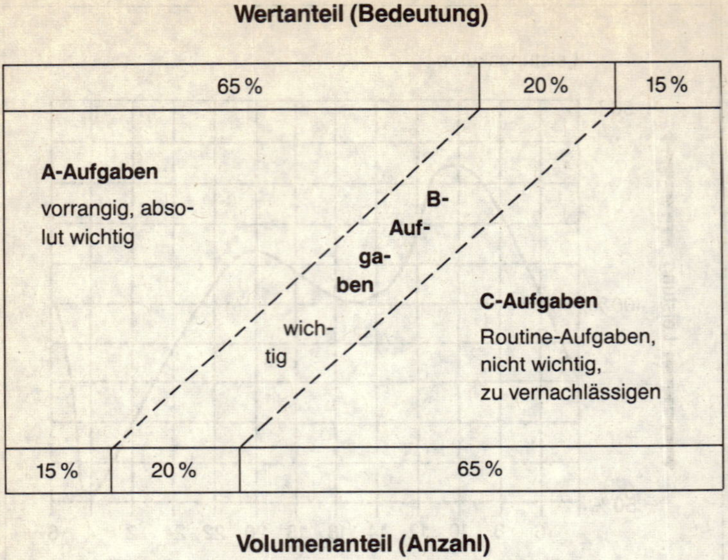

Abb. 2.2 ABC-Analyse der Zeitverwendung

B-Aufgaben sind wichtig. Sie sind jedoch im Gegensatz zu den A-Aufgaben nicht vorrangig und durchaus delegierbar.

C-Aufgaben müssen zwar erledigt werden, sie haben jedoch nur einen äußerst geringen Wert für die Funktionserfüllung. Überprüfen Sie gelegentlich, ob Sie diese Aufgaben überhaupt noch durchführen müssen. Wenn ja, dann versuchen Sie, diese Aufgaben möglichst zu delegieren.

Oftmals wird die ABC-Analyse zur *ABCKR-Analyse* erweitert. Kr bedeutet hierbei eine *kritische Aufgabe.* Selbst eine C-Aufgabe kann u. U. zu einer kritischen Aufgabe werden. Gibt es derartige kritische Aufgaben, kann man daraus zwar auch eine A-Aufgabe machen, besser ist jedoch der gesonderte Ausweis als Kr-Aufgabe. Eine Kr-Aufgabe hat trotz möglicher Routinefunktion höchste Priorität, kommt also noch vor einer A-Aufgabe.

A-Aufgaben erledigen Sie im Leistungshoch, die B-Aufgaben im Zwischenhoch, und die C-Aufgaben bzw. die Zeit der Regeneration legen Sie ins Leistungstief.

Zugegeben, dies läßt sich in der Praxis nicht immer durchhalten. Wenn Sie aber bei der Organisation Ihres Arbeitstages Ihre Leistungskurve nach Möglichkeit beachten, werden Sie erfolgreicher sein. Und sollten Sie wichtige Arbeiten nun mal im Tief erledigen müssen, so wissen Sie wenigstens, daß Sie hierfür mehr Zeit und Anstrengung aufwenden müssen.

Ein Tip: Legen Sie sich Ihre persönliche Leistungskurve in Ihren Kalender (besser: Zeitplanbuch). Bei der Eintragung wichtiger Termine beachten Sie Ihre Leistungskurve dann automatisch. Notfalls verschieben Sie einen Termin, falls möglich auch auf einen anderen Tag. *»Nur in einem gesunden Körper wohnt auch ein gesunder Geist.«*

Jede Art von sportlicher Betätigung — in Maßen betrieben — steigert die Vitalität Ihres Körpers und gibt ihm neue Kraft und Energie. Durch die körperlichen Aktivitäten wird die Sauerstoffzufuhr erhöht und der Sauerstofftransport im Blut verbessert. Davon profitieren nicht nur Ihre Muskeln und Hirnzellen, sondern ganz besonders auch Ihr Herz. Hinzu kommen darüber hinaus noch positive Einflüsse auf Psyche und vegetatives Nervensystem.

Daneben können Sie sicherlich weiteres tun. Dazu gehört neben einer richtigen und ausgewogenen Ernährung natürlich auch der maßvolle Umgang mit den vielfältigen Genußgiften (Nikotin, Alkohol etc.). Auf jeden Fall sollten Sie auch ohne jegliche Beschwerden einmal im Jahr einen umfassenden Gesundheits-Check bei Ihrem Hausarzt durchführen.

Messen Sie auch einer sinnvollen Freizeitgestaltung ausreichend Bedeutung zu. Es gibt Menschen, die sich in ihrer Freizeit noch größerem Streß aussetzen als in ihrem Beruf.

Zu einer sinnvollen Freizeitgestaltung gehört sicherlich, daß Sie abschalten können. Denken Sie also nicht unentwegt an Ihre beruflichen Aufgaben oder noch schlimmer: Probleme. Hier hilft Ihnen vielleicht ein Hobby oder auch mehrere. Auch ein intaktes Familienleben sollte für Sie ein erstrebenswertes Ziel sein.

Es gibt Leute, die halten sich für unersetzlich und haben seit Jahren nicht mehr Urlaub gemacht. Und das schlimmste dabei: Sie sind auch noch stolz darauf. Dieses Verhalten ist absolut falsch und zeugt von einer Unfähigkeit zur Delegation.

Deshalb einmal ganz klar ausgedrückt: Urlaub ist für eine Führungskraft eine absolute A-Aufgabe. (Dies heißt nicht, daß es nicht auch einmal Situationen geben kann, in denen Sie Ihren Urlaub verschieben müssen bzw. ihn nicht voll nehmen können. Das sollte aber die Ausnahme sein, nicht die Regel!)

Schenken Sie darüber hinaus einem ausreichenden Schlaf besondere Beachtung. Das Schlafbedürfnis der Menschen ist unterschiedlich. Hinzu kommt die Schlafqualität. Im Schlaf arbeitet Ihr Unterbewußtsein. Der Schlaf dient der Konflikt- und Streßverarbeitung. Wenn Sie demzufolge für eine regelmäßige ausreichende Menge an störungsfreiem Schlaf sorgen, haben Sie bereits viel für Ihre psychische Gesundheit getan.

Sie sollten folgendes beachten:

- Entspannen Sie sich vor dem Einschlafen.
- Treiben Sie abends evtl. mäßig Sport (aber nicht direkt vor dem Zubettgehen).
- Lesen Sie vor dem Einschlafen im Bett oder hören Sie Musik (aber nichts Aufregendes).
- Gehen Sie nie zu früh ins Bett (erst wenn Sie die nötige Bettschwere haben).
- Versuchen Sie nicht, mit Gewalt einschlafen zu wollen.
- Vermeiden Sie die regelmäßige Einnahme von Schlaftabletten.

Wesentlich für Erfolg im Beruf ist ein intaktes Familienleben. Intakt bedeutet nun nicht, daß es innerhalb der Familie keine Probleme gibt. Gerade die familiäre Problemlösungsfähigkeit hilft Ihnen auch im beruflichen Bereich weiter.

KRÜGER, GÜNTHER, Kevelaer/Ndrh.

Betriebswirt (BWA), Bilanzbuchhalter (IHK), kaufmännischer Geschäftsführer.

2.3.2 Time-Management

GÜNTHER KRÜGER

»Wer die Zeit nicht managen kann, kann gar nichts managen«, sagt Peter Drucker.

Ein wesentlicher Punkt des Time-Managements ist die Vermeidung von *Zeitfallen* und der Abbau von *Zeit-Blockaden.*

Die wesentlichen Zeitfallen sind:

1. **Das Telefon**

Telefonieren spart Zeit. Diese Zeitersparnis wird jedoch häufig verschenkt, weil nicht rationell telefoniert wird. Zur rationellen Nutzung des Telefons sollte dessen moderne Technik in Anspruch genommen werden (z.B. Wahlwiederholung, Freisprechen und -hören, Rufnummernspeicher, interne Hauskonferenzen, automatischer Rückruf, Rufumleitung usw.).

2. **Besprechungen**

Je öfter Sie an Besprechungen teilnehmen, desto wichtiger ist es, den Ablauf zu rationalisieren. Zugegebenermaßen haben Sie mehr Einfluß auf den Ablauf der Besprechungen, wenn Sie deren Leiter sind. Scheuen Sie sich jedoch auch als »einfacher« Teilnehmer nicht, »sinnloses Gefasel« freundlich, aber bestimmt zu unterbinden. Viele andere Teilnehmer werden es Ihnen danken.

Checkliste Besprechungen:

<u>Vorher:</u>

- Ist sie notwendig, oder gibt es zeitsparende Alternativen?
- Müssen Sie selbst teilnehmen, oder reicht ein Vertreter?
- Begrenzen Sie Teilnehmerzahl und Dauer!
- Beschaffen Sie geeigneten Raum und notwendige Hilfsmittel!

- Legen Sie Ziele zu den Tagesordnungspunkten fest!
- Laden Sie rechtzeitig ein, damit Vorbereitungszeit zur Verfügung steht!

Währenddessen:

- Beginnen und beenden Sie pünktlich (Kontrolle der Zeitvorgabe)!
- Festlegung der Protokollführung (möglichst kein Teilnehmer und nur Beschluß- oder Ergebnisprotokolle).
- Lassen Sie keine Unterbrechungen und Störungen (sowohl von außen als auch von innen) sowie Abschweifungen von der Tagesordnung zu!

Nachher:

- Erstellung eines Soll-/Istvergleiches des Besprechungsablaufes
- Protokollanfertigung, -kontrolle und -weiterleitung an die Teilnehmer
- evtl. nicht erledigte Tagesordnungspunkte für die nächste Besprechung vormerken, falls sie dann noch wichtig sind.

3. **Besuche**

Führen Sie niemals Besuche ohne Terminvereinbarung durch und planen Sie diese inhaltlich (Besuchsziel) und räumlich (Zusammenlegung mehrerer Besuche bei weiten Entfernungen). Setzen Sie sich ein Zeitlimit und halten Sie sich möglichst daran. Fertigen Sie während oder nach dem Besuch Notizen an. Bewerten Sie den Besuchsablauf und üben Sie Manöverkritik. Dasselbe gilt sinngemäß für Besuche, die Sie erhalten.

4. **Verkehrsmittel**

Je nach Ihrer Tätigkeit und Funktion werden Sie mehr oder weniger auf Verkehrsmittel angewiesen sein. Die richtige Wahl des Verkehrsmittels ermöglicht Ihnen, Zeit zu sparen und Ihre Zeit sinnvoll zu nutzen.

Aus zeitlicher Sicht ist das Auto in vielen Fällen das unwirtschaftlichste Verkehrsmittel, wenn Sie es selbst steuern.

5. **Postbearbeitung**

Auch hier läßt sich wirtschaftlicher arbeiten. Die Eingangspost sollten Sie möglichst zu einer bestimmten Zeit bearbeiten. Während dieser Zeit möglichst keine Besuche empfangen und keine Telefongespräche führen! Ordnen Sie (oder lassen Sie ordnen) nach Wichtigkeit. Nutzen Sie intensiv die Ablage »P« (Papierkorb). Bei Schriftstücken, die Sie selbst bearbeiten müssen, machen Sie sofort Randbemerkungen und benutzen Sie Textmarker. Dies erleichtert und beschleunigt die spätere Bearbeitung. Wichtige Vorgänge bearbeiten Sie sofort. Benutzen Sie dabei ein Diktiergerät, spezielle Kurznachricht-Vordrucke oder vermerken Sie Ihre Antwort direkt auf dem Schriftstück (Kopie für Sie selbst nicht vergessen).

6. **Gewohnheiten**

Jeder Mensch hat seine liebgewordenen Gewohnheiten. Viele von ihnen kosten allerdings unnötige Zeit. Prüfen Sie sich doch einmal selbstkritisch, ob auch Sie solche Gewohnheiten haben. Wenn ja, stellen Sie diese möglichst ab.

Nachfolgend finden Sie eine Checkliste mit den 30 wesentlichsten **Zeitblockaden**. Kreuzen Sie mit Bleistift die fünf an, die Sie am meisten stören und stellen Sie sie ab. Wiederholen Sie dies in größeren Abständen. Ergänzen Sie notfalls die Checkliste, falls Sie spezielle Zeitblockaden für sich erkennen.

Jede Aktivität, die Sie vornehmen, sollten Sie vorher planen. Die vorausschauende Planung kostet Sie natürlich erst einmal Zeit. Dies gilt vor allem dann, wenn Sie bisher eine derartige Planung nicht durchgeführt haben. Trotzdem ist diese Zeit nicht vergeudet, Sie erhalten durch Rationalisierung und Optimierung ein Vielfaches zurück.

Die Tätigkeitsplanung erfolgt in mehreren Stufen:

- Jahresplanung
- Monatsplanung
- Wochenplanung
- Tagesplanung
- Projektplanung

Checkliste Zeitblockaden

- ❑ 1. verschwommene Ziele
- ❑ 2. fehlende Prioritäten
- ❑ 3. fehlende Tagesplanung
- ❑ 4. zuviel auf einmal
- ❑ 5. Schreibtisch zu voll
- ❑ 6. zuviel Lesestoff
- ❑ 7. untaugliches Ablagesystem
- ❑ 8. kein Wiedervorlagesystem
- ❑ 9. Zettelwirtschaft
- ❑ 10. fehlende Motivation
- ❑ 11. schlechte Koordination
- ❑ 12. zu viele und/oder zu lange Telefonate
- ❑ 13. Störungen durch Mitarbeiter ohne Terminabsprache
- ❑ 14. Störungen durch unangemeldete Besucher
- ❑ 15. lückenhafte Informationen
- ❑ 16. verspätete Informationen
- ❑ 17. zuviele unwesentliche Informationen
- ❑ 18. Wartezeiten, weil andere unpünktlich sind
- ❑ 19. Hektik
- ❑ 20. zu wenig Delegation von Verantwortung
- ❑ 21. fehlende Kontrolle von Mitarbeitern
- ❑ 22. zu lange Besprechungen
- ❑ 23. zuviele Besprechungen
- ❑ 24. »alles muß man selber machen«
- ❑ 25. Ablenkungen durch Lärm, Licht usw.
- ❑ 26. Verschieben von Tätigkeiten
- ❑ 27. nicht ausreichende Gesprächsvorbereitung
- ❑ 28. Unfähigkeit, wenn notwendig, Nein zu sagen
- ❑ 29. für alle da sein
- ❑ 30. zu viel Kleinkram

Abb. 2.3 Checkliste Zeitblockaden

Diese Zeitplanung können Sie manuell mit Hilfe von Zeitplanbüchern oder mit dem Computer, idealerweise mit einer Kombination von beidem, durchführen.

Das wichtigste Hilfsmittel zur Optimierung Ihrer Zeitplanung sind die sogenannten Zeitplanbücher. Ein Zeitplanbuch ist ein flexibles Instrument, das einen umfassenden und lückenlosen Überblick über alle privaten und beruflichen Vorhaben, Termine, Ziele und Aktivitäten ermöglicht, sie plan- und kontrollierbar macht. Auf dem Markt gibt es eine Vielzahl von Zeitplanbüchern. Beispiele hierfür sind (ohne Anspruch auf Vollständigkeit): HelfRecht, TMS, Succes-Kalender, Time-Manager, Timing-Buch, Biene-Plan und vor allem TIME/SYSTEM.

Zwei der oben genannten Stufen der Planungstätigkeit sollen nachfolgend ganz kurz etwas näher erläutert werden.

Eine Methode zur Erstellung realistischer Tagespläne ist die sog. ALPEN-Methode. Sie umfaßt fünf Stufen:

1. **A**ktivitäten auflisten
   Aufgaben, Termine, Tagestätigkeiten, Unerledigtes

2. **L**änge der Aktivitäten festlegen
   Die notwendige Zeit für die Aktivitäten ist zu schätzen.

3. **P**ufferzeit für Unvorhergesehenes reservieren
   Sie sollten Ihren Tag nur zu 60% mit Aktivitäten auslasten, 40% benötigen Sie für unvorhergesehene, also nicht planbare, Aktivitäten (sog. 60:40-Regel).

4. **E**ntscheidung treffen
   Sie müssen Prioritäten setzen, wenn die Aktivitäten mehr als 60% Ihres Tagesplanes ausmachen. Dies bedeutet, Kürzungen vorzunehmen und Aktivitäten zu delegieren.

5. **N**achkontrolle
   Am Ende eines Tages sollten Sie die Erfüllung des Tagesplanes kontrollieren. Wenn Aktivitäten nicht erledigt wurden, überlegen Sie warum, und übertragen Sie Unerledigtes.

Zum Abschluß dieses Beitrags noch etwas zur Projektplanung. Neben der zeitlich abgestuften Planung sollten Sie umfangreiche Projekte gesondert planen. Bei der Projektplanung können Sie wie folgt vorgehen:

1. Globale Beschreibung des Projektes
2. Festlegung von Zielen und Resultaten
3. Festlegung von Anfangs- und Endtermin
4. Zergliederung des Projektes in Teilaufgaben
5. Bewertung der Teilaufgaben nach der ABC-Analyse
6. Schätzung des Zeitaufwandes
7. Delegation von C- und (wenn möglich) B-Teilaufgaben
8. Festlegung der Anfangs- und Endtermine der Teilaufgaben
9. Kontrolle der delegierten Teilaufgabenerfüllung

KRÜGER, GÜNTHER, Kevelaer/Ndrh.

Betriebswirt (BWA), Bilanzbuchhalter (IHK), kaufmännischer Geschäftsführer.

2.3.3 Eigene Engpässe erkennen und abbauen

GÜNTHER KRÜGER

Kein Mensch hat nur Stärken, jeder hat auch Schwächen. Sie müssen Ihre Stärken weiter herausarbeiten und Ihre Schwächen in Ihrem täglichen Tun berücksichtigen. Dies können Sie aber nur dann, wenn Sie sich selbst analysieren. Aufbauend auf dieser Selbstanalyse können Sie dann Strategien entwickeln.

Erfolgreiche Menschen handeln aus ihrer Persönlichkeit heraus. Deshalb wirken sie überzeugend und hinterlassen bei anderen einen nachhaltigen Eindruck. Bei weniger erfolgreichen Menschen dagegen liegt eine Diskrepanz vor: sie ahmen andere nach und handeln demnach oft gegen ihre eigene innere Überzeugung. Wenn Sie aber innerlich von dem, was Sie tun, nicht überzeugt sind, können Sie erst recht niemand anderen überzeugen.

Die Selbstanalyse ist das Tor zum Erfolg. Durch dieses Tor müssen Sie aber ganz alleine gehen. Für die Selbstanalyse benötigen Sie zwei Dinge: Ruhe und Ehrlichkeit. Ruhe, damit Sie sich ungestört sammeln und in sich hineinhören können. Ehrlichkeit, weil es Ihnen nichts bringt, wenn Sie sich etwas vormachen.

Ziehen Sie also Bilanz, stellen Sie fest, wo Sie stehen. Welche Talente (Kapital – Passiva) haben Sie und wie haben Sie diese eingesetzt (Berufs- und persönliches Vermögen – Aktiva)?

Aktiva	**Lebensbilanz**	*Passiva*
Persönliches Vermögen		Kapital
z. B. Familie		z. B. Intelligenz
Haus		Toleranz
Segelboot		Zielstrebigkeit
Berufsvermögen		Lernfähigkeit
z. B. Beruf		Ausdauer
Position		Fairneß
Status		usw.
SUMME	=	SUMME

Voraussetzung für die Entwicklung einer persönlichen Strategie (aus der sich dann entsprechende Taktiken ableiten lassen) sind die

- persönliche Zielsetzung. Wenn Sie keine Ziele haben, benötigen Sie auch keine Strategie.
- persönliche Istanalyse. Ohne Kenntnis Ihrer Stärken und Schwächen finden Sie nicht die richtige Strategie.
- Zeit für die Entwicklung und den Ausbau Ihrer Strategie.

Die Erfolge einer derartigen problemorientierten Strategie liegen auf der Hand. Sie analysieren die *Situation* bzw. das *Problem.* Sie entwickeln *Situations-* bzw. *Problembewußtsein* und setzen sich damit gedanklich auseinander. Sie entwickeln ein *Zielsystem,* bestehend aus Ober-, Zwischen- und Unterzielen. Aus dem Zielsystem leiten Sie einen *Maßnahmeka-*

talog ab und verbinden diesen mit einem *Zeitplan.* Sie berücksichtigen dabei die möglichen Einflußgrößen, die auf Ihre Strategie negativ oder positiv wirken. Ihre Strategie wird ständig auf Wirkung und Zielerreichung *kontrolliert* und gegebenenfalls *weiterentwickelt* (optimiert, angepaßt, verändert). All dies vollziehen Sie nicht nur gedanklich, sondern Sie legen es auch *schriftlich* nieder.

Die Vorteile einer Strategie liegen also in der Entwicklung eines eindeutigen *Ablaufplanes* und damit einer geordneten *Zielerreichung.*

Neben der Entwicklung einer persönlichen Strategie, die sicherlich immer vorzuziehen ist, gibt es aber auch vorhandene Strategie-Konzepte, die erfolgreich einsetzbar sind. Die wesentlichsten sind: EKS nach Mewes; Schmidt-Colleg-Methode; Josef-Hirt-Strategie; HelfRecht-System.

Es ist sicherlich sinnvoller, eins dieser Konzepte anzuwenden, als gar keine Strategie zu betreiben. Voraussetzung für die erfolgreiche Umsetzung in Ihren praktischen Alltag ist jedoch, daß Sie an die Konzeption glauben, also von dem System und der dahinterstehenden Philosophie überzeugt sind.

In der Regel ist es nicht sinnvoll, viel Zeit mit der Behebung Ihrer Schwächen zuzubringen (es sei denn, sie wären von erheblicher Bedeutung und würden damit einen Erfolg gänzlich ausschließen). Sie sollten diese Zeit vielmehr nutzen, um Ihre Stärken weiter auszubauen. Wenn Sie versuchen, Ihre Schwächen zu beheben, vernachlässigen Sie automatisch Ihre Stärken. Ergebnis: Trotz aller Anstrengungen werden Sie in Ihren Schwachpunkten nie Spitze, und bei Ihren Stärken verlieren Sie die evtl. vorhandene Spitze.

Krüger, Günther, Kevelaer/Ndrh.

Betriebswirt (BWA), Bilanzbuchhalter (IHK), kaufmännischer Geschäftsführer.

2.3.4 Die eigene Weiterbildung

Günther Krüger

Grundsätzlich ist in der heutigen Zeit — und dies wird auch zukünftig nicht anders werden — für jeden Menschen die eigene Weiterbildung eine unverzichtbare und wichtige Aufgabe. Während sich jedoch beim »normalen« Arbeitnehmer die Weiterbildung i. d. R. schwerpunktmäßig auf das für die Berufsausübung notwendige Fachwissen beschränkt, sieht dies bei Führungskräften regelmäßig anders aus.

Es versteht sich von selbst, daß auch bei Führungskräften das notwendige Fachwissen stets auf dem aktuellen Stand sein muß. Zusätzliche Weiterbildungsansätze sind unter anderem: Personal- und Menschenführung, Informationsmanagement, rationelle Arbeitstechniken sowie die Kommunikation.

Personal- und Menschenführung gehört notwendigerweise zu den Aufgaben einer Führungskraft. Grundsätzlich läßt sich sagen, daß diese lernbar ist. Wesentliche Bestandteile sind dabei Delegation und Motivation der unterstellten Mitarbeiter(innen). Auch »geborene« Führungspersönlichkeiten haben allerdings i. d. R. Schwierigkeiten, wenn es um Kündigungen, Kritik etc. geht. Aber auch zu diesem Bereich der Personalführung gibt es vielfache Weiterbildungsmöglichkeiten in Seminarform. Dies können Sie übrigens kaum aus Büchern lernen, hier ist das Training in einer Gruppe unter Anleitung eines erfahrenen Trainers unbedingt erforderlich.

Wir leben in einer Informationsgesellschaft. Grundsätzlich kann man fünf Gruppen von Informationsquellen unterscheiden: Druck-Medien (überwiegender Anteil: Schrift), Bild-Medien, Ton-Medien, Multi-Medien (Kombination aus Schrift, Bild und Ton) und die elektronischen Medien (Speicherung).

Heutzutage ist Information gleichzusetzen mit Macht und Erfolg. Es ist allerdings kaum vorstellbar, daß ein einzelner Mensch über alle Informationen zu einem Thema verfügen kann. Richtig ist aber auch, daß Sie einen erheblichen Vorteil besitzen, wenn Sie über mehr Informationen verfügen als Ihr Gegenüber (Geschäftspartner, Gegner etc.).

Daher müssen Sie Ihre Weiterbildung im Informationsmanagement darauf ausrichten

- Ihre Informationsaufnahme zu steigern,
- erhaltene Informationen richtig zu bewerten,
- für Sie wesentliche Informationen zu speichern.

Möglichkeiten hierzu bietet Ihnen unter anderem die Optimierung oder Erlernung rationeller Arbeitstechniken. Neben dem Zeitmanagement gehören hierzu vor allem das Gedächtnistraining und die rationellen Lerntechniken (Superlearning, Memotechnik, Schnellesen [rationelles Lesen]).

Darüber hinaus sollte es für Sie eine Selbstverständlichkeit sein, daß Sie die modernen technischen Hilfsmittel umfassend nutzen, wenn Sie Ihnen Vorteile bringen. Dies gilt vor allem für die Computertechnologie und die Telekommunikation.

Über möglichst viele Informationen zu verfügen reicht aber noch nicht aus. Wesentlich für Ihren Erfolg ist, daß die notwendigen Informationen in vollem Umfang so schnell wie möglich dort hinkommen, wo sie benötigt werden. Hierfür benötigen Sie ein effizientes Kommunikationssystem. Kommunikation ist aber nicht nur Sprache, sondern auch nonverbal. Beispielsweise werden 90% der menschlichen Gefühle nonverbal und nur 10% verbal ausgedrückt. Körpersprache-Seminare (z.B. von Prof. Samy Molcho) sind Führungskräften durchaus zu empfehlen.

Bei der Kommunikation ergeben sich oft erhebliche Störungen und Pannen. Diese Störungen oder Pannen können einerseits beim Sender und andererseits beim Empfänger der Information auftreten.

Normalerweise ist die Kommunikation wechselseitig, d.h. die Funktion des Senders und Empfängers wechselt ständig. Die Probleme treten aber oft dadurch auf, daß Kommunikation (insbesondere bei Führungskräften) nur einseitig betrieben wird, also Anordnungen gegeben werden. Oftmals wundert sich dann der Vorgesetzte, daß seine Anordnungen vollkommen falsch ausgeführt wurden und ärgert sich über seinen »unfähigen« Mitarbeiter. Dabei liegt der Fehler in vielen Fällen beim Sender, also dem Vorgesetzten selbst.

Nachfolgend einige Kommunikationspannen:

1. **Der Sender**

- benutzt eine falsche Sprache (zu geschwollen, zuviele Fremdwörter, dem Empfänger nicht angepaßt usw.),
- gibt zu viele Informationen auf einmal,
- verwendet keine Fragetechnik oder die falsche,
- überfordert den Empfänger,
- schweift vom Thema ab.

2. **Der Empfänger**

- hört nicht zu,
- hat kein Interesse,
- hat immer Einwände,
- glaubt sowieso nichts,
- ist unkonzentriert,
- weiß sowieso alles besser.

3. **Der Mensch**

- hat Vorurteile,
- verfügt über größere Vorkenntnisse,
- hat mehr Erfahrung,
- unterstellt seine eigenen Normen und Regeln.

4. **Der Kanal/Das Medium**

- technische Störungen (Telefon, Funk usw.),
- Sprachdistanz zu groß,
- Umgebungsgeräusche zu groß,
- schlechte, undeutliche Aussprache.

5. **Die Information/Nachricht**

- zuviele Informationen auf einmal,
- zu schnelles Reden,
- zu hohes Niveau,

- durch falsche Betonung oder Wortwahl erhält die Information ein anderes Gesicht.

6. **Die Beziehung** (zwischen den Gesprächspartnern)
- ist von vornherein belastet,
- es ist kein Vertrauen vorhanden,
- es wird nicht die Wahrheit gesagt,
- der Ton macht die Musik.

Krüger, Günther, Kevelaer/Ndrh.

Betriebswirt (BWA), Bilanzbuchhalter (IHK), kaufmännischer Geschäftsführer.

2.3.5 Selbst-Motivation

Günther Krüger

Motivation ist die Bestimmung bzw. die Beeinflussung des Willens durch Beweggründe. Als Führungskraft müssen Sie Ihre Mitarbeiter motivieren können. Noch wichtiger ist es aber, daß Sie sich selbst motivieren können. Denn wie wollen Sie andere motivieren, wenn Ihnen dies bei sich selbst nicht gelingt?

Wesentlich für Ihre Selbstmotivation sind die Macht Ihrer Gedanken, die Stärke Ihres Willens und Ihre Zielsetzung.

Die Macht der (positiven) Gedanken

Eine der entscheidensten Voraussetzungen für eine erfolgreiche Selbstmotivation ist Ihre persönliche Grundeinstellung. Ohne eine positive Einstellung zu sich selbst können Sie sich überhaupt nicht motivieren.

Wenn Sie aber nicht von sich selbst, also von Ihrer Persönlichkeit, Ihren Fähigkeiten und Talenten, überzeugt sind, warum sollen dann andere von Ihnen überzeugt sein? Wenn Sie sich nichts zutrauen, warum sollen dann andere in Sie Vertrauen setzen?

Da Sie in der Regel kein Einzelkämpfer sind, sondern mit anderen zusammenarbeiten, ist ebenfalls eine positive Grundeinstellung zu Ihren Mitmenschen erforderlich.

Vereinfacht ausgesagt gilt der Leitsatz: *Ich bin in Ordnung, du bist in Ordnung!*

Die meisten Menschen sind sich der Macht Ihrer Gedanken gar nicht bewußt. Dies gilt vor allem für positive Gedanken im Gegensatz zu den negativen Gedanken. Wenn Sie sich z.B. lange genug einreden, daß Sie Bauchschmerzen haben, werden Sie bald auch die Schmerzen verspüren.

Wenn eine derartige Selbstsuggestion mit negativen Vorzeichen funktioniert, muß es umgekehrt auch in positiver Hinsicht möglich sein. Setzen Sie deshalb alles daran, Ihre Grundeinstellung positiv zu gestalten. Mit einer positiven Grundeinstellung stecken Sie auch Mißerfolge, die es immer wieder einmal geben wird, leichter ein und freuen sich über Erfolge viel mehr. Dagegen stehen Sie sich mit einer negativen Grundeinstellung oft selbst im Wege.

Die Stärke Ihres Willens

Alles was Sie mit Ihrem Geist erfassen können, können Sie auch in die Tat umsetzen. Sie müssen es nur *wollen.*

Wenn Sie ein Ziel unbedingt erreichen wollen, dann wird es Ihnen auch gelingen. Neben dem absoluten Willen, dieses Ziel zu erreichen, müssen Sie zusätzlich noch daran glauben, daß Sie dieses Ziel auch erreichen werden. Voraussetzung ist aber erst einmal eine realistische Einschätzung der Zeitdauer. Bei hochgesteckten Zielen müssen Sie zur eigenen Motivation zusätzlich unbedingt Teilziele bilden. Daneben versteht es sich von selbst, daß Sie an der Zielerreichung auch arbeiten müssen. Wenn Sie sich in die Hängematte legen und warten, wird es Ihnen trotz Wille und Glaube kaum gelingen, Ihr Ziel zu erreichen.

Was können Sie also tun, um einen Tag positiv zu gestalten?

Der entscheidende Moment ist bereits der Tagesbeginn. Wenn Sie den Tag nicht positiv beginnen, kann es kaum ein guter

Tag werden. Damit Sie nicht gleich einen schlechten Tagesbeginn erwischen, sollten Sie

- ausreichend und gut geschlafen haben,
- nicht gleich aus dem Bett springen, sondern dem Kreislauf Zeit geben, auf Touren zu kommen,
- den Tag mit positiven Gedanken beginnen. Beispielsweise: Heute ist ein schöner Tag! Ich freue mich auf meine Arbeit! Ich fühle mich frisch und wohl!
- sich ausreichend Zeit für eine erfrischende Morgentoilette und ein ausgiebiges Frühstück nehmen.

Ganz wichtig ist auch, wie Sie den Tag abschließen. Bevor Sie einschlafen, sollten Sie sich ein paar Gedanken machen, über das, was Sie an diesem Tag getan haben: welche Leistungen Sie erbracht haben, ob Sie sich oder anderen eine Freude bereitet haben, etwas Gutes getan haben, ob Sie ein Stück in Ihrer Zielerreichung weitergekommen sind usw. So werden Sie sich viel mehr über den Wert und den Sinn Ihres Lebens bewußt. Viele Menschen suchen vergeblich nach dem Sinn Ihres Lebens und machen sich damit das Dasein unnötig schwer. Dabei sind es gerade die vielen Kleinigkeiten, die den Wert unseres Lebens ausmachen!

Zielsetzung

Selbstmotivation brauchen Sie nur, wenn Sie auch Ziele haben. Bevor Sie Ziele verfolgen und erreichen können, müssen Sie eine Analyse durchführen. Wenn das eigene Leben insgesamt sinnvoll und erfolgreich, beruflich wie privat, sein soll, kann dies nur aufgrund einer konzeptionellen Vorgabe (Lebenskonzept) erfolgen.

Nur wenn Sie sich Lebensziele setzen, werden Sie in der Lage sein, unbeirrt und unter optimaler Ausnutzung Ihrer Fähigkeiten Ihre Wünsche (und nichts anderes sind Ziele ja) zu verwirklichen. Nur wenn Sie Ihr gesamtes Bewußtsein darauf ausrichten, werden Sie Ihre gesamten Kräfte (auch die unbewußten) automatisch für die Zielverwirklichung nutzen können.

Dies aber ist es, was Selbstmotivation erreichen soll: den Einsatz aller bewußten und unbewußten Kräfte.

Der nachfolgende grobe Fahrplan gibt Ihnen eine Hilfestellung für die Zielanalyse und -verwirklichung:

1. **Was will ich erreichen?**
- Welche konkreten Ziele will ich verwirklichen?
- Was ist zur Erreichung meiner Ziele wichtig?
- Welche (Teil-)Ergebnisse will ich bis wann erreicht haben?

2. **Was muß ich tun und wie mache ich es?**
- Mit welchen Schritten beginne ich?
- Welche Mittel sind zur Erreichung des Zieles erforderlich?
- Erstellung einer detaillierten Zeitplanung mit Anfangs- und Endterminen.
- Kann ich das Ziel allein erreichen, oder in welchem Ausmaß benötige ich Hilfe?
- Sind bereits jetzt besondere Schwierigkeiten zu erwarten?

Grundsätzlich sollten Sie eine derartige Zielanalyse sowohl für Ihre beruflichen wie auch die privaten Ziele erstellen.

Beachten Sie bitte dabei auch, daß Sie Ihre Zielsetzung zeitlich fixieren. Unterscheiden Sie dabei in Ziele mit

- langfristiger Ausrichtung (fünf oder mehr Jahre),
- mittelfristiger Ausrichtung (ein bis fünf Jahre),
- kurzfristiger Ausrichtung (bis zu einem Jahr).

Nachdem Sie diese gedankliche Zielanalyse durchgeführt haben, die Sie auf jeden Fall auch schriftlich niederlegen sollten, können Sie an die Zielumsetzung gehen.

Konzentrieren Sie Ihre ganze Kraft auf die Erreichung der kurzfristigen Ziele und der Teilziele. Ihre Ziele müssen Ihnen »in Fleisch und Blut übergehen«, d.h. sie müssen in Ihrem Unterbewußtsein verankert sein. Hierzu sollten Sie sich, anfangs täglich, Ihre schriftliche Zielfixierung durchlesen. Denken Sie aber daran, daß Sie Ihre Kräfte konzentrieren. Versuchen Sie also nicht, zuviele Ziele auf einmal zu erreichen.

Ein ganz wesentlicher Faktor ist abschließend noch die Kontrolle der Zielumsetzung. Diese Zielkontrolle hat zwei Auswirkungen. Zum einen den Motivationsaspekt, denn erreichte Ziele sind Ansporn bei der Verwirklichung der weiteren Ziele innerhalb Ihres Zielsystems.

Zum anderen erlaubt die fortlaufende Zielkontrolle die Beurteilung, ob die Kräfte konzentriert genug eingesetzt werden oder ob zusätzliche Anstrengungen, Maßnahmen und Aktionen durchgeführt werden müssen.

Literaturhinweise

Aigner, G.: Wege zum beruflichen Erfolg, Wiesbaden

Beyer, G.: Rationelles Lesen leicht gemacht, Düsseldorf

Boethius, S. / Zellweger, H.: Heute beginnt der Rest Deines Lebens, Hamburg

Graupner, H.-B. / Simon, H.: Karriereplanung, München

Hartwig / Martin / Herbst: Positiv Managen, Planegg/München

Krüger, G.: Selbstmanagement, München

Krüger, G.: So bekommen Sie mehr Gehalt, München

Krüger, G.: Karriere-Training, München

Mackenzie, R. A.: Die Zeitfalle, Heidelberg

Müller, K. G. / Seiwert, L. J.: Zielwirksam arbeiten, Sindelfingen

Raphael, P.: Nichts vergessen, Düsseldorf

Schirm, R. W.: Kürzer, knapper, präziser, Düsseldorf

Schmidt / Wollner: Zeitsouveränität, Planegg/München

Seiwert, L. J.: Das 1 × 1 des Zeitmanagements, Speyer

Thiele, A.: Lebenslanges Lernen für Führungskräfte, Köln

Zdenek, M.: Die Entdeckung des rechten Gehirns, Berlin

Krüger, Günther, Kevelaer/Ndrh.

Betriebswirt (BWA), Bilanzbuchhalter (IHK), kaufmännischer Geschäftsführer.

2.3.6 Der Personalcomputer als Führungsinstrument

Thomas R. A. Wolf

Mitte der siebziger Jahre wurden die ersten Personalcomputer angeboten; seit dieser Zeit hat sich ihre Leistungsfähigkeit durch die großen Fortschritte in der Computertechnologie vervielfacht, so daß heutige Personalcomputer mit ihren früheren Vorgängern in keiner Weise mehr zu vergleichen sind. Parallel zu diesen technischen Verbesserungen erfolgte auch ein enormer Bedeutungszuwachs der Personalcomputer in allen Lebensbereichen. Aufgrund ihrer vielseitigen Verwendbarkeit sind sie in vielen Gebieten unverzichtbare Arbeitshilfsmittel geworden.

Begriff

Der Begriff Personalcomputer war und ist einem schnellen und kontinuierlichen Wandel unterzogen und entzieht sich einer verbindlichen, einheitlichen Definition. Heute sind vor allem zwei Auffassungen des Begriffes üblich. Als *Personalcomputer im engeren Sinne* werden dabei im allgemeinen die PCs der Firma IBM sowie alle hierzu kompatiblen Rechner — d.h. baugleiche oder sehr ähnliche Geräte, die einen uneingeschränkten Austausch von Programmen und Hardwarezusatzkomponenten zulassen — bezeichnet; diese Rechner werden dabei vor allem unter den Betriebssystemen MS-DOS oder OS/2 eingesetzt. Als *Personalcomputer im weiteren Sinne* werden alle Rechner betrachtet, die im wesentlichen folgenden Punkten entsprechen:

- Anwendung üblicherweise durch nur einen Rechner gleichzeitig,
- Hauptspeicher zwischen 512 KB (Kilobyte) und 64 MB (Megabyte),
- Festplattenkapazität zwischen 20 MB und 2 GB (Gigabyte),
- professioneller oder semiprofessioneller Einsatz, meist (aber nicht immer) im gewerblichen Bereich.

Diese weitläufigere Definition beinhaltet also auch Rechner, die auf anderen Hardwarearchitekturen und anderen Betriebssystemen aufbauen; hier wären vor allem die Macintosh- und Amiga-Rechnerfamilien sowie viele unter dem Betriebssystem UNIX laufende Computer zu erwähnen. In der Praxis wird häufig — allerdings bei weitem nicht immer — die jeweils verwendete Definition durch die Wortwahl kenntlich gemacht; unter der Abkürzung »PC« wird meist ein Personalcomputer im engeren Sinne, unter dem ausgeschriebenen oder ausgesprochenen Wort »Personalcomputer« ein Personalcomputer im weiteren Sinne verstanden.

Üblich ist oft auch noch eine Abgrenzung nach Leistungsfähigkeit und Einsatzzweck. Nach unten wird diese Abgrenzung gegenüber den Home- und Heim-Computern (langsamere und mit weniger Speicher ausgerüstete Computer für hauptsächlich private Einsatzgebiete), nach oben gegenüber den Workstations (schnelle, leistungsstärkere Computer für primär wissenschaftlich-technische Anwendungen) vorgenommen. Diese Einschränkung des Wortes Personalcomputer ist jedoch bereits in der Auflösung begriffen, da einerseits durch die zunehmende Verbilligung leistungsstarker PCs eine eigene Klasse einfacher Homecomputer immer unnötiger wird und andererseits durch die großangelegte Serienfertigung dieser preiswerten PCs immer weniger Bedarf für die deutlich hochpreisigeren Workstations besteht.

Arbeitsweise und Aufbau

Die stark vergrößerte Leistungsfähigkeit heutiger Personalcomputer und die gesteigerte Benutzerfreundlichkeit moderner Computerprogramme (Software) macht es für den Anwender meist nicht mehr erforderlich, Kenntnisse über den inneren Aufbau des Rechners zu besitzen; der Computer kann vom Nicht-Fachmann ohne weiteres als »black box« betrachtet werden, also als im Aufbau unbekanntes System, von dem man nur weiß, daß bestimmte Eingaben bestimmte Resultate erzeugen. Dennoch kann es oft nützlich sein, zumindest den grundlegenden Aufbau eines Personalcomputers zu verstehen, um diverse Aufgaben und Probleme besser lösen zu können und um die richtigen Hardwarezusatzkomponenten und Peripheriegeräte sowie die richtige Software für geplante Anwendungen besser auswählen zu können.

Zentraleinheit

Das Kernstück und Herz jedes Personalcomputers ist seine Zentraleinheit (oft auch CPU für central processing unit genannt). Der Begriff Zentraleinheit wird hierbei in der Einzahl gebraucht, da auf dem derzeitigen Stand der Entwicklung jeder Personalcomputer über nur eine solche CPU verfügt; es ist allerdings keineswegs auszuschließen, daß der im Bereich der Workstations und Großcomputer starke Trend zu sogenannten Parallelrechnern mit mehreren CPUs in absehbarer Zeit auch im Gebiet der Personalcomputer seinen Einzug hält. Für Personalcomputer im weiteren Sinne sind verschiedene Arten von Zentraleinheiten (z.B. solche der Motorola-680x0er-Familie) gebräuchlich. Bei den PCs im engeren Sinne werden jedoch ausschließlich Zentraleinheiten der Intel 80x86-Familie und — erst seit kurzem überhaupt auf dem Markt — hierzu kompatible Zentraleinheiten (z.B. der Firmen AMD oder Chips & Technologies) verwendet.

Interner und externer Speicher

Um Daten und Programme zu speichern, sind verschiedene Komponenten eines PC-Systems notwendig. Diese können in interne und externe Speicher unterschieden werden.

Als interne Speicher sind im wesentlichen RAM-Bausteine (RAM = random access memory) und Festplatten von Bedeutung. RAMs sind Mikrochips, die nach Bauform, Speicherkapazität und Zugriffszeit kategorisiert werden. Diese Einteilungen sind jedoch für den Anwender nur selten wichtig, von besonderer Bedeutung ist lediglich die Gesamtgröße des aus RAM bestehenden Hauptspeichers. Für normale Anforderungen sind meist Hauptspeichergrößen zwischen 4 und 16 MB üblich. Rechner mit weniger als 512 k Hauptspeicher sind nach heutigen Anforderungen eigentlich kaum noch als PCs zu bezeichnen, Rechner mit weniger als 4 MB Hauptspeicher sind zwar durchaus noch gebräuchlich, aber in dieser

Ausbaustufe noch nicht auf zukünftige Softwaregenerationen abgestimmt; Erweiterungen sind zum Glück meist problemlos möglich. Durch die mittel- und langfristig immer noch laufende Verbilligung von RAMs werden die gängigen Hauptspeichergrößen jedoch sicherlich noch zunehmen. Der zweite wichtige interne Speicher sind Festplatten. Hierbei handelt es sich um magnetische Plattenlaufwerke, die im Rechner eingebaut sind und zwar deutlich größere Speicherkapazitäten als RAMs bieten, dafür jedoch auch deutlich langsamer als diese sind. Festplatten werden (ähnlich RAMs) vor allem nach Speicherkapazität, Geschwindigkeit (gemessen in Zugriffszeiten und Datendurchsatz) und Betriebsart unterschieden.

Externe Speicher dienen im Gegensatz zu internen Datenspeichern nicht der ständigen Arbeit, sondern werden fast ausschließlich zur Datensicherung und zum Datentransport verwendet. Momentan sind vor allem folgende Arten externer Speicher gebräuchlich:

- *Diskettenlaufwerke.* Im Gegensatz zu Festplatten sind hier die zur Datenspeicherung verwendeten Speichermedien (Disketten) nicht fest in das Laufwerk eingebaut, sondern herausnehmbar und transportabel. Dafür ist die Speicherkapazität viel geringer und die Zugriffszeit deutlich höher.
- *Magnetbandspeicher (Streamer).* Bei diesen vor allem zur Datenarchivierung und Sicherung eingesetzten Geräten werden als Speichermedien Kassetten oder Spulen mit Magnetband verwendet. Sie erreichen ähnliche Kapazitäten wie Festplatten und sind verhältnismäßig preiswert in Relation zur gespeicherten Datenmenge, ermöglichen aber lediglich einen sehr langsamen Zugriff.
- *Wechselplatten.* Hierbei handelt es sich um spezielle, widerstandsfähigere Festplatten, die im Preis höher liegen als normale Festplatten, dafür jedoch aus dem Rechner entnommen und transportiert werden können.
- *Optische Platten.* Hier werden CD-ROMs (read only memory), WORMs (write once, read multiple) und wiederbeschreibbare MODDs (magneto-optical disk drives) unterschieden. Während die vom Anwender nur lesbaren

CD-ROMs lediglich für einige Sonderanwendungen interessant sind (z.B. Lexika usw.), und neuere Technik die WORMs im Grunde genommen bereits jetzt überholt hat, sind MODDs sicherlich ein Speicher der Zukunft, da sie alle Vorteile von Festplatten- und Diskettenlaufwerken mteinander verbinden; ein Hindernis für ihre Verbreitung stellt allerdings der momentan noch recht hohe Preis dar. Ob MODDs daher lediglich neben diesen Speichern existieren oder sie aber ganz oder zumindest weitgehend verdrängen werden, hängt von der weiteren technischen Entwicklung auf diesem Gebiet ab.

Hardwarezusätze und Peripherie

Während Personalcomputer früher oft als ein Gerät als Ganzes angesehen wurden, sind sie heute eher als Gesamtheit eines modular aufgebauten — und änderbaren — Systems von Komponenten zu sehen. Die bedeutendsten Hardware-Zusatzkomponenten bzw. Peripheriegeräte sind:

- *Tastatur* (vgl. Schreibmaschine). Deutsche Sonderzeichen sind hier inzwischen Standard geworden.
- *Maus.* Dieses relativ gesehen jüngere, heutzutage aber schon fast als Standard bezeichenbare Eingabegerät dient vor allem für grafische Anwendungen und Anwenderoberflächen.
- *Trackball.* Eine Alternative zur Maus, die ähnlich arbeitet, aber stationär postiert und nicht über den Tisch geschoben wird.
- *Joystick* (Steuerknüppel). Bei wirtschaftlichen Anwendungen von sehr geringer Bedeutung, aber in Grafik und Technik weiterhin oft eingesetzt. Der Joystick wird zunehmend von der Maus zurückgedrängt, ist aber für einige speziellere Gebiete weiterhin unverzichtbar.
- *Grafikkarte.* Die Schnittstelle zwischen Personalcomputer und Bildschirm. Auch hier sind verschiedene Standards gebräuchlich. Am wichtigsten sind hier Herkules und VGA (video graphics array), es gibt aber noch weitere Standards wie die VGA-Vorläufer CGA und EGA sowie mehrere —

leider noch nicht ausreichend normierte — VGA-Erweiterungen.

- *Bildschirm.* Moderne Bildschirme mit ihrer stark gesteigerten Qualität ermöglichen dem Anwender im Gegensatz zu früher ein (zumindest von der Belastung der Augen her) praktisch streßfreies Arbeiten auch über längere Zeiträume hinweg.
- *Scanner.* Ein Gerät zum Einlesen von Daten in Bildform. Neben den grafischen Einsatzmöglichkeiten werden Scanner in Verbindung mit OCR-Programmen (optical character recognition) vor allem zur Umwandlung gedruckter oder geschriebener Informationen in Zeichenfolgen im Speicher des Computers eingesetzt.
- *Drucker.* Diese werden nach ihrer Bauweise (z.B. Laserdrucker, Tintenstrahldrucker, Matrixdrucker) sowie nach ihren Fähigkeiten (z.B. Schwarzweiß- oder Farbdruck) unterschieden und stellen immer noch das wichtigste Ausgabegerät dar. Durch stark gefallene Preise bei gleichzeitig exzellenter Ausgabequalität und -geschwindigkeit setzen sich Laserdrucker dabei immer mehr als Standard durch.
- *Netzwerkkarte* (siehe unten).
- *Modem* (Modulator-Demodulator). Sie dienen der Übertragung von Daten über normale Telefonnetze und haben in den letzten Jahren enorm an Bedeutung gewonnen. Modems arbeiten mit verschiedenen Übertragungsgeschwindigkeiten. Der aktuelle Stand der Technik sind Modems nach der internationalen Norm V.32bis, die Übertragungsgeschwindigkeiten von 14 400 bits pro Sekunde und mehr (im Falle gleichzeitiger Datenkompression) zulassen.

Neben diesen genannten Komponenten sind natürlich noch zahlreiche andere (z.B. Plotter, Magnetkartenleser, Touch-Screen-Bildschirme) erhältlich, die aber alle nur für besondere Anwendungen interessant sind.

Vernetzung

Von ganz besonderer Bedeutung in der Verbreitung von Personalcomputern hat sich in den letzten Jahren der Bereich der

Vernetzung gezeigt. Der Personalcomputer wird dabei zwar weiter als eigenständiger Rechner verstanden, als solcher aber in einen Verbund von Rechnern, ein sogenanntes Rechnernetz, integriert. Neben der Einbindung in weiträumige, oft sogar weltweite Netze wie z.B. das Datex-Netz oder das Internet spielt dabei immer mehr die Schaffung örtlich begrenzter Netze, sogenannter LANs (local area networks) die bedeutendste Rolle. Bei einem LAN handelt es sich zumeist um die Verbindung der Personalcomputer einer Firma miteinander.

Software

Geeignete Software (Computerprogramme) spielt heute für den Anwender von Personalcomputern eine mindestens ebenso wichtige Rolle wie geeignete Hardware (Geräte). Verschiedene wichtige Softwarekomponenten sollen im folgenden erläutert werden.

Betriebssystem

Grundlage jedes Rechnersystems ist das Betriebssystem, d.h. die Software zur Steuerung sämtlicher Programmabläufe. Während bei Personalcomputern im weiteren Sinne verschiedenste Betriebssysteme gebräuchlich sind, ist bei den IBM-kompatiblen PCs das Betriebssystem MS-DOS der Firma Microsoft Standard. Die Vorteile dieses Betriebssystems sind eine sehr einfache Bedienbarkeit und die oben bereits angesprochene Standardisierung; in den letzten Jahren ließ sich jedoch feststellen, daß MS-DOS zu wenig zukunftssicher konzipiert worden war und den stark gewachsenen Anforderungen heutiger Rechner in vielen Punkten nicht mehr genügt. Als Alternativen hierzu wurde von Microsoft MS-Windows (ein auf MS-DOS aufbauendes, grafikorientiertes System in der Mitte zwischen Betriebssystem und Anwendersoftware), von IBM das neue Betriebssystem OS/2 entwickelt. Während zunächst MS-Windows als zukünftiger Standard im Gespräch war, gab IBM ab der Version 2.0 von OS/2 seine bis dahin betriebene Abgrenzungspolitik auf und entwarf diese Version MS-DOS- und MS-Windows-abwärtskompatibel, so daß

OS/2 aus heutiger Sicht als vermutlich führendes PC-Betriebssystem der nahen Zukunft anzusehen ist.

Standardsoftware

Als Ergänzung zum Betriebssystem werden im allgemeinen verschiedene grundlegende Programme, sogenannte Standardsoftware, benötigt. Als Beispiele für Standardsoftware wären unter anderem Textverarbeitungen, Datenbanken oder Branchenpakete zu nennen. All diese Programme zeichnen sich durch für alle Anwender einheitliche Programmfähigkeiten aus und wenden sich meist an eine größere Zielgruppe.

Individualsoftware

Individualsoftware ist sozusagen das »handgemachte« Gegenstück zu Standardsoftware. Individualprogramme sind jeweils auf den Bedarf eines oder zumindest weniger Auftraggeber zugeschnitten und erfüllen daher genauer die vorgegebenen Anforderungen. Ihr Nachteil ist ihr natürlich entsprechend deutlich höherer Preis.

Auswahlkriterien

Durch die Tendenz zur Normierung ist heute bei der Entscheidung für ein Rechnersystem weniger die Frage nach dem Fabrikat als die Frage nach dessen spezifischen Möglichkeiten zu stellen. Das Vorgehen bei der Auswahl eines passenden Systems sollte daher so aussehen:

- Überlegung, welche Anforderungen an die Hardware gestellt werden oder in absehbarer Zeit neu hinzukommen könnten. Erstellung eines Anforderungsprofils.
- Überlegung, welche Software zur Lösung der bestehenden Probleme eingesetzt werden soll. Falls noch keine entsprechende Software existiert, ggf. Einholen von Angeboten für deren Entwicklung.
- Entscheidung für die einzusetzende Software.
- Überprüfung und Anpassung der Hardware-Anforderungen an die Anforderungen der zu verwendenden Software.

- Einholen von Angeboten, die das bestehende Anforderungsprofil für Hardware erfüllen.
- Entscheidung für die einzusetzende Hardware.

Im Bereich der Hardware sind dabei vor allem folgende Punkte zu beachten:

- Welche Speicherkapazitäten (intern und extern!) werden benötigt? Bietet diese Kapazität genug Raum für zukünftige Datenmengen und Anwendungen?
- Wie umfangreich müssen die Grafikmöglichkeiten des Systems sein? Hierbei ist unbedingt auch die ins Auge gefaßte Software zu betrachten.
- Welche Peripheriegeräte werden benötigt?
- Welche Rechenleistung wird benötigt? Auch hier sollten die Anforderungen des Betriebssystems und der Software starke Berücksichtigung finden.
- Wie gut sind Service und Wartung? So wichtig dieser Punkt ist, sollte er doch immer in Relation zum Preis-/Leistungsverhältnis gesehen werden. In vielen Fällen rechtfertigt besserer Service nicht die enormen Hardware-Mehrkosten (von oftmals bis zu einigen hundert Prozent!) vieler namenhafterer Anbieter; zusätzliche Serviceverträge können hier eine echte Alternative darstellen.

Bei der Betrachtung der Software ist zu beachten:

- Besitzt die Software alle jetzt oder vielleicht zukünftig notwendigen Möglichkeiten?
- Wie groß ist der Bedienungskomfort? Ist eine intensive Schulung der geplanten Benutzer notwendig oder kann die Software notfalls auch von Aushilfskräften angewandt werden?
- Kann die Software bei geänderten Gegebenheiten leicht angepaßt oder geändert werden?
- Wie flexibel ist die Software? Kann sie für viele verschiedene Fragestellungen eingesetzt werden oder ist sie eng an Grenzen gebunden?

- Arbeiten alle geplanten Softwarekomponenten miteinander reibungslos zusammen? Falls nicht, sind von den Anbietern Schnittstellen erhältlich oder im Auftrag entwickelbar?

In allen Fällen ist es günstig, Meinungen und Ratschläge anderer Anwender einzuholen, die bereits Erfahrungen mit einer ähnlichen Aufgabenstellung besitzen.

Künftige Entwicklung

Die hauptsächlich durch fortschreitende technische Entwicklung bedingte stetige Verbesserung des Preis-Leistungsverhältnisses im gesamten Bereich der Personalcomputer wird sicherlich noch geraume Zeit anhalten. Dabei wird sich diese aber immer stärker in Leistungsverbesserungen als in Preissenkungen niederschlagen. Grundlegende Umwälzungen im Bereich der Hardware werden sich dabei für den Anwender fast ausschließlich in gesteigerten Leistungsmerkmalen, kaum mehr dagegen in veränderter Bedienung bemerkbar machen. Überhaupt wird der Trend zur Normierung und Standardisierung sicherlich anhalten, während exotische Lösungen zunehmend zurückgedrängt werden dürften. Unverkennbar sind außerdem die Trends zu stärkerer, auch unternehmensübergreifender, Vernetzung der Personalcomputer und zum Einsatz tragbarer PCs (Laptops, Notebooks etc.). Auch im Bereich der Software sind eine weitere Verbesserung der Leistungsfähigkeit und Verbreiterung des Angebotes insgesamt zu erwarten; hier wird die positive Entwicklung allerdings sicher bei weitem schwächer als im Bereich der Hardware ausfallen, weil sie nur durch Marktgegebenheiten und nicht durch grundlegend neue Technologien gestützt wird.

Literaturhinweise

Fachzeitschriften:

ct, Verlag Heinz Heise, Hannover, Erscheinungsweise monatlich

PC-Magazin, Markt&Technik-Verlag, Haar bei München, Erscheinungsweise wöchentlich

Wolf, Thomas R. A., Dipl.-Inf. (Univ.), München

Software-Entwicklung und EDV-Beratung

2.4 Beruflicher Aufstieg

2.4.1 Persönliche Karriereplanung

Hans-Bernd Graupner

Obwohl allerorts von Karriere und beruflichem Erfolg gesprochen wird, herrscht unterschiedliche Auffassung darüber vor, wie man Karriere macht.

Einige betreten den Karriereweg unbefangen und voller Zuversicht, machen sich aber keine Gedanken darüber, wohin die Reise gehen soll und wo sie ankommen werden. Sie überlassen die Entscheidung für ihre persönliche Entwicklung und den beruflichen Erfolg einfach dem Zufall.

Andere haben sehr konkrete berufliche Zielsetzungen, zögern aber immer wieder, ihr Vorhaben in die Tat umzusetzen, weil sie Angst davor haben, Verantwortung zu übernehmen bzw. weil sie glauben, noch nicht gut genug zu sein und jedes Detail absichern zu müssen. Sie schrauben die Ansprüche an sich selbst immer höher, um das Optimale zu erreichen und können eines Tages nur noch davon träumen, erfolgreich gewesen zu sein.

Beide Gruppen müssen lernen, das richtige Maß zu finden und Teilpläne zu entwickeln und diese in die Tat umzusetzen.

Erfolgsstreben als Karriereanspruch und Aufstieg als Wahrnehmung von Karrieregelegenheiten sollte deshalb nicht dem Zufall bzw. übersteigerten Erwartungen überlassen bleiben. Karrieren müssen systematisch geplant werden, damit etwas daraus wird.

Zunächst sollte man sich die Frage stellen: »Warum will ich Karriere machen?«

Aus der Gegenüberstellung von Vor- und Nachteilen — denn auch Karriere hat, wie alles, seinen Preis — ergibt sich eine gute Entscheidungsgrundlage.

Die **Vorteile** von Karriere sind kurz zusammengefaßt folgende:

- *Anerkennung*
  Lob, Beifall und Auszeichnungen sind wichtig. Sie haben viel mit unserem persönlichen Selbstwertgefühl zu tun. Daraus entwickeln sich neue Energien und Ressourcen.

- *Ansehen*
  Prestige, Popularität und Prominenz vermitteln das Gefühl, wichtig zu sein und Beachtung zu finden.

- *Einfluß*
  Regeln festlegen zu können und Entscheidungen zu treffen, über die man später spricht, sowie Vor- und Leitbild für andere zu sein, geben die Chance, Ruhm, Ehre und Unvergeßlichkeit zu ernten und sich aus der breiten Masse abzuheben.

- *Freiheit*
  Freie Gestaltungsmöglichkeiten zu definieren und Handlungsspielräume wahrzunehmen ergeben Selbständigkeit und Autonomie.

- *Vermögensbildung*
  Neben einem Festgehalt gibt es ab einer bestimmten Führungsebene variable Gehaltsanteile sowie verschiedene Extras (PKW, Unfall-, Lebens- und Kapitalversicherungen, Gesundheits-check-up usw.).

- *Abwechslung*
  Herausforderungen annehmen zu können und jeden Tag etwas Neues zu erleben, vermindert einseitige Routinetätigkeiten und zwanghaftes Wiederholen von Vorgängen.

- *Kontakte*
  Öffentliche Auftritte, Reisen und Verhandlungen schaffen einen breiten Bekanntenkreis im In- und Ausland.

- *Neid*
  Die Zurschaustellung von Macht und Einfluß bereitet vielen ein Gefühl der Selbstzufriedenheit. Manche Menschen empfinden dabei besonderes Vergnügen und Wohlbehagen.

Gemäß dem Sprichwort »Wo viel Licht ist, ist auch viel Schatten«, muß man, wenn man Karriere macht, auch mit **Nachteilen** rechnen:

- *Erfolgszwang*
  Leistungsansprüche, Wettbewerb und Druck schaffen die Notwendigkeit, immer wieder den Beweis anzutreten, noch höhere Ziele erreichen zu können.

- *Streß*
  Hetze, Zeitnot und Engpaßerlebnisse setzen den Organismus, vor allem den Kreislauf, durch Überbeanspruchung und Übermüdung unter Druck.

- *Verpflichtungen*
  Der gehobene Lebensstil wie z.B. modische Ausstattung, Immobilienbesitz und gesellschaftliche Verpflichtungen aller Art schaffen Konsumzwänge, die es in vielen Fällen auch notwendig machen, sich langfristig erheblich zu verschulden.

- *Öffentlichkeit*
  Sich im Rampenlicht zu bewegen, zeitraubende Sitzungen zu absolvieren und politische Stellungnahmen für die Medien zu formulieren sowie auch unpopuläre Maßnahmen durchzusetzen, gibt Anlaß zu vielfältiger Kritik bis hin zu Aggressionen und Tätlichkeiten, mitunter sogar zu Anschlägen auf Leib und Leben.

- *Berufsrisiko*
  Leitende Angestellte sind Freiwild. Sie können kurzfristig eingestellt und entlassen werden. Wenn sie den Karren schuldhaft oder schuldlos an die Wand fahren, gefährden sie die Existenz ihrer Mitarbeiter.

- *Konflikte*
  Beim Zusammenwirken größerer Gruppen von Mitarbeitern, die gemeinsam Ziele erreichen sollen, bleiben unterschiedliche Auffassungen und unterschiedliches Engagement in der Sache nicht aus. Hier gilt es einzugreifen, Spannungen zu erzeugen und die Wogen wieder zu glätten.

- *Intrigen*
  Wo es um Ansehen, Einfluß, Geld und Macht geht, bleiben Tricks und Hinterhältigkeiten sowie Täuschungsmanöver nicht aus. Gerüchte, üble Nachrede, Fehlinformationen und Fallen, in die man hineintappen kann, gilt es aufzuspüren, zu entschärfen bzw. in Kauf zu nehmen.

- *Privatleben*
  Wenn der Arbeitstag zehn Stunden dauert und das halbe Wochenende meist auch mit einbezogen wird, bleibt für die Familie wenig Zeit. Sie muß diese Belastungen akzeptieren und mittragen. Wenn nicht, geht entweder die Karriere oder die Familie baden.

Wer sich dies alles bewußt gemacht hat und sich für den Aufstieg entschieden hat, sollte sich von Zeit zu Zeit folgende Ratschläge ins Gedächtnis rufen:

Schaffen Sie optimale Voraussetzungen

Erziehungsstil und die Einstellung der Eltern und Verwandten haben einen starken Einfluß auf die spätere berufliche Entwicklung. Überwachen, Gängeln, Binden und Herumnörgeln macht Kinder und Jugendliche kaputt. Analysieren Sie die Situation und machen Sie sich klar, wo die Schwierigkeiten liegen. Haben Sie keine Hemmungen, eine Familienkonferenz einzuberufen und mit den Familienmitgliedern über Ihre Probleme zu sprechen. Wenn Sie glauben, daß die Verhältnisse Ihrer persönlichen und beruflichen Entwicklung schaden, trennen Sie sich.

Ihre Ausbildung sollte sehr früh einsetzen und so umfangreich wie möglich sein. Dabei ist meist auch eine längere Ausbildungszeit in Kauf zu nehmen. Eine Ausbildung ohne Abschluß ist nichts wert. Ein schlechter Ausbildungsabschluß ist dabei immer noch besser als kein Abschluß.

Es ist bestimmt nicht hinderlich, ein Zusatz- bzw. Zweitstudium absolviert zu haben. Ein Doktorexamen wird zukünftig zur Erreichung von Spitzenstellungen von Vorteil sein.

Stärken-Schwächen-Bilanz

Wenn Sie Karriere machen wollen, sollten Sie prüfungsfit und teststabil sein. Großfirmen setzen die Assessment-Center-Methoden ein, um die Managementpotentiale ihrer Mitarbeiter zu bewerten.

Sie sollten sich erst einmal selbst kennenlernen, bevor es andere tun, und ein oder mehrere Auswahlseminare mitmachen. Hier können Sie üben — besonders zu Anfang, wenn es noch um nichts Ernsthaftes geht. Sie sollten auch ein Gefühl dafür bekommen, ob Sie eher im Linien- oder Projektmanagement oder im Stab tätig sein wollen und welchen funktionalen Schwerpunkt von Vertrieb, Administration oder Technik Sie setzen wollen.

Schriftliche und persönliche Präsentation

Wenn es um die Auswahl zwischen mehreren gleichqualifizierten Bewerbern geht, scheinen Prüfungen, Beratungen und Analysen kein Ende zu nehmen. Lebensläufe und Zeugnisse werden von vorne nach hinten und von hinten nach vorne gelesen und hinsichtlich unbegründeter Lücken, Minderleistungen, Schwierigkeiten, Offenheit und Ehrlichkeit geprüft. Alle, die dem Anforderungsprofil nicht optimal entsprechen, fallen durch den Rost. Mit den verbleibenden Bewerbern spricht man weiter.

Sorgfältige Wahl der Branche

Wählen Sie sorgfältig die Branche, in der Sie arbeiten wollen. Branchenerfahrung gilt hierzulande vielfach als notwendige Voraussetzung bei der Besetzung von Führungspositionen. Zur Zeit liegen der Maschinen- und Anlagenbau, die elektrotechnische Industrie sowie der Fahrzeugbau und die Bauzulieferindustrie vorn. Die gewählte Branche muß insofern so zukunftsträchtig sein, daß sie später nicht ungewollt zum Branchenwechsel und damit zur Aufgabe spezifischen Knowhows gezwungen werden.

Gleitende Fünf-Jahres-Planung

Erstellen Sie eine gleitende Fünf-Jahres-Planung mit realistischen Aufstiegszielen und Zeitvorgaben. Gehen Sie davon aus, daß der Aufstieg ins obere Management nach einem Studium etwa 15—20 Jahre dauert und während dieser Zeit neben der Startposition durchweg noch 3—4 Führungspositionen auf verschiedenen hierarchischen Ebenen zu bewältigen sind. Besonders wichtig in diesem Zusammenhang ist die richtige Einstiegsposition. Firmen halten hier verschiedene Versionen von Trainee- und Einführungsprogrammen für Sie bereit. Führen Sie jährlich eine Bestandsaufnahme durch, und bringen Sie Ihre Planung auf den neuesten Stand. Neben Ihren eigenen Erfolgen und Fehlschlägen beobachten Sie dabei besonders aufmerksam die Entwicklung Ihres Unternehmens und Ihrer Branche.

Optimale Aufgabenerfüllung

Versuchen Sie, Ihre eigenen Zielvorstellungen mit den Erwartungen der Unternehmen auf einen Nenner zu bringen und die Ihnen gestellten Aufgaben optimal zu erfüllen. Nur wenn Ihnen das gelingt, können Sie die Ansprüche auf Realisierung Ihrer eigenen Karrierevorstellungen wirkungsvoll anmelden.

Vorbeugende Weiterbildung

Versuchen Sie, künftige Anforderungen, die an Sie gestellt werden, richtig einzuschätzen, und betreiben Sie gezielte Weiterbildung.

Manuelle Fähigkeiten werden im Industriebereich an Bedeutung verlieren. Statt dessen werden kognitive Fähigkeiten im Vordergrund stehen. Die Theorieanteile in der Ausbildung werden zunehmen. Von großer Bedeutung werden Kommunikations- und Informationskompetenz sein. Dies ist die Basis, um mit Telekommunikation, Systemen für die flexible Fertigungssteuerung und EDV-geführtes Planen umgehen zu können.

Zu den fachübergreifenden Schlüsselqualifikationen sind Planungs-, Entscheidungs- und Methodenkompetenz zu rechnen.

Sie werden besonders beim Übergang auf die logistische Organisation von Abläufen abverlangt. Diese führt zu einer Aufwertung von Sachbearbeitertätigkeiten. In die gleiche Kategorie gehören Sprachkenntnisse, Teamfähigkeit, Umweltkompetenz und Motivation zum lebenslangen Lernen. Auch eine solide Allgemeinbildung gewinnt an Bedeutung.

Realistische Eigensicht

Bemühen Sie sich stets um eine realistische Sicht der eigenen Person. Nichts schadet der Karriere mehr als Illusionen über eigene Stärken und Schwächen. Ein zu negatives bzw. zu positives Selbstbild ist schädlich. Suchen Sie dazu auch den Rat von Experten.

Dezente Eigenwerbung

Voraussetzung zum beruflichen Erfolg sind Fleiß und Eigenleistung. Aber dies allein führt nicht nach oben. Beherzigen Sie den Satz: *Tue Gutes und rede darüber!*

Nur wenn Sie den Nutzen Ihrer Leistung herausstellen und die Werbetrommel in eigener Sache rühren, fallen Sie den maßgeblichen Personen im Unternehmen positiv auf. Denn nichts ist erfolgreicher als der Erfolg selbst, und diesen gilt es darzustellen und bekanntzumachen. So gesehen kann es auch nicht schaden, Berichte und Artikel zu veröffentlichen, Kontakte zu Presseabteilungen herzustellen, bei Tagungen als Redner aufzutreten, Messen zu betreuen, eine Tätigkeit als Dozent aufzunehmen und eventuell ein Sachbuch zu schreiben. Damit machen Sie auf sich aufmerksam. Auch die Zunft der Personalberater und Headhunter, deren Aufgabe es ist, für Firmen gute Leute zu finden, nimmt dann Kontakt mit Ihnen auf. Wenn Sie angesprochen werden, steigt Ihr Marktwert.

Vorsicht vor Wechsel

Sollten Sie trotz hohen Einsatzes und erstklassiger Leistungen Ihre Ziele im Unternehmen nicht realisieren können, scheuen Sie vor einem Unternehmenswechsel nicht zurück. Eine zielstrebige Karriere verträgt keine Stagnation.

Vermeiden Sie ansonsten Wechsel. Firmentreue und Loyalität sind hoch im Kurs. Der ausgesprochene Job-Hopper verdient mitunter mehr, fällt aber irgendwann auf die Nase.

Ein Wechsel zwischen verschiedenen betrieblichen Funktionsbereichen ist im allgemeinen weniger karrieregünstig, als vielfach angenommen wird. Leute, die durch die Betriebe rotieren, kommen nicht weit. Sie sollten dies nur im Zusammenhang mit einem nächsten Schritt nach oben durchführen.

Wenn Sie trotz aller Planung im Laufe Ihrer Karriere an einen Punkt gelangen, an dem Sie bei realistischer Einschätzung von Engagement, Fähigkeit oder auch nur Ihres Alters erkennen, daß Sie Ihre Endposition erreicht haben, ohne ins obere Management gelangt zu sein, so nehmen Sie dies nicht tragisch. Viel tragischer wäre es, wenn Sie ohne Planung liefen und später erkennen müssen, daß Sie trotz all Ihres Könnens und Engagements das Ziel nur einfach deswegen nicht erreicht haben, weil Sie in die falsche Richtung gelaufen sind.

GRAUPNER, HANS-BERND, Dipl.-Psych., Karrieretrainer
Langjähriger Mitarbeiter bei der Kienbaum-Personalberatung. Spezialgebiete: Suche und Auswahl von Führungskräften.

2.4.2 Sich trennen und neu binden

SUSANNE DUDEK-MARSCHAUS

Der Wechsel von einem Unternehmen in ein anderes ist für die heutigen Führungskarrieren nichts Ungewöhnliches mehr. Häufig wird erst dann der entscheidende Karrieresprung möglich, wenn die Führungskraft die Möglichkeiten außerhalb des eigenen Unternehmens in Betracht zieht. Ungeachtet der — erfreulichen oder negativen — Begleitumstände des Ausscheidens stellt jedoch auch heute noch die Fähigkeit zur psychischen Verarbeitung der Trennung eine notwendige Voraussetzung für den erfolgreichen Einstieg in einem neuen Unternehmen dar.

Der Ausstieg aus einem Unternehmen, in dem man häufig viele Jahre seines Berufslebens verbracht hat, bedeutet für die meisten von uns einen wichtigen Einschnitt. So unterschiedlich die persönlichen Gründe des Einzelnen für seinen Austritt sind, so wichtig sind in jedem Fall eine bewußte Auseinandersetzung mit der Trennung und eine intensive Verarbeitung der Austrittsgründe.

Die vielfältigen Gründe bzw. Motivationen, die das Ausscheiden herbeiführen, lassen sich in drei Gruppen erfassen:

- Austritt aus Eigeninitiative
- Austritt aufgrund einer Direkt-Ansprache
- Austritt aufgrund betrieblicher Probleme

Austritt aus Eigeninitiative

Diese Form stellt die unproblematischste Art dar, sein Unternehmen zu verlassen. Die häufigste Ursache stellt eine wachsende Unzufriedenheit mit der Tätigkeit, den konkreten Möglichkeiten einer beruflichen Weiterentwicklung oder dem Vorgesetzten dar. Diese Unzufriedenheit entwickelt sich oft über einen längeren Zeitraum von 1–2 Jahren und bedarf dann eines besonderen Anstoßes, um die Situation bewußt zu erkennen. Erst wenn die Ursachen dieses Mißbehagens dem Betroffenen deutlich geworden sind, kann die erforderliche Weichenstellung vorgenommen werden. Die innere Klärung kann durch intensive Gespräche mit guten Freunden bzw. einem neutralen Dritten, der das Unternehmen nicht kennt, beschleunigt werden. Als hilfreich erweisen sich auch persönliche Aufschreibungen, in denen man sich — absolut ehrlich — Rechenschaft ablegt beispielsweise über die Vor- und Nachteile seiner Funktion, des Unternehmens, eines Wechsels etc.

Dieser Selbstfindungsprozeß wird häufig als belastend erlebt, da der Betroffene sich im Zwiespalt erlebt — einerseits nicht mehr völlig auf der Seite des Unternehmens, andererseits noch ohne erkennbares Ziel. Sobald die Entscheidung für einen Unternehmenswechsel getroffen ist, fällt der seelische Ballast ab.

Jetzt setzt ein verstärkter Rückgang der Unternehmens- und Funktions-Identifikation ein, der eine wichtige Grundlage bildet für die Bewältigung der neuen Aufgabe: sich aktiv eine attraktive Position auf dem Markt zu suchen.

Austritt aufgrund einer Direktansprache

Nicht völlig aus Eigeninitiative, aber auch nicht aus negativen Motiven heraus erfolgt ein Unternehmenswechsel aufgrund eines Kontaktes mit einem Personalberater. Die Besetzung vieler Spezialistenfunktionen und der mittleren bis obersten Führungsebenen erfolgen nur noch in geringem Umfang über den offenen Arbeitsmarkt, d.h. durch Schaltung von Stellenanzeigen. In der Regel werden persönliche Kontakte, die über das Unternehmen hinausreichen, genutzt, bzw. ein Personalberater als neutraler Spezialist eingeschaltet.

Der Berater wird, insbesondere bei selteneren Funktionen sowie bei oberen Führungspositionen, die Direktansprache wählen, da sie sich unmittelbar an den interessierenden Adressatenkreis wendet.

Es empfiehlt sich daher für veränderungswillige Führungskräfte, systematisch und kontinuierlich — über Jahre hinweg — Kontakte zu seriösen Beratern aufzubauen, um mit ihrer Unterstützung neue Märkte aufzuschließen.

Der Prozeß der inneren »Abnabelung« aus dem bisherigen Unternehmen gestaltet sich bei dieser Austrittsform als weniger schwierig, da ein ansprechendes, konkretes Angebot vorliegt und somit das Ziel bereits feststeht. Dennoch sollte auch hier eine sorgfältige Prüfung der Rahmenbedingungen erfolgen, um auch eine mittelfristig gute Wahl treffen zu können.

Austritt aufgrund betrieblicher Probleme

Im Gegensatz zur Eigenkündigung erfolgt ein Ausscheiden aus betrieblichen Gründen häufig kurzfristig bzw. »über Nacht«. Auslöser hierfür können Restruktierungsmaßnahmen oder drastische Veränderungen der Unternehmensstrategie sein, die die betreffende Funktion überflüssig machen oder auch eine aufgestaute Unzufriedenheit der Vorgesetzten mit dem Leistungsverhalten. Da es in vielen Unternehmen auch heute noch nicht üblich ist, Führungskräfte offen zu beurteilen und ihnen damit eine Orientierung zu bieten, kommt die Eröffnung der Trennungsabsicht für viele Führungskräfte völlig überraschend.

Hier läßt sich eine hohe Diskrepanz zwischen dem persönlichen Verhalten — beispielsweise dem als normal/nicht dramatisch empfundenen Aussprechen von Kündigungen gegenüber Mitarbeitern — und dem inneren Erleben erkennen, sobald man selbst davon betroffen ist.

In der Mehrzahl der Fälle wird das Unternehmen anbieten, einen Aufhebungsvertrag zu schließen, der das Ausscheiden als »im gegenseitigen Einvernehmen« getroffen darstellt und den Ausgleich materieller Ansprüche regeln soll.

Sofern der Betroffene kein Personalprofi ist, sollte er sich Rat von einem sachkundigen Anwalt einholen, so daß er seine Rechtsansprüche kennt, Fristen korrekt einhalten und ggfs. einen eigenen Vertragsentwurf einbringen kann.

Die Klärung der rechtlichen Vertragsbestandteile erfolgt häufig innerhalb weniger Wochen, sofern die Kündigung nicht fristgerecht vor dem Arbeitsgericht angefochten wird.

Wesentlich längere Zeit muß der Betroffene für die innere Verarbeitung der Ereignisse aufwenden. Gerade langjährige, in oberen Führungsfunktionen tätige Manager trifft es wie ein Schock, wenn das Unternehmen ihnen seine Trennungsabsicht mitteilt.

In vielen Fällen empfiehlt es sich, der Führungskraft ein Outplacement-Angebot zu machen, so daß er mit Hilfe eines neutralen Personalberaters die notwendigen Schritte zur Problembewältigung gehen kann:

- Analyse seiner Situation,
- Ermittlung des eigenen Fähigkeitsprofils,
- psychische Stabilisierung und Steigerung des Selbstwertgefühls,
- Erarbeitung in Frage kommender Positionen,

- Analyse des geeigneten Marktes,
- Coaching zur Führung von Bewerbungsgesprächen,
- praktische Unterstützung bei den Bewerbungen.

Zusammenfassung

- Entwickeln Sie eine positive Grundeinstellung gegenüber beruflichen Veränderungen — zwei- bis viermalige Wechsel während der Laufbahn sind heute durchaus üblich.
- Auch wenn Ihr Austritt durch unerfreuliche Umstände begleitet wurde — arbeiten Sie daran, hierzu ein entspanntes Verhältnis zu gewinnen —, dies kann für Ihr Verhalten in Bewerbungsgesprächen und damit Ihren Bewerbungserfolg entscheidend sein.
- Versuchen Sie, sich auch über Ihre Gefühle klar zu werden, ehe Sie sich aktiv bewerben: bestehen noch Bindungen an das Unternehmen, schwelen Konflikte mit Vorgesetzten, befürchten Sie, den heutigen Anforderungen nicht mehr gewachsen zu sein etc.
- Nutzen Sie intensiv die Möglichkeiten, mit anderen über Ihre Situation zu sprechen. Sie sind als Betroffener nicht so frei, alle Gesichtspunkte unbefangen zu prüfen.
- Wenn Sie sich entschlossen haben, sich zu verändern: Unternehmen Sie etwas! Eigeninitiative und Kontaktpflege bilden Ihre wichtigsten Hilfsmittel.

DUDEK-MARSCHAUS, SUSANNE, Diplom-Soziologin, Langen

Personalberaterin; Personalmanagement-Beratung: Management-Entwicklung, Führungs- und Kommunikationstrainings, Karriereberatung, Personalforschung.

2.4.3 Bewerbung, Auswahl, Vorstellung

ERNST MAUDRICH

Im Durchschnitt scheitern 80% der Bewerber bereits an ihrem ersten wichtigen Etappenziel, zu einem Vorstellungsgespräch eingeladen zu werden. Ein Teil setzt dabei aus Selbstüberschätzung oder Spekulation auf das falsche Pferd, bringt also die Voraussetzungen für die ausgeschriebene Position überhaupt nicht mit. Viele bekommen auch Absagen, weil ihr Berufsweg keinen »roten« Faden erkennen läßt. Häufige Berufs- und Arbeitgeberwechsel stempeln sie zu unsicheren Kandidaten. Schließlich verspielen viele gute Bewerber ihre Chancen, in die engere Auswahl zu kommen. Sie sind entweder eine Nummer zu groß oder verstehen es nicht, ihr Leistungsprofil genau auf die Belange des Unternehmens abzustimmen. Formale Fehler im Gestalten und Zusammenstellen der Bewerbung tragen dann dazu bei, einen Kandidaten endgültig fallen zu lassen.

Diese Situation sollte gerade auch Bewerber, die eine erste oder gar höhere Führungsposition anstreben, veranlassen, sich mit diesem Thema näher zu befassen. Eine Bewerbung ist nämlich nicht nur bei dem Eintritt in das Berufsleben aktuell. Vielmehr wird sich jeder während des Berufslebens mehrmals bewerben müssen. So z.B., wenn er sich aus eigenem Antrieb weiterentwikkeln will und ihm diese Möglichkeit in seinem jetzigen Unternehmen verwehrt ist. Auch unvorhergesehene Ereignisse oder eigenes Verschulden können ihn dazu zwingen. Bewerben geht somit jeden etwas an. Langfristig erfolgreich sind dabei nicht die, die auf das Glück oder die Gunst einer einmaligen Arbeitsmarktlage setzen, sondern diejenigen, die die Spielregeln der Auswahl auf der Käuferseite kennen und einhalten. Bewerben ist für sie ein Verkaufsvorgang in eigener Sache. Sie machen gezielter auf sich aufmerksam als andere. Sie schätzen sich richtig für die angebotene Position ein und verstehen es auch, dies dem Arbeitgeber überzeugend darzulegen.

Jeder Schritt zu einem Stellenwechsel sollte strategisch durchdacht sein. Die Frage lautet: »Nutzt mir der beabsichtigte Wechsel oder schadet er mir auf meinem Weg zum Ziel?« Dadurch soll verhindert werden, daß sich jemand auf alles bewirbt, was ihm so über den Weg läuft. Eine große Zahl von Bewerbungen erhöht zwar rein statistisch die Trefferquote, praktisch handelt sich der Bewerber damit aber nur Absagen ein. Mehr verspricht dagegen eine weise Beschränkung. Der Bewerber steckt einen Rahmen ab, innerhalb dessen er sich beruflich weiterentwickeln kann und will. Die Strategie wird dabei wesentlich von den Spielregeln der Auswahl auf der Arbeitgeberseite beeinflußt.

So ist ein Wechseln von einem Großbetrieb in eine Führungsposition eines anderen großen Unternehmens — sofern dieses Seiteneinsteiger zuläßt — problemlos. Auch der Wechsel von einem großen in ein kleineres oder mittelständisches Unternehmen wird in der Regel akzeptiert. Problematisch wird es jedoch dann, wenn der Bewerber schon sehr lange in einem Großunternehmen tätig war. Er ist dann dadurch schon so stark vorgeprägt, daß er sich auf die neuen Verhältnisse nur noch schwer umstellen kann. Umgekehrt ist Bewerbern der Weg von Kleinunternehmen zu Großbetrieben und Konzernen fast immer versperrt.

Eine weitere Spielregel besagt, daß Unternehmen beim Bewerber nach Anhaltspunkten suchen, die ihn berechenbar erscheinen lassen. Dies ist z.B. die Verweildauer in den einzelnen Unternehmen. Wer seinem Unternehmen im Durchschnitt fünf Jahre lang treu bleibt, ist für einen neuen Arbeitgeber berechenbarer als jemand, der es pro Unternehmen auf nur ein bis zwei Jahre bringt.

Ein wichtiger Anhaltspunkt ist ferner ein nach oben zeigender Trend in der beruflichen Entwicklung und das Alter des Bewerbers. Dieser Trend wird erkennbar, wenn der Bewerber im Laufe seiner Berufsjahre immer wieder neue, vielfältigere und schwierigere Aufgaben wahrgenommen hat. Ein Wechsel in eine erste Managementposition ist dann der logische nächste Schritt.

Eng damit verbunden ist das Alter des Kandidaten. Nach allgemeiner Auffassung gilt: Wer mit 35 Jahren noch ohne Führungsverantwortung ist und nun eine Managementposition anstrebt, ist ein Problemfall. Der neue Arbeitgeber vermutet, daß der Bewerber es bisher an Zielstrebigkeit hat fehlen lassen.

Nicht alle altersmäßigen Abweichungen nach oben führen gleich zur völligen Ablehnung. Der ältere Kandidat muß sich nur im klaren darüber sein, daß Unternehmen im allgemeinen jüngere, besser ins Idealbild passende Bewerber älteren gegenüber bevorzugen. Mit 40 Jahren sollte jeder eine klare Zielrichtung vorweisen und vorzeigbare Ergebnisse erreicht haben. Bis Mitte 45 ist ein Firmenwechsel zwecks Erreichen einer Endposition noch möglich und wird auch akzeptiert. So etwa ab 48, meist mit 50 und darüber ist das weitgehende Ende der Beweglichkeit auf dem Arbeitsmarkt erreicht. Die Absagequote bei Bewerbungen steigt, der Spielraum für gezielte Planungen schrumpft rapide.

Wer seine Bewerbungsstrategie kennt, kann gezielt Stellenangebote auswählen. Wichtigstes Entscheidungskriterium für den Bewerber ist dabei sein Eignungsprofil. Hierfür sollte er auf einer Checkliste die Anforderungen der ihn interessierenden Stelle auflisten und mit den eigenen Fähigkeiten und Kenntnissen genau vergleichen. Stimmt danach die Eignung nicht mindestens zu 80% mit den Anforderungen überein, so sollte er sich auf diese Stelle nicht bewerben. Im Zweifelsfall kann er lediglich telefonisch nachfragen, ob sich eine Bewerbung für ihn eventuell doch lohnt.

Bei der Auswahl von Stellenangeboten lohnt es sich für den Bewerber, diese kritisch zu analysieren und zu vergleichen. Er sollte sich z.B. fragen, wie interessant sich das Unternehmen in der Anzeige darstellt und welche Perspektiven es ihm bietet. Ferner, ob die Aufgaben und Anforderungen klar und verständlich formuliert sind. Von Bewerbungen auf Chiffre-Anzeigen ist grundsätzlich abzuraten.

Checkliste zur Ermittlung des Eignungsprofils

Stellenanzeige: ....

Anforderungen laut Stellenanzeige	Bedingungen der Anforderungen		Die Anforderungen erfülle ich			Nachweise meiner Qualifikation	Zusätzliche Fähigkeiten und Kenntnisse für die Position
	»Muß«	»Kann«	voll	teilweise	nicht		
Fachlich:							
Persönlich:							

Mit der schriftlichen Bewerbung sollte jeder Bewerber zunächst das Ziel verfolgen, sich als interessanten Kandidaten zu präsentieren, um zu einem Bewerbungsgespräch zu gelangen. Die schriftliche Bewerbung besteht aus drei Elementen: dem Anschreiben, dem Lebenslauf und den Zeugnissen.

Bereits die Gesamtpräsentation der Bewerbung hinterläßt beim Empfänger einen nachhaltigen Eindruck. Hier ist zu empfehlen, die Kopien der Zeugnisse und das Original des Lebenslaufes in einen dünnen, biegsamen Schnellhefter aus Kunststoff mit transparentem Deckblatt einzuheften. Und zwar in der Reihenfolge: unten die Zeugnisse in chronologischer Folge, und obenauf der Lebenslauf. Das Anschreiben wird in den Schnellhefter oben nur eingelegt. Unnötig sind Inhaltsverzeichnisse, Plastikhüllen für die einzelnen Schriftstükke oder ein Extrablatt für das Foto.

Die Bewerbermappe kommt dann in einen entsprechend großen, stabilen Umschlag. Zu achten ist auf das richtige Frankieren. Sowohl eine Nachgebühr als auch ein Überfrankieren zeugen von einer nachlässigen Haltung des Bewerbers. Selbstverständlich ist der Umschlag ganz normal abzusenden. Nicht notwendig ist ein Einschreiben oder gar eine Eilbotensendung.

Die größte Fehlerquelle bei der schriftlichen Bewerbung ist das Anschreiben. Hier machen es sich viele Bewerber zu einfach, wenn sie

- gleich mit der Tür ins Haus fallen und schreiben: »Hiermit bewerbe ich mich um die ausgeschriebene Stelle«, sonst aber nichts Interessantes und Wissenswertes aussagen;
- auf wesentliche Informationen verzichten, vor allem, warum sie sich gerade um diese Position bewerben;
- auf wichtige Anforderungen der Anzeige nicht eingehen, z.B. auf ihre Führungsfähigkeiten;
- aus Einfallslosigkeit ganze Passagen der Anzeige im Anschreiben wiederholen, um die Seite rasch zu füllen;
- etwas behaupten wie »ich erfülle absolut alle Ihre Anforderungen«, ohne dies durch Fakten zu belegen;

- den ganzen Lebenslauf im Anschreiben miterledigen wollen;
- ausdrücklichen Bitten des Inserenten wie um Angaben über das derzeitige Einkommen oder den Gehaltswunsch ignorieren;
- es mit der Rechtschreibung, Grammatik und Zeichensetzung nicht so ernst nehmen;
- glauben, sich mal schon Tippfehler leisten zu können.

Zu empfehlen ist, das Anschreiben für jede Bewerbung neu und individuell zu texten. Wichtig ist es, sich auf den möglichen neuen Arbeitgeber einzustellen, sich für ihn interessant zu machen und auf seine Belange einzugehen. Der Text sollte nicht mehr als eine Seite umfassen und sich flüssig lesen. Dabei sind einfache Wörter und Sätze zu gebrauchen, der Inhalt soll sich nur auf das Wesentliche beschränken. Eine übersichtliche Darstellung sowie eine überzeugende Argumentation erleichtern das Lesen des Empfängers.

Für den Lebenslauf genügt kein Einheitstext. Er trifft höchstens auf die persönlichen Daten zu wie Geburtstag, -ort und Familienstand, mit Einschränkung auch noch auf den Bildungsweg. Das sind feste Daten, an denen kaum zu rütteln ist. Anders sieht es mit dem Berufsweg aus. Hier neigen die Bewerber dazu, möglichst viel in den Lebenslauf hineinzupakken, in der Annahme, der Leser werde sich das Wichtige und Interessante schon heraussuchen. Dazu ist der Empfänger aber in der Regel nicht bereit, weil ihm besonders bei sehr vielen Bewerbungen hierfür die Zeit fehlt.

Der Lebenslauf, vor allem der Berufsweg, sollte daher individuell und zielorientiert ausgesuchte Fakten aufzeigen. Zum Beispiel kann auf einen Studienaufenthalt in Frankreich hingewiesen werden, wenn er zu dem vorliegenden Bewerbungsfall paßt, sonst aber sollte man ihn nicht erwähnen. Von den Tätigkeiten in der letzten Stelle sollen vor allem diejenigen herausgestellt werden, die zu dem im Angebot erwähnten Aufgabenbereich passen. Weiter zurückliegende Tätigkeiten, die mit dem neuen Aufgabengebiet wenig zu tun haben, sollten in einer kurzen Zusammenfassung dargestellt werden. Der Lebenslauf ist in tabellarischer Form für jede Bewerbung original zu schreiben.

Als Foto genügt das übliche Paßfoto, schwarzweiß. Wer will, kann auch ein Farbfoto wählen. Zu warnen ist jedoch vor den schnellen und billigen Automatenfotos, die in der Regel sehr unvorteilhaft sind. Vielmehr empfiehlt sich der Gang zu einem professionellen Fotostudio. Auf dem Foto soll der Bewerber in einer der Bedeutung des Unternehmens und der Position entsprechenden Kleidung erscheinen. Völlig unpassend sind daher Fotos in Freizeitkleidung wie z.B. mit Pullover oder mit offenem Kragen. Der Arbeitgeber vermutet damit eine mangelhafte Einstellung des Bewerbers zum Beruf.

Das Foto sollte man nicht auf dem Anschreiben oder auf einem Extrablatt anbringen. Da es Bestandteil der Bewerber-Persönlichkeit ist, paßt es am besten zum Lebenslauf. Dort ist es in der oberen rechten Ecke fest einzukleben.

Bei den übrigen Dokumenten wie Diplomen und Arbeitszeugnissen hat der Bewerber keine Möglichkeit, den Inhalt individuell zu gestalten. Hier kommt es nur darauf an, saubere Kopien anzufertigen.

Mit der Einladung zu einem Vorstellungsgespräch hat der Bewerber die erste große Hürde genommen. Das darf ihn jedoch nicht dazu verleiten, sich schon in Sicherheit zu wiegen. Kommt es doch gerade jetzt darauf an, die Erwartungen des Arbeitgebers zu bestätigen, zu verstärken und sein Interesse weiter wachzuhalten. Der Arbeitgeber seinerseits möchte die Basis einer gemeinsamen Zusammenarbeit mit dem Kandidaten ausloten. Er ist daran interessiert zu wissen, ob der Bewerber den Aufgaben gewachsen sein wird, ob er sich für die neue Aufgabe anstrengt und ob er ein umgänglicher und kooperativer Mitarbeiter ist.

Für die Vorstellung ist eine intensive Vorbereitung unbedingt erforderlich. Der Bewerber muß sich dabei schon rechtzeitig mit zwei Themen auseinandersetzen, die für das Vorstellungsgespräch von großer Wichtigkeit sind. Zunächst ist es unerläßlich, sich mit dem Unternehmen, dem Aufgabengebiet und

Fragen dazu auseinanderzusetzen. Ferner ist es zweckmäßig, sich auf Fragen einzustellen, die im Laufe des Gesprächs dem Bewerber gestellt werden können.

Als Informationsquellen über das Unternehmen bieten sich dem Bewerber an:

- Geschäftsberichte, Unternehmensbroschüren
- Auskünfte durch Banken, Industrie- und Handelskammern, Arbeitgeberverbände
- Nachschlagewerke über Unternehmen
- Datenbanken
- Erfahrungen von Freunden und Bekannten
- Berichte aus Tageszeitungen und Fachzeitschriften.

Anhand der Fragen, die dem Interviewer gestellt werden, kann dieser rasch erkennen, wie interessiert und zielstrebig der Bewerber ist. Wer sich im ersten Gespräch auf Themen wie Urlaubsanspruch, Pensionsplan, Dienstwagen und Wohnraumbeschaffung konzentriert, hat vermutlich wenig Chancen. Daher sollten sich im ersten Gespräch die Themen und Fragen des Bewerbers vor allem auf das Unternehmen, seine Wettbewerbsfähigkeit, Märkte und Kunden, Innovationskraft und die gestellten Aufgaben beziehen.

Neben den eigenen Fragen sollte sich der Bewerber aber auch schon rechtzeitig auf Fragen vorbereiten, die ihm sehr wahrscheinlich vom Arbeitgeber gestellt werden. Dabei muß er sich neben Fragen aus seinem Fach vor allem auf solche einstellen, die seine Persönlichkeit betreffen.

Hier will der Gesprächspartner etwas wissen über

- die persönliche Selbsteinschätzung
- die Denkart und Problemlösefähigkeit
- den persönlichen Arbeitsstil
- die Einstellungen, Werte und Grundhaltungen und
- die soziale Kompetenz des Bewerbers.

Mit Hilfe einer Checkliste kann der Bewerber häufig gestellte Fragen den einzelnen Persönlichkeitskategorien zuordnen und entsprechende Antworten darauf vorbereiten.

Fragen des Interviewers beim Bewerbungsgespräch

Fragen	Was bezweckt diese Frage?	Meine Antwort darauf:
Einstellungen/Werthaltung/Interessen 1. Warum möchten Sie ausgerechnet bei uns arbeiten?		
2. Was gefiel Ihnen bei Ihrer letzten Tätigkeit?		
3. Was mißfiel Ihnen in Ihrer letzten Firma?		
4. Wie lange wollen Sie bei uns arbeiten?		
5. Was interessiert Sie am meisten an der neuen Aufgabe/Stelle?		
6. Welche Dinge ärgern Sie bei Ihrer Arbeit?		

Ausschnitt einer Checkliste

Neben der inhaltlichen Vorbereitung sollte sich der Bewerber vorher auch schon Gedanken machen über sein Verhalten und Auftreten sowie über sein äußeres Erscheinungsbild im Bewerbungsgespräch.

Zum Verhalten kann empfohlen werden,

- den Eindruck zu vermeiden, die Stelle unbedingt haben zu wollen,
- sich gelassen und souverän zu geben, ohne dabei arrogant zu wirken,
- im Interviewpartner keinen Gegenspieler, sondern einen Partner zu sehen,
- ein guter Zuhörer zu sein,
- die Gesprächsführung dem Interviewer zu überlassen,
- kleine Schwächen ohne weiteres zuzugeben,
- sich so zu geben, wie man ist,
- sich verständlich auszudrücken,
- auf den Blickkontakt zu achten und
- den Interviewpartner mit seinem Namen anzusprechen.

Beim Erscheinungsbild kommt es darauf an,

- physisch und psychisch ausgeruht anzukommen,
- einen bequemen Anzug oder ein passendes Kleid/Kostüm zu tragen,
- einwandfreie, nicht zu »billige« Accessoires mit sich zu tragen wie Aktenkoffer, Handtasche, Uhr,
- das Extrem von Luxus im Erscheinungsbild zu vermeiden,
- auf ein gepflegtes Äußeres wie Gesicht, Frisur und Hände zu achten,
- alles Extreme wie starke Parfums, Schminke zu vermeiden.

Wer sich sorgfältig auf Inhalte, Verhalten und Auftreten sowie Erscheinungsbild vorbereitet hat, hat gute Chancen, daß seine Bewerbung erfolgreich sein wird.

Literaturhinweise

Borkel, Wolfgang: Auswahl und Einarbeitung von leitenden Mitarbeitern, BBE-Verlag, Köln 1978

Mell, Heiko: Die großen Fehler — und wie man sie vermeidet, Verlagsgruppe Handelsblatt, Düsseldorf o. J.

Mell, Heiko: Bewerbung auf dem Prüfstand — Insider-Informationen zur Bewerbungstechnik, Schäffer Verlag, Stuttgart 1988

Mell, Heiko: Bewerben, Beruf, Karriere — 300 praxisbewährte Regeln zum Erfolg, VDI-Verlag, Düsseldorf 1990

Yate, John Martin: Das erfolgreiche Bewerbungsgespräch — Überzeugende Antworten auf alle Fragen, Campus Verlag, Frankfurt/ New York 1990

Maudrich, Ernst, Dipl.-Kfm., Pulheim

2.4.4 Der Start im neuen Unternehmen

Wolfgang Borkel

Immer wieder kann man erleben, daß endlich nach langem und meistens auch kostspieligem Suchen ein neuer Mitarbeiter für die vakante Position gewonnen wurde. In gut geführten Unternehmen wird dann — häufig unter Mitwirkung der Personalleitung — zwischen Vorgesetztem und der neuen Fach- oder Führungskraft ein Einarbeitungsplan erarbeitet, um diesem zu helfen, sich in der neuen Position zurechtzufinden, die notwendigen sozialen Kontakte herzustellen und den spezifischen Anforderungen der Position zu genügen.

In vielen Gesprächen mit Führungskräften aller Stufen mußten wir jedoch feststellen, daß dieses in der Praxis sehr oft nicht geschieht. In der Regel sollte der Neue ja den Vorgesetzten entlasten; es bedeutet jedoch zumindest in den ersten Wochen eine zusätzliche Belastung, wenn er einigermaßen gründlich eingearbeitet werden soll. Und so geschieht es sehr häufig, daß die guten Vorsätze mangels Zeit und vielfach auch aus Gedankenlosigkeit nicht realisiert werden.

In der Praxis hat es sich sehr gut bewährt, wenn der neue Mitarbeiter einem erfahrenen Kollegen anvertraut wird, der sozusagen als »Coach« diesen einführt, mit den einzelnen Stellen des Hauses bekanntmacht und ihm die tausend wichtigen Tips gibt, die jemand benötigt, um sich zurechtzufinden und um nicht unnötig Anstoß zu erregen.

Besonders wichtig ist die Einführung des neuen Vorgesetzten bei seinen Mitarbeitern; ist doch bei diesen der Erwartungsdruck in der Regel besonders groß. Häufig eilen schon Gerüchte dem Neuen voraus; man begegnet ihm mit einem Vorurteil — positiv oder negativ. Heikel wird die Situation, wenn sich jemand aus der Gruppe um die Stelle des neuen Vorgesetzten beworben hat und ihm der Mann oder die Frau von draußen vorgezogen wurde.

Beispiel: Gruppenleiter Bernhard hatte sich um die Stelle seines in Pension gegangenen Abteilungsleiters beworben — wenn auch nicht offiziell. Er war auch dessen Stellvertreter gewesen. Völlig unerwartet wurde ihm »einer von draußen« vorgezogen mit der fadenscheinigen Begründung, er sei für diese Position mit 50 Jahren zu alt.

Wenn dann noch starke informelle Beziehungen in der Gruppe vorhanden sind und der Übergangene der sogenannte »Alpha« (informeller Führer) in der Gruppe ist, ist die Gefahr groß, daß die neue Führungskraft gegen eine Mauer des Widerstandes läuft und auf vielfältige Weise sabotiert wird. Diese in der Praxis leider immer wieder vorkommende Erscheinung ist eine der häufigsten Ursachen für die ungewollte Frühfluktuation.

Dabei kann es gerade in träge und initiativ arm gewordenen Unternehmen lebenswichtig sein, neue Fach- und Führungskräfte von draußen zu gewinnen, um damit die in der Routine erstarrten Bereiche zu vitalisieren und mit neuen Ideen frisches Leben hineinzutragen.

In solch schwierigen Situationen ist die sorgfältige Einführung des neuen Vorgesetzten — etwa durch ein Mitglied der Geschäftsführung — bei seinen neuen Mitarbeitern und auch —

wenn vorhanden — den Mitarbeitern seiner Mitarbeiter dringend erforderlich.

Beispiel: Geschäftsführer Lehmann war gemeinsam mit seinen Geschäftsführungskollegen und dem zuständigen Hauptabteilungsleiter Kunze zu der Einsicht gelangt, daß für die Leitung der Abteilung Datenverarbeitung ein Neuer von draußen erforderlich sei, da der Vorgänger seit Jahren notwendige Innovationen vernachlässigt hatte und die Gruppenleiter ebenfalls in der Routine erstarrt waren. Zudem hatte das Unternehmen bisher keine systematische Personalentwicklung betrieben. Daher sah man sich gezwungen, Herrn Schnell von draußen zu engagieren, den man bei Software-Beratungen eingehend kennengelernt hatte und von dessen Führungs-Qualifikation als »Anwalt des Wandels« und Fachkompetenz man überzeugt war.

Allzuoft hört man, daß der Neue die vereinbarte Probezeit nicht übersteht und von sich aus entweder kündigt oder das Beschäftigungsverhältnis seitens des Unternehmens beendet wird. Es heißt dann, »er paßte nicht zu uns« oder »er ist nicht warm geworden«. Die wichtigsten Ursachen für diese sehr bedauerliche Situation sind das nicht ausreichende Kennenlernen des Bewerbers vor der Einstellung, die schlechte und vielfach nicht ausreichende Einarbeitung — aber auch das falsche Verhalten des neuen Mitarbeiters in den ersten Wochen, wodurch er vermeidbare Aversionen seitens der Menschen, mit denen er zusammenarbeiten soll, hervorruft.

Daher sind einige Grundregeln zu beachten, um diese sowohl betrieblich als auch menschlich bedauernswerte Situation zu vermeiden:

Schon vor der Einstellung sollte geklärt werden, wie der neue Mitarbeiter organisatorisch einzuordnen ist, welche Aufgaben er im einzelnen wahrzunehmen hat.

Fortschrittliche Unternehmen händigen der neuen Führungs- oder Fachkraft eine Stellenbeschreibung aus. Bei ganz neuen Planstellen wird es eventuell Schwierigkeiten geben. Der neue

Mitarbeiter sollte aber auf jeden Fall darauf bestehen, neben seiner organisatorischen Einordnung einen Katalog der wichtigsten Ziele und Aufgaben für seine Stelle zu bekommen. Auf diese Weise lassen sich von vornherein Enttäuschungen zumindest vermindern. Diese Stellenbeschreibung sollte auch den Menschen bekannt sein, mit denen der Neue in Zukunft zusammenzuarbeiten hat.

Der Neue sollte als erstes versuchen, Kontakt herzustellen. In der Regel werden neue Führungskräfte von den Kollegen, ihren eigenen Mitarbeitern oder von ihren Vorgesetzten mit einer Mischung aus Neugier und Mißtrauen erwartet. Für den »Neuen« ist es sehr wichtig, daß er diese Ungewißheit auf seiten der künftigen Partner möglichst früh klärt, indem er sich vorstellt und vielleicht auch etwas über sich selbst sagt. Gemeinsames Mittagessen in der Kantine neben dem üblichen Betriebszustand kann hier hilfreich sein.

Der Neue sollte gut zuhören, ohne jedoch frühzeitig Stellung zu nehmen. Einer der häufigsten Fehler, die ein neuer Mitarbeiter begeht, ist die zu frühzeitige Stellungnahme zu Sachverhalten, die er noch keineswegs ausreichend übersieht. Sehr schnell wird er dann einer bestimmten betrieblichen »Partei« zugeordnet oder als wenig geeignet abqualifiziert, zumal ihm ja in der Regel die erforderlichen Hintergrundinformationen fehlen. Sehr wichtig ist es dabei, daß der »Coach« dem Neuen häufig Feedback gibt, wenn es hier in der Zusammenarbeit Sand im Getriebe gibt.

Der Neue sollte den neuen Betrieb nicht frühzeitig kritisieren! Es ist ein beachtlicher Unterschied, wenn langjährige Mitarbeiter im kollegialen Gespräch den eigenen Betrieb kritisieren, oder ob ein neuer Mitarbeiter gleich Kritik übt. Sehr schnell fühlen sich dann die alten Mitarbeiter selbst »angeschossen« und betrachten den neuen als Gegner. Denken wir dabei an den Privatbereich: Eltern kritisieren selbstverständlich ihre Kinder; nehmen es aber allzuleicht einem Nachbarn übel, wenn der die Kinder — vielleicht noch überspitzt — kritisiert.

Der Neue sollte vorsichtig mit Berichten aus seinem alten Unternehmen — vor extrem positiven oder extrem negativen Wertungen — sein. Wenn der Neue sehr positiv über seinen letzten Arbeitgeber berichtet — vor allem immer wieder darstellt, wieviel besser wichtige Arbeiten im vorigen Unternehmen gehandhabt wurden — ruft er sehr schnell Aversionen von seiten der langjährigen Betriebsangehörigen hervor. Man fragt sich dann nicht ganz zu Unrecht, warum er denn eigentlich aus dem alten Unternehmen ausgeschieden ist. Bei extrem negativen Äußerungen über den letzten Arbeitgeber argwöhnt man, daß sich der Betreffende bald ebenso negativ über die neue Firma äußern werde. Besonders gefährlich ist es, Indiskretionen über den letzten Arbeitgeber zu verbreiten. Ein altes Sprichwort sagt: Man liebt den Verrat, jedoch nicht den Verräter.

Wenn seitens des Vorgesetzten kein Einarbeitungsplan gemeinsam mit dem Neuen erstellt wird, sollte dieser hier Initiative ergreifen und selbst dem Vorgesetzten Vorschläge unterbreiten. Damit wird zugleich das unproduktive und frustrierende Herumsitzen des Neuen zumindest reduziert. Qualifizierte Führungskräfte wollen aktiv sein und etwas tun und stellen auch Anforderungen an den Vorgesetzten.

Der Neue sollte freundlich sein, jedoch ohne sich gemein zu machen oder an die Wand drücken zu lassen. Kontakt ist immer eine Frage der optimalen Distanz. Auf der einen Seite besteht die große Gefahr, durch zu starke Anbiederung vor allem bei den künftigen Mitarbeitern den Respekt zu verlieren, auf der anderen Seite werden Mitarbeiter und Kollegen versuchen, den Neuen zu testen, um herauszufinden, was man sich ihm gegenüber herausnehmen kann. Dadurch wird auch der informelle Rang in der Gruppe festgelegt. Es ist gefährlich, wenn der Neue einen wehrlosen Eindruck macht, wenn ihm etwa unzumutbare Aufgaben angetragen werden.

Das Kennenlernen der Unternehmenskultur. In jedem Unternehmen gibt es eine Fülle geschriebener, aber viel mehr noch ungeschriebener Spielregeln, die es kennenzulernen und zu beachten gilt, um nicht unnötig Anstoß zu erregen. In der Regel hat der Mitarbeiter noch die Spielregeln aus seiner alten Firma im Kopf und muß nunmehr lernen, sich an die neuen Usancen zu gewöhnen. Solche ungeschriebenen Spielregeln legen in etwa fest, wie Entscheidungen vorzubereiten sind, wie bürokratisch orientiert das Unternehmen ist, wieweit man sich untereinander duzt usw. Es gilt also hier sich in der ersten Zeit zu verhalten, wie ein kluger Lehrling. Mit Augen und mit den Ohren zu »stehlen«, Fragen zu stellen, ohne sich zu einer eigenen Meinung vorzeitig zu äußern, aber auch die innerbetrieblichen Machtverhältnisse kennenzulernen. Erst dann kann jemand wirklich produktiv tätig werden.

Es kann jedoch auch erforderlich werden, die bürokratisch erstarrte oder vergangenheitsorientierte Unternehmenskultur in einem Unternehmen oder einem Bereich durch eine den Erfordernissen besser angepaßte zu ersetzen. Dies ist wohl eine der anspruchsvollsten Aufgaben, die eine Führungskraft wahrzunehmen hat.

Zusammenfassung

Von den ersten Tagen und Wochen im neuen Unternehmen hängt es in hohem Maße ab, welches Urteil sich Vorgesetzte, Kollegen und Mitarbeiter von der neuen Führungskraft bilden. Wir wissen, daß die überwiegende Mehrzahl der Menschen sich sehr schnell ein Vorurteil bildet und dann primär die Informationen noch wahrnimmt, die diesem Vorurteil entsprechen. Daher ist es sowohl für die neue Führungskraft als auch den neuen Arbeitgeber sehr wichtig, die hier aufgezeigten Erfahrungen zu beherzigen.

Borkel, Wolfgang, Dr., Bad Harzburg

Autor von: Auswahl und Einarbeitung von leitenden Mitarbeitern, Köln 1978

2.4.5 Leistung, Bewährung, Beurteilung

SUSANNE DUDEK-MARSCHAUS

Der berufliche Aufstieg ist auf jeder Hierarchieebene mit einer Beurteilung verbunden, die von einer bzw. mehreren Führungskräften geleistet wird.

Grundsätzlich kann zwischen formalisierten und nicht-formalisierten, d.h. freien, Beurteilungen unterschieden werden. Sowohl für die Führungskraft als auch für den Vorgesetzten ist es von Bedeutung, die wesentlichsten Beurteilungsfehler zu kennen und sich über seine persönlichen Motive jeweils im klaren zu sein. Darüber hinaus sollte das Bewußtsein für die Wirksamkeit nichtobjektiver Leistungs- und Verhaltensformen für die persönliche Karriereentwicklung weiterentwickelt werden.

Insbesondere in größeren Unternehmen werden seit den 70er Jahren Beurteilungsinstrumente entwickelt und eingesetzt, die i. d. R. bei Führungsnachwuchskräften und Führungskräften der mittleren Ebene angewandt werden. Die häufigste Form stellen Beurteilungssysteme/Beurteilungsbögen mit einem Katalog von Kriterien dar, die für die erfolgreiche Wahrnehmung der jeweiligen Funktion wesentlich sind. Die Kriterien werden anhand einer mehrstufigen Skala nach dem Grad ihres Vorhandenseins durch den Vorgesetzten eingeschätzt. Häufig werden Definitionshilfen für die Kriterien und deren Ausprägungen mitgegeben, um die einheitliche Handhabung durch alle Führungskräfte zu erleichtern.

Bis Mitte der 80er Jahre verfeinerten und differenzierten viele Unternehmen ihre Instrumente, so daß diese häufig einen Umfang von mehr als zehn Seiten annahmen und einen umfangreichen Leitfaden zu ihrer Anwendung benötigten. Die Entwicklung der letzten Jahre geht demgegenüber dahin, erstens weniger Kriterien und zweitens weniger Ausprägungen zu verwenden, so daß der Beurteilungsbogen auf 1—3 Seiten komprimiert werden kann.

Dies führt zu einer wesentlich besseren Akzeptanz bei den Anwendern und erbringt i. d. R. genauso gültige bzw. ungültige Ergebnisse. Darüber hinaus wird der tieferliegende Zweck dieses Führungsinstrumentes stärker realisiert: das 4-Augen-Gespräch zwischen Vorgesetzten und Mitarbeiter über Stärken und Schwächen des Mitarbeiters, möglicherweise auch über die des Vorgesetzten. Mit zunehmender Erfahrung und Sicherheit nutzen viele Führungskräfte die Möglichkeit, auch aus Sicht des Mitarbeiters offene Informationen über das wahrgenommene Führungsverhalten zu bekommen. Dies stellt hohe Anforderungen an den Vorgesetzten, der einerseits den Mitarbeiter ermutigen muß, ihm offen seine Meinung zu sagen, andererseits auch mit möglicherweise unerwarteten, ihn unangenehm berührenden Informationen konfrontiert werden kann.

Der Einsatz pragmatischer Systeme läßt sich auch dadurch rechtfertigen, daß die ausgefeiltesten Instrumente eine Bedingung nicht beseitigen können: ihren Einsatz durch den Menschen. Die Wahrnehmung des Menschen ist so strukturiert, daß sie nicht objektiv — wie beispielsweise eine Fotokamera — registrieren und messen/beurteilen kann, sondern die wahrgenommenen Dinge immer in bezug zur eigenen Person erlebt. Das heißt, die Welt wird nicht »neutral« gesehen, sondern in der Art und Weise, wie sie persönlich erlebt wird — durch die eigene Brille.

Diese subjektive Sichtweise kann selbstverständlich durch ein sorgfältiges Verhaltenstraining objektiviert werden, jedoch auch dann nur in dem Sinne, daß der Teilnehmer sich in höherem Maß bewußt ist, daß er z.B. jemanden schätzt bzw. ablehnt und daher zu einem bestimmten Urteil tendiert. Es wird damit weniger erforderlich, im Sinne einer »Rationalisierung« objektivere, jedoch unwesentliche Fakten zu bemühen, sondern man kann sich offener seine persönlichen Empfindungen im Zusammenhang mit dem anderen eingestehen. Gerade hierbei ist eine zehnstufige Bewertungsskala keine Hilfe, sondern bewirkt eine Scheingenauigkeit bei dem Bemühen um das objektivere Urteil.

Die Aufstiegsentscheidung bei höheren Führungskräften wird i. d. R. seltener mit Hilfe eines formalisierten Instrumentes getroffen, sondern in Form einer freien Beurteilung. Idealerweise stützt sich diese Beurteilung auf mehrere Komponenten wie beispielsweise:

- fachliche und persönliche Entwicklung der letzten zwei bis drei Jahre,
- erfolgreiche Bewältigung herausgehobener Aufgaben,
- gute Erledigung von Projektaufgaben,
- Übernahme einer Stellvertreterfunktion,
- Akzeptanz bei Entscheidungsträgern bzw. Mitarbeitern etc.

Diese Kombination: Auswertung objektiv vorhandener Leistungsgrößen wie beispielsweise Umsatz- und Ergebnisentwicklung, Kostensenkungsergebnisse etc. mit der persönlichen, eher subjektiven Bewertung des Vorgesetzten stellt die gebräuchlichste, jedoch auch schwierigste Beurteilungsform dar. Es kommt in der Praxis durchaus vor, daß ein Aufstiegskandidat das Rennen macht, der — den nüchternen Fakten entsprechend — nicht die besten Ergebnisse vorweist. Demgegenüber sprechen möglicherweise seine Fähigkeit, Menschen überzeugen zu können, oder sein Durchsetzungsvermögen in Konfliktsituationen dafür, ihm den Vorzug vor dem »sachlich Besseren« zu geben. Gerade wenn mehrere Kandidaten zur Wahl stehen, erfordert es eine hohe Sensibilität und das Wissen um die »tatsächlich wichtigen Kriterien« auf seiten des Vorgesetzten, um den Bewerbern akzeptable Gründe benennen zu können.

In neuerer Zeit lösen zahlreiche Unternehmen ihr Beurteilungsproblem auf eine sehr elegante Art: durch die Einführung des »Führen mit Zielen«. Je nach firmenspezifischem Führungsstil wird hierbei die Form der »Zielvorgabe« bzw. »Zielvereinbarung« gewählt, wobei eine Zielvereinbarung aufgrund der stärkeren Mitsprache des Mitarbeiters eine stärkere Motivationswirkung erzielt.

Es ergeben sich aus diesem Führungsinstrument drei entscheidende Vorteile:

1. Abgeleitet aus den Unternehmenszielen werden bereichs- bzw. abteilungsbezogene Ziele formuliert, deren Realisierung den Unternehmenszielen förderlich ist.
2. Die Führungskraft bzw. der Mitarbeiter kann durch die Erreichung der Ziele seine Leistungsfähigkeit über das Tagesgeschäft hinaus unter Beweis stellen und sich profilieren.
3. Es läßt sich nicht nur bei quantitativen Zielen — Daten, Kennziffern etc. —, sondern beispielsweise auch bei qualitativen Zielen — Erarbeitung eines neuen Marketing-Konzeptes — sehr einfach feststellen, ob das vereinbarte Ziel erreicht wurde. Bei Nichterreichung werden die beeinflussenden Faktoren ermittelt, so daß der Eigenanteil des Betreffenden sichtbar bleibt.

Ein pragmatisches, einfach zu handhabendes Formblatt sollte beispielsweise folgende Informationen enthalten:

1. Name und Funktion des Mitarbeiters
2. Name und Funktion des Vorgesetzten
3. Datum
4. Hauptaufgaben des Mitarbeiters
5. Vereinbarte Ziele für den Zeitraum X
6. Unterstützungsmaßnahmen/Mittel zur Zielerreichung
7. Termine zur Durchführung begleitender Gespräche bzw. des Abschluß und Beurteilungsgespräches

Ein wichtiges Phänomen, das sich einer »objektiven« Beurteilung entzieht, stellt die Tatsache dar, daß es für den beruflichen Aufstieg häufig nicht so entscheidend ist, fachlich solide, qualifizierte Arbeit zu leisten, sondern zum richtigen Zeitpunkt am richtigen Ort Erfolge vorzuweisen. Die Einstellung: »die Dinge richtig zu tun« erweist sich häufig als weniger karrierefördernd als die Überzeugung: »die richtigen Dinge zu tun«. Selbstverständlich sollte auch bei dieser Haltung eine gute Leistung erbracht werden, aber sie steht hierbei nicht im Mittelpunkt. Entscheidend ist vielmehr, ob bestimmte Leistungen von den maßgeblichen Entscheidungsträgern als erfolgreich, herausragend, ausgezeichnet etc. wahrgenommen werden. Der positive Eindruck, der sich in entscheidenden Situationen festigt, kann auch zeitweise weniger überzeugende Leistungen überdecken und dennoch das Urteil »des guten Mannes« bzw. »der guten Frau« prägen.

Diese Besonderheit der subjektiven Wahrnehmung und Beurteilung sollten insbesondere solche Führungskräfte berücksichtigen, die sich selbst vorrangig als »Fachmann/frau« statt als »Manager« einschätzen und weniger Wert auf Statussymbole, große Auftritte, akzeptanzfördernde Aktivitäten legen. Zum richtigen Zeitpunkt vor den richtigen Entscheidern sich als Karrierekandidat zu profilieren, stellt einen äußerst beeinflussenden Karrierefaktor dar.

Zusammenfassung

- Bemühen Sie sich, mindestens alle 2—3 Jahre eine Beurteilung Ihres Leistungsverhaltens zu bekommen.
- Verfügt Ihr Unternehmen über kein formelles Instrument, so bitten Sie Ihren Vorgesetzten um ein persönliches Gespräch hierüber.
- Bereiten Sie sich selbst auf das Gespräch vor, indem Sie sich — schriftlich — Ihre persönliche und fachliche Entwicklung vor Augen führen.
- Sollten Sie anhand eines Instrumentes beurteilt werden, versuchen Sie, viele Argumente und Beispiele zu erfahren, die zur jeweiligen Einschätzung geführt haben — Sie können dann mit etwas zeitlichem Abstand diese Situationen für sich verarbeiten.
- Berücksichtigen Sie die Notwendigkeit, sich als Führungskraft gegenüber Entscheidungsträgern zu profilieren — auch wenn Sie dadurch über Ihren eigenen Schatten springen müssen.

- Arbeiten Sie intensiv an Ihren Stärken und setzen Sie sie für den weiteren beruflichen Aufstieg sinnvoll ein.

DUDEK-MARSCHAUS, SUSANNE, Diplom-Soziologin, Langen

Personalberaterin; Personalmanagement-Beratung: Management-Entwicklung, Führungs- und Kommunikationstrainings, Karriereberatung, Personalforschung.

2.4.6 Aus- und Weiterbildung

RAINER HASL

Neben der großen Bedeutung des technischen Fortschritts für den Produktionsfaktor Kapital ist heute zunehmend die Erhöhung der Arbeitsproduktivität durch die Qualifizierung des Produktionsfaktors Arbeit in den Vordergrund gerückt. Aus- und Weiterbildung sind heute häufig in den Unternehmen zu einem eigenständigen Bereich des Personalwesens geworden. Daneben haben jedoch eine Vielzahl von Rechtsvorschriften und die starke Expansion des Weiterbildungsmarktes und der Bildungseinrichtungen das Angebot für Maßnahmen der beruflichen Bildung unübersichtlich werden lassen. Von daher ist es notwendig, Begriffe, Institutionen, Zuständigkeiten und Maßnahmen in der beruflichen Bildung zu klären und zu systematisieren, um klare Entscheidungen bezüglich der Ausbildung und Qualifizierungskonzepten im Betrieb treffen zu können.

Aus- und Weiterbildung wird der *beruflichen Bildung* (Berufsbildung) zugeordnet. Im Gegensatz zur Allgemeinbildung, die sich mit der Vermittlung der Kulturtechniken (Lesen, Schreiben, Rechnen, Sprechen) und der allgemeinen Grundlagen möglichst vieler Wissensgebiete befaßt, soll die berufliche Bildung den Menschen befähigen, eine bestimmte Berufsrolle übernehmen bzw. qualifiziert ausüben zu können. Berufliche Bildung ist nach § 1 Berufsbildungsgesetz (BBiG) der Oberbegriff für Berufsausbildung, berufliche Fortbildung und berufliche Umschulung.

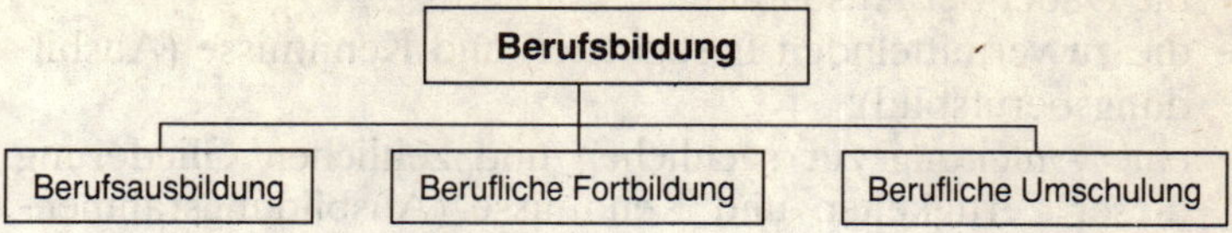

Abb. 2.4 Arten der beruflichen Bildung nach BBiG

Die *Berufsausbildung* ist die theoretische und praktische Fachausbildung als Erstausbildung. Sie soll dabei eine fachbezogene Grundbildung und die eigentliche Fachbildung, also alle für den Beruf erforderlichen Fertigkeiten und Kenntnisse vermitteln; daneben soll sie gleichzeitig den Erwerb von Berufserfahrung ermöglichen. Die Grundlage hierfür bieten die staatlich anerkannten Ausbildungsberufe, von denen es derzeit knapp 400 in der Bundesrepublik gibt.

Die Berufsausbildung vollzieht sich in Deutschland i. d. R. im *dualen System.* Das bedeutet, daß die Ausbildung an zwei getrennten Lernorten stattfindet, nämlich einmal in der Schule (Berufsschule) und zum anderen im Betrieb (Ausbildungsbetrieb). Dabei kommt der Berufsschule mehr der theoretische Teil der Ausbildung, dem Betrieb schwerpunktmäßig mehr die Vermittlung der praxisbezogenen Kenntnisse und Fertigkeiten zu.

Die *Berufsschule* ist aufgrund der im Grundgesetz garantierten Kulturhoheit der Länder der Zuständigkeit des jeweiligen Bundeslandes zugeordnet. Die Lehrpläne für den Unterricht werden von Kulturministern des jeweiligen Landes vergeben, d.h. die Lehrpläne können auch für den gleichen Ausbildungsberuf zwischen den einzelnen Ländern abweichen.

Die betriebliche Ausbildung erfolgt nach Bundesrecht (BBiG sowie Rechtsverordnung des Bundes), d.h. bundeseinheitlich für jeden Ausbildungsberuf. Die Lerninhalte werden festgelegt durch die sog. *Ausbildungsordnungen (AusbO)*. Diese enthalten mindestens (§ 25 Abs. 2 BBiG):

- die Bezeichnung des Ausbildungsberufes,
- die Dauer der Ausbildung,
- die zu vermittelnden Fertigkeiten und Kenntnisse (Ausbildungsberufsbild),
- eine Anleitung zur sachlichen und zeitlichen Gliederung dieser Fertigkeiten und Kenntnisse (Ausbildungsrahmenplan) sowie
- die Prüfungsanforderungen.

Kontrolliert und überwacht wird die Ausbildung im Betrieb von der »zuständigen Stelle«; im Bereich der gewerblichen Wirtschaft ist dies die jeweilige Industrie- und Handelskammer (IHK) bzw. die Handwerkskammer (HWK).

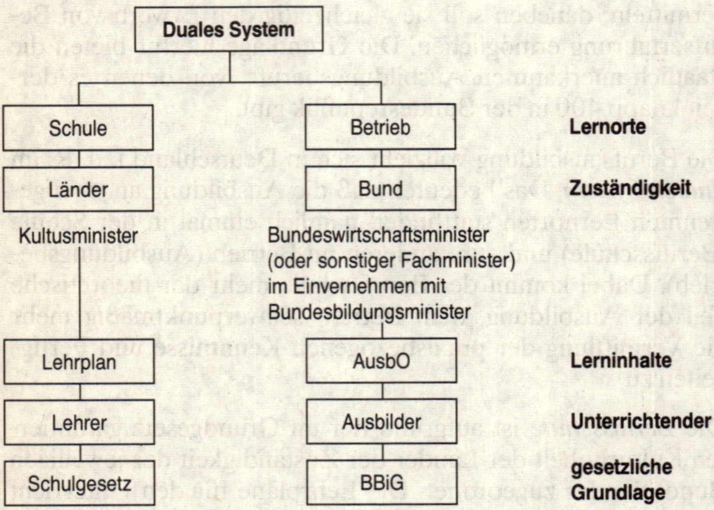

Abb. 2.5 Struktur des dualen Systems

Die Gesamtverantwortung für die Vermittlung *aller* Fertigkeiten und Kenntnisse trägt jedoch der Betrieb. Dies ist bedingt durch den *Berufsausbildungsvertrag (BAV)*, einem befristeten

Arbeitsverhältnis, das der Betrieb (Ausbilder) und der Lernende (Auszubildender) bzw. dessen gesetzliche Vertreter vor Beginn der Berufsausbildung abzuschließen und schriftlich zu fixieren haben und der bei der zuständigen Stelle in das Verzeichnis der Berufsausbildungsverhältnisse eingetragen werden muß.

Dieser BAV muß mindestens enthalten (§ 4 Abs. 1 BBiG):

- Art, sachliche und zeitliche Gliederung sowie Ziel der Berufsausbildung (betrieblicher Ausbildungsplan),
- Beginn und Dauer der Berufsausbildung,
- Ausbildungsmaßnahmen außerhalb der Ausbildungsstätte,
- Dauer der regelmäßigen täglichen Ausbildungszeit,
- Dauer der Probezeit,
- Zahlung und Höhe der Vergütung,
- Dauer des Urlaubs sowie
- Voraussetzungen, unter denen der BAV gekündigt werden kann.

Vereinbarungen beispielsweise über die Verpflichtung des Auszubildenden für die Berufsausbildung eine Entschädigung zu zahlen, über Vertragsstrafen o. ä. sind nichtig (§ 5 BBiG). Die Berufsausbildung beträgt in der Regel etwa drei Jahre, wobei unter bestimmten Voraussetzungen Abkürzungen oder Verlängerungen möglich sind. Das Ausbildungsverhältnis endet entweder durch Zeitablauf oder mit dem Tag der vorzeitig bestandenen Prüfung. Eine Weiterbeschäftigung des Auszubildenden über diesen Stichtag hinaus begründet ein Arbeitsverhältnis auf unbestimmte Zeit.

Für die Durchführung der Ausbildung sind gegenüber der zuständigen Stelle Ausbilder zu benennen, an die besondere Eignungsanforderungen gestellt werden (§ 20 BBiG). Die *Eignung der Ausbilder* umfaßt die persönliche Eignung:

- kein Beschäftigungsverbot für Kinder und Jugendliche gemäß § 25 JArbSchG;
- keine schwerwiegenden und wiederholten Verstöße gegen das BBiG;

sowie die fachliche Eignung:

- Besitz der erforderlichen beruflichen Fertigkeiten und Kenntnisse, nachgewiesen in der Regel durch einen einschlägigen abgeschlossenen Ausbildungsberuf oder ein entsprechendes Studium;
- Nachweis berufs- und arbeitspädagogischer Kenntnisse (Ausbildungsprüfung nach Ausbildereignungsverordnung (AEVO);
- Mindestalter 24 Jahre.

Ebenso muß die *Eignung der Ausbildungsstätte* (§ 22 BBiG) gegeben sein. Auszubildende dürfen nur eingestellt werden, wenn die Ausbildungsstätte nach Art und Einrichtung für die Berufsausbildung geeignet ist, d.h. alle in der AusbO genannten Fertigkeiten und Kenntnisse vermittelt werden können. Dabei kann die Vollständigkeit der Ausbildung jedoch auch durch über- und außerbetriebliche Ausbildungsmaßnahmen sichergestellt werden. Gleichzeitig muß jedoch auch die Zahl der Auszubildenden in einem angemessenen Verhältnis zur Zahl der im Betrieb beschäftigten Fachkräfte stehen. Empfohlen wird hierbei:

1–2 Fachkräfte: 1 Azubi
3–5 Fachkräfte: 2 Azubi
6–8 Fachkräfte: 3 Azubi usw.

Ein hauptamtlicher Ausbilder sollte nicht mehr als 16 Azubi, ein nebenamtlicher nicht mehr als 3 Azubi betreuen.

Das BBiG schreibt darüber hinaus vor, daß die Ausbildung planmäßig, sachlich und zeitlich gegliedert durchzuführen ist (§ 6 Abs. 1 Ziff. 1). Von daher ist es notwendig, einen *betrieblichen Ausbildungsplan* zu erstellen, der auch dem BAV als Anlage beizufügen ist. Dieser betriebliche Ausbildungsplan zeigt, welche Fertigkeiten und Kenntnisse im einzelnen mit welcher Zeitdauer vermittelt werden. Eine Ergänzung hierzu bietet innerbetrieblich der Versetzungsplan, der zeigt, welcher Auszubildende in welcher Reihenfolge welchen Lernort durchläuft. Dabei sind kleinere Abweichungen von der vorgesehenen Durchlaufszeit entsprechend dem Lernfortschritt des Auszubildenden möglich.

Die *Abschlußprüfung,* die i. d. R. aus schriftlicher, mündlicher und/oder praktischer Prüfung besteht, ist vor einem Prüfungsausschuß der zuständigen Stelle abzulegen. Dieser setzt sich aus Arbeitgeber-, Arbeitnehmer- und Lehrervertretern zusammen. Prüfungsgegenstand sind die Fertigkeiten und Kenntnisse der AusbO sowie der in der Berufsschule vermittelte Lehrstoff, soweit er für die Berufsausbildung wesentlich ist (§§ 37 und 35 BBiG). Über die bestandene Prüfung erteilt die zuständige Stelle ein Prüfungszeugnis (»Kaufmannsgehilfenbrief«/»Facharbeiterbrief«/»Gesellenbrief«).

Ganz anders gestaltet sich die *berufliche Fortbildung,* die rechtlich nicht so stark normiert ist wie die Berufsausbildung. Bei der Fortbildung wird unterschieden in Anpassungsfortbildung (um die beruflichen Kenntnisse und Fertigkeiten zu erhalten, zu erweitern oder der technischen Entwicklung anzupassen) und in Aufstiegsfortbildung (um beruflich aufzusteigen). Beide Formen der Fortbildung werden sowohl innerbetrieblich (als Firmenkurse oder Firmenseminare) als auch außerbetrieblich von selbständigen Bildungseinrichtungen durchgeführt. Letztere werden getragen von IHKn und HWKn, von Kirchen (z.B. Kolping-Bildungswerk), von Gewerkschaften (z.B. Berufsfortbildungswerk des DGB, Deutsche Angestellten-Akademie), von Arbeitgeberverbänden (z.B. Bildungswerk der bayerischen Wirtschaft, Bankakademie) sowie von Privaten (z.B. Private Technische Lehranstalten Eckert), gelegentlich auch von Volkshochschulen.

Die Maßnahmen der beruflichen Fortbildung können unterschiedlich gestaltet sein:

- Langzeitlehrgänge zur Vorbereitung auf IHK- oder HWK-Prüfungen (z.B. Technikerlehrgänge, Meisterkurse, Fachwirt-/Fachkaufmannlehrgänge, Sekretärinnenlehrgänge);
- Lehrgänge zu bestimmten Themenbereichen ohne Kammerprüfung, aber mit hausinternem Zertifikat (z.B. Buchführungskurse, EDV-Kurse);

- Seminare, die nur einige Tage dauern, um intensives Training mit einem genau abgegrenzten Personenkreis zu ermöglichen (z.B. Rhetorikseminare, Mitarbeiterführungsseminare, Organisations- und Sekretariatsseminare, Umweltseminare usw.).

Als Kriterium für die Entscheidung eines Unternehmens, wann Fortbildungsmaßnahmen als innerbetriebliche Veranstaltungen durchgeführt werden sollten, können gelten:

- Der Lehrstoff und die Lernziele werden am örtlichen oder regionalen Fortbildungsort nicht oder nur teilweise angeboten.
- Die Qualität der angebotenen Fortbildungsmaßnahmen oder der Träger solcher Maßnahmen ist unzureichend.
- Die Fortbildungskosten sind bei unternehmenseigener Durchführung wesentlich geringer.
- Die angebotenen Fortbildungsveranstaltungen erfordern zu große An- und Abreisezeiten bzw. zu hohe Fahrtkosten.

Für eine optimale Durchführung von betrieblichen Fortbildungsveranstaltungen ist auf die richtige Auswahl der Teilnehmer im Hinblick auf deren Voraussetzungen und Qualifikationen ebenso zu achten wie auch auf den richtigen Einsatz fachlich wie persönlich geeigneter Dozenten oder Referenten. Darüber hinaus bedarf es eines angemessenen räumlichen Rahmens für die Veranstaltung, einer straffen Durchführung, einer den Lernzielen und den Teilnehmern adäquaten Stoffvermittlung, der Pünktlichkeit bei Anfang, Pausen und Ende wie einer wohlüberlegten Auswahl pädagogischer Methoden (z.B. Gruppenarbeit, Rollenspiele, Fallstudien, Planspiele, Seminarunterricht, Diskussionen usw.) und des genau abgestimmten Einsatzes von Medien (z.B. Tafel, Overheadprojektor, Flip-chart, Video usw.).

Dabei ist jedoch zu beachten, daß Schwierigkeiten bei der *Erfolgsmessung* betrieblicher wie außerbetrieblicher Aus- und Fortbildungsmaßnahmen auftreten können. So kann der Erfolg einer Qualifizierungsmaßnahme nur dann eintreten, wenn das erworbene Wissen auch angewendet werden kann.

Dies hängt aber nicht nur vom Mitarbeiter selbst, sondern auch vom Vorgesetzten wie auch von sonstigen betrieblichen Umständen ab. Auch können die Zeiträume zwischen Aus- und Fortbildung und Anwendung im Betrieb unterschiedlich lang sein; Ergebnisse von Bildungsmaßnahmen treten darüber hinaus häufig erst langfristig ein. Grundsätzlich ist eine Erfolgsmessung auch nur dann möglich, wenn klare Aus- und Fortbildungsziele formuliert werden und ein stringentes Qualifikationskonzept entwickelt wurde. Eine fehlende präzise Zielfestlegung erschwert die Erfolgsmessung bzw. macht sie völlig unmöglich.

Zum Schluß noch ein Wort zur *beruflichen Umschulung.* Während die Fortbildung den Erwerb von zusätzlicher Qualifikation im erlernten Beruf anstrebt, soll die Umschulung zu einer anderen beruflichen Tätigkeit befähigen. Ursachen einer notwendigen Umschulung können sein gesundheitliche Gründe (z.B. Krankheit, Unfall), wirtschaftsstrukturelle Gründe (z.B. Beruf stirbt aus, fehlende Arbeitsplätze), aber auch persönliche Gründe (z.B. falsche Berufswahl). Als Umschulungsberufe kommen dabei häufig die anerkannten Ausbildungsberufe, gelegentlich auch Fortbildungsberufe in Frage. Die Durchführung von Umschulungsmaßnahmen wird häufig von eigenen Umschulungszentren, Rehabilitationseinrichtungen oder auch von Trägern der beruflichen Erwachsenenbildung übernommen.

Zusammenfassung

- Die Berufsausbildung vollzieht sich in der Bundesrepublik im dualen System (Schule/Betrieb), wobei der Betrieb die Verantwortung für die Vermittlung *aller* Fertigkeiten und Kenntnisse trägt.
- Der Berufsausbildungsvertrag muß den rechtlichen Normierungen des BBiG entsprechen und ist bei der zuständigen Stelle einzureichen.
- Auszubildender, Ausbilder und Ausbildungsstätte müssen die für die Berufsausbildung notwendige Eignung nachweisen.

- Für die Ausbildung im Betrieb ist ein betrieblicher Ausbildungsplan aufzustellen, der auch Bestandteil des Berufsausbildungsvertrages wird.
- Die Abschlußprüfung findet bei der zuständigen Stelle statt.
- Fortbildungsmaßnahmen können unterschiedliche Gestaltung, Dauer und Abschlüsse aufweisen. Das Angebot der verschiedenen Träger ist zu vergleichen und sorgfältig zu prüfen.
- Die Durchführung innerbetrieblicher Fortbildungsmaßnahmen bedarf eines Fortbildungskonzeptes und genauer Planung.
- Die Erfolgsmessung von Aus- und Fortbildungsmaßnahmen kann erhebliche Schwierigkeiten bereiten und liefert nicht immer eindeutige Ergebnisse.

Literaturhinweise

Ausbildung und Beruf, 26. Auflage, Bonn 1990

Hambusch, R.: Personal- und Ausbildungswesen, Darmstadt 1979

Leischner, D.: Berufs- und Arbeitspädagogik, Köln/München 1990

Hasl, Rainer, Dr., Dipl.-Volkswirt, Regensburg

Unternehmensberater. Schwerpunkte: Organisation, Personalwesen, Mitarbeiterführung, Aus- und Weiterbildung.

Veröffentlichungen:

S. Bartholomy / K. Brülls / R. Hasl, 40 Fragen und Antworten zur IHK-Abschlußprüfung in der Berufsausbildung, Düsseldorf 1988

R. Hasl, Einflüsse des Industriemeisters auf die Zusammenarbeit im Betrieb, Regenstauf 1991

R. Hasl, Normative und instrumentelle Aspekte polnischer Sozialpolitik, Frankfurt/Bern/New York 1985

2.4.7 Erfolgs- und Kapitalbeteiligung

Hans J. Schneider

Erfolgsbeteiligung und Kapitalbeteiligung sind personalpolitische Instrumente, die in der Bundesrepublik Deutschland seit Jahrzehnten mit großem Erfolg angewandt werden. Beide Instrumente werden vor allem mit der Absicht eingeführt, daß Mitarbeiter, die am Erfolg und/oder Kapital beteiligt sind, ihrem Unternehmen mehr Interesse entgegenbringen, sich in verstärktem Maße identifizieren und damit »unter dem Strich« auch mehr Leistung erbringen.

Derartige Maßnahmen werden in Literatur und Praxis unter der Bezeichnung »Mitarbeiter-Beteiligung« diskutiert. Dabei wird zwischen einer materiellen und immateriellen Komponente der Mitarbeiter-Beteiligung unterschieden. Bestandteil der materiellen Komponente sind die Erfolgsbeteiligung und die Kapitalbeteiligung. Zur immateriellen Mitarbeiter-Beteiligung gehören Partnerschafts-Instrumente und die sogenannte Partnerschafts-Entwicklung.

Unter Partnerschafts-Instrumenten sind moderne Personalsysteme wie Führungsverhalten, Leistungsbeurteilung, Mitarbeitergespräche zu verstehen, die im Sinne und Geiste der Mitarbeiter-Beteiligung entwickelt und praktiziert werden. Partnerschafts-Entwicklung will Mitarbeiter und Führungskräfte durch Weiterbildungs- und Trainingsmaßnahmen »entwickeln«, um sie damit zur Anwendung partnerschaftlicher Konzepte zu befähigen.

Dieser Beitrag befaßt sich mit der materiellen Seite der Mitarbeiter-Beteiligung, also mit der Erfolgsbeteiligung und der Kapitalbeteiligung. Dabei ist allerdings wichtig, daß viele Unternehmen mit Beteiligungsmodellen die Erfahrung machen mußten, daß die rein materielle Strukturierung solcher Modelle oftmals nicht die gewünschten Erfolge bringt. Erfolgreicher waren dagegen

Unternehmen, die Beteiligungskonzepte mit personalpolitischen Faktoren flankiert haben, also die Kooperation zwischen Unternehmen und Mitarbeitern forcierten. Dieser Sachverhalt ist nicht überraschend. Die Beteiligungsidee wird sich eben nur dann spürbar in einem Unternehmen durchsetzen, wenn sie konsequent auf allen Unternehmensebenen angewandt wird. Beispielsweise ist es plausibel, daß autoritäres Führungsverhalten und das bewußte Vermeiden jeglicher Mitspracherechte einen Widerspruch zur Idee der Mitarbeiter-Beteiligung darstellen.

Erfreulich ist jedoch, daß die modernen Ansätze der betrieblichen Personalpolitik in eine Richtung gehen, die in Geist und Philosophie der betrieblichen Mitarbeiter-Beteiligung sehr nahekommt. In vielen Personalabteilungen wird die Bedeutung des Menschen im Unternehmen heute mit ganz anderen Augen gesehen als noch vor einigen Jahren. Der Mensch wird in verstärktem Maße zu einem »Engpaßfaktor« im betrieblichen Produktionsprozeß.

Unter Erfolgsbeteiligung werden alle Verfahren verstanden, bei denen die Mitarbeiter zusätzlich zu bestehenden Lohn- bzw. Gehaltsvereinbarungen einen Anteil am Erfolg erhalten, der monatlich oder quartalsweise oder — wie üblich — jährlich ermittelt und an die berechtigten Mitarbeiter ausbezahlt bzw. Beteiligungskonten gutgeschrieben wird. Erfolgsbeteiligungen unterliegen dem Regelungsbereich des Arbeitsrechts und werden auch in steuerrechtlicher Hinsicht wie Arbeitslohn behandelt.

Unter Kapitalbeteiligung werden alle diejenigen Gestaltungsformen eingeordnet, bei denen die Mitarbeiter in irgendeiner Form am Kapital ihres arbeitgebenden Unternehmens beteiligt sind. Dabei wird der Begriff der Kapitalbeteiligung sehr weit gefaßt, auch Darlehenslösungen gehören dazu.

Zunächst wird eine aktuelle Situationsschilderung gegeben, die über Ausmaß und Verbreitung von Modellen der Mitarbeiter-Beteiligung Auskunft gibt. Danach werden mögliche

Beteiligungsformen analysiert und die rechtlichen und steuerlichen Gegebenheiten diskutiert.

Erfolgsbeteiligung

Auf dem Sektor der Erfolgsbeteiligung besteht weder irgendeine Art von Statistik, noch liegen Schätzungen vor, die Informationen über Ausmaß und Verbreitung von Erfolgsbeteiligungssystemen geben. Auch wenn man den Bereich der Lösungsansätze für Führungskräfte, die sogenannten Tantieme-Regelungen, außer acht läßt, sind es sicherlich mehrere tausend Betriebe, die irgendeine Form der Erfolgsbeteiligung vorweisen. Ob diese Zahl jedoch eher bei 10 000 oder eher bei 50 000 zu veranschlagen ist, gehört in den Bereich reiner Spekulation.

Quantifizierende Aussagen sind jedoch ableitbar aus den Einführungszahlen von Erfolgsbeteiligungssystemen in den letzten Jahren, die vor allem in Verbindung mit der investiven Anlage in Form der Kapitalbeteiligung entstanden sind:

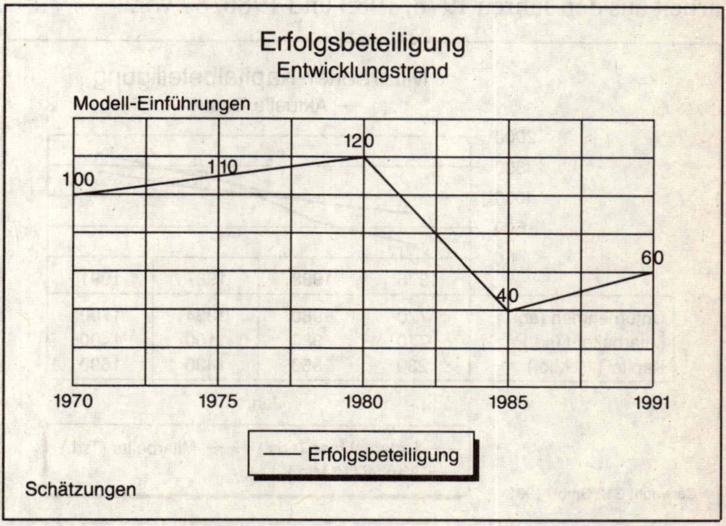

Abb. 2.6 Entwicklungstrend Erfolgsbeteiligung

Aus der Abbildung 2.6 kann entnommen werden, daß die Blütezeit der Erfolgsbeteiligung zwischen den Jahren 1970 und 1980 gelegen hat. Hier war auch die einschlägige Literatur geprägt von der Diskussion um diese Modelle, ihre Berechtigung und ihre Einsatzmöglichkeiten. Im Zeitraum 1983/84 ist ein deutlicher Einbruch festzustellen. Die Ursache dafür lag in gesetzgeberischen Maßnahmen, die Nachteile bei der Lohnsteuer und Sozialversicherung im Zusammenhang mit Erfolgsbeteiligungen mit sich brachten. Erst mit einigen Jahren Verzögerung, so ab 1985, hatten sich die Unternehmen mit dieser Neuerung abgefunden und dachten wieder verstärkt über die Einführung von Erfolgsbeteiligungsmodellen nach.

Kapitalbeteiligung

Auch im Rahmen der Mitarbeiter-Kapitalbeteiligung gibt es keine offizielle Statistik. Allerdings liegen hier ausführliche empirische Untersuchungen des Instituts der Deutschen Wirtschaft und der Gesellschaft für innerbetriebliche Zusammenarbeit aus den Jahren 1976, 1983 und 1986/87 vor.

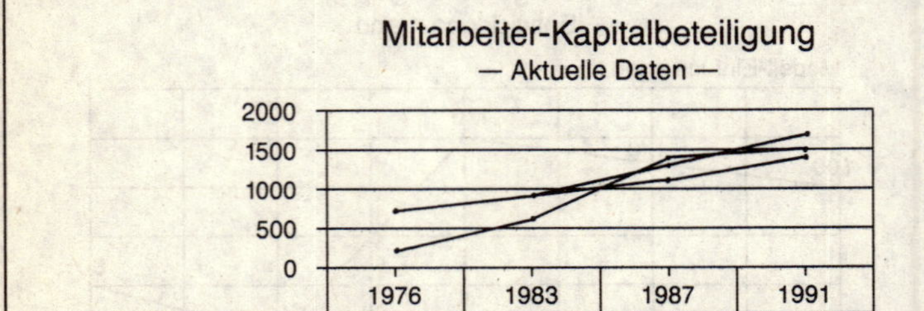

	1976	1983	1987	1991
Unternehmen (abs.)	770	980	1364	1700
Mitarbeiter (Tsd.)	770	980	1100	1400
Kapital (10 Mio.)	230	550	1430	1500

Jahre

— Unternehmen (abs.) — Mitarbeiter (Tsd.)
— Kapital (10 Mio.)

Abb. 2.7 Statistik Kapitalbeteiligung

Im Jahr 1976 praktizierten in Deutschland 770 Unternehmen ein Modell der Mitarbeiter-Kapitalbeteiligung. Begünstigt davon waren 770 000 Mitarbeiter, die insgesamt ein Kapital von 2,3 Mrd. DM in ihr arbeitgebendes Unternehmen investiert hatten. Im Jahr 1983 hatte sich die Zahl der Beteiligungsunternehmen auf 980 und das Volumen der begünstigten Mitarbeiter auf knapp 1 Million erhöht. Zu diesem Zeitpunkt hielten die Mitarbeiter bereits ein Beteiligungskapital in Höhe von 5,5 Mrd. DM.

Die Bestandsaufnahme aus dem Jahr 1986/87 erbrachte 1353 Beteiligungsunternehmen, 1,1 Mio. beteiligte Mitarbeiter und ein Beteiligungskapital von 14,3 Mrd. DM.

Die Schätzung für das Jahr 1991 geht von etwa 1700 Beteiligungsunternehmen, 1,4 Mio. beteiligten Mitarbeitern und einem Beteiligungskapital von 15 Mrd. DM aus. Diese Entwicklung wurde auf der einen Seite durch die Einführung des Vermögensbeteiligungsgesetzes beeinflußt, andererseits auch durch die deutsche Wiedervereinigung. In den neuen Bundesländern ist ein sehr großes Interesse am Ideengut der betrieblichen Mitarbeiter-Beteiligung zu vermerken.

Modelle

Erfolgsbeteiligung

In der einschlägigen Literatur existiert eine Vielfalt von Formen der Erfolgsbeteiligung. Zur Klassifizierung der Erfolgsbeteiligung hat sich das nachfolgende Schema durchgesetzt.

Es ist in diesem Beitrag nicht notwendig, auf die einzelnen Gestaltungsformen einzugehen, zumal eine relativ eindeutige Aussage getroffen werden kann: Verfahren der Ertrags-Beteiligung (ausgenommen Verkauf) und der Leistungs-Beteiligung werden in der betrieblichen Praxis nahezu nicht mehr eingeführt. Durchgesetzt hat sich in der betrieblichen Praxis allein und ausschließlich die Gewinn-Beteiligung, und zwar in Form der Bilanz-Gewinnbeteiligung.

Diese Entwicklung ist erklärbar. Leistungs- und Ertrags-Beteiligungen beinhalten den Nachteil, daß sie sich eindeutig am

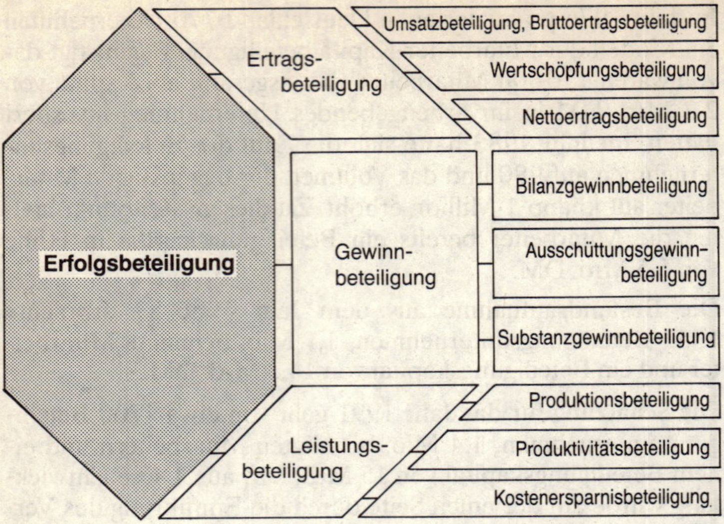

Abb. 2.8 Grundtypen der Erfolgsbeteiligung

Markt bzw. an der innerbetrieblichen Leistung orientieren. Dies kann in beiden Fällen dazu führen, daß Erfolgsanteile entstehen, ohne daß die Ertragssituation des Unternehmens dies zuläßt. Das bedeutet, daß die Unternehmen möglicherweise zur Zahlung von Erfolgsanteilen gezwungen werden, obwohl sie »rote Zahlen« schreiben.

Gewinnbeteiligungssysteme dagegen bringen Markt- und innerbetriebliche Aspekte unter einen Hut und führen nur dann zur Zahlung von Erfolgsanteilen, wenn letztlich »schwarze Zahlen« geschrieben werden. Der »Proto-Typ« einer Bilanzgewinn-Beteiligung ist in Abbildung 2.9 dargestellt.

Wenngleich die jeweiligen Gewinnbeteiligungs-Systeme auf die unternehmensspezifischen Anforderungen abzustimmen sind, so können durchwegs vier Problemebenen unterschieden werden.

- Die erste Problemebene besteht in der Festlegung der Ausgangsbasis. Dabei ist beispielsweise zu klären, ob sich die

Berechnung des Erfolgsanteils der Mitarbeiter am Handels- oder am Steuerbilanzgewinn orientieren soll. In der Mehrzahl der praktizierten Fälle wird der Steuerbilanzgewinn gewählt, da zu diesem ein psychologischer Vorteil hinzukommt: den Mitarbeitern gegenüber kann argumentiert werden, daß das Finanzamt als oberster Prüfer des Steuerbilanzgewinns ein ähnliches Interesse wie die Mitarbeiter haben, nämlich einen hohen Gewinnausweis.

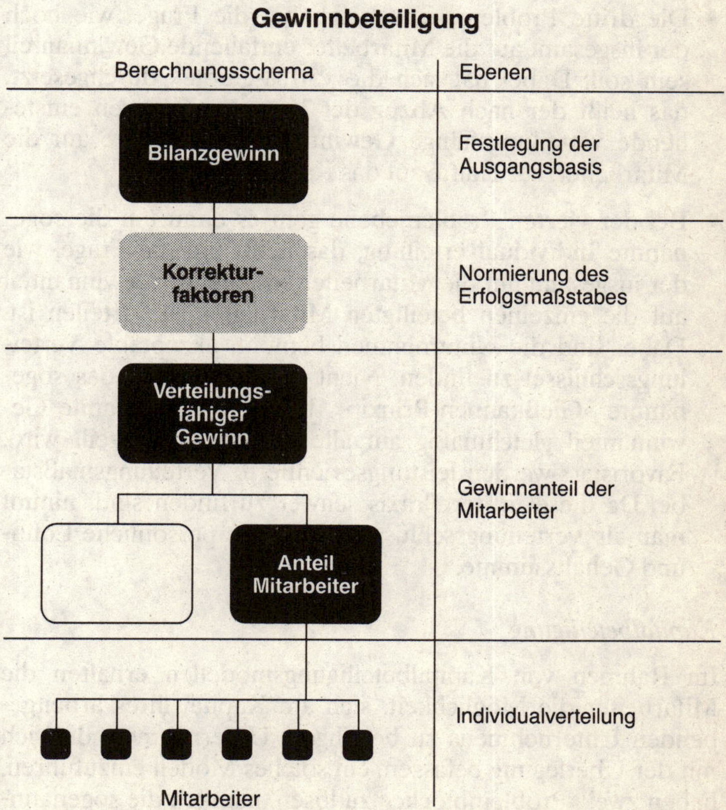

Abb. 2.9 Gewinnbeteiligung

- Bei der zweiten Problemebene geht es um die Normierung des Erfolgsmaßstabes. Dies ist eine Problematik, die in etwa der Festlegung einer Normalleistung in Leistungslohnsystemen ähnlich ist. Im Prinzip geht es um das Finden des sogenannten »Schwellen-Ertrages«, das heißt des Ertrages, ab dem ein Gewinnanteil an die Mitarbeiter gewährt werden soll. In der Praxis wird dies üblicherweise so gelöst, daß der Steuerbilanzgewinn um bestimmte Korrekturfaktoren wie z.B. Unternehmerlohn, kalkulatorische Eigenkapitalverzinsung und neutrales Ergebnis korrigiert wird.

- Die dritte Problemebene beinhaltet die Frage, wie hoch der insgesamt auf die Mitarbeiter entfallende Gewinnanteil sein soll. Dabei hat sich die »50%-Quote« durchgesetzt, das heißt der nach Abzug der Korrekturfaktoren entstehende verteilungsfähige Gewinn wird zur Hälfte auf die Mitarbeiter, zur Hälfte auf das Kapital verteilt.

- Bei der vierten Problemebene geht es dann um die sogenannte Individualverteilung, das heißt um die Frage, wie der insgesamt auf die Mitarbeiter entfallende Gewinnanteil auf die einzelnen beteiligten Mitarbeiter zu verteilen ist. Dabei sind die Unternehmen bemüht, akzeptable Verteilungsschlüssel zu finden. Nicht sehr beliebt ist das sogenannte »Gießkannen-Prinzip«, bei dem der gesamte Gewinnanteil gleichmäßig auf alle Mitarbeiter verteilt wird. Favorisiert werden leistungsorientierte Verteilungsmaßstäbe. Da diese in der Praxis schwer zu finden sind, nimmt man als Verteilungsschlüssel häufig die persönliche Lohn- und Gehaltssumme.

Kapitalbeteiligung

Im Rahmen von Kapitalbeteiligungsmodellen erhalten die Mitarbeiter die Möglichkeit, sich am Kapital ihres arbeitgebenden Unternehmens zu beteiligen. Unternehmen, die sich mit der Überlegung befassen, ein solches Modell einzuführen, haben zwei »Problemblöcke« zu lösen, nämlich die sogenannte Mittelaufbringung und die Mittelverwendung. Unter Mittelaufbringung werden Überlegungen zusammengefaßt, ob

z. B. der Mitarbeiter selbst für die Finanzierung zu sorgen hat oder das Unternehmen, oder ob Förderungsmaßnahmen des Gesetzgebers in Frage kommen usw. Die Mittelverwendung dagegen beinhaltet die eigentliche Kapitalbeteiligung, nämlich die Frage, welche Beteiligungsform die richtige ist und mit welchen Rechten und Pflichten das Modell ausgestattet werden soll.

■ Aufbringung

Während es noch vor zehn Jahren, vor allem im mittelständischen Bereich, typisch war, daß die Unternehmen sich in hohem Maße an der Mittelaufbringung beteiligten (z. B. durch investive Zuwendung oder investive Gewinnbeteiligungen), hat sich das Blatt in den letzten Jahren etwas gewendet. In den meisten Modellen ist es üblich, daß die Mitarbeiter ihren Kapitalanteil »anteilsmäßig« finanzieren, wobei die Eigenleistungen der Mitarbeiter durch entsprechende Zuwendungen des Unternehmens »angereizt« werden.

Diese Entwicklung ist maßgeblich durch das sogenannte Vermögensbeteiligungsgesetz, das sich aus dem Fünften Vermögensbildungsgesetz und dem § 19a Einkommensteuergesetz zusammensetzt, beeinflußt worden. Seit 1984 fördert der Gesetzgeber die Beteiligung der Mitarbeiter am Kapital des arbeitgebenden Unternehmens. Dies hat zu folgender favorisierter Form der Mittelaufbringung geführt:

- Die Mitarbeiter erhalten das Angebot, ihre vermögenswirksamen Leistungen bis maximal 936 DM pro Jahr und Mitarbeiter als Kapitalbeteiligung im arbeitgebenden Unternehmen anzulegen.
- Das Unternehmen unterstützt die Kapitalbeteiligung der Mitarbeiter wieder durch eine Zuwendung in Höhe von 500 DM.
- Eigenleistungen der Mitarbeiter und Unternehmenszuwendung bilden dann das gesamte Mitarbeiter-Kapital.

Diese Variante ist insofern interessant, weil die vermögenswirksamen Leistungen der Mitarbeiter mit einer 20%igen Sparzulage von seiten des Gesetzgebers gefördert werden, wenn diese eine bestimmte Einkommensgrenze nicht überschreiten. Darüber hinaus sind die vom Unternehmen gewährten 500 DM von der Lohnsteuer und Sozialversicherung befreit.

■ Mittelverwendung

Im Rahmen der Mittelverwendung ist zunächst zu klären, welche Beteiligungsform die richtige ist. Dabei ist in einem ersten Schritt zu entscheiden, ob das Mitarbeiter-Kapital den Charakter von Eigen- oder Fremdkapital haben soll. Die Entscheidung dieser Frage wird dadurch beeinflußt, welche Ziele mit Beteiligungskonzeptionen verfolgt werden. Typisch ist, daß im Zweifelsfalle der Charakter des Eigenkapitals vorgezogen wird. Abbildung 2.10 zeigt die in der Bundesrepublik Deutschland praktizierten Beteiligungsformen:

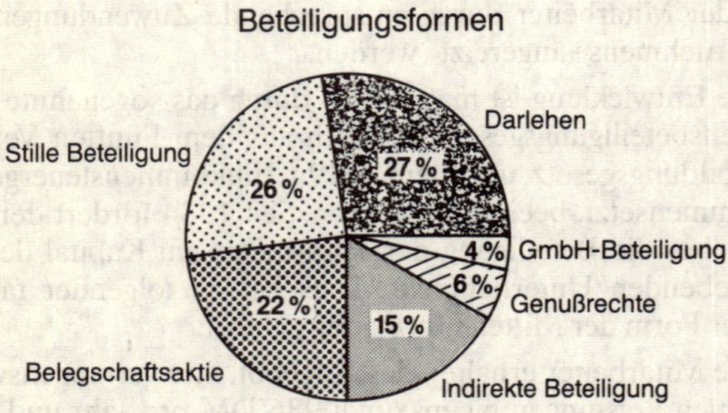

Abb. 2.10 Beteiligungsformen

Die Übersicht der Beteiligungsformen zeigt eine eindeutige Dominanz der Beteiligungsform »stille Gesellschaft«. Dies insbesondere unter dem Aspekt, daß auch die sogenannten indirekten Beteiligungskonstruktionen, bei denen eine Mitarbeiter-Gesellschaft zwischengeschaltet wird, der stillen Beteiligung zugeordnet werden können. Damit weist die Beteiligungsform »stille Gesellschaft« eine Verbreitung von insgesamt 41% auf. An zweiter Stelle steht das Mitarbeiter-Darlehen mit 27%, gefolgt von der Belegschaftsaktie mit 22%.

Unabhängig von der gewählten Form der Kapitalbeteiligung beinhaltet jedes Beteiligungsmodell eine Reihe von Elementen, die zu diskutieren bzw. auf die unternehmensspezifische Situation abzustimmen sind. Hier geht es z.B. um Fragen, ob alle oder nur ein Teil der Mitarbeiter »beteiligungsberechtigt« sein sollen, welches Volumen das Mitarbeiter-Kapital maximal erreichen darf und auf welcher Rechtsgrundlage die Beteiligung vereinbart wird. Ebenso ist zu klären, wie das Mitarbeiter-Kapital bedient wird, ob ein fester Zins oder eine gewinnabhängige Bedienung erfolgt, ob ein Risiko besteht, welche Sperrfristen und Kündigungsmodalitäten sich damit verbinden und nicht zuletzt, welche Rechte der Mitarbeiter-Kapitalgeber erwirbt.

Die Übersicht »Elemente der Mitarbeiter-Kapitalbeteiligung« zeigt die wichtigsten Faktoren, die in einem derartigen Modell vertraglich zu vereinbaren sind:

- Beteiligungsberechtigung
- Rechtsgrundlage
- Mittelaufbringung
- Kapitalcharakter
- Beteiligungsintensität
- Rechtsform
- Direkt/Indirekt
- Zins
- Gewinnbeteiligung
- Konkursrisiko
- Renditeausfallrisiko
- Verlustbeteiligung
- Rechte
- Sperrfrist
- Kündigung
- Rückzahlung

Erfahrungen mit Beteiligungsmodellen

Beteiligungsmodelle sind kein Selbstzweck, mit ihrer Einführung werden ganz konkrete Ziele verfolgt. Typisch dabei ist, daß nahezu alle Unternehmen nicht nur *ein* Ziel verfolgen, sondern gleichzeitig ein ganzes »Zielbündel« zu erreichen versuchen. In diversen empirischen Untersuchungen wurde festgestellt, daß bei der Einführung von Beteiligungsmodellen Ziele wie etwa Motivation der Mitarbeiter, Erreichen von finanziellen Effekten und die positive Beeinflussung personalpolitischer Kennziffern vorrangig angestrebt werden. Deutlich wird dabei auch, daß sich die Ziele von Großunternehmen und mittelständischen Unternehmen deutlich unterscheiden.

Während bei großen Unternehmen auch Ziele wie Vermögensbildung in Arbeitnehmerhand oder Gesellschaftspolitik eine durchaus wichtige Rolle spielen, rangieren bei den Mittelständlern derartige Zielvorstellungen am Ende der Zielskala. Wichtig für die kleinen und mittleren Unternehmen ist die Motivation der Mitarbeiter, wobei der Begriff der Motivation normalerweise Aussagen wie Produktivität, Arbeitsleistung, Kostenbewußtsein, Interesse, Identifikation usw. beinhaltet.

Die Frage, inwieweit die genannten Ziele von den Beteiligungsunternehmen in der betrieblichen Praxis auch tatsächlich erreicht wurden, zeigt die nachfolgende Zusammenfassung der wichtigsten empirischen Ergebnisse.

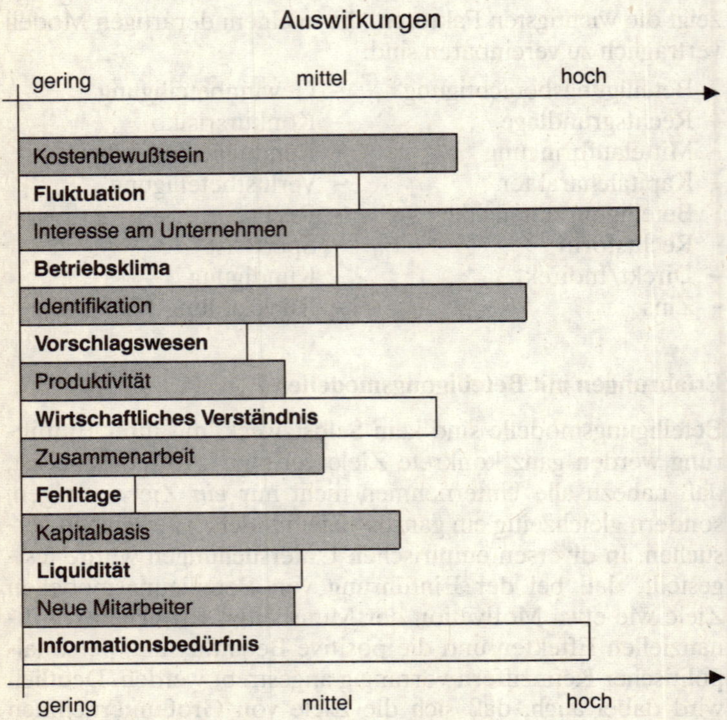

Abb. 2.11 Auswirkungen

Aus Abbildung 2.11 wird deutlich, daß Kostenbewußtsein, Interesse am Unternehmen, Identifikation mit dem Unternehmen, wirtschaftliches Verständnis und ein vermehrtes Informationsbedürfnis sehr deutliche Folgen einer Beteiligungskonzeption sein können. Auch eine erhöhte Produktivität, verbesserte Zusammenarbeit, mehr Liquidität und eine Verbesserung der Kapitalstruktur sind durchaus realistische Konsequenzen, die mit einer Beteiligungskonzeption erreichbar sind. Wenig Einfluß scheinen Beteiligungsmodelle auf das Fehlzeitenverhalten und die Qualität der Verbesserungsvorschläge zu haben.

Entwicklungstendenzen

Die Perspektiven für betriebliche Beteiligungsmodelle sind durchaus erfreulich. Es ist zu erwarten, daß sich die Zahl der Modelle in den nächsten Jahren noch spürbar erhöhen wird. Dies hängt zum einen mit den gesetzlichen Förderungsmaßnahmen zusammen. Zum anderen ist ein Grund darin zu sehen, daß sich mittlerweile auch die Tarifvertragspartner ernsthafter mit der Idee der Mitarbeiter-Beteiligung auseinandersetzen. Dieses neu erweckte Interesse hat seine Ursache unter anderem darin, daß seit 1990 das Vermögensbildungsgesetz nur noch Bausparen und Produktiv-Kapitalbeteiligung fördert. Damit sind die Arbeitnehmer gezwungen, ihr bisheriges Sparverhalten, das eindeutig auf Prämiensparen, Bausparen und Lebensversicherung ausgerichtet war, zu modifizieren.

Ein weiterer wichtiger Grund für das Interesse der Tarifvertragspartner liegt jedoch auch in der Erkenntnis, daß man ein so wichtiges Thema wie die betriebliche Mitarbeiter-Beteiligung nicht auf Dauer negieren und in den Bereich der ideologischen Sandkastenspiele verbannen kann. In verschiedenen Branchen (z.B. Chemie) sind die Arbeitgeber offensiv geworden und haben Unternehmen und Mitarbeiter dieser Branche intensiv über die Möglichkeiten der Mitarbeiter-Beteiligung aufgeklärt. Auch auf Gewerkschaftsseite sind Signale erkennbar, die eine weitere tarifvertragliche Ausgestaltung betrieblicher Beteiligungsmodelle als realistisch erscheinen lassen.

Nicht zuletzt ist jedoch auch ein Meinungswandel in den betrieblichen Personalabteilungen und im gesamten Führungsbereich zu beobachten. Der Mitarbeiter von heute ist in seiner Persönlichkeit nicht mehr der Mitarbeiter von gestern. Er hat eine bessere Ausbildung, eine höhere Qualifikation und damit auch eine wesentlich größere Portion Selbstbewußtsein. Er wird sich vieles nicht mehr gefallen lassen — z.B. autoritäres Verhalten — er wird das »Warum« hinterfragen und er will in Prozesse integriert werden. Damit verbindet sich auch eine andere Motivationsstruktur als noch vor einem Jahrzehnt. Das bedeutet, daß der qualifizierte Mitarbeiter im Unternehmen mehr und mehr zum Engpaßfaktor wird, der maßgeblich ist für viele Elemente der Unternehmensgestaltung. Diese Entwicklungstendenz signalisiert ein Aufbrechen der arbeitsrechtlich bedingten Rollen und damit eine Philosophie, die den Ideen der betrieblichen Mitarbeiter-Beteiligung sehr nahe kommt. Dies läßt erwarten, daß auch aus diesem Grund die Zahl der Beteiligungsmodelle in den nächsten Jahren spürbar zunehmen wird.

Literaturhinweise

Gaugler, E. u.a.: Mitarbeiter-Kapitalbeteiligung in Baden-Württemberg, Mannheim 1982

Schanz, G. / Reikhof, H.-G.: Mitarbeiter-Kapitalbeteiligung in der Wirtschaft Niedersachsen, Göttingen 1983

Guski / Schneider: Betriebliche Vermögensbeteiligung in der Bundesrepublik Deutschland. Teil II: Ergebnisse, Erfahrungen und Auswirkungen in der Praxis, Köln 1983

Schanz, G.: Mitarbeiter-Beteiligung. Grundlagen — Befunde — Modelle, München 1985

FitzRoy, F. / Kraft, K. (Hrsg.): Mitarbeiter-Beteiligung und Mitbestimmung im Unternehmen, Berlin u.a. 1987

Lezius, M. / Beyer, H.: Menschen machen Wirtschaft. Betriebliche Partnerschaft als Erfolgsfaktor, Wiedbaden 1989

Schneider, Hans J., Prof. Dr.

3 Das Unternehmen

3.1 Konzeption und Strategie

3.1.1 Vision, Unternehmensphilosophie, Ziele
Visionäres Management zur Unternehmenssteuerung

ARNOLD WEISSMAN UND BETTINA MÜLLER-TRUNK

»Wenn Du ein Schiff bauen willst, dann trommle nicht Männer zusammen, um Holz zu beschaffen, Aufträge zu vergeben und Arbeit zu verteilen, sondern lehre sie die Sehnsucht nach dem weiten endlosen Meer.«

ANTOINE DE SAINT-EXUPÉRY

Immer häufiger wird von Visionen oder vom Fehlen von Visionen gesprochen. Viele bemächtigen sich dieses neuen alten Wortes, Manager, Politiker und natürlich Werbeleute. »Vision« ist zum Schlagwort geworden. Doch ist sie mehr als das? Oder ist »Vision« nur ein neuer Name für »langfristiges Ziel« oder eine andere Art, eine »Unternehmensphilosophie« auszudrücken? Was steckt eigentlich hinter diesen Begriffen, und welchen Nutzen bieten sie konkret Ihrem Unternehmen?

Unternehmensvision – die Energiequelle Ihres Unternehmens

Was ist eine Vision? Eine Illusion, eine Utopie, ein Traum oder etwas, das nahe an der Realität liegt, dessen zukünftige Realisation sich bereits abzeichnet?

Eine Vision ist eine konkrete, bildhafte Vorstellung, die den Unternehmenszweck und das Unternehmensziel allen Mitarbeitern und der Öffentlichkeit verdeutlichen soll. Visionen sind Idealvorstellungen, Wunschbilder, bildhafte Vorstellungen von Ereignissen und Situationen in der Zukunft.

Und nur eine Sache, die man sich vorstellen kann, ist grundsätzlich auch erreichbar!

Vision ist offenbar ein komplexes Phänomen. Um die Vielschichtigkeit adäquat zu fassen, werden wir »Vision« durch mehrere Dimensionen zu beschreiben versuchen:

- eine Vision hat Ziel- und Richtungscharakter;
- eine Vision balanciert zwischen Utopie und Realität;
- eine Vision setzt Motivation und Energie frei;
- eine Vision besteht aus mentalen Bildern, die sich im Bewußtsein verankern;
- eine Vision darf nicht nur gedacht, sie muß auch kommuniziert und vorgelebt werden.

■ *Ziel- und Richtungscharakter der Vision*

Eine wichtige Funktion der Vision besteht darin, Ihrem Unternehmen und Ihren Mitarbeitern Ziel und Richtung vorzugeben. In dem Maße, in dem Ihre Mitarbeiter zu selbständigen Entscheidungen motiviert werden sollen, steigt auf der anderen Seite der Bedarf an einem Orientierungsrahmen, an dem die Handlungen und Entscheidungen ausgerichtet werden können. In einer immer dynamischer werdenden Welt kann eine Vision Stabilität und Sicherheit geben.

Vision ist in diesem Sinne ein unverzichtbarer Bestandteil von Führung. Nur wenn allen Beteiligten klar ist, wohin die Reise gehen soll, können die strategischen Ressourcen Ihres Unternehmens zielgerichtet eingesetzt werden. Nur dann werden die richtigen Dinge getan (und nicht nur Dinge richtig getan), ziehen die Mitarbeiter an einem Strang, reagiert Ihr Unternehmen als Einheit. Es gibt, um mit Wilhelm von Oranien zu sprechen, keinen günstigen Wind für denjenigen, der nicht weiß, in welchen Hafen er segeln will.

■ *Vision: zwischen Utopie und Realität*

Der Horizont einer Vision muß qualitativ und zeitlich über den Tag hinausreichen. In der zeitlichen Dimension ist ein genügend weites Vorauseilen notwendig, damit der Gang der Zeit die Vision nicht zu schnell einholt. Umgekehrt sollte eine Vision auch innerhalb der »aktiven Lebensspanne« des visionären Führens realisierbar sein, sonst verliert sie ihre Verbindlichkeit.

In der qualitativen Dimension muß die Vision genügend weit von der heute realisierten Problemlösung entfernt, d.h. »genügend anders« sein. Sie sollte andererseits so konkret bleiben, daß sie von den Betroffenen nicht als absurd, unmöglich und damit inakzeptabel erlebt wird. In der Realität sind zeitliche und qualitative Dimension nicht völlig unabhängig voneinander. In einer Branche mit hohem technologischem Wandel (z.B. EDV) wird der zeitliche Visionshorizont kürzer sein als in einer Industrie, in der sich die Übergänge von einer Problemlösung zur nächsten eher langsam vollziehen (z.B. Energie).

Eine gute Vision beinhaltet stets eine delikate Balance zwischen Realitätssinn und Utopie. Sie darf nicht so utopisch sein, daß die Mitarbeiter an ihrer Realisierbarkeit zweifeln; sie sollte andererseits ausreichend utopisch, d.h. auch ausreichend schwer erreichbar sein, um die Mitarbeiter herauszufordern und ihre Energien zu mobilisieren. Vision ist das gerade noch Machbare.

■ *Vision als Motivations- und Energiequelle*

Neben der Zielsetzung ist die Freisetzung von Motivation und Energie die vielleicht wichtigste Wirkung von Visionen. Visionen, an die Ihre Mitarbeiter glauben, die sie aber gleichzeitig herausfordern, entfalten eine Kraft, die das ganze Unternehmen nach vorne zieht.

Eine Vision soll inspirieren und stimulieren; sie soll emotionale Energien freisetzen. Sie soll Ihren Mitarbeitern das Gefühl geben, für eine wichtige, vielleicht großartige Sache zu arbeiten. Sie soll Sinn vermitteln, eine innere Identifikation schaffen und zum Handeln anregen. Sie soll einen Sog auf alle Menschen im Unternehmen ausüben, dem man sich nur schwer entziehen kann. Die Vision soll das Unternehmen aktivieren. Es ist der kreativitätsfördernde und gefühlsaktivierende Effekt, der Vision und Visionieren vor allem ausmacht.

■ *Die mentale Kraft von Visionen*

Eine weitere wichtige Eigenschaft von Visionen liegt darin, daß sie mentale Bilder sind. Eine Vision hat nur derjenige, der sich die Zukunft mit seinem geistigen Auge auf lebendige Weise vorstellen kann. Zu visionieren bedeutet daher, die Augen zu schließen und sich Szenen aus der Zukunft auszumalen. Vorstellungsbilder sind immer viel emotionaler als Worte; sie wecken positive Gefühle in uns, erzeugen Zuversicht und Elan.

Ein Sportler, der eine Olympiamedaille gewinnen will, sollte sich daher vorstellen, wie er im Wettkampf alle Kraftreserven mobilisiert, als Erster durch die Ziellinie läuft und hinterher auf dem Siegertreppchen steht, die Flagge seines Landes sieht, seine Nationalhymne und den Applaus der Zuschauer hört. Solche Bilder graben sich tief in unser Bewußtsein ein. Wie Erinnerungen sind die vorgestellten Zukunftsszenen auch präsent, wenn wir nicht an sie denken, und lenken unbewußt unser Handeln.

Visionen sind weiterhin immer holistisch. Während Ziele sich auf einen Punkt richten können (z.B. ein neues Produkt im Markt einführen) beschreiben Visionen viele Facetten der Zukunft. Ein einziges mentales Bild reicht also nicht aus. Unternehmensvisionen beinhalten deshalb mehr als die langfristig erstrebte Marktstellung und strategische Grundrichtung der Firma. Sie sind umfassender als »eine Milliarde Umsatz im Jahr 2000«, »eine Filiale in jeder europäischen Großstadt« oder »bester Service der Branche«. Sie zeichnen vielmehr ein lebendiges und detailreiches Bild von der Zukunft des Unternehmens und des von ihm beeinflußten Umfeldes. Alles, was sich überhaupt nur sinnvoll für die Zukunft des Unternehmens erwünschen und erstreben läßt, kann und sollte Bestandteil der Unternehmensvision sein. Dazu gehört, welche

Kunden man zukünftig hat, genauso wie etwa das Aussehen des Firmengebäudes, das man vielleicht neu errichten will. Die Vision beschreibt auch Werte, die in Zukunft gelebt werden sollen, genauso wie Gefühle, die in Zukunft gefühlt werden sollen. Gerade indem hohe Werte (z.B. Vertrauen, Hilfsbereitschaft) und Gefühle (z.B. Stolz, Begeisterung) in die Vision aufgenommen werden, wird sie sinnstiftend und emotional attraktiv. Unternehmensvisionen beinhalten also einerseits anspruchsvolle, doch erreichbare Herausforderungen und zeichnen gleichzeitig ein Idealbild, das nie ganz erreicht werden kann.

■ *Die Vision muß vorgelebt werden*

Eine Unternehmensvision läßt sich nicht — oder nur teilweise — zu Papier bringen. Visionen, das sind — wenn sie vorhanden sind — die vielen lebendigen Bilder in den Köpfen der Führungskräfte und Mitarbeiter. Wer also im Unternehmen mit Hilfe von Visionen führen will, für den ist nach der Entwicklung der Vision ihre erfolgreiche Kommunikation notwendige Voraussetzung für die Um- und Durchsetzung. Hierbei ist es weniger wichtig, daß die Vision explizit formuliert ist, als daß sie wirksam vorgelebt wird. Worte allein genügen nicht. Die Übereinstimmung von Wort und Tat bestimmt, ob Mitarbeiter eine Vision annehmen und von ihr überzeugt sind. Niemand wird in dieser Hinsicht stärker gefordert als die Führungskräfte bzw. die Person an der Unternehmensspitze. Häufig gehen Visionen von Einzelpersonen, von »visionären Führern« aus. Ihr Verhalten muß die Inkarnation der Vision sein.

Visionen dürfen aber nicht als Langfriststrategie mißverstanden werden!

Denn Strategien sind Planungsinstrumente für die Qualifizierung von Aktionen und Reaktionen. Visionen dagegen sind Planungsinstrumente für das Herstellen einer Glaubensgemeinschaft und für die Umsetzung gemeinschaftlich getragener Ziele und Strategien als Team — ausgerichtet auf Sozialenergie und deshalb mental, und nicht rational.

Zusammenfassend läßt sich sagen, daß eine klare, gemeinsam getragene Vision die Grundlage für das unternehmerische Handeln und der Rahmen für alle Maßnahmen und somit die Basis für die Unternehmensidentität darstellt.

Unternehmensphilosophie

Eine Unterstützung für die Realisation und Kommunikation Ihrer Unternehmensvision ist die schriftliche Formulierung der angestrebten Werte und Normen, die Aufstellung von Unternehmensgrundsätzen in Ihrer Firmenphilosophie.

Sie geben Ihren Mitarbeitern damit konkrete Rahmenbedingungen und Wertmaßstäbe, an denen sie ihr tägliches Handeln ausrichten können. Um ein »Leben« dieser angestrebten Werte zu erreichen, muß als erstes sichergestellt werden, daß alle Mitarbeiter diese Werte kennen und verinnerlicht haben. Was nützen in Gold gebundene Unternehmensgrundsätze, wenn sie keiner im Unternehmen kennt?

Wenn Sie Unternehmensgrundsätze für wichtig erachten — die erfolgreichsten Unternehmen der Welt nutzen diese Möglichkeit übrigens auch —, dann beschränken Sie sich auf die wesentlichen Dinge und sorgen dafür, daß sie bei allen auch präsent sind. Wenn Ihre Mitarbeiter sie nicht verinnerlicht haben, dann bringen sie auch nicht den gewünschten Effekt. Wir sind uns sicher: Die zehn Gebote hätten nie überlebt, wenn sie auf dreißig oder mehr Seiten in Hochglanz gebunden den Menschen übergeben worden wären. So aber haben sie Jahrtausende überlebt und sind zur Norm für Milliarden Menschen geworden.

Um die Unternehmensgrundsätze in den Köpfen der Mitarbeiter zu verankern, empfehlen wir bei monatlichen Besprechungen jeweils einen Grundsatz (z.B. »wir bieten Spitzenqualität«) herauszuarbeiten und seine Umsetzungsmöglichkeiten im Unternehmen zu besprechen. Dies kann z.B. auch im Rahmen eines Qualitätszirkels geschehen, wichtig ist nur, daß die Werte von allen als gemeinsam vereinbart verstanden werden und daß klar wird, welchen Wert die Führungskräfte diesem Bereich beimessen. Dies kann soweit gehen, daß die Unternehmensleitung offiziell eine Führungskraft mit der Hauptaufgabe »Durchsetzung der Unternehmensphilosophie/-werte« beauftragt. Diese Führungskraft ist dann verantwortlich für die Formulierung, Gestaltung und Umsetzung dieser Grundsätze im Unternehmen.

Unternehmensziele

Ein nächster Schritt auf dem Weg zur Konkretisierung Ihrer Unternehmensvision stellt die Vereinbarung von Zielen gemeinsam mit Ihren Mitarbeitern dar.

Nur Ziele, die klar und eindeutig sind, können wirken. Dazu gehören drei wesentliche Elemente:

- Inhalt (was will ich erreichen?)
- Ausmaß (wieviel möchte ich erreichen?)
- zeitlicher Bezug (wann will ich es erreicht haben?)

Folgende Abbildung soll Ihnen die Wirkung von Zielvereinbarungen verdeutlichen.

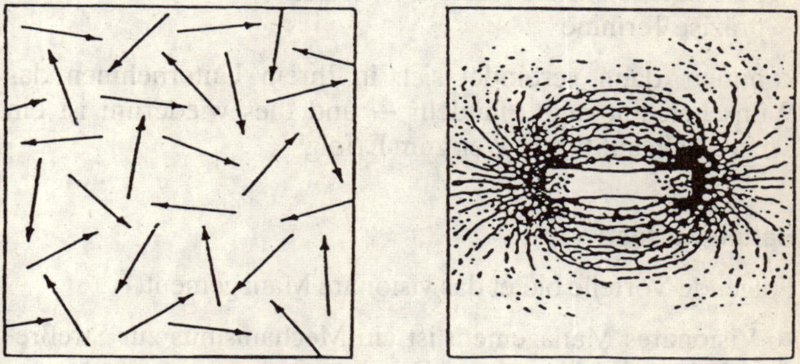

Abb. 3.1 Magnetwirkung von Zielen (Heinhold, E.: Erfolgreich durch strategisches Marketing, Düsseldorf 1989)

Vergleicht man die linke mit der rechten Abbildung, so ist aus einem wirren Durcheinander eine einheitliche, geschlossene Struktur geworden. Und hervorgebracht hat dieses Wunder ein einfacher Magnet! Eine klare Zielsetzung für Arbeitsbereiche und für Ihr Unternehmen vollbringt das gleiche Wunder. Aus ungeordneten, zum Teil auseinanderstrebenden Aktivitäten wird ein geordnetes, in sich geschlossenes Ganzes.

Mit der Bestimmung von Zielen, die in Projekt- und täglicher Arbeit angegangen werden, legen Sie die Schritte zur Erreichung Ihrer Vision fest. Ihre Ziele sollen herausfordernd, ja kühn, aber realistisch sein. Und: Sie müssen mit den Mitarbeitern *gemeinsam* vereinbart werden!

Viele Führungskräfte oder Unternehmer sagen: »Ich verstehe nicht, daß sich unsere Mitarbeiter nicht hinter unsere Ziele stellen« — wobei sie mit »unseren Zielen« natürlich ihre eigenen Ziele meinen! Warum sollte ich mich aber hinter Ziele von anderen stellen, die doch nicht meine eigenen sind? Aus diesem Grund ist es notwendig, Ziele mit den Mitarbeitern gemeinsam zu vereinbaren. Ziele, die von allen Beteiligten gemeinsam getragen werden, entfalten Energie und Motivation. Wenn zu jedem Ziel auch noch

- klare Aktivitäten
- persönliche Verantwortlichkeiten und
- präzise Termine

kommen, dann verbindet sich in Ihrem Unternehmen das Wünschen mit dem Handeln — und dies wiederum ist ein Meilenstein auf Ihrem Weg zum Erfolg!

Halten wir fest:

Folgende Vorteile bietet das visionäre Management:

- Visionäres Management ist ein Mechanismus zur Streßregulation; durch mentales Durchspielen positiver und negativer Szenarien kann ein zukünftiges Handlungsmoment visualisiert und erfolgreich bearbeitet werden. Das Immunsystem der Unternehmung wird verstärkt, es wird krisensicherer, turbulenzfähiger und menschenfreundlicher.
- Durch die Formulierung und Gestaltung der aus der Vision abzuleitenden Unternehmensphilosophie entsteht eine

ethisch fundierte Zweck- und Zielsetzung der Organisation.

- Eine Vision kann ein starkes »Wir-Gefühl« schaffen.
- Dies wiederum stellt die Grundlage für den Aufbau einer klaren und starken Unternehmenskultur dar.
- Daraus erwächst ein in der Öffentlichkeit akzeptiertes, starkes Image.
- Aus der Vision erwachsen strategische Stoßrichtungen und daraus Ziele für die tägliche Arbeit.
- Eine Vision von seiner Firma zu haben — wo sie einmal stehen soll, was sie sein und welche Normen sie bieten soll — ist für ein Unternehmen von hohem Wert.

Literaturhinweise

MANN, RUDOLF: Das visionäre Unternehmen, Wiesbaden 1990

PETERS, THOMAS / AUSTIN, NANCY: Leistung aus Leidenschaft — über Management und Führung, Hamburg 1986

WEISSMAN, ARNOLD: Marketing Strategie — 10 Stufen zum Erfolg, 3. Aufl., Landsberg/Lech 1991

WEISSMAN, ARNOLD: Management-Strategien — 5 Faktoren für den Erfolg, Landsberg/Lech 1992

WEISSMAN, ARNOLD, Dr. rer. pol.

Professor für Marketing an der Fachhochschule Regensburg, Geschäftsführer des Weissman Teams — einer Marketing- und Managementberatung in Nürnberg.

MÜLLER-TRUNK, BETTINA, Dipl.-Kfm.

Beraterin im Weissman Team.

3.1.2 Unternehmensentwicklung

Christian Garhammer

Für die Entwicklung eines Unternehmens sind interne und externe Faktoren bestimmend.

Zentrale unternehmensinterne Faktoren sind

1. die Unternehmen-Eigentümer-Beziehungen,
2. die Qualifikation und Motivation der Führungskräfte,
3. die Qualifikation und Motivation der (anderen) Mitarbeiter,
4. die Qualität der Unternehmensleistungen,
5. die Ertrags- und Finanzlage.

Zentrale unternehmensexterne Faktoren sind

6. die natürlichen Gegebenheiten,
7. der Stand der Technik,
8. das gesellschaftliche (einschließlich: rechtliche) Umfeld,
9. die Marktverhältnisse.

1. **Unternehmen-Eigentümer-Beziehungen**

Ein Unternehmen kann grundsätzlich eigentümerorientiert oder grundsätzlich kapitalorientiert sein:

Das eigentümerorientierte Unternehmen ist durch eine enge Verbindung zwischen Unternehmen und Eigentümer(n) — im folgenden wird vereinfachend von Eigentümern gesprochen — geprägt. Eigentümer sind wenige natürliche Personen, die üblicherweise die Geschäfte führen (Eigentümer-Manager). Die Existenz des Unternehmens ist unmittelbar mit dem Schicksal der Eigentümer verknüpft. Entscheidungen über die Zuführung weiteren Kapitals und/oder die Einbehaltung von Gewinnen im Unternehmen hängen nicht allein von der erwarteten Investitionsrendite und der Finanzlage des Unternehmens ab, sondern auch vom Vermögen und Willen der Eigentümer: mit der Investition in das eigene Unternehmen konkurrieren andere Kapitalanlagen und Konsumausgabenwünsche.

Neben finanziellen Faktoren spielen die unternehmerischen Fähigkeiten der Eigentümer-Manager und ihre Bereitschaft, diese mit voller Kraft im Unternehmen einzusetzen, eine entscheidende Rolle. »Amtsmüde«, dennoch an ihren Chefsesseln klebende Eigentümer-Manager bremsen oder verhindern eine günstige Entwicklung des Unternehmens, das für Störungen in der Eigentümer-Privatsphäre sehr anfällig ist (Sonderproblem: Unternehmernachfolge).

Das kapitalorientierte Unternehmen gehört in der Regel mehreren natürlichen und/oder juristischen Personen, die das Unternehmen nicht selbst leiten. Die Eigentümer sind in erster Linie an möglichst hohen Gewinnausschüttungen oder einer möglichst hohen Wertsteigerung ihrer Kapitalanteile interessiert. Im Gegensatz zu Eigentümer-Managern identifizieren sie sich nicht mit dem Unternehmen, das als verselbständigte Institution zu sehen ist, die sich weitgehend unabhängig vom Schicksal ihrer Eigentümer entwickelt.

Für nicht zum Eigentümerkreis gehörende Führungskräfte kann sich die in einem eigentümerorientierten Unternehmen bestehende persönliche Verbundenheit zwischen Unternehmen und Eigentümern nachteilig auswirken: Wichtige Unternehmensentscheidungen werden nicht selten durch Umstände in der Eigentümer-Privatsphäre ausgelöst, beeinflußt oder zurückgedrängt und gefährden schlimmstenfalls die Fortführung der von den (angestellten) Führungskräften bislang geleisteten, erfolgreichen Arbeit. Andererseits kann sich für Führungskräfte die Chance bieten, selbst in den Eigentümerkreis einzurücken (*Management Buyout*), falls sich in den Eigentümer-Familien kein geeigneter Nachfolger findet.

Führungskräfte eines kapitalorientierten Unternehmens haben grundsätzlich weiterreichende Möglichkeiten, die Unternehmensentwicklung zu gestalten. Zwar sind bei zentralen Entscheidungen auch hier die Eigentümer direkt oder ein Gremium, in dem die Eigentümer vertreten sind (z.B. bei der AG der Aufsichtsrat), zu konsultieren, doch verbleibt den Managern ein weiter Entscheidungsspielraum.

2. Qualifikation und Motivation der Führungskräfte

Naturgemäß setzen sich Eigentümer-Manager stärker für ihr Unternehmen ein als angestellte Manager. Sind Eigentümer-Manager zwar hochmotiviert, doch für die Unternehmensleitung fachlich/persönlich ungeeignet, wird die Entwicklung des Unternehmens gehemmt. Angestellte Führungskräfte müssen neben einer guten Qualifikation und unternehmenszielorientierten Motivation in der Lage sein, insbesondere die Interessen der Eigentümer in ihre Planungs- und Entscheidungspolitik richtungsweisend einzubeziehen. Die Beteiligung von Führungskräften am Unternehmenserfolg/-kapital kann deren Identifikation mit den Unternehmenszielen fördern.

3. Qualifikation und Motivation der (anderen) Mitarbeiter

Eine erfolgreiche Unternehmensentwicklung ist nur mit engagierten Mitarbeitern zu verwirklichen, deren Kreativitätspotential für das Unternehmen erschlossen werden muß. Die weiter zunehmenden Anforderungen an das Personal, z.B. infolge laufender technischer Neuerungen, lösten einen enormen Qualifikationsschub vor allem bei Facharbeitern aus, der die ohnehin vage gezogene Grenze zwischen »Kopfarbeitern« und »Handarbeitern« in vielen Branchen verwischte.

Motivation läßt sich nicht durch einen autoritären Führungsstil anregen; die Führungskräfte müssen im Wege einer partnerschaftlichen Mitarbeiterführung (»Wir«-Gefühl) jedem einzelnen leistungsbezogene finanzielle und nicht-finanzielle Anerkennung zukommen lassen und immer wieder den Sinn der individuellen Arbeit verdeutlichen. Konsequente Aus- und Weiterbildung von Mitarbeitern ist nötig, um dem sich verschärfenden Fachkräftemangel wirksam begegnen zu können.

4. Qualität der Unternehmensleistungen

Der Kunde verlangt neben einwandfreien Produkten und Termintreue fachkundigen Service. Viele Konsumgüter sind angesichts des wachsenden Anteils älterer Kunden verstärkt auf die spezifischen Eigenschaften und Anforderungen dieser Käuferschicht zuzuschneiden. Die Produktpalette und die

Absatzpolitik sind so zu gestalten, daß aktuelle wie potentielle Kunden das Unternehmen als kompetenten Anbieter kennen, akzeptieren und schätzen. Vor allem eine fundierte Kundenberatung ist geeignet, beim Kunden eine Anbieterpräferenz zugunsten des eigenen Unternehmens zu schaffen.

5. Ertrags- und Finanzlage

Letztlich zeigt der erzielte Gewinn oder Verlust — die Ertragslage —, ob sich ein Unternehmen gut oder schlecht entwickelt. Manche entwicklungspolitischen Maßnahmen verursachen über mehrere Jahre Aufwendungen, ehe sie zu Erträgen führen (z.B. Ausbildung junger Mitarbeiter, Forschung und Entwicklung). Die zu erwartenden Mehraufwendungen sind vor Beginn einer derartigen Maßnahme (also z.B. vor dem Abschluß zusätzlicher Ausbildungsverträge, vor dem Start eines Forschungsvorhabens) möglichst genau zu beziffern, damit ein sinnvolles Projekt angesichts der dadurch bedingten, anfänglichen Verschlechterung der *Ertragslage* nicht abgebrochen wird.

Klar zu unterscheiden ist zwischen der Entwicklung der Ertragslage und der Entwicklung der *Finanzlage.* Nicht selten geraten expandierende Unternehmen in einen finanziellen Engpaß, weil der infolge eines gestiegenen Forderungsbestands, aufgestockter Vorräte und erweiterter Fertigungskapazität zusätzliche *Kapitalbedarf* nicht (vollständig) gedeckt werden kann. Der Einsatz bisher nicht genutzter Finanzierungsinstrumente (z.B. *Factoring* bei hohem Forderungsbestand, Leasing bei hohen Sachanlageinvestitionen) ist vor allem in solchen Situationen zu prüfen.

6. Natürliche Gegebenheiten

Nach langen Jahrzehnten der Verharmlosung hat sich in verantwortungsbewußten, zukunftsorientierten Unternehmen die Erkenntnis durchgesetzt, daß Wirtschaften gegen die Natur auf Dauer unmöglich ist. Die Problematik *»Umweltschutz«* hat mittlerweile eine Eigendynamik entfaltet. Konzentrierte sich die Diskussion noch bis vor wenigen Jahren auf die Chemie,

Automobil-, Schwer- und Kraftwerksindustrie, ist heute faktisch jedes Unternehmen von der sich verschärfenden Umweltverschmutzung betroffen. War beispielsweise die Verpakkungsmittelindustrie noch in den achtziger Jahren eine Wachstumsbranche, ist sie neuerdings bemüht, nachhaltige Imageverluste durch massive Öffentlichkeitsarbeit zu vermeiden. Der Verbraucher wird künftig zunehmend — ob freiwillig oder durch Abgaben (z.B. für Müllabfuhr) und Auflagen veranlaßt, spielt im Ergebnis keine Rolle —, zu umweltverträglichen und weniger umweltschädigenden Produkten greifen. Fortbestand und Expansion sehr vieler Unternehmen werden davon abhängen, wie rasch und glaubwürdig es ihnen gelingt, umweltverträgliche Produkte anzubieten.

7. **Stand der Technik**

Produktinnovationen sind im Regelfall das Ergebnis technischer Neuerungen; eine Ausnahme bilden Dienstleistungsinnovationen, soweit sie keine neuartigen Kommunikations- oder Speichermedien oder ähnliches voraussetzen. Mit neuen Produkten lassen sich bestehende Märkte umbrechen oder neue Märkte schaffen; sie sind der Schlüssel zu Pioniergewinnen. Ein Unternehmen kann es sich erfahrungsgemäß aus Wettbewerbsgründen nicht über längere Zeit erlauben, beispielsweise neue Fertigungsverfahren (= *Prozeßinnovationen*) nicht anzuwenden, falls dadurch die Produktqualität verbessert werden kann und/oder die Stückkosten sinken.

Allerdings ist davor zu warnen, gleichsam blindlings Prozeßinnovationen zu übernehmen, wenn damit insbesondere weder eine angemessene Minderung der produktionsspezifischen Umweltbelastung noch eine Stückkostensenkung erreicht wird. Prozeßinnovationen bergen grundsätzlich die Gefahr zusätzlicher *Fixkosten,* da häufig völlig funktionstüchtige, billigere Fertigungsanlagen mit entsprechend niedrigeren Fixkosten voreilig ausgemustert werden. Eigene Forschungs- und Entwicklungsaktivitäten können zwar im Fall der Entwicklung eines neuen Produkts oder zusätzlichen Produktions-Know-hows dem Unternehmen zu einem gewaltigen Wettbewerbsvorsprung verhelfen, doch sind bei einem F+E-Mißerfolg beträchtliche Verluste vorprogrammiert. Auf Wachstum ausgerichtete Produktionsunternehmen sollten dieses Risiko wohlbedacht in Kauf nehmen.

8. **Gesellschaftliches (einschließlich: rechtliches) Umfeld**

Dieser Aspekt umfaßt den bedeutungsvollen *»Wertewandel«* (Stichworte: Freizeitorientierung, Umweltsensibilität), der sich unmittelbar auf die Standortwahl, die Beschaffungs-, Produktions- und Absatzbedingungen auswirkt. Die Entwicklung eines Unternehmens wird künftig verstärkt durch dessen Sozialisation (z.B. Umweltschutzmaßnahmen, Förderung kultureller Veranstaltungen) bestimmt. Entwicklungsrelevante rechtliche Faktoren sind z.B. die Steuergesetzgebung, rechtsformspezifische Vorschriften, technische Anleitungen, Wettbewerbsvorschriften, Umweltgesetzgebung, fortschreitende EG-Integration und EG-Erweiterung.

9. **Marktverhältnisse**

Der Erfolg eines Unternehmens zeigt sich schließlich auf seinen Absatzmärkten. Die Unternehmensstrategie sollte sogar einen Sektorenwechsel zulassen (z.B. ein Produktionsunternehmen wandelt sich in ein Handelsunternehmen), um der Marktdynamik Rechnung zu tragen. Die Führungskräfte sind ständig aufgefordert, die Absatzmärkte zu beobachten und die künftige Marktentwicklung möglichst zutreffend zu prognostizieren. In erster Linie sind sehr wahrscheinliche (quasisichere) künftige Ereignisse (z.B. demographische Entwicklung — Anteil der über 60 Jahre alten Menschen an der Gesamtbevölkerung in Deutschland: 1990: 20%, 2000: 25%) frühzeitig als Grundlage der langfristigen Unternehmensplanung und damit als Rahmenbedingungen der möglichen Unternehmensentwicklung zu berücksichtigen.

Im Hinblick auf den *Europäischen Binnenmarkt* sind die Führungskräfte aufgerufen, für ihr Unternehmen zu entscheiden, ob die eigene Position im deutschen Markt künftig stark genug sein wird, um der ausländischen Konkurrenz standhalten zu können. Nicht immer wird der Gang in Auslandsmärkte zu empfehlen sein, sondern vielmehr die Konzentration auf den heimischen Markt, eventuell verknüpft mit einer *Vertriebspartnerschaft* mit einem oder mehreren ausländischen Unternehmen.

Zu warnen ist vor einem übereilten Einstieg in einen ausländischen Markt, etwa in Form einer Betriebsstätte oder Tochtergesellschaft, weil dazu erhebliche Direktinvestitionen nötig sind, die in Verbindung mit zu erwartenden Anlaufverlusten die Finanzkraft mittelständischer Unternehmen leicht überfordern können. Oftmals wird auch die Schwierigkeit, eine ausländische Betriebsstätte oder Tochtergesellschaft in die Unternehmensorganisation einzugliedern, unterschätzt.

Ein noch nicht erwähntes Problem ist die Abhängigkeit eines Unternehmens von einem oder wenigen *Großkunden.* In diese Situation geraten hauptsächlich sog. *Zulieferer,* die große Stückzahlen weniger Serienteile herstellen müssen, um ihre Fertigungskapazitäten nach Möglichkeit auszulasten und damit die Stückkosten möglichst gering zu halten. Während die Zulieferer insbesondere der Automobilhersteller früher gut verdienten und enorm expandierten, sehen sie sich nun mit der Forderung nach Preissenkungen und einer stärkeren Beteiligung an Forschungs- und Entwicklungsrisiken ihrer Kunden konfrontiert. Eine große Zahl von Zulieferern ließ sich zu »verlängerten Werkbänken« ihrer Großkunden degradieren und hat in »fetten« Jahren versäumt, diese Abhängigkeit durch Erweiterung des Sortiments und des Kundenkreises zu verringern.

Die Unternehmensentwicklung kann ebenso empfindlich gestört werden, wenn Abhängigkeiten von mächtigen Großlieferanten bestehen.

Zusammenfassung

- »Lebenspläne« der Eigentümer mit den Plänen der Unternehmensentwicklung in eigentümerorientierten Unternehmen abstimmen.
- Für den Fall einer unerwarteten, negativen Unternehmensentwicklung finanziell vorsorgen.

- Durch Konzentration auf das Kerngeschäft die Position eines kompetenten Anbieters erreichen und behaupten.
- Kreativitätspotential der Mitarbeiter nutzen, um bessere Beschaffungs-, Produktions-, Vertriebs- und Finanzierungswege sowie ertragreiche Produkte zu finden.
- Umweltproblematik zum Anlaß für die Entwicklung und Herstellung umweltverträglicher Produkte nehmen.
- Entwicklung des Unternehmens nicht allein aufgrund von Gewinn, Umsatz von Marktanteilen usw., sondern auch aufgrund des Know-hows in der Produktion und im Vertrieb umweltverträglicher Produkte beurteilen.

Literaturhinweise

KALTENBACH, HORST G.: Unternehmensentwicklung kreativ umsetzen, Verlag Vogel, Würzburg 1988

KRAUSHAR, PETER: Praktische Unternehmensentwicklung, Verlag Gabler, Wiesbaden 1989

VOLLAND, JOACHIM: Der Prozeß der Unternehmensentwicklung. Eine branchenbezogene Analyse (Baubranche — Anm. d. Verf.), Verlag Minerva, München 1987

WINTER, GEORG: Das umweltbewußte Unternehmen. Ein Handbuch der Betriebsökologie mit 22 Check-Listen für die Praxis, 4. Aufl., Verlag Beck, München 1990

GARHAMMER, CHRISTIAN, Prof., Dr., Dipl.-Kfm., Fachhochschule Regensburg

Schwerpunkte der Tätigkeit: Lehre in den Fächern Allgemeine Betriebswirtschaftslehre, Investitions- und Finanzwirtschaft; Unternehmensberatung

Veröffentlichungen:

Steuerliche Investitionsförderung. Systematische Darstellung und Beurteilung steuerlicher Fördermaßnahmen, Frankfurt am Main 1988, Verlag: Lang

Investitionszulage, Investitionszuschuß und Vorzugsdarlehen — Instrumente direkter Investitionsförderung im Zonenrandgebiet im wirtschaftlichen Vergleich —, in: Mittelstand und Betriebswirtschaft, Bd. 4, Bayreuth 1987, S. 155—189 (in Zusammenarbeit mit Jochen Sigloch), Verlag: BF/M-Bayreuth

Die Konzernrechnungslegung — ökonomische Grundlagen und ihre Neuregelung durch das Bilanzrichtlinien-Gesetz (BiRiLiG), in: Mittelstand und Betriebswirtschaft, Bd. 5, Bayreuth 1989, S. 189—239, Verlag: BF/M-Bayreuth

3.1.3 Orientierungsparameter

Jakob Wolf

Das Management jedes Unternehmens ist heute einer Datenflut ausgesetzt. Zugleich leiden die Unternehmen unter Informationsmangel, wenn es darum geht, strategische oder taktische unternehmerische Entscheidungen zu treffen. Der Widerspruch zwischen Datenflut einerseits und Informationsmangel andererseits läßt sich nur auflösen, wenn das Management über zuverlässige Orientierungsparameter verfügt, die es ihm erlauben, das Unternehmen sicher und erfolgreich zu führen und zu steuern.

Ein Großteil dieser notwendigen Orientierungsparameter läßt sich aus den Informationssystemen ableiten, die in einem Unternehmen üblicherweise eingesetzt werden. Zu diesen Informationssystemen zählen unter anderem:

- das gesamte Rechnungswesen (Buchführung und Jahresabschluß, Kostenrechnung, kurzfristige Erfolgsrechnung, Betriebsstatistik, Planungsrechnung)
- Personalverwaltung
- Stellenbeschreibungen
- Personalplanung
- Kundendatei, Zielgruppendatei
- Finanzplanung usw.

Aus der in diesen Informationssystemen permanent produzierten Datenflut gilt es, diejenigen Daten auszufiltern, die es ermöglichen, Orientierungsparameter zu bilden, mit denen eine Analyse und Kontrolle

- der Betriebsfaktoren (menschliche Arbeitskraft, Werkstoffe, Betriebsmittel) und der
- Marktfaktoren (Kunden, Konkurrenten, Märkte)

vorgenommen werden kann.

Kennzahlen als Orientierungsparameter

Kennzahlen sind absolute Zahlen und Relativzahlen, die in konzentrierter Form über einen zahlenmäßig erfaßbaren betriebswirtschaftlichen Tatbestand informieren. Sie sind in optimaler Weise als Orientierungsparameter geeignet, da sie knapp und instruktiv in verdichteter Form auf Schwachstellen im Unternehmen hinweisen, Handlungsempfehlungen ausdrücken, Soll-Ist-Vergleiche ermöglichen usw. Mit Hilfe von betriebswirtschaftlichen Kennzahlen lassen sich unternehmerische Entscheidungen fundieren, verbessern, in vielen Fällen überhaupt erst treffen.

Betriebswirtschaftliche Kennzahlen lassen sich nur dann wirksam als Orientierungsparameter einsetzen, wenn zwei Grundvoraussetzungen erfüllt sind:

- Kennzahlen müssen im Rahmen von Kennzahlenvergleichen eingesetzt werden.
- Kennzahlen müssen in den richtigen Leistungszusammenhang gestellt werden, d.h. im Rahmen eines Kennzahlensystems interpretiert und angewandt werden.

Dem Management eines Unternehmens steht eine fast unbegrenzte Menge von Kennzahlen als Führungsinstrumente zur Verfügung. Es besteht daher die Gefahr, daß Kennzahlen um ihrer selbst willen gebildet werden, die überhaupt nicht in unternehmerische Entscheidungsprozesse eingehen. Ziel muß es sein, ein System von Führungszahlen zu entwickeln, das eine überschaubare Menge von Kennzahlen umfaßt, die permanent für betriebliche Entscheidungen des Managements eingesetzt werden. Je nach Betriebsgröße wird ein solches System von Führungszahlen etwa 25 bis maximal 40 betriebswirtschaftliche Kennzahlen aufweisen.

Kennzahlensystem

Dem Management soll möglichst ein Kennzahlensystem zur Verfügung stehen, das als Abriß eines Unternehmens konzipiert wird. Ein solches Kennzahlensystem hat als Ausgangs- und Mittelpunkt die Kennzahl Return on Investment (ROI), die in Form eines Produktes wie folgt gebildet wird:

$$\text{ROI} = \frac{\text{Gewinn} \times 100}{\text{Umsatz}} \times \frac{\text{Umsatz}}{\text{Kapital}}$$

ROI = Umsatzrendite × Kapitalumschlag

Das erste Glied des Produktes ROI, die sog. »Umsatzrendite«, sagt etwas über die Ertrags- und Kostenstruktur des Unternehmens aus. Je höher die Umsatzrendite, um so größer der Erfolg, der z.B. in einer Bilanzierungsperiode erzielt wurde.

Das zweite Glied des Produktes, »Kapitalumschlag«, drückt aus, wie oft das in dem Gesamtvermögen eines Unternehmens (Anlagevermögen und Umlaufvermögen) investierte Kapital durch den Umsatzprozeß im Lauf einer Bilanzierungsperiode wieder hereingeholt wird, d.h. zu Geld gemacht wird.

Ein Beispiel soll diesen Zusammenhang verdeutlichen. Angenommen, ein Unternehmen hat in der Bilanzierungsperiode eine Kapitalrentabilität (= Gewinn : Kapital × 100) in Höhe von 10% erzielt. Diese Kapitalrentabilität soll im Vergleich zur Branche unzureichend sein. Es ist jedoch nur mit der Kennzahl ROI feststellbar, worauf diese unzureichende Kapitalverzinsung zurückzuführen ist, auf die Umsatzrendite oder auf den Kapitalumschlag oder auf beide Komponenten.

ROI = Umsatzrendite × Kapitalumschlag

10% = 2,5% × 4

In dem vorgenannten Beispiel soll die Umsatzrendite um die Hälfte niedriger liegen als im Branchendurchschnitt, während der Kapitalumschlag in etwa dem Durchschnitt der Branche entsprechen soll. Die Kennzahl ROI in Form eines Produktes zeigt die Quellen des Erfolgs eines Unternehmens auf. In dem vorliegenden Beispiel ist die ungenügende Kapitalverzinsung eindeutig auf die zu niedrige Umsatzrendite zurückzuführen.

Beträgt in dem vorgenannten Beispiel die Umsatzrendite 5% und erreicht der Kapitalumschlag nur einen Kennzahlenwert von zweimal, wird ebenfalls eine Kapitalverzinsung von 10% erzielt (5% × 2 = 10%). In diesem zweiten Fall ist jedoch die unzureichende Kapitalrentabilität eindeutig auf den zu niedrigen Kapitalumschlag zurückzuführen.

Mit der Kennzahl ROI als Dreh- und Angelpunkt kann jedes Unternehmen ein Kennzahlensystem aufbauen, das es ihm erlaubt, den Quellen des Unternehmenserfolgs in detaillierter Weise nachzuspüren (vgl. Abb. 3.2).

Die Kennzahlen dieses Kennzahlensystems bilden die Orientierungsparameter, die dem Management eine effiziente Unternehmenssteuerung ermöglichen. Bildet die Ursache für die unzureichende Kapitalrentabilität die Umsatzrendite, wird die Ertrags- und Kostenstruktur des Unternehmens kennzahlenmäßig durchleuchtet. Umgekehrt, wenn der Kapitalumschlag ursächlich ist für die unzureichende Kapitalverzinsung, wird die Vermögensstruktur kennzahlenmäßig analysiert.

Bei der Errechnung der Kennzahl ROI muß zwischen Einzelunternehmen und Personengesellschaften einerseits und Kapitalgesellschaften andererseits differenziert werden.

Beispiel Einzelunternehmen

	DM
Umsatz	6000000
Gesamtkapital (= Eigenkapital + Fremdkapital) ..	1500000
Reingewinn (vor Steuern)	190000
Kalkulatorischer Unternehmerlohn	60000
Fremdkapitalzinsen	20000

In bezug auf dieses Einzelunternehmen muß als erstes der sogenannte »Kalkulatorische Gewinn« ermittelt werden. Hierzu wird der Gewinn vor Steuern um das Entgelt für die nicht entlohnte Tätigkeit des Inhabers (= Kalkulatorischer Unterneh-

Abb. 3.2 Kennzahlensystem

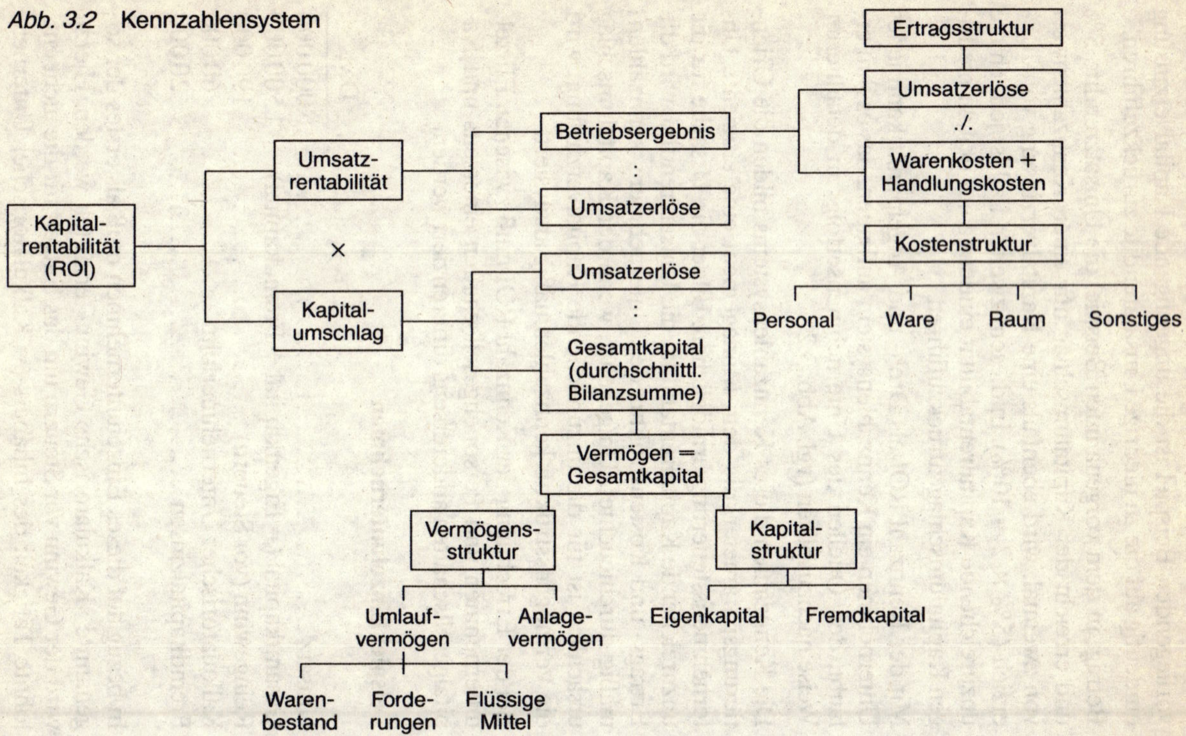

merlohn) reduziert. Der Kalkulatorische Unternehmerlohn entspricht dem tariflichen Gehalt, das ein fremdbeschäftigter Geschäftsführer erhalten würde, der anstelle des Inhabers des Einzelunternehmens dieses Unternehmen leiten würde.

Reingewinn (vor Steuern)	190 000
Kalkulatorischer Unternehmerlohn	− 60 000
Kalkulatorischer Gewinn	= 130 000

Dieser Kalkulatorische Gewinn in Höhe von 130 000 DM muß um die Fremdkapitalzinsen in Höhe von 20 000 DM erhöht werden. Dies ist deswegen erforderlich, weil der ROI für das Gesamtkapital (= Eigen- und Fremdkapital) ermittelt werden soll. Der Reingewinn wurde mit dem insgesamt eingesetzten Kapital erwirtschaftet. Dabei haben die Fremdkapitalzinsen in Höhe von 20 000 DM den Reingewinn zu Recht gemindert. Sie mußten jedoch ebenfalls erwirtschaftet werden, fließen aber den Gläubigern (= Banken) zu. Danach errechnet sich anhand vorstehender Zahlen folgender ROI:

$$\text{ROI} = \frac{(\text{Gewinn} + \text{FK-Zinsen}) \times 100}{\text{Umsatz}} \times \frac{\text{Umsatz}}{(\text{Eigenkap.} + \text{Fremdkap.})}$$

$$\text{ROI} = \frac{150\,000\,000 \text{ DM}}{6\,000\,000 \text{ DM}} \times \frac{6\,000\,000 \text{ DM}}{1\,500\,000 \text{ DM}} = 10\%$$

Der ROI für Kapitalgesellschaften errechnet sich im Rahmen der Bilanzanalyse wie folgt:

$$\text{ROI}_{GK} = \frac{(\text{Jahresüberschuß} + \text{FK-Zinsen}) \times 100}{\text{Gesamtleistung}} \times \frac{\text{Gesamtleistung}}{\text{Gesamtkapital}}$$

Der Jahresüberschuß stellt den Gewinn nach Steuern (abzüglich Körperschaftsteuer, Gewerbesteuer, sonstige Steuern) dar. Dieser Jahresüberschuß muß ebenfalls um die Fremdkapitalzinsen erhöht werden, wenn der ROI für das Gesamtkapital (= Eigen- und Fremdkapital) errechnet werden soll.

Die Gesamtleistung ergibt sich aus der Gewinn- und Verlustrechnung einer Kapitalgesellschaft wie folgt:

Umsatzerlöse
± Bestandsveränderungen
+ andere aktivierte Eigenleistungen

= Gesamtleistung

Daraus wird deutlich, daß die Gesamtleistung als Nennergröße nicht nur die Umsätze, sondern auch die auf Lager geführten Erzeugnisse als Ertrag erfaßt.

Selbstverständlich kann der ROI sowohl bei den Einzelunternehmen und Personengesellschaften als auch bei den Kapitalgesellschaften alleine für das Eigenkapital ermittelt werden. Für Kapitalgesellschaften wird der ROI_{EK} für das Eigenkapital zum Beispiel wie folgt errechnet:

$$ROI_{EK} = \frac{\text{Jahresüberschuß}}{\text{Gesamtleistung}} \times \frac{\text{Gesamtleistung}}{\text{Eigenkapital}}$$

Der ROI als Orientierungsparameter sollte wie alle Führungszahlen im Rahmen eines innerbetrieblichen bzw. zwischenbetrieblichen Vergleichs interpretiert werden. Ein Absinken des ROI im Zeitvergleich stellt den wichtigsten Kennzahlenwert eines Frühwarnsystems dar. Dem Management wird signalisiert, daß dem Unternehmen Gefahr droht, dem durch entsprechende Unternehmerentscheidungen begegnet werden muß.

Ist die Verschlechterung des ROI durch ein Absinken der Umsatzrendite verursacht, sollte die Ertrags- und Kostenstruktur insbesondere durch die folgenden Kennzahlen (Orientierungsparameter) analysiert werden:

1. **Rohgewinnquote** $= \frac{\text{Rohgewinn}}{\text{Gesamtleistung}} \times 100$

   Die Zählergröße Rohgewinn errechnet sich aus dem Jahresabschluß wie folgt:

  Gesamtleistung
– Materialaufwand

= Rohgewinn

Hat sich die Rohgewinnquote vermindert, sollte das Management überprüfen, worauf diese Rohgewinnminderung zurückzuführen ist. Ein Grund könnte z.B. darin zu finden sein, daß das Unternehmen in größerem Umfang Erlösschmähungen (z.B. höhere Rabatte) hinnehmen mußte.

Es können aber auch eine Verlangsamung des Lagerumschlags, die zu Lagerverlusten führte, für die Verschlechterung der Rohgewinnquote verantwortlich sein.

2. **Aufwandsquoten**

$$\text{Personalaufwandsquote} = \frac{\text{Personalaufwendungen}}{\text{Gesamtleistung}} \times 100$$

$$\text{Abschreibungsaufwandsquote} = \frac{\text{Abschreibungen}}{\text{Gesamtleistung}} \times 100$$

Wenn sich z.B. die Personalaufwandsquote im innerbetrieblichen Zeitvergleich oder im Vergleich zu ähnlich strukturierten Betrieben verschlechtert, ist dies in der Regel ein Hinweis für das Management, eine Verbesserung der Kostensituation des Unternehmens anzustreben.

3. **Personalproduktivität** $= \frac{\text{Gesamtleistung}}{\text{Zahl der Beschäftigten}}$

Stagniert die Personalproduktivität oder sinkt sie ab, führt dies fast zwangsläufig zu einer Verschlechterung der Ertrags- und Kostensituation eines Unternehmens. Das Management muß alle Anstrengungen unternehmen, um den Faktor Personal wirtschaftlicher und effektiver einzusetzen bzw. besser mit den weiteren Produktionsfaktoren Betriebsmittel und Werkstoffe zu kombinieren.

4. **Lagerumschlag** $= \frac{\text{Materialeinsatz}}{\text{durchschnittlicher Lagerbestand}}$

Der Materialeinsatz errechnet sich wie folgt:

  Anfangsbestand
+ Zugänge
− Endbestand
= Materialeinsatz

Der durchschnittliche Lagerbestand im Rahmen der Bilanzanalyse ergibt sich als arithmetisches Mittel aus Anfangsbestand (Eröffnungsbilanz) und Endbestand (Schlußbilanz) geteilt durch zwei.
Liegt eine funktionierende Materialbuchhaltung vor, kann der durchschnittliche Lagerbestand wie folgt errechnet werden:

$$\frac{\text{Monatsanfangsbestand} + 12 \text{ Monatsendbestände}}{13} = \text{durchschnittl. Lagerbestand}$$

Eine Verschlechterung des Lagerumschlags signalisiert dem Management einen ungünstigen Materialeinsatz, der zu Unwirtschaftlichkeiten im Unternehmen führen kann.

Liquidität

Jedes Unternehmen muß sich auf Dauer im finanziellen Gleichgewicht befinden, d.h. liquide sein. Liquidität bedeutet die Fähigkeit eines Unternehmens, jederzeit allen Zahlungsnotwendigkeiten und Zahlungsverpflichtungen termingerecht nachkommen zu können.

Ob ein Unternehmen liquide ist, läßt sich im Rahmen der Bilanzanalyse mit Hilfe der Kennzahl Net Working Capital feststellen, die wie folgt gebildet wird:

	Periode		
	01	02	03
Umlaufvermögen			
− kurzfristige Verbindlichkeiten			
= Net Working Capital	.....	.....	.....

Übersteigt das Umlaufvermögen die kurzfristigen Verbindlichkeiten (Verbindlichkeiten mit einer Restlaufzeit bis zu einem Jahr), wenn möglich noch mit zunehmender Tendenz, hat das Unternehmen keine Liquiditätsprobleme. Das Net Working Capital signalisiert dem Management einen erweiterten finanziellen Spielraum, da Teile des Umlaufvermögens, die die kurzfristigen Verbindlichkeiten übersteigen, relativ schnell wieder zu Geld gemacht werden können, d.h. im Umsatz wieder zurückfließen, obwohl sie langfristig finanziert sind.

Als weiterer Orientierungsparameter zur Beurteilung der Liquidität eines Unternehmens dient auch die Kennzahl:

$$\text{Quick Ratio} = \frac{\text{Monetäres Umlaufvermögen}}{\text{kurzfristiges Fremdkapital}}$$

Diese Kennzahl mißt die Fähigkeit der Unternehmen, aus leicht liquidierbaren Mitteln die Verbindlichkeiten zu decken.

Finanzielle Unabhängigkeit

Ein unternehmerisches Oberziel, das von vielen Unternehmen verfolgt wird, ist »Unabhängigkeitsstreben«. Als Orientierungsparameter, ob dieses Ziel erreicht wird, gilt häufig die Kennzahl

$$\text{Verschuldungsgrad} = \frac{\text{Fremdkapital}}{\text{Eigenkapital}} \times 100$$

Die Kennzahl zeigt das Ausmaß finanzieller Abhängigkeit des Unternehmens von seinen Gläubigern. Je mehr Fremdkapital im Unternehmen arbeitet, um so größer ist die finanzielle Belastung der Liquidität durch Zins und Tilgung und um so kleiner ist die eigene Dispositionsfreiheit des Managements im Unternehmen.

Innovation

Innovation bedeutet, neue oder geänderte Produkte auf den Markt zu bringen bzw. neue oder geänderte Verfahren im Unternehmen einzuführen.

Als Orientierungsparameter, ob das Unternehmen als innovationsfreudig bezeichnet werden kann, dient unter anderem folgende Kennzahl:

$$\text{Investitionsquote} = \frac{\text{Bruttoinvestitionen}}{\text{Gesamtleistung}} \times 100$$

Im Rahmen der Bilanzanalyse werden die Bruttoinvestitionen wie folgt errechnet:

Anlagevermögen 31. 12. 02
− Anlagevermögen 31. 12. 01
= Nettoinvestitionen in 02
+ lfd. Abschreibungen in 02
= Bruttoinvestitionen in 02

Eine steigende Investitionsquote, insbesondere im Vergleich zum Branchendurchschnitt, ist ein Indiz für eine hohe Innovationskraft des Unternehmens, während ein Absinken dieser Kennzahl auf eine Innovationsschwäche hindeutet.

Ein weiterer Orientierungsparameter zur Beurteilung der Innovationsstärke eines Unternehmens bildet die Kennzahl Forschungs- und Entwicklungsquote (F- u. E-Quote):

$$\text{F- u. E-Quote} = \frac{\text{F- u. E-Aufwendungen}}{\text{Gesamtleistung}} \times 100$$

Dabei sollte im Rahmen der Bilanzanalyse auch überprüft werden, in welchem Umfang sich das immaterielle Anlagevermögen des Unternehmens verändert. Die Aktivseite der Bilanz weist das immaterielle Anlagevermögen (entgeltlich erworbene Patente, Lizenzen, sonstige Schutzrechte) aus. Eine Aufstockung dieses Bilanzpostens ist in der Regel gleichbedeutend mit einer Verbesserung der Innovationsstärke eines Unternehmens.

Marktanteil

Der Marktanteil bildet für jedes Unternehmen einen wichtigen Orientierungsparameter. Dabei sollte nicht nur der

Marktanteil des eigenen Unternehmens, sondern möglichst auch derjenige der Konkurrenten ermittelt werden:

$$\text{Marktanteil} = \frac{\text{Umsatz des Betriebes}}{\text{Theoretisches Umsatzpotential}} \times 100$$

Das theoretische Umsatzpotential kann von vielen Unternehmen in der Art und Weise errechnet werden, daß man die Pro-Kopf-Ausgaben für eine bestimmte Warengruppe mit der Zahl der Einwohner im Marktgebiet multipliziert.

Soll der Marktanteil von Konkurrenten ermittelt werden, muß die Zählergröße »Umsatz des Betriebes« bekannt sein. Hierzu kann man beispielsweise auf die im Handelsregister veröffentlichten Jahresabschlüsse der Konkurrenten zurückgreifen, die in der Rechtsform der GmbH oder Aktiengesellschaft organisiert sind.

Ist der Orientierungsparameter Marktanteil für das eigene Unternehmen und für die wesentlichen Konkurrenten bekannt, hat dies folgende Vorteile:

- Das Unternehmen kann seine Wettbewerbsposition in Relation zu den wesentlichen Konkurrenten bestimmen.
- Das Unternehmen kann im Rahmen seiner Strategieplanung die anzustrebende Wettbewerbsposition definieren.
- Das Unternehmen verfügt mit der Kenntnis der Marktanteile über Entscheidungsgrundlagen für die Entwicklung eines effizienten Marketing-Mix.

Kundenstrukturen

Für die Beurteilung der Kundenstrukturen verwendet das Unternehmen als Orientierungsparameter in der Regel die ABC-Analyse. Die Kunden werden als A-Kunden, B-Kunden und C-Kunden klassifiziert. Als Klassifizierungsmerkmal dient unter anderem die Tatsache, mit welchen Kunden beispielsweise 80% des Gesamtumsatzes des Unternehmens erreicht werden. Diese Kunden, die aufgrund einer Hitliste zu denjenigen zählen, mit denen 80% des Gesamtumsatzes erzielt werden, bilden die sogenannten A-Kunden. Die Struktur dieser

A-Kunden wird eingehend untersucht, z.B. welche Betriebsgröße weisen diese Kunden auf, wie ist deren Zahlungsverhalten zu beurteilen und dergleichen.

Fazit

Ohne zuverlässige Orientierungsparameter kann sich ein Unternehmen im Wettbewerb nur schwer behaupten. Bei dem Einsatz von Orientierungsparametern sollte das Management folgendes beachten:

- Es gilt, eine überschaubare Zahl von Orientierungsparametern zu entwickeln. Ein mittelständisches Unternehmen kommt im Normalfall mit ca. 25 Kennzahlen als Orientierungsparameter aus.
- Diese 25 Orientierungsparameter sollten permanent aktualisiert werden und für unternehmerische Entscheidungen auch tatsächlich herangezogen werden.
- Stellt sich in bestimmten Entscheidungssituationen heraus, daß die bestehenden Orientierungsparameter nicht ausreichen, um eine zielorientierte unternehmerische Entscheidung zu treffen, gilt es, zusätzliche Informationen, z.B. im Wege der Primärforschung, zu beschaffen.

Literaturhinweise

Kerth, A., Wolf, J.: Bilanzanalyse und Bilanzpolitik, 2. Auflage, München 1992

Langenbeck, J., Wolf, J.: Buchführung und Jahresabschluß, Herne/Berlin 1991

Rumpf, H.: Personalführung, München 1990

Wolf, Jakob, Prof., Fachhochschule Regensburg

Unternehmensberater.

Autor von:
Handels- und Steuerbilanz, 2. Auflage, Ehningen 1988
Marktforschung, München 1988
Werbung und Public Relations, München 1992

3.2 Betriebliche Funktionsbereiche

3.2.1 Unternehmensleitung, Unternehmensplanung

CHRISTIAN GARHAMMER

Ein Unternehmen funktioniert durch zielgerichtetes Zusammenarbeiten von Menschen. Die Eigentümer-*Leitungsbefugnis* folgt aus der dem Eigentum anhaftenden Verlustgefahr, die Leitungsbefugnis angestellter Manager basiert letztlich auf Bevollmächtigung durch den/die Eigentümer. Eine zielstrebige Unternehmensentwicklung setzt Planung als eine der Leitungsaufgaben voraus. Leitungsmaßnahmen sind unter Beachtung der Vorschriften über die Arbeitnehmer-Mitbestimmung zu treffen.

Die Leitung eines Unternehmens umfaßt folgende Aufgabenbereiche:

- die Planung der Unternehmensaktivitäten;
- die Entscheidung, wie gehandelt werden soll;
- die Organisation des Unternehmens;
- die Überwachung (Kontrolle) der Unternehmensentwicklung;
- die Erledigung nicht-delegierbarer Aufgaben durch die Top-Manager selbst (z.B. Auswahl bestimmter Führungskräfte, Prokura-Erteilung und -Widerruf, Aufstellung des Jahresabschlusses).

Wesensmerkmal einer Führungskraft ist also die verantwortliche Mitgestaltung der Unternehmensentwicklung, indem sie plant, entscheidet, organisiert und überwacht, während die ausführenden Tätigkeiten grundsätzlich untergeordneten Mitarbeitern obliegen.

Ursprünglich ist die Befugnis (und die Verpflichtung!), ein Unternehmen zu leiten, an die Eigentümerstellung oder an die Position des gesetzlichen Unternehmensorgans (z.B. GmbH-Geschäftsführer) gekoppelt. Diese eigentlich leitungsbefugten Personen können einen Teil ihrer Führungsaufgaben auf Mitarbeiter übertragen. Ob und inwieweit von dieser Delegationsmöglichkeit Gebrauch gemacht wird, hängt in erster Linie von der Unternehmensgröße und vom Führungsstil ab.

Je größer ein Unternehmen ist, desto umfangreicher sind die Führungsaufgaben, die zwangsläufig auf mehrere Schultern verteilt werden müssen. Jedoch scheuen sich Führungskräfte nicht selten vor *Delegation,* weil sie autoritär führen, sich selbst für unersetzbar und/oder ihre Mitarbeiter für unfähig halten, erfolgreich zu führen. Eine derartige Einstellung kann eine permanente Überlastung der Führungskräfte, die Fehlentscheidungen mit sich bringt, und Frustration der Mitarbeiter, die sich gegängelt fühlen, zur Folge haben.

Eine moderne Unternehmensleitung sollte sich auf wichtige Führungsaufgaben konzentrieren: Auswahl und Weiterbildung von Führungskräften, Gestaltung des Leistungssortiments, Verhandlungen mit anderen Unternehmen über mögliche Kooperationen, Entscheidungen über große Investitionsvorhaben und Finanzierungsfragen von grundsätzlicher Bedeutung, Öffentlichkeitsarbeit, Visionen über die künftige Unternehmensentwicklung. Der Führungsstil sollte möglichst kooperativ sein, d.h. die autoritäre Führung durch Vorgabe von Zielen wird durch einen die Mitarbeiter am Zielbildungsprozeß beteiligenden Führungsstil ersetzt.

Auf diesem Wege öffnet sich den Führungskräften ein vielschichtiges Potential an Wissen, Fähigkeiten und Erfahrungen ihrer Mitarbeiter, die eine größere Nähe als sie selbst zu den Arbeitsabläufen im einzelnen haben. Mitarbeiter akzeptieren unter ihrer Beteiligung zustandegekommene Entscheidungen eher, die Steigerung des Selbstwertgefühls geht einher mit einer zunehmenden Identifikation mit dem Unternehmen (Teamgeist). Natürlich darf auch ein ausgeprägter kooperativer Führungsstil nicht in endlose Diskussionen ausufern, wird nach wie vor für »einsame« Leitungsentscheidungen Raum bleiben (müssen).

Eine Verbesserung des Führungsverhaltens und von Führungsentscheidungen läßt sich auch durch die Einschaltung externer Berater erreichen: sie bringen in das Unternehmen dort nicht vorhandene Fachkenntnisse ein, sie helfen, Betriebsblindheit zu überwinden, und sie erleichtern die Akzeptanz heikler Führungsentscheidungen (z.B. Rationalisierung in Verbindung mit Personalabbau, Standortverlegung).

Die Planung unternehmerischer Aktivitäten ist an den Unternehmenszielen auszurichten; die Festlegung wenigstens eines Ziels (1. Planungsphase) ist Voraussetzung für rationale Planung. In der 2. Planungsphase werden Handlungsmöglichkeiten (= Alternativen) gesucht, die zur Zielerreichung beitragen können, und deren Wirkungen prognostiziert. In der 3. Planungsphase werden diese Alternativen bewertet (Ermittlung von Zielbeiträgen).

Läßt keine der bewerteten Alternativen einen ausreichenden Zielbeitrag (z.B. attraktive Produktwerbung, Senkung der Ausschußquote, Neubesetzung einer Facharbeiterstelle) erwarten, ist die 2. Planungsphase erneut aufzugreifen und nach weiteren Alternativen zu suchen; vorab sollte geprüft werden, ob bei der Alternativenbewertung und/oder der Wirkungsprognose Fehler unterlaufen sind oder ob unbegründeterweise zu pessimistisch bewertet bzw. prognostiziert wurde. Führt auch diese Revision zu keinem befriedigenden Ergebnis, sollte geprüft werden, ob eventuell die Ziele zu vage formuliert oder zu hoch gesteckt sind.

Somit ist Planung ein Prozeß der Entscheidungsvorbereitung. Zur Verbesserung der Planungsqualität (kürzere Planungszeit, niedrigere Planungskosten, höhere Prognosegenauigkeit) sind die aus der Kontrolle der Ausführung früherer Entscheidungen und aus der Gegenüberstellung früher prognostizierter und inzwischen eingetretener Handlungsergebnisse (Soll-Ist-Abweichungsanalyse) gewonnenen Informationen bei künftigen Planungen zu berücksichtigen. Diese Rückkopplung veranschaulicht das folgende Schema:

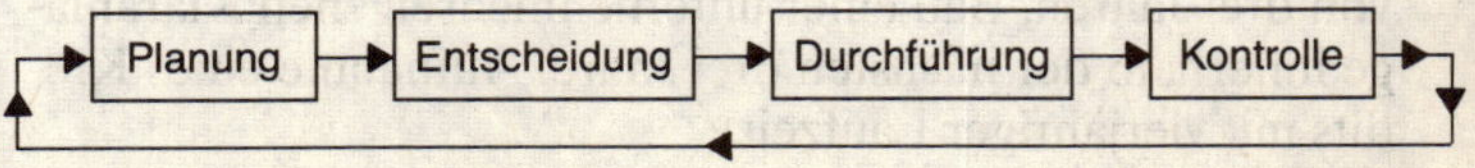

In Abhängigkeit von ihrer Bedeutung für die Unternehmensentwicklung und vom Planungszeitraum läßt sich die Unternehmensplanung in vier hierarchisch geordnete Planungsebenen unterteilen (vgl. Mag, Wolfgang, Planung, in: Vahlens Kompendium der Betriebswirtschaftslehre, Bd. 2, 2. Aufl., München 1990, S. 49 ff.):

- *Grundsatzplanung* (langfristig):

  Festlegung der fundamentalen, bis auf Widerruf bei allen Planungen, Entscheidungen, ausführenden Maßnahmen und Kontrollen zu beachtenden Unternehmensziele und -richtlinien (z.B. Festlegung des Unternehmensgegenstands, des Standorts, der Rechtsform, der Führungsprinzipien, der Beschaffungs-, Produktions-, Vertriebs- und Finanzierungsgrundsätze unter Beachtung der natürlichen Gegebenheiten (Umweltschutz) und der angestrebten Unternehmensentwicklung (z.B. technologische Führerschaft, regionale Marktführerschaft).

- *Strategische Planung* (langfristig):

  Auf ca. fünf bis zehn Jahre befristete Formulierung sog. Strategien mit Festlegung von Zielgrößen (= Planzahlen) wie etwa Anteil der eigengefertigten Produkte am Gesamtabsatz/-umsatz, Mindest-Eigenkapitalrendite, Mindest-Umsatzrendite, Minderung des produktspezifischen Energieverbrauchs in der Fertigung um 20% bis zum Jahr 1999 (z.B. Personal-, Forschungs- und Entwicklungs-, Produktions-, Marketing-, Investitions-, Finanzierungs-, Internationalisierungs-, Umweltstrategien).

- *Taktische Planung* (mittelfristig):

  Auf ca. ein bis fünf Jahre befristete Konkretisierung der Unternehmensstrategien (z.B. Sortimentsgestaltung für die beiden kommenden Jahre, Vorbereitung der Ausführung eines Auftrags mit einer voraussichtlichen Fertigungszeit von drei Jahren, Bau einer unternehmenseigenen Kläranlage innerhalb der nächsten drei Jahre, Aufnahme eines Kredits mit vierjähriger Laufzeit).

- *Operative Planung* (kurzfristig):

  Etwa auf ein Jahr befristete Detailplanung (z.B. der Produktion in den kommenden sechs Monaten, des Absatzes im kommenden Quartal, des Personaleinsatzes in der nächsten Woche, der Werbeaktivitäten in der zweiten Jahreshälfte, der Rohstoffbezüge im kommenden Jahr, der Inanspruchnahme der Kontokorrentkreditlinien).

Sowohl die Grundsatzplanung als auch die strategische Planung obliegen der Führungsspitze (die Unternehmensgrundsätze werden oftmals von den Eigentümern vorgegeben oder unter deren maßgeblicher Mitwirkung formuliert), während die taktische und die operative Planung auf untergeordnete Führungsebene (Unternehmensbereichsleitung bzw. Abteilungsleitung) übertragen werden können.

Gegenstand der Planung können sämtliche unternehmerischen Aktivitäten sein, angefangen bei der Unternehmensgründung bis hin zur Unternehmensveräußerung oder -auflösung. Als hauptsächliche Unternehmenspläne werden Absatzplan, Produktionsplan, Materialbeschaffungsplan, Personalplan, Investitionsplan und Finanzplan genannt, wobei der Begriff »Investitionsplan« in der Praxis meistens auf die Planung der Beschaffung von Anlagegütern (insbesondere Immobilien, Maschinen, Fahrzeuge, Betriebs- und Geschäftsausstattung) bezogen wird.

Zwischen diesen Plänen existieren Verflechtungen: die im Absatzplan erwarteten Absatzmengen bestimmen die in den Produktionsplan einzusetzenden Produktionsmengen, diese wiederum wirken auf den Materialbeschaffungsplan, den Investitionsplan und den Personalplan ein. Besteht ein Engpaß in der Produktion (z.B. unzureichende Endmontage-Kapazität), dominiert der Produktionsplan den Absatzplan.

Zur weitestgehenden Vermeidung von Unvereinbarkeiten zwischen den Teilplänen sind Abstimmungsregeln zu formulieren. Bei Vorliegen eines Engpasses ist dem Plan, in dem ein Engpaß auftritt, Vorrang einzuräumen und gleichzeitig zu überlegen, ob und ggf. wie dieser Engpaß beseitigt werden soll.

Angesichts der hierarchischen Anordnung von strategischer, taktischer und operativer Planung wird eine Kombination aus »Planung von oben nach unten« und aus »Planung von unten nach oben« vorgeschlagen: Die Formulierung von Strategien ist demnach nicht das Ergebnis isolierter Überlegungen und Entscheidungen in der obersten Führungsetage, sondern nimmt Rücksicht auf das in den Teilplänen der taktischen und operativen Planung zum Ausdruck kommende realistischerweise Machbare.

Strategische Planung einerseits und taktische/operative Planung andererseits beeinflussen sich gegenseitig. Dabei ist darauf zu achten, daß für die weitere Entwicklung des Unternehmens wesentliche Visionen als Grundlagen für neue Strategien nicht durch konservatives Fortschreiben alter Teilpläne unterdrückt werden, d.h. letztlich sollen Grundsatzplanung und strategische Planung die Oberhand behalten.

Allgemein gilt, daß die Wirkungen sämtlicher Pläne auf die Ein- und Auszahlungsströme des Unternehmens bei der Aufstellung des Finanzplans zu berücksichtigen sind, dem damit faktisch eine Schlüsselrolle zukommt.

Der *Finanzplan* soll erkennen lassen, ob die geplanten Unternehmensaktivitäten die künftige Zahlungsfähigkeit gefährden, wann Einzahlungsüberschüsse ertragbringend angelegt oder entnommen werden können und wann Auszahlungsüberschüsse zu erwarten sind, die Einlagen und/oder Kreditaufnahmen erfordern. Wird das Unternehmen in der Rechtsform einer Kapitalgesellschaft geführt, soll im Fall einer bedenklich geringen Eigenkapitalausstattung eventuell ein zusätzlicher Plan erstellt werden, der vor einer drohenden Überschuldung als besonderem Konkursgrund für Kapitalgesellschaften warnt.

Als Blick in die Zukunft ist jede Planung mit *Unsicherheit* behaftet: Wie wird die Umweltsituation und -gesetzgebung in zehn Jahren aussehen? Welches Wettbewerbs- und Steuerrecht wird dann gelten? Wird sich der Facharbeitermangel weiter verschärfen? Führt die Erfindung eines neuartigen Transportverfahrens zu einer drastischen Verkürzung der

Transportzeiten? ... Die Fragenkette läßt sich beliebig fortsetzen.
Vor allem langfristige Pläne werden mit dem Hinweis auf die unsichere Zukunft oft als realitätsfern, »theoretisch« bezeichnet. Gerät aber das Unternehmen in eine Krise, wirft man den Führungskräften sofort vor, ihre »Strategie« habe versagt, sie hätten nicht »vorausschauend« gehandelt, sondern sich mit der Fortschreibung der Vergangenheit begnügt.

Tatsächlich gibt es kein Patentrezept, wie Unsicherheit in den Griff zu bekommen ist. Man kann sich allenfalls überlegen, wie Abweichungen von der erwarteten Zukunftslage auf die Unternehmensentwicklung wirken werden. Dies bedeutet eine Erhöhung des Planungsaufwands, weil z.B. ein Absatzplan mit den Planzahlen »1200 Stück im März 1993«, »1700 Stück im April 1993«, »2100 Stück im Mai 1993« nicht ausreicht. Vielmehr sind mehrere Absatzpläne zu erstellen (z.B. ein »optimistischer«, ein »pessimistischer« und einer, der aus der Fortschreibung der monatlichen Absatzzahlen in vergangenen Jahren entsteht), aus denen die Folgen einer »günstigen« oder »ungünstigen« künftigen Absatzentwicklung abgeleitet werden können.
Eine andere Möglichkeit, Unsicherheit rechenbar zu machen, ist die Zuordnung von Wahrscheinlichkeiten zu alternativen Planwerten. Bleiben wir bei unserem Beispiel Absatzplanung: Die Marketingabteilung plant eine neue Werbekampagne und gibt für April 1993 folgende Absatzschätzung: Der Absatz wird mit einer *Wahrscheinlichkeit* von 0,6 2000 Stück, mit einer Wahrscheinlichkeit von 0,3 2500 Stück und mit einer Wahrscheinlichkeit von 0,1 3200 Stück betragen. Diese Wahrscheinlichkeiten drücken letztlich subjektive Erwartungen aus. In sie fließen tatsächliche Unternehmenszustände (z.B. gegenwärtiger Marktanteil des Unternehmens), Aussagen von am Planungsprozeß nicht-beteiligten Personen (z.B. Wirtschaftsexperten, Naturwissenschaftler, Politiker) und die *Risikoneigung* des/der Planenden ein.

Ein risikoscheuer, sehr vorsichtiger Planer wird relativ hohe Absatzschätzungen mit geringen Wahrscheinlichkeiten und umgekehrt relativ niedrige Absatzschätzungen mit hohen

Wahrscheinlichkeiten (z.B. Wahrscheinlichkeit = 0,1 für 2500 Stück und Wahrscheinlichkeit = 0 für 3200 Stück, dafür Wahrscheinlichkeit = 0,9 für 2000 Stück) versehen. In den Absatzplan der Marketingabteilung würde für April 1993 ein erwarteter Absatz von (2000 Stück × 0,6 + 2500 Stück × 0,3 + 3200 Stück × 0,1 =) 2270 Stück eingetragen.

Die Einbeziehung subjektiver Wahrscheinlichkeiten, die Erarbeitung von optimistischen, pessimistischen und aus Vergangenheitswerten abgeleiteten Plänen gibt einen Hinweis auf die Zusammensetzung von *Planungsteams*: unabhängig vom unterschiedlichen Sachverstand der Teammitglieder sollte bei deren Auswahl darauf geachtet werden, daß nicht nur Schwarzseher oder ausschließlich unerschütterliche Optimisten im Team vertreten sind, weil dadurch die Planung unwillkürlich in die eine oder andere (extreme) Richtung gedrängt würde. Die Treffergenauigkeit der Planung hängt naturgemäß nicht allein von den Fachkenntnissen der Planenden, sondern in hohem Maße auch von deren Mentalität, Intuition ab.

Zusammenfassung

- Delegieren bestimmter Führungsaufgaben an geeignete Mitarbeiter entlastet die Unternehmensleitung und motiviert Mitarbeiter, bildet Führungskräfte-Nachwuchs aus.
- Beteiligung von Mitarbeitern an der Formulierung von Unternehmens(bereichs)zielen verbessert prinzipiell die Qualität von Entscheidungen und fördert die Identifikation der Mitarbeiter mit dem Unternehmen.
- Externe Berater relativieren Betriebsblindheit, setzen neue Akzente und bauen Barrieren gegen umstrittene Entscheidungen ab.
- Unternehmensplanung soll zielgerichtet erfolgen.
- Ein hierarchisches Planungssystem zwingt zur Ausrichtung aller Teilpläne an den Unternehmenszielen.
- Der Finanzplan erfaßt die Zahlungswirkungen sämtlicher Unternehmensaktivitäten und erfüllt somit eine die Teilpläne integrierende Funktion.

- Die Unsicherheit künftiger Ereignisse ist kein Grund für den Verzicht auf (langfristige) Planung.
- Das *Planungsrisiko* läßt sich durch Aufstellung von Alternativplänen (optimistische/pessimistische Variante) oder die Einführung von Wahrscheinlichkeitsverteilungen mindern.
- Pläne sollen Freiräume für Kreativität lassen.

Literaturhinweise

Franke, Reimund / Zerres, Michael P.: Planungstechniken, Frankfurt am Main 1988, Verlag: Frankfurter Allgemeine Zeitung

Mag, Wolfgang: Planung, in: Vahlens Kompendium der Betriebswirtschaftslehre, Bd. 2, 2. Aufl., München 1990, S. 1—56, Verlag: Vahlen

Homburg, Christian: Modellgestützte Unternehmensplanung, Wiesbaden 1991, Verlag: Gabler

Garhammer, Christian, Prof. Dr., Dipl.-Kfm., Fachhochschule Regensburg

Schwerpunkte der Tätigkeit: Lehre in den Fächern Allgemeine Betriebswirtschaftslehre, Investitions- und Finanzwirtschaft; Unternehmensberatung

Veröffentlichungen:

- Steuerliche Investitionsförderung. Systematische Darstellung und Beurteilung steuerlicher Fördermaßnahmen, Frankfurt am Main 1988, Verlag: Lang
- Investitionszulage, Investitionszuschuß und Vorzugsdarlehen — Instrumente direkter Investitionsförderung im Zonenrandgebiet im wirtschaftlichen Vergleich —, in: Mittelstand und Betriebswirtschaft, Bd. 4, Bayreuth 1987, S. 155—189 (in Zusammenarbeit mit Jochen Sigloch), Verlag: BF/M-Bayreuth
- Die Konzernrechnungslegung — ökonomische Grundlagen und ihre Neuregelung durch das Bilanzrichtlinien-Gesetz (BiRiLiG), in: Mittelstand und Betriebswirtschaft, Bd. 5, Bayreuth 1989, S. 189—239, Verlag: BF/M-Bayreuth

3.2.2 Forschung und Entwicklung

Michael Dusch

Immer kürzere Produktlebenszyklen verbunden mit steigender Technologisierung der Industrie stellen neue Anforderungen an ein leistungsfähiges Forschungs- und Entwicklungsmanagement.

Unternehmenserfolg und -bestand hängen entscheidend davon ab, inwieweit es gelingt, technologisches Know-How zielgerichtet aufzubauen, zu sichern und umzusetzen.

Ziel des Forschungs- und Entwicklungsmanagements ist es, das richtige Produkt zum richtigen Zeitpunkt anzubieten, geeignete Produktionsmethoden zu finden und zu optimieren und nicht zuletzt nach dem Verkauf eines Produktes die Voraussetzungen für Service, Wartung und Entsorgung anzubieten.

In diesem Zusammenhang sind die Aufgaben des Managements zu sehen:

- Ziele formulieren und implementieren
- Informationen sammeln und weitergeben
- Ressourcen schaffen und organisieren
- Kommunikation gewährleisten

Prägender Faktor der F+E-Strategie eines Unternehmens sind die langfristigen Unternehmensziele.

So führt das Bestreben eines Unternehmens, die Kostenführerschaft zu übernehmen, zur F+E-Zielsetzung Kostenreduzierung. Das bedeutet, Produkt- und Produktionskosten müssen optimiert werden. Wertanalytische Ansätze sind äußerst wichtig.

Wird eine Differenzierungsstrategie verfolgt, so wird der Schwerpunkt der F+E in der Verbesserung der Produktqualität und der Schaffung zusätzlicher Funktionen liegen.

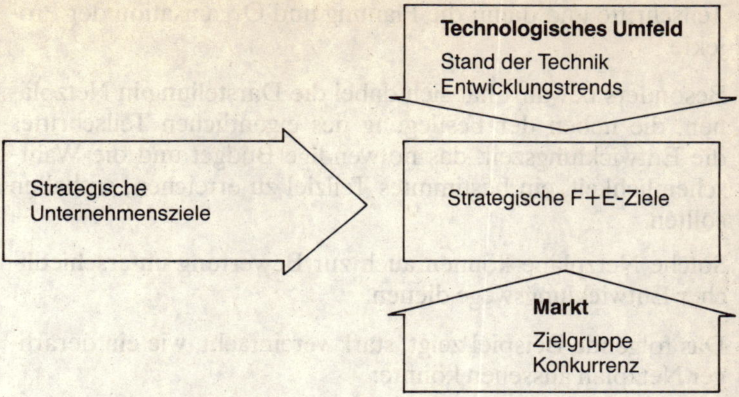

Abb. 3.3 Umfeld strategischer Entwicklungsziele

Bei einer ausgesprochenen Marktzwischenpolitik müssen Produkte geschaffen werden, die an die spezifischen Bedürfnisse einzelner Kunden anpaßbar sind.

Neben den allgemeinen Unternehmenszielen sind die Wirkungen des technologischen Umfeldes und der Marktgegebenheiten bei der Festlegung der F+E-Strategie zu beachten.

Das technologische Umfeld definiert sich zum einen aus dem Stand der Technik, zum anderen aus den technischen Entwicklungstrends. Vor jedem neuen Projekt sollte daher recherchiert werden, welche Entwicklungen auf dem entsprechenden Gebiet bereits abgeschlossen sind und welche künftigen anstehen. Informationsquellen sind beispielsweise Datenbank- und Patentrecherchen, Messebesuche, Seminare und Kongresse, Hochschulen und Forschungseinrichtungen.

In bezug auf den Markt sind Informationen über die technischen Anforderungen der Kunden und die Strategien der Mitbewerber wichtig. Als Quellen eignen sich hier vor allem der Außendienst des Unternehmens, Marktforschungsergebnisse und Verbände.

Sind die Ziele der F+E eines Unternehmens festgelegt, so folgt die Operationalisierung, d.h., die Zerlegung in konkrete

Teilschritte und damit die Planung und Organisation der Projekte.

Besonders bewährt hat sich dabei die Darstellung in Netzplänen, die neben der Festlegung des eigentlichen Teilschrittes die Entwicklungszeit, das notwendige Budget und die Wahrscheinlichkeit, ein bestimmtes Teilziel zu erreichen, enthalten sollten.

Solche Netzpläne können auch zur Bewertung unterschiedlicher Entwicklungswege dienen.

Das folgende Beispiel zeigt, stark vereinfacht, wie ein derartiger Netzplan aussehen könnte:

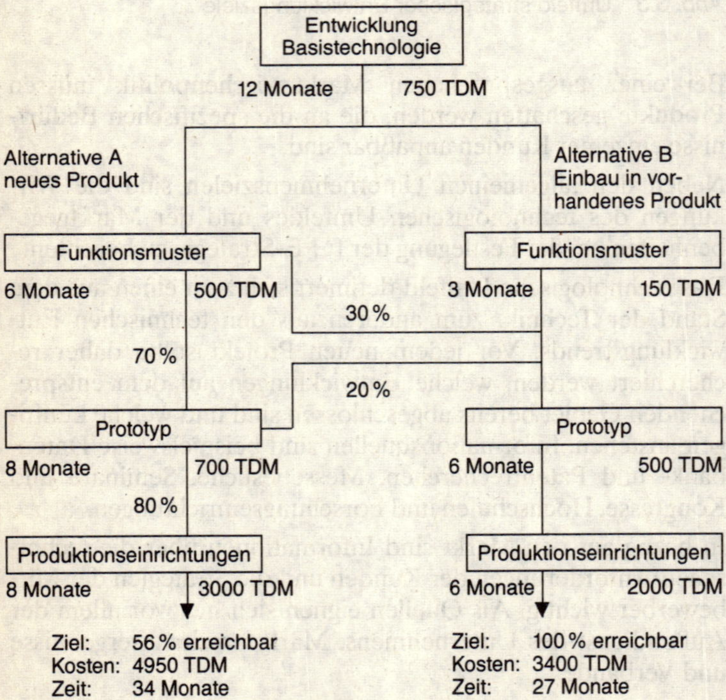

Abb. 3.4 Netzplan zur Produktentwicklung

Hier wurde von zwei Alternativen ausgegangen: Alternative A stellt die Entwicklung eines völlig neuen Produktes, verbunden mit entsprechenden Risiken, dar. Alternative B geht davon aus, daß neu gewonnenes Know-How in ein vorhandenes Produkt eindesigned wird. Diese Alternative ist mit keinem Risiko behaftet.

Als Entscheidungsgrundlage wäre dieser Netzplan noch um den Schritt »Markteinführung« zu erweitern. Die dann festgestellte Wahrscheinlichkeit der Zielerreichung in Verbindung mit den kumulierten Kosten kann dann den erwarteten Erträgen aus der Vermarktung des Produktes gegenübergestellt werden.

Hat man sich für einen bestimmten Entwicklungsweg entschieden, so stellt sich als nächstes die Frage: Mit welchen Ressourcen können die einzelnen Entwicklungsschritte abgewickelt werden?

Reichen unternehmensinternes Know-How, personelle Kapazität und technische Infrastruktur aus, um die einzelnen Entwicklungsschritte durchführen zu können?

Kann eventuell fehlendes Know-How durch Fortbildung vorhandener Mitarbeiter oder durch Einstellung neuer Mitarbeiter geschaffen werden?

Ist zusätzliche Kapazität nur durch Personalaufstockung zu erreichen oder können Motivationsmaßnahmen zum gleichen Ergebnis führen?

Zu prüfen ist auch, ob Teilschritte oder das ganze Entwicklungsprojekt extern ausgelagert werden sollten. Dies dürfte um so interessanter sein, je weiter der Entwicklungsschritt von der Umsetzung zum konkreten Produkt entfernt ist. Insbesondere bei der Entwicklung von Schlüsseltechnologien bietet sich häufig Gemeinschaftsforschung an Hochschulen oder wissenschaftlichen Instituten an.

Zuletzt wäre noch zu überlegen, ob einzelne Entwicklungsschritte durch den Zukauf von Lizenzen abzukürzen wären.

Während der Abwicklung des Projektes stellen sich für das Management vor allem zwei Aufgaben: Kommunikation sichern und Kontrolle.

F+E-Projekte ziehen sich häufig über relativ lange Zeiträume hin. In dieser Zeit können sich wichtige technologische Entwicklungen abspielen, Märkte weiterentwickeln und Kundenanforderungen ändern. Das Management muß daher sowohl die interne Kommunikation zwischen Forschern und Entwicklern und insbesondere Marketing und Vertrieb als auch die externen Verbindungen zu eventuellen Auftragsforschern, Forschungseinrichtungen und Pilotkunden organisieren und sichern.

Da die Erfüllung von F+E-Zielen häufig mit großen Unsicherheiten verbunden ist, ist eine laufende Kontrolle der Zielerreichung in den einzelnen Projektschritten besonders wichtig. Nur die ständige Beobachtung des Entwicklungsstandes ermöglicht schnelle Reaktionen auf zeitliche Verzögerungen und auf Probleme mit dem gewünschten Entwicklungsergebnis.

In bezug auf F+E sollten die Unternehmen folgende Punkte beachten:

- Neben Produkt und Produktion sind auch Service, Wartung und Entsorgung in die F+E-Strategie einzubeziehen.
- Märkte wandeln sich — ständige Kontakte mit Vertrieb und Pilotkunden sind für die F+E-Mannschaft unerläßlich.
- Planung, Organisation und Kontrolle mit Hilfe von Netzplänen ermöglichen eine schnelle Bewertung des richtigen Entwicklungsweges und prompte Reaktionen bei Problemen mit einzelnen Entwicklungsschritten.
- Die Sicherung der internen und externen Kommunikation ist Managementaufgabe.
- Nicht alles muß im eigenen Haus entwickelt werden. Die Alternativen Hochschulen, Forschungsinstitute und Gemeinschaftsforschung sind immer zu prüfen.

Literaturhinweise

WOLFRUM, BERND: Strategisches Technologiemanagement, Wiesbaden 1991, Gabler

ARTHUR D. LITTLE INTERNATIONAL (Hrsg.): Management des geordneten Wandels, Wiesbaden 1988, Gabler

VEREIN DEUTSCHER INGENIEURE (Hrsg.): Systematische Produktplanung, Düsseldorf 1983, VDI-Verlag

DUSCH, MICHAEL, Diplom-Betriebswirt FH, Burglengenfeld

Geschäftsführer der Regionaler Förderfonds für Innovationen und junge Technologieunternehmen Verwaltungs GmbH (ReFIT)

Langjährige Erfahrungen mit der Betreuung junger technologieorientierter Unternehmen

Autor von:

Bundesminister für Bildung und Wissenschaft (Hrsg.), Diplomarbeiten als Instrument des Wissens- und Technologietransfers zwischen Fachhochschulen und Unternehmen, Dusch, Michael (Mitverf.), Bad Honnef, Bock, 1989

3.2.3 Beschaffung, Materialwirtschaft, Logistik

ALEXANDER GRUSCHWITZ

Die Bereiche Beschaffung, Materialwirtschaft und Logistik sind in den letzten Jahren durch zunehmende Dynamik und Komplexität gekennzeichnet. Deutliche Tendenzen in der Umweltentwicklung werden zukünftig das Aufgabenfeld des Versorgungsmanagements bestimmen (vgl. Arnold, 1989, S. 47):

- zunehmende Automatisierung der industriellen Fertigung;
- verstärkte informationelle Vernetzung verschiedener Wirtschaftsstufen;
- Sättigungserscheinungen auf wichtigen Konsumgütermärkten und ein Trend zur Individualisierung der Nachfrage;

- kürzere Produktlebenszyklen bei längeren Entwicklungszeiten;
- Reduzierung der Fertigungstiefen und eine verstärkte zwischenbetriebliche Arbeitsteilung;
- erhöhte ökologische Anforderungen an die industrielle Produktion.

Diese Entwicklungen führen zu einer Verschärfung des Wettbewerbs und zwingen Unternehmen, neue Potentiale als Quelle von Wettbewerbsvorteilen zu erschließen. Der Beschaffungsbereich gilt dabei immer noch als strategisches Neuland. Für die Führungskräfte im Unternehmen ist es aus drei Gründen notwendig, strategische Beschaffungsentscheidungen als echte Führungsentscheidungen anzusehen

1. Beschaffungsentscheidungen beeinflussen erheblich die *Kostenstruktur* des Unternehmens. Materialintensitäten (Anteil Materialaufwand an den Umsatzerlösen) über 50% sind in vielen Branchen keine Seltenheit mehr.
2. Es ist Aufgabe der Beschaffung, die *Versorgungssicherheit* im Unternehmen zu gewährleisten. Die sog. Erdölkrise und Knappheiten bei wichtigen Inputgütern haben die Abhängigkeiten von Beschaffungsmärkten drastisch verdeutlicht.
3. Beschaffungsentscheidungen bestimmen nachhaltig die *Marktleistung* eines Unternehmens. Nur wettbewerbsfähige Qualität und innovative Technologien der Lieferanten sichern langfristig die Absatzfähigkeit der eigenen Produkte. Die aufgrund von Beschaffungsaktivitäten erreichbare Marktpräsenz kann zudem den Eintritt in völlig neue Absatzmärkte erleichtern.

Für die Begriffe Beschaffung, Materialwirtschaft und Logistik existiert in der betriebswirtschaftlichen Literatur, aber auch in der Praxis, keine eindeutige Abgrenzung. Die Vielfalt theoretischer und begrifflicher Vorstellungen kann als Indiz dafür genommen werden, daß ein Problembereich starken Veränderungstendenzen ausgesetzt ist. In der betrieblichen Praxis spielt die Begriffsabgrenzung nur eine untergeordnete Rolle, da sich die Aufgabenstellungen überschneiden bzw. ergänzen; dem soll Rechnung getragen werden, indem die drei genannten Bereiche zu einem *Versorgungsmanagement* (synonym: supply management, Materialmanagement) zusammengefaßt werden.

Beschaffung bildet das Kernelement des Versorgungssystems. Aufgrund des marktlichen Bezuges obliegt ihr die Beeinflussung der nationalen und internationalen Beschaffungsmärkte, d.h. Chancen der Beschaffungsmärkte des Unternehmen verfügbar zu machen und Risiken abzuwehren.

Logistik als Querschnittsfunktion kennzeichnet sämtliche Transport-, Lager- und Umschlagsvorgänge im Realgüterbereich in und zwischen Unternehmen. Ziele sind die Sicherstellung einer hohen Lieferbereitschaft, die Verringerung der Bestände, eine gleichbleibende Kapazitätsauslastung und die Beschleunigung von Informations- und Materialfluß.

Die *Materialwirtschaft* ist *innerbetrieblich* für die effiziente Versorgung mit materiellen Einsatzfaktoren verantwortlich. Im Gegensatz zu Beschaffung und Logistik bezieht sie sich ausschließlich auf das Objekt »Material«.

Je nach zeitlichem Planungshorizont bzw. Beitrag zum Erfolgspotential des Unternehmens lassen sich operative und strategische Zielsetzungen des Versorgungsmanagements unterscheiden. Ziel des operativen Versorgungsmanagements ist die Erreichung eines *materialwirtschaftlichen Optimums*: Bereitstellen der definierten Güter in der richtigen Menge und Qualität, am richtigen Ort, zur richtigen Zeit und zum richtigen Preis. Die Erzielung dieses Optimums führt zur Senkung der Einstandspreise und zur Erschließung von Kostensenkungspotentialen.

Rationalisierungsbemühungen sollten sich unmittelbar auf die Einstandspreise konzentrieren, da das Einsparungspotential bei den indirekten Beschaffungskosten (verursacht durch die Kostenstelle, z.B. Gehalt des Einkäufers) vergleichsweise gering ist. Die Bewältigung der dynamischen Umweltveränderungen erfordert jedoch ein aktives Versorgungsmanagement, das über die Realisierung eines materialwirtschaftlichen Optimums hinausgeht. Pointiert formuliert bedeutet das: »Es genügt einfach nicht, nur preisgünstig einzukaufen.«

Bei einer strategischen Ausrichtung der Versorgungsfunktion darf nicht ausschließlich von einem gegebenen, strukturierten Bedarf ausgegangen werden, vielmehr müssen neue Problemlösungen auf den Beschaffungsmärkten gefunden werden.

Versorgungsmanagement ist dann strategisch ausgerichtet, wenn es einen erheblichen Beitrag zum Erfolgspotential des Unternehmens zu leisten vermag. Dieser Beitrag kann erbracht werden, wenn die unternehmerische Teilfunktion auf die Wettbewerbsstrategie ausgerichtet ist. Legt man das Strategieverständnis von Porter zugrunde, muß die Beschaffung (i. w. S. das Versorgungsmanagement) entweder große Kostenvorteile (bei der Strategie der Kostenführerschaft) oder bedeutsame Differenzierungsmöglichkeiten (bei einer Differenzierungsstrategie) eröffnen.

Da der globale Wettbewerb zunehmend durch technologische Innovation bestimmt wird, ergeben sich beschaffungsseitige Differenzierungspotentiale im gemeinsamen Technologiemanagement mit Lieferanten. Die Beschaffung wird zur Technologiedrehscheibe des Unternehmens.

	operativ	strategisch
Ziele	Erreichung eines materialwirtschaftlichen Optimums	Beitrag zum Erfolgspotential des Unternehmens (Kosten- und/oder Differenzierungsvorteile)
Aufgaben	• Beschaffungsprogrammpolitik • Beschaffungsanbahnung • Beschaffungsdurchführung • Vorratspolitik • Abfallwirtschaft	• Sicherstellung der Integrationsfähigkeit der Beschaffungsgüter • Aktive Lieferantenpolitik • Beschaffungskooperationen • Integration logistischer Dienstleistungsunternehmen

Abb. 3.5 Ausrichtung des Versorgungsmanagements

Je nach Zielsetzung müssen im Rahmen des Versorgungsmanagements unterschiedliche Maßnahmen ergriffen werden (vgl. Abb. 3.5). Die Reduzierung der Fertigungstiefe und die verstärkte zwischenbetriebliche Arbeitsteilung ermöglichen eine Konzentration auf originäre Leistungsschwerpunkte. Diese Orientierung kann jedoch nur dann erfolgreich sein, wenn die fremdbezogenen Güter mit den eigenen Produkten und Fertigungsprozessen kompatibel sind.

Die *Integrationsfähigkeit* kann dadurch erreicht werden, daß die Beschaffung rechtzeitig in FuE-Prozesse (Neu-Produktpolitik) eingebunden und eine weitgehende Standardisierung der Beschaffungsgüter erzielt wird. Kern eines strategischen, marktbezogenen Versorgungsmanagements ist eine aktive *Lieferantenpolitik.* Nicht die Reaktion auf Marketingaktivitäten von Lieferanten, sondern das Einwirken auf die Struktur eines Beschaffungsmarktes bildet den Mittelpunkt der Aktivitäten.

Als wirksame Instrumente stehen die Lieferantenförderung (Unterstützung vorhandener Lieferanten), die Lieferantenentwicklung (Aufbau eines neuen Lieferanten) und die Beschaffungswerbung zur Verfügung.

Kosteneinsparungsmöglichkeiten im Beschaffungsbereich können vor allem durch große Stückzahlen erzielt werden. Ist das eigene Nachfragepotential zu gering, ergeben sich diese Vorteile auch durch eine horizontale Bedarfszusammenfassung, d.h. *Beschaffungskooperationen* mit Nachfragewettbewerbern.

In der Automobilindustrie werden diese Verbundwirkungen auf internationaler Ebene bereits seit längerem praktiziert und dadurch erfolgreich auf die Standortentscheidungen von Lieferanten Einfluß genommen.

Im logistischen Bereich ist die effiziente Organisation mehrgliedriger Transportketten und die Überwachung des Leistungsvollzugs insbesondere im grenzüberschreitenden Verkehr vom beschaffenden Unternehmen kaum mit vertretbarem Aufwand zu bewältigen. Die Nachfrage nach logistischen Dienstleistungen wird vermehrt von Speditionsunternehmen befriedigt. Beispielsweise übernimmt Schenker die Fernost-Beschaffung für Woolworth und wickelt die Logistik für 200 Daimler Benz-Lieferanten ab. Kühne & Nagel hat die Distribution in Deutschland für Philipp Morris, Tchibo, Sony und Thompson übernommen. Ebenso hat Oetker die Distributionslogistik bei Tiefkühlkost einem logistischen Dienstleister übertragen.

Die *Integration externer Dienstleistungsunternehmen* in Logistikketten wird zukünftig zur strategischen Aufgabe für das Versorgungsmanagement.

Während die langfristig ausgerichteten, strategischen Maßnahmen auf eine Strukturveränderung abzielen, dient das operative Management dazu, kurzfristig bestehende Strukturen zu erhalten. Folgende Phasen des Beschaffungsvorgangs können unterschieden werden:

- Die *Beschaffungsprogrammpolitik* dient der Spezifizierung des Beschaffungsbedarfs. Die Disposition kann entweder programm- oder verbrauchsorientiert erfolgen. Wichtiges Regulativ bei der Festlegung des Bedarfs sind wertanalytische Untersuchungen unter Einbeziehung der Lieferanten.
- Im Rahmen der *Beschaffungsanbahnung* müssen mittels Beschaffungsmarktforschung Märkte analysiert und potentielle Anbieter nach ihrer Leistungsfähigkeit bewertet werden.
- Der anschließende *Bestellvorgang* läßt sich in die Phasen Anfrage, Angebotsvergleich, Vergabeverhandlung, Bestellentscheidung, Bestellung unter Berücksichtigung der optimalen Bestellmenge, Auftragsbestätigung und Terminsicherung unterteilen.
- Nach Anlieferung obliegt der Beschaffung die Gestaltung der *Vorratspolitik.* Dazu zählt die Art der Einlagerung (Fachzoneneinteilung, feste Lagerordnung, chaotische Lagerung), die Art der Lagerentnahme (z.B. Fifo-Prinzip) und die Wiederauffüllung des Bestandes unter Berücksichtigung von Lieferzeit, Losgröße und Sicherheitsbestand.
- Schließlich erhält die *betriebliche Abfallwirtschaft* unter ökologischen Aspekten zunehmende Bedeutung. Nicht nur

die Beseitigung und das Recycling von Abfallmaterial, sondern bereits die Abfallvermeidung sind originäre Aufgaben des Versorgungsmanagements.

Bei der Ausgestaltung der Versorgungsfunktion sind einige aktuelle Trends zu berücksichtigen. Die Bezugskonzentration auf einen teilebezogenen Alleinlieferanten wird als *Single Sourcing* bezeichnet. Dadurch ergeben sich u.a. Kosteneinsparungen durch ein größeres Beschaffungsvolumen, eine Verminderung des administrativen Beschaffungsaufwandes, eine verbesserte und einfache Kommunikation mit Lieferanten (DFÜ-Anbindung) und eine genauere Überwachung der Qualität. Dem stehen als Nachteile eine höhere Abhängigkeit vom Alleinlieferanten und ein möglicherweise höheres Risiko der Versorgungssicherung gegenüber.

Beim *Modular Sourcing* werden nicht nur Einzelteile fremdbezogen, sondern zunehmend ganze Baugruppen und Komponenten von Zulieferern beschafft. So können beispielsweise montage- und lohnkostenintensive Bauelemente, wie Armaturenbretter, Sitzgarnituren, Federbeine und Schiebedächer beschafft werden, so daß in den Montageprozessen der Automobilhersteller weniger, dafür aber komplexere Module zusammengefügt werden.

Von *Global Sourcing* wird gesprochen, wenn die strategischen Aufgabenstellungen des Versorgungsmanagements in einen internationalen Transaktionsrahmen gestellt werden. Zielsetzung ist das Ausnutzen von Chancen auf internationalen Beschaffungsmärkten im Hinblick auf Preis- und Qualitätsvorteile und auf die Sicherung des Zugangs zu technologischen Neuerungen.

Eine *Just-in-time-Beschaffung* (JIT) soll die Vorteile einer hohen Versorgungssicherheit mit denen der Wirtschaftlichkeit kombinieren. Die Realisierung des JIT-Konzeptes ist dann vorteilhaft, wenn die Kapazitätsquerschnitte aller beteiligten Fertigungs- und Logistiksysteme vollständig aufeinander abgestimmt sind. Die Verlagerung von Beständen und damit von Kosten auf Zulieferer widerspricht dem JIT-Ansatz und kann langfristig die Wettbewerbsfähigkeit wichtiger Zulieferer gefährden.

Zusammenfassung

- Beschaffung ist eine strategische Funktion, die nach unternehmerischen Leitlinien geführt werden muß!
- Beschaffungsaktivitäten üben einen hohen Einfluß auf das Erfolgspotential des Unternehmens aus!
- Beschaffung ist nicht Erfüllungsgehilfe anderer Unternehmensbereiche!
- Nur durch gemeinsame Zusammenarbeit aller Unternehmensbereiche kann das strategische Potential der Beschaffung genutzt werden!
- Nicht auf bekannten Produkten, sondern auf der Erschließung neuer Potentiale liegt der Schwerpunkt strategischer Beschaffung!

Literaturhinweise

ARNOLD, U.: »Global Sourcing« — Ein Konzept zur Neuorientierung des Supply Managements von Unternehmen, in: Welge, M. (Hrsg.): Globales Management — Erfolgreiche Strategien für den Weltmarkt, Stuttgart 1990, S. 49—71

ARNOLD, U.: Strategische Beschaffungspolitik, Frankfurt/M., Bern 1982

ARNOLD, U.: Ziele, Aufgaben und Instrumente des Materialmanagements, in: Beschaffung aktuell, o.Jg. (1989), Heft 9, S. 47—54

ARNOLDS, H. / HEEGE, F. / TUSSING, W.: Materialwirtschaft und Einkauf, 7. Aufl., Wiesbaden 1990

ENGELHARDT, W. H. / GÜNTER, B.: Investitionsgütermarketing, Stuttgart u.a., 1981

FIETEN, R.: Make or Buy. Die Beschaffung wird zur Innovationsdrehscheibe im Unternehmen, in: Beschaffung aktuell, o.Jg. (1986), Heft 1, S. 14—16

GROCHLA, E.: Der Weg zu einer umfassenden betriebswirtschaftlichen Beschaffungslehre, in: Die Betriebswirtschaft, 37. Jg. (1977), Nr. 2, S. 181— 191

GROCHLA, E.: Grundlagen der Materialwirtschaft, 3. Aufl., Wiesbaden 1978

Ihde, G.-B.: Logistik, betriebswirtschaftliche, in: Handwörterbuch der Betriebswirtschaft, 4. Aufl., Stuttgart 1974, Sp. 2524— 2531

Kraljic, P.: Purchasing Must Become Supply Management, in: Harvard Business Review, Vol. 61 (Sept.—Oct. 1983), S. 109— 117

Porter, M. E.: Wettbewerbsstrategie, 6. Aufl., Frankfurt/M., New York 1990

Wildemann, H.: Das Just-in-Time-Konzept. Produktion und Zulieferung auf Abruf, Frankfurt/M. 1988

Gruschwitz, Alexander, Dipl.- Kfm., Würzburg

Wissenschaftlicher Mitarbeiter am Lehrstuhl für BWL, Absatz- und Konsumwirtschaft (Prof. Dr. Dr. U. Arnold) der Universität Würzburg

Tätigkeitsschwerpunkte: Beschaffung, Materialwirtschaft und Logistik, insbesondere internationale Beschaffung (Global Sourcing)

Autor von:

Partnerschaftliche Zulieferung. Investition in die Zukunft, in: Beschaffung aktuell, o. Jg. (1990), Heft 9, S. 62—64 (zusammen mit H. Weid)

Absicherung von Wechselkursrisiken. Abenteuer vermeiden, in: Beschaffung aktuell, o. Jg. (1990), Heft 7, S. 21—23.

Lieferanten-Marketing, in: Beschaffung aktuell, o. Jg. (1990), Heft 4, S. 24—30 (zusammen mit H. Stark).

3.2.4 Produktion

Otto Helmut Eckl

Dem Funktionsbereich Produktion obliegt die betriebliche Leistungserstellung: die Gewinnung von Rohstoffen, die Herstellung von Erzeugnissen bzw. die Erbringung von Dienstleistungen. Mit seiner Produktion trägt der über die Beschaffungs- und Absatzmärkte in die arbeitsteilige Wirtschaft eingebundene Betrieb zur Befriedigung der Nachfrage und damit zur Bedarfsdeckung bei.

Im engeren Sinne wird unter Produktion die handwerkliche und industrielle Fertigung verstanden, bei der menschliche Arbeitsleistungen (leitende und ausführende), Betriebsmittel und Werkstoffe als *Produktionsfaktoren* kombiniert und in einem bestmöglichen Wirkungsverhältnis eingesetzt werden. Da diese Produktionsfaktoren zugleich Kostenfaktoren sind, ist die optimale Auslastung der vorhandenen Kapazitäten durch einen hohen Beschäftigungsgrad der personellen und technischen Potentiale ein vorrangiges Ziel der Produktionsplanung.

Mit der am Markt orientierten Entscheidung darüber, welche Produkte in welchen Mengen hergestellt werden sollen, ist die Festlegung auf einen bestimmten *Fertigungstyp* verbunden. Wird von einem Produkt nach den Wünschen des bestellenden Kunden nur ein Exemplar erzeugt, handelt es sich um *Einzelfertigung;* werden dagegen gleiche oder weitgehend ähnliche Produkte in mehreren Einheiten hergestellt, liegt *Mehrfachfertigung* vor, wobei zwischen Serien-, Sorten- und Massenfertigung zu unterscheiden ist. Bei der *Massenfertigung* wird das gleiche Produkt (z.B. Zigaretten) in unbegrenzter Menge hergestellt, bei der Sorten- und Serienfertigung ist dagegen die zu erzeugende Stückzahl von vornherein begrenzt. *Sortenfertigung* liegt dann vor, wenn verschiedene Sorten (z.B. Herrenanzüge) hintereinander auf derselben Anlage hergestellt werden können, ohne daß diese einer Umrüstung bedarf, wie sie im Falle einer *Serienfertigung* (z.B. Fahrzeuge) erforderlich ist.

Die spezifischen Merkmale der einzelnen Fertigungstypen sind bei der Gestaltung des *Fertigungsablaufs* zu berücksichtigen, damit ein technisch und ökonomisch sinnvoller Fertigungsfluß bei minimalen Durchlaufzeiten ermöglicht wird. Die organisatorische Bildung fertigungstechnischer Einheiten, die räumliche Anordnung von Produktionsmitteln und Arbeitsplätzen, die Gewährleistung einer just-in-time erfolgenden Bereitstellung des jeweils benötigten Fertigungsmaterials sowie die Optimierung der innerbetrieblichen Transportwege sind dabei von besonderer Bedeutung. Muß ein Betrieb damit rechnen, daß seine Produktion als Folge veränderter Marktverhältnisse über kurz oder lang erheblichen Anpassungszwängen ausgesetzt sein könnte und deshalb ein hohes Maß an Flexibilität haben müsse, so darf auch dieser Aspekt bei der Wahl des *Fertigungsverfahrens* nicht vernachlässigt werden.

Als extreme Alternativen für die Organisation des Produktionsprozesses sind die Werkstatt- und die Fließfertigung zu nennen. Werden Maschinen und Arbeitsplätze für gleichartige oder artverwandte Arbeitsvorgänge in sog. Werkstätten zusammengefaßt, in die ein Werkstück immer dann gebracht werden muß, wenn es einer nur dort möglichen Bearbeitung bedarf, so spricht man von *Werkstattfertigung.* Durch den Einsatz qualifizierter Mitarbeiter und vielseitig verwendbarer Universalmaschinen wird dieses Verfahren den produktionswirtschaftlichen Anforderungen gerecht, die die Einzelfertigung stellt. Ob dabei in der Regel eine in etwa gleichmäßige Beschäftigung aller Werkstätten (z.B. Dreherei, Fräserei, Schleiferei) erzielt werden kann, hängt wesentlich von der Höhe des Auftragsbestandes und seiner Zusammensetzung ab.

Das Prinzip der *Fließfertigung* ist an den Erfordernissen der Mehrfachfertigung ausgerichtet, die es zuläßt, Maschinen und Arbeitsplätze in der Reihenfolge zu installieren, die dem Fertigungsablauf entspricht. Auf diese Weise entstehen Fertigungsstraßen, auf denen das Produkt die durch Arbeitszerlegung in spezialisierte Teilverrichtungen entstandenen Phasen seiner Herstellung durchläuft und entweder manuell oder durch ein integriertes Transportsystem *(Fließbandfertigung)* weiterbefördert wird.

Die Zerlegung eines Produktionsprozesses in eine Vielzahl kleiner Fertigungsschritte ermöglicht den Einsatz von Einzweckmaschinen und eigens dafür angelernten Mitarbeitern sowie die Ermittlung von Vorgabe- bzw. Taktzeiten. Die konsequente Weiterentwicklung der taktgebundenen Fließbandfertigung hat vollautomatischen Produktionsverfahren die Wege geebnet, bei denen computergesteuerte Fertigungsautomaten und Handhabungsroboter eine nahezu vollständige Substitution des Produktionsfaktors Arbeit zulassen, soweit es sich um Arbeiten handelt, die unmittelbar am Produkt zu verrichten sind.

Die *Gruppenfertigung* — eine Kombination der Werkstatt- mit der Fließfertigung — versucht die Vorteile beider Organisationsformen so weit wie möglich zu nutzen. Dies kann z.B. dadurch geschehen, daß ein Betrieb, der wegen seines differenzierten Produktionsprogramms auf Werkstattfertigung angewiesen ist, genormte Einzelteile (Halbfabrikate), die häufig benötigt werden, in Fließfertigung herstellt.

Die bisherigen Darlegungen galten den Zusammenhängen, die zwischen Produktionsprogramm, Fertigungstyp und Fertigungsverfahren bestehen. Im folgenden soll nun auf die Problemstellungen des *Produktionsablaufs* eingegangen werden.

Betriebe, die unter marktwirtschaftlichen Bedingungen produzieren, müssen dabei nicht nur technische, sondern auch ökonomische Überlegungen anstellen, um eine Minimierung der Produktionskosten im Sinne des ökonomischen Prinzips zu erzielen. Schon bei der Auswahl der in einem Produktionsprozeß einzusetzenden Produktionsfaktoren stellt sich die Frage nach der *Minimalkostenkombination* immer dann, wenn ein Produkt mit verschiedenen Faktorkombinationen hergestellt werden kann. Läßt sich ein Bearbeitungsvorgang sowohl manuell als auch maschinell ausführen, so sind die Produktionsfaktoren Arbeit und Betriebsmittel substituierbar, d.h. die Kosten ihres Einsatzes konkurrieren miteinander. Daß es daneben auch eine intrafaktorale Konkurrenz geben kann, sei durch den Hinweis auf regional unterschiedlich hohe Arbeitskosten und die daraus resultierenden Vorteile einer Produktionsverlagerung angedeutet. Gleiches gilt, wenn der für eine Fertigung verfügbare Maschinenpark den wahlweisen Einsatz von Aggregaten unterschiedlicher technischer Qualität ermöglicht.

Unter dem Gesichtspunkt der Wirtschaftlichkeit ist die Verfahrensvariante zu bevorzugen, die bei einer vorgegebenen Fertigungsmenge für ein Erzeugnis bestimmter Art und Güte die niedrigsten Stückkosten erwarten läßt. Unverzichtbare Entscheidungshilfe für die Verfahrenswahl ist eine sog. Verfahrensvergleichsrechnung zur Ermittlung der Herstellungskosten je Erzeugniseinheit, die bei den alternativ möglichen Herstellungsverfahren anfallen. Die hierzu erforderlichen Daten werden im Wege einer Kostenanalyse gewonnen, die Aufschluß über die Zusammensetzung der Kosten und ihren von der zu produzierenden Menge determinierten Verlauf gibt.

Besondere Beachtung verdient dabei der *Reagibilitätsgrad* der einzelnen *Kosten*arten, der das Verhältnis von prozentualer Kostenänderung und prozentualer Änderung der Ausbringungsmenge aufzeigt und damit die Unterscheidung zwischen fixen und variablen Kosten ermöglicht. *Fixe Kosten* sind vom Grad der Auslastung des betrieblichen Produktionspotentials (Beschäftigungsgrad) unabhängig und fallen — bezogen auf die Zeiteinheit — in voller Höhe selbst dann an, wenn keine Produktion stattfindet. Sie sind Kosten der Produktionsbereitschaft der vorhandenen Kapazität; ihr Reagibilitätsgrad ist gleich 0. Im Gegensatz dazu ist die Höhe der *variablen Kosten* von der Inanspruchnahme dieser Kapazität abhängig und folgt den Veränderungen des Beschäftigungsgrades, wobei es neben proportionalen auch zu progressiven und degressiven, in Ausnahmefällen sogar zu regressiven Kostenverläufen kommen kann.

Anhand eines schematisierten Zahlenbeispiels werden in der folgenden Tabelle mögliche Verläufe der genannten Kostentypen dargestellt:

Ausbringungsmenge	Fixe Kosten	Proportionale Kosten	Progressive Kosten	Degressive Kosten	Regressive Kosten	Gesamtkosten	Stückkosten
0 Stück	100	0	0	0	0	0	—
50 Stück	100	500	50	45	35	730	14,60
100 Stück	100	1000	120	85	30	1335	13,35
150 Stück	100	1500	210	120	25	1955	13,04
200 Stück	100	2000	320	150	20	2590	12,95
250 Stück	100	2500	450	175	15	3240	12,96
300 Stück	100	3000	600	195	10	3905	13,02

In diesem — konstruierten — Fall erreichen die Stückkosten mit 12,95 DM bei einer Ausbringungsmenge von 200 Stück ihr Minimum, bleiben bis zu einer Menge von 250 Stück praktisch konstant und steigen danach unter dem Einfluß der progressiven Kosten wieder leicht an. Der Reagibilitätsgrad ist bei proportionalem Kostenverlauf gleich 1, bei progressivem Kostenverlauf größer als 1 und bei degressivem Kostenverlauf größer als 0 und kleiner als 1.

Die Kenntnis seiner Kostenverläufe ist für den Betrieb in mehrfacher Hinsicht von Nutzen. Sie ermöglicht nicht nur die Bestimmung des kostenoptimalen Beschäftigungsgrades, sondern markiert auch Ansatzpunkte für Rationalisierungmaßnahmen zur Kostendämpfung und zur Verbesserung der Kostenstruktur. Die Abgrenzung zwischen fixen und variablen Kosten ist unabdingbare Voraussetzung für eine flexible Preispolitik, bei der mit Deckungsbeiträgen operiert wird, die die einzelnen Produkte aus ihren die variablen Kosten übersteigenden Verkaufserlösen zur Deckung der Gesamtheit der fixen Kosten beisteuern, so daß es zu einer Art Lastenausgleich kommt, wenn die Marktlage bestimmten Produkten eine Vollkostendeckung versagt.

Lassen sich bisher erbrachte Eigenleistungen künftig durch Fremdleistungen ersetzen, die lediglich im Ausmaß ihrer effektiven Inanspruchnahme Kosten, und zwar nur variable Kosten verursachen, so erschließt sich der Betrieb mit der Verlagerung bestimmter Produktionsleistungen auf Dritte eine weitere Dimension der Fertigungsrationalisierung. Durch die Kooperation mit Zulieferern, die sich auf die Großserien- oder Massenfertigung von Produktelementen spezialisiert haben, die von einer Vielzahl von Weiterverarbeitern als Bauteile in Montageprozessen verwendet werden, lassen sich mitunter erhebliche Kostenersparnisse erzielen. Zwischenbetriebliche Arbeitsteilung macht sich für jeden bezahlt, der daran partizipiert.

Zusammenfassung

Seit einiger Zeit sorgt eine neue Produktionsphilosophie für Schlagzeilen: lean production. Der Begriff ist amerikanischen, das Konzept japanischen Ursprungs. Im Mittelpunkt steht der Mensch, der die Produktion plant, organisiert, ausführt und kontrolliert, der sich als motivierter Mitarbeiter mit den Zielen des Betriebes identifiziert und kreativ zu deren Verwirklichung beiträgt. Selbst in den Betrieben, die einen hohen Automatisierungsgrad erreicht haben, kommt es letztendlich darauf an, was der Mensch in die Produktion einbringt: seine Bereitschaft zur Zusammenarbeit in der Gruppe, zum gegenseitigen Informationsaustausch, zur Übernahme delegierter Verantwortung und — last not least — zur ständigen Weiterbildung.

Durch den Verzicht auf kontraproduktive Hierarchien will die »schlanke Produktion« dem Subsidiaritätsprinzip gerecht werden und dem Mitarbeiter mehr Entscheidungskompetenz geben. Das dabei unverkennbare Bemühen um neue Impulse zur Steigerung der Produktivität und der Wirtschaftlichkeit berührt ein Anliegen, das im Bereich der Produktion besonderes Gewicht hat: die Rationalisierung als Daueraufgabe.

Abb. 3.6 gibt einen Einblick in die Fabrik der Zukunft, die das Konzept der computerintegrierten Fertigung (CIM) realisiert.

ECKL, OTTO HELMUT, Dipl.-Kfm. Dipl.-Hdl., em. Professor für Betriebswirtschaft an der Fachhochschule Regensburg.

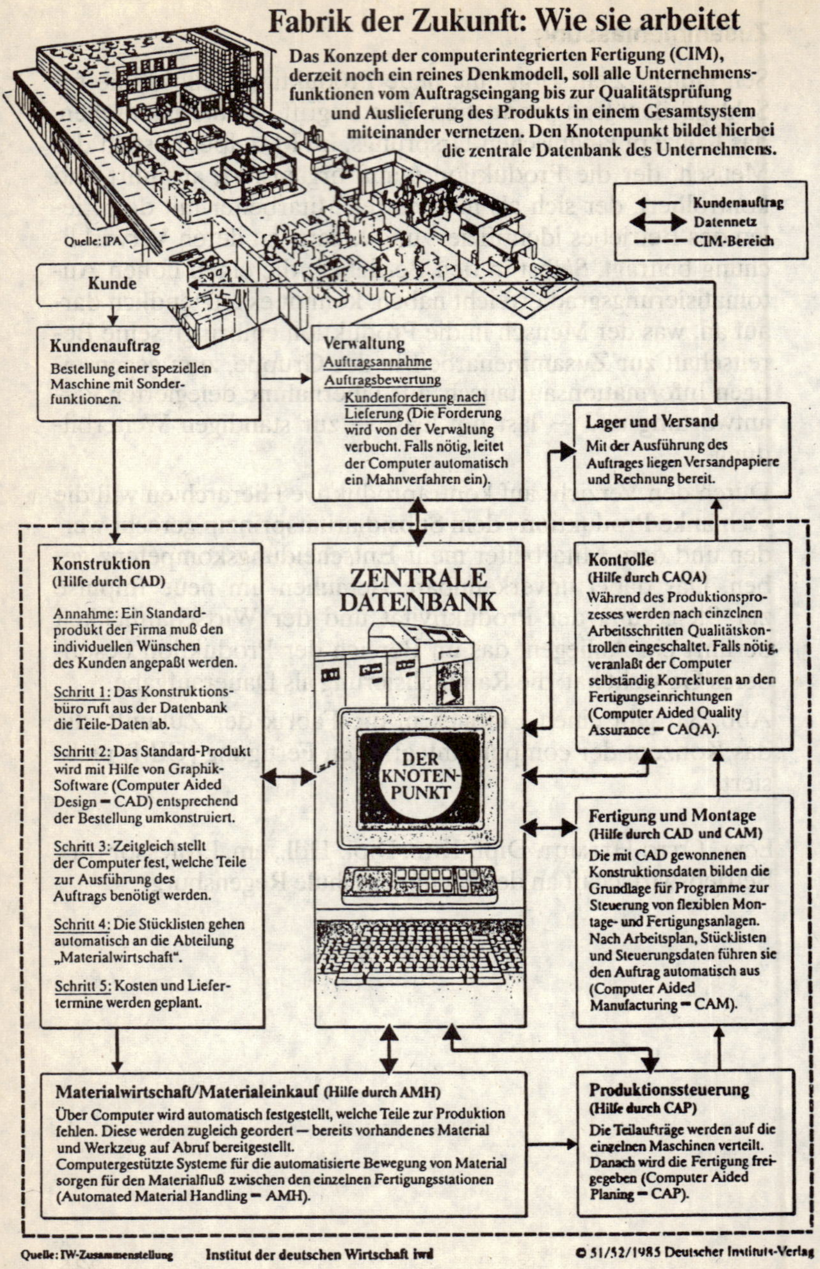

Abb. 3.6 Fabrik der Zukunft

3.2.5 Marketing/Vertrieb/Verkauf

Hans-Georg Lettau

Marketing ist ein Kind des industriellen Zeitalters. Von dem Zeitpunkt an, zu dem Produkte in industrieller Fertigung sozusagen auf Vorrat (und nicht mehr aufgrund einer einzelnen, individuellen Bestellung) hergestellt und angeboten wurden, hieß die Hauptfrage: Wo, wie, an wen und zu welchen Bedingungen wollen wir unsere Produkte »vermarkten«?

In unserer Überfluß-Gesellschaft kommt der erfolgreichen Lösung dieses Problems die höchste Priorität im Unternehmen zu: Marktbesitz ist wichtiger als der Besitz von Produktionsmitteln.

»Marketing« ist der amerikanisierte, eigentlich unübersetzbare Begriff für diese Aufgabe. Er umfaßt »alle Maßnahmen und Methoden eines Unternehmens, sein Marktkapital zu halten und zu vermehren« (Herbert Groß). Marktorientierte Unternehmensführung — so wird das häufig ebenfalls übersetzt. Und das geht demzufolge alle im Unternehmen an: Nicht nur den Verkauf und die Werbung, sondern auch die Produkt-Entwicklung, die Produktion, den Service, die Preis- und Konditionenpolitik, Lieferung und Lagerung. Alle im Unternehmen sollen *marktorientiert und kundenorientiert planen, denken und handeln.* Marketing muß aber auch *getan* werden, und so gibt es selbstverständlich in der Organisation eines Unternehmens die entsprechenden Stellen: Marketing-Abteilung, Werbeabteilung, Vertrieb, Verkauf u.a. Hier sind die Mittel der Marktbearbeitung als Funktionen angesiedelt.

Schafft man es darüber hinaus, alle Maßnahmen und Methoden im Sinne eines modernen »Strategischen Marketing« zu einer Marketing-Konzeption für Produkte und Märkte zusammenzufassen, wird schnell deutlich, daß wir es hier mit einer Methode zur bewußten und systematischen Entscheidungsfindung zur Bewältigung der gestellten Aufgabe zu tun haben.

Marketing hat sich schrittweise entwickelt — je komplexer die Märkte wurden durch immer zahlreichere Anbieter aus dem In- und Ausland, durch immer mehr neue Bedürfnisse und neue Produkte zu ihrer Befriedigung und durch immer umfangreichere Maßnahmen und Methoden zur Gewinnung von Abnehmern. Das leuchtet jedem ein, der durch das übervolle Angebot eines Kaufhauses bummelt oder in einem Supermarkt mit durchschnittlich 4000 Artikeln seinen bescheidenen Wochenbedarf deckt. Es ist durchaus sinnvoll, diese schrittweise Entwicklung nachzuvollziehen, da alle Aufgaben, Instrumente und Methoden aus allen fünf Phasen der Entwicklung auch heute noch gebraucht werden und stimmen müssen, um am Markt erfolgreich mithalten zu können.

Die Phasen	Aufgaben / Instrumente / Methoden
1. Der produktorientierte Ansatz	• Eigenschaften • Nutzen • Positionierung • Service • Preis • Verpackung
2. Der distributionsorientierte Ansatz	• Verkauf • Lagerung • Lieferung • Verfügbarkeit
3. Der funktionsorientierte Ansatz	• Forschen • Entwickeln • Planen • Steuern • Kontrollieren • Informieren • Analysieren • Organisieren • Finanzieren • Motivieren
4. Der instrumentenorientierte Ansatz	• Produktpolitik • Sortimentspolitik • Lagerpolitik • Lieferpolitik • Absatzwegepolitik • Kundenpolitik/Marktsegmente

	• Preispolitik • Konditionenpolitik • Verkaufsorganisation • Servicepolitik/Kundendienst • Werbekonzeption • Verkaufsförderungskonzeption
5. Der marktsegment-orientierte Ansatz	• Geografisch/regional • Firmendemografisch • Branchenorientiert • Anwendungstechnisch • Soziodemografisch • Sozioökonomisch • Psychologisch • Life-Style-orientiert • Produktsegmente • Preissegmente • Qualitätssegmente • Vertriebssegmente

Die Fülle der Aufgaben, Instrumente und Methoden (zu denen ja jetzt noch die Hunderte von möglichen Ausformungen treten) verlangt nach einem Ordnungsprinzip. Es muß verhindern, daß wir uns punktuell nur mit einzelnen Instrumenten und Maßnahmen beschäftigen (»... wir haben ein zu volles Lager? Na, dann machen wir mal eine Preisaktion!«), und es muß sicherstellen, daß alle Aufgaben zur Lösung eines absatzwirtschaftlichen Problems in logischer Folge bearbeitet werden und daß nichts vergessen wird. Dazu dient der Marketing-Regelkreis (nach W. K. A. Disch). Die aus dem technisch-naturwissenschaftlichen Bereich stammende Bezeichnung als Regelkreis ist berechtigt; Sollgröße oder Stellgröße ist die Zielsetzung, die zu beeinflussenden Teile des Systems sind die Voraussetzungen, die wir im Unternehmen schaffen, sowie die Strategie, mit der wir am Markt auftreten wollen; Stelleinrichtung sind die Aktionen in Form von operativen Plänen, die kurzfristig angepaßt werden können, und die Meßeinrichtung haben wir in Form der Kontrolle am Schluß des Systems.

- Der Regelkreis beginnt — wenn man bei einem Kreis überhaupt von Beginn reden kann — mit der Information. Ein

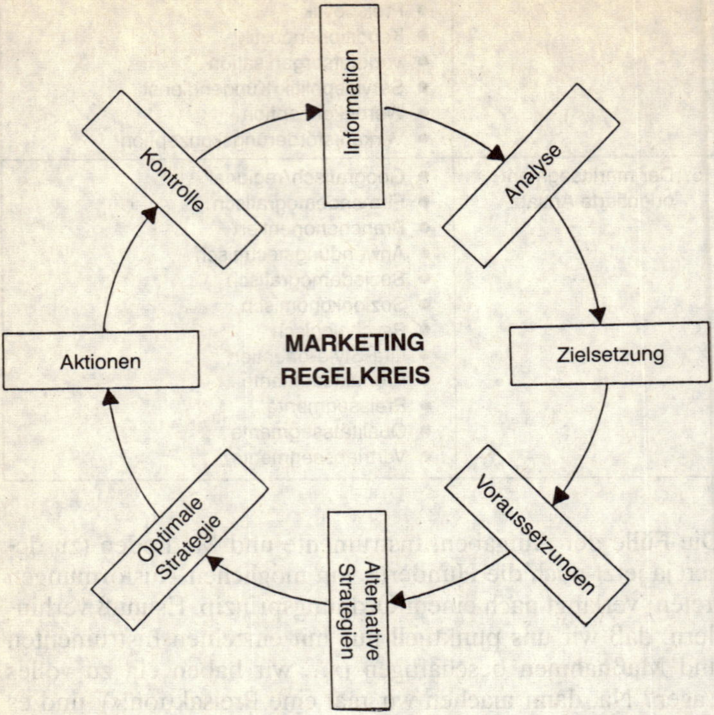

vollständiges Marketing-Informations-System wird von drei Informations-Strömen gespeist: Es sind die Marketinginformationen, die Umweltinformationen und die Informationen aus dem Unternehmen selbst, z.B. über unsere Stärken und Schwächen.

- Im nächsten Schritt wird die Analyse der aufgenommenen und aufbereiteten Informationen verlangt als Antwort auf die Frage: Welche Schlüsse ziehen wir aus dem Informationsangebot? Das kann regelmäßige, umfassende Analysen und Prognosen betreffen zu bestimmten Gesamtproblemen, aber auch nur temporäre oder partielle Analysen zu bestimmten Sachverhalten.
- Aus Information und Analyse entsteht eine realistische Zielsetzung. Für eine vollständige Marketing-Konzeption

müssen zwei Ebenen in der Zielhierarchie eines Unternehmens angesprochen werden: zum einen die für diese Marketing-Konzeption relevanten unternehmenspolitischen Oberziele, z.B. Wachstum, Rentabilität oder Image, zum anderen die operativen Marktziele in der Konzeption selbst, als definierter Endpunkt aller Bemühungen, die in der Konzeption zusammengefaßt werden.

- Dann stellt sich die Frage: Können wir das überhaupt? Wie sind die Voraussetzungen beschaffen, die zu Erreichung der Ziele notwendig sind? Sie werden mehrheitlich unter den Stichworten Personal, Organisation und Finanzen zu finden sein.
- Die wichtigste Frage ist dann: Wie wollen wir vorgehen, um unsere Ziele zu erreichen? Welche alternativen Strategien gibt es überhaupt? Hochpreispolitik oder Niedrigpreispolitik? Breites Sortiment oder tiefes Sortiment? Oder breit und tief zugleich? Freie Handelsvertreter oder fest angestellte Reisende? Das alles wird abhängen von den Einflußgrößen, die bei der Formulierung einer Strategie zu beachten sind.
- Aus der Bewertung der unterschiedlichen Alternativen im Hinblick auf den erwarteten Grad der Zielerreichung errechnet sich die Optimale Strategie — optimal nicht nur für den Weg zum Ziel, sondern optimal auch für den jetzigen Zeitpunkt und die jetzige Situation. Dazu müssen wiederum die Informationen und Analysen herangezogen werden.
- Jetzt endlich geht es in die Phase der Realisierung hinein. Alle Ziele und Pläne müssen sich niederschlagen in Einzelplänen, z.B. für den Verkauf, die Werbung, die Marktbearbeitung und Verkaufsförderung. Gut ausgearbeitete Budgets sind typische Vertreter dieses Elementes.
- Am Ende des Kreises — wenn man von Ende überhaupt sprechen kann — steht die Kontrolle, nicht im Sinne von »Nachkontrollieren«, sondern eher im Sinne von »Controlling«, und das heißt: regeln, steuern, eingreifen. An dieser Stelle sollen Informationen zur Kurskorrektur auftauchen,

und das werden mehrheitlich Soll-Ist-Vergleiche zu allen vorgegebenen Zielen und Plänen sein. Damit ergibt sich für die Lösung einer absatzwirtschaftlichen Aufgabe die folgende Checkliste:

1. Informationen	• Marktinformationen • Umweltinformationen • Unternehmensinformationen
2. Analysen	• Marktanalysen • Umweltanalysen • Unternehmensanalysen
3. Zielsetzungen	• Relevante Unternehmensziele • Marktziele in der Konzeption
4. Voraussetzungen	• Organisation • Personal • Finanzen
5. Alternative Strategien	• Einflußgrößen • Handlungsalternativen • Bewertungen
6. Optimale Strategie	• 12 Elemente der Marktstrategie
7. Aktionen	• Verkaufsplanung • Werbeplanung • Marktbearbeitung • Verkaufsförderungspläne
8. Kontrolle	• Soll-Ist-Vergleiche • Berichtswesen

Im Marketing-Regelkreis gibt es zwei Teile von besonderem Rang:

1. Die Zielsetzung
2. Die Strategie.

Beide sind sichtbarer Ausdruck der Marktorientierung eines Unternehmens. Die wird nicht etwa hergestellt in der Marktforschungs-Abteilung — dort werden ja nur die notwendigen Informationen gesammelt und aufbereitet. Wenn dann eine Unternehmens-Leitung aufgrund einer sehr sorgfältigen Marktanalyse beschließt:

… wenn das so ist — dann sollten wir …
… wenn das so ist — dann werden wir …
… wenn das so ist — dann nehmen wir uns vor …

dann befreit sie die Zielsetzung im Unternehmen von der Willkür einer undifferenzierten Vorwärts-Strategie. Sie macht damit Ziele und Pläne realistisch und damit auch erreichbar. Sie macht damit Ziele und Pläne auch begreifbar und begründbar und damit nachvollziehbar für die Menschen mit der Durchführungs-Verantwortung.

Diese haben jetzt die Aufgabe, die gemeinsam formulierten Ziele mit Hilfe der Marktstrategie zu realisieren. Diese Aufgabe beginnt mit drei Fragen:

1. Welche Elemente können wir überhaupt einsetzen? (Das sind bei einer Versicherung sicher andere als bei einem Backwarenhersteller)
2. Welche Wirkungen haben die einzelnen Elemente? (Das sind bei der Werbung sicher andere als z.B. bei der Preispolitik)
3. Wie können wir die einzelnen Wirkungen zu einem Wirkbündel optimieren? (Das Ganze soll mehr sein als die Summe der Teile)

Und dafür gibt es eine Fülle von Möglichkeiten. Hier hat der Marketer die echte Chance, kreativ zu sein und mit gekonnter Kombination und Koordination der absatzpolitischen Instrumente eine wirksame Strategie zu entwickeln.

Elemente	Möglichkeiten
Produktpolitik	■ Standardprogramme oder ■ Spezialitätenprogramme ■ Qualitätsstandards ■ Leistungsstandards ■ Größen/Formen/Farben/Gewichte/ Materialien ■ Modifikationen/Variationen ■ Garantieleistungen ■ Verpackung/-einheiten

►

Elemente	Möglichkeiten
Sortimentspolitik	■ Umfang des Sortiments ■ Breite und Tiefe ■ Bedarfsbündelungen ■ Zusatzleistungen
Lager- und Lieferpolitik	■ Aussagen zur Lieferbereitschaft ■ Lieferzeiten ■ Lieferwege ■ Transportorganisation ■ Lagerorganisation
Kundenpolitik	■ Zielgruppen ■ Marktsegmente ■ Kundenstruktur
Vertriebswegepolitik	■ direkt/indirekt ■ intensiv/selektiv ■ welche Absatzhelfer ■ einstufig/mehrstufig
Preispolitik	■ Hochpreispolitik ■ Niedrigpreispolitik ■ Bruttopreise/Nettopreise ■ Nutzenpreise/Kostenpreise/Marktpreise ■ einheitlich/differenziert ■ Aktionen — regional/zeitlich
Konditionenpolitik	■ Mengenrabatte/Funktionsrabatte ■ Jahresabkommen/Rahmenabkommen ■ Zahlungsziele/-bedingungen ■ Vertragliche Bindungen ■ Vertikalisierungsstrategien
Verkaufsorganisation	■ Reisende/Handelsvertreter ■ Anzahl/Standorte ■ Ausbildung/Ausrüstung ■ Entlohnungssystem ■ Motivationsfaktoren
Service/Kundendienst	■ Umfang/Intensität ■ Schnelligkeit/Verfügbarkeit ■ eigener Service/durch Dritte ■ kostenlos/kostenpflichtig ■ Beratung/Softwarepakete
Werbekonzeption	■ langfristig/kurzfristig ■ regional/überregional ■ einstufig/mehrstufig

	■ Imagewerbung für das Unternehmen oder für Produkte ■ Markenwerbung ■ Produktwerbung ■ Streuwerbung/gezielte Werbung ■ informativ/kaufauslösend
Verkaufsförderung	■ humanorientiert ■ sachorientiert ■ alle Stufen der Verkaufsorganisation ■ nur am POS ■ nur für die eigene Organisation ■ auch für Absatzmittler ■ Verkäuferförderung ■ Käuferförderung ■ Produktförderung

Speerspitze der Marktstrategie wiederum ist die Verkaufsorganisation. Sie ist zwar selbst eines der Elemente der Marktstrategie, sie hat aber die Aufgabe, acht andere Elemente im Markt zu vertreten: die Produktpolitik, die Sortimentspolitik, die Preispolitik, die Konditionenpolitik, die Kundenpolitik und die Absatzwege, den Service und die Verkaufsförderung. Von daher ist ihr besonderer Rang begründet. Sechs Fragen sind bei der Diskussion um eine schlagkräftige Verkaufs-Organisation zu beantworten.

Themen	Fragen
1. Anzahl	● *Wieviele Mitarbeiter brauchen wir überhaupt?* ● Das richtet sich nach dem gewünschten Grad der Marktabdeckung.
2. Standorte	● *Wo müssen diese Mitarbeiter stationiert sein?* ● Das richtet sich nach den möglichen Gebietsgrößen und der Konzentration von Kunden und möglichen Kunden.
3. Ausbildung	● *Welche Voraussetzungen müssen unsere Mitarbeiter einbringen für ein erfolgreiches Verkaufs-Gespräch?* ● Das können fachliche Voraussetzungen sein wie z. B. Produktkenntnisse oder Marktkenntnisse, aber auch verkäuferische Kenntnisse, wie z. B. Verkaufspsychologie und systematisches Arbeiten.

►

Themen	Fragen
4. Ausrüstung	• *Was müssen unsere Mitarbeiter in der Aktentasche mitführen zur Unterstützung ihrer Arbeit?* • Das werden in erster Linie Verkaufsunterlagen sein, Muster und Modelle, aber auch Bestellformulare, Berechnungs-Hilfen u. a. m.
5. Motivation	• *Wie können wir unsere Mitarbeiter motivieren, sich für die Marktziele des Unternehmens einzusetzen?* • Provisionen, Prämien und Wettbewerbe sind eher sachbezogene Motivationsfaktoren. Wirkungsvoller sind in unserer Zeit die eher emotionalen Motivationsfaktoren, wie z. B. Rang und Anerkennung, Gestaltungsfreiheit, Einbeziehen in die Verantwortung.
6. Steuerung und Kontrolle	• *Wie stellen wir den effizienten Einsatz dieses wichtigen und teuren Instrumentes sicher?* • Das geschieht heute schon vielfach mit Software-Programmen, die eine wirksame Führung aufgrund von Kundenstruktur-Analysen, Soll-Ist-Vergleichen und Tätigkeitskennziffern ermöglichen.

Und so wirken die einzelnen Stufen zusammen: Eine gute Außendienst-Organisation alleine kann eine fehlende Konzeption nicht ersetzen. Aber: Im Rahmen einer gut geplanten Marketing-Konzeption und als Teil einer gut aufgebauten Marktstrategie potenziert sich ihre Wirkung.

Lettau, Hans-Georg, Unternehmensberater, München
Tätigkeitsschwerpunkte:
Strategische Planung, Marketing-Konzeptionen
Strategie-Seminare, Marketing-Seminare

Veröffentlichungen:
Geplante Verkaufserfolge, 2. Aufl., Econ 1970
Informieren — Analysieren — Entscheiden, Econ 1971
Ziele setzen — mehr erreichen, Verlag Marketing-Journal, 3. Aufl., Hamburg 1983
Strategisch planen — mehr erreichen, Verlag Marketing-Journal, 2. Aufl., Hamburg 1988

Grundwissen Marketing, Heyne-Taschenbuch, 2. Aufl., München 1991

3.2.6 Werbung

Jakob Wolf

Werbung soll die Kunden von Unternehmen beeinflussen, deren Produkte zu kaufen, deren Dienstleistungen in Anspruch zu nehmen, deren Einkaufsstätten aufzusuchen und dgl. Damit sich die Kunden in diesem Sinne verhalten, müssen die Werbebotschaften der Unternehmen zugleich informieren und überreden. Soll dies gelingen, muß die Werbung nach Plan erfolgen.

Werbeplanung beinhaltet die systematische Zusammenstellung und Planung aller künftigen Werbemaßnahmen eines Unternehmens im Rahmen einer umfassenden Marketingplanung.

Werbeplanung ohne Marktforschung ist entweder völlig unwirksam oder nur bruchstückhaft. Die Marktforschung hat die Informationen für die Werbeplanung, das heißt für die Vorbereitung, Durchführung und Kontrolle von werbepolitischen Entscheidungen zu liefern.

Die Abbildung (auf Seite 248) gibt einen Überblick über den Prozeß der Werbeplanung. Die Werbeplanung eines Unternehmens umfaßt im einzelnen folgende Entscheidungsbereiche.

1. **Formulierung der Werbeziele für die Zielgruppen**

   Die Marketingziele leiten sich aus den unternehmerischen Oberzielen (z.B. Gewinnziel, Umsatzziel) ab. Sie legen z.B. das Leistungsprogramm fest, das ein Unternehmen auf bestimmten Märkten realisieren will.

   Die Werbeziele sind als Unterziele zu den Marketingzielen zu verstehen. Sie müssen zielgruppenbezogen operational formuliert werden. Dies kann nur gelingen, wenn vor Festlegung der Werbeziele Marktforschung betrieben wurde.

Werbeplanung

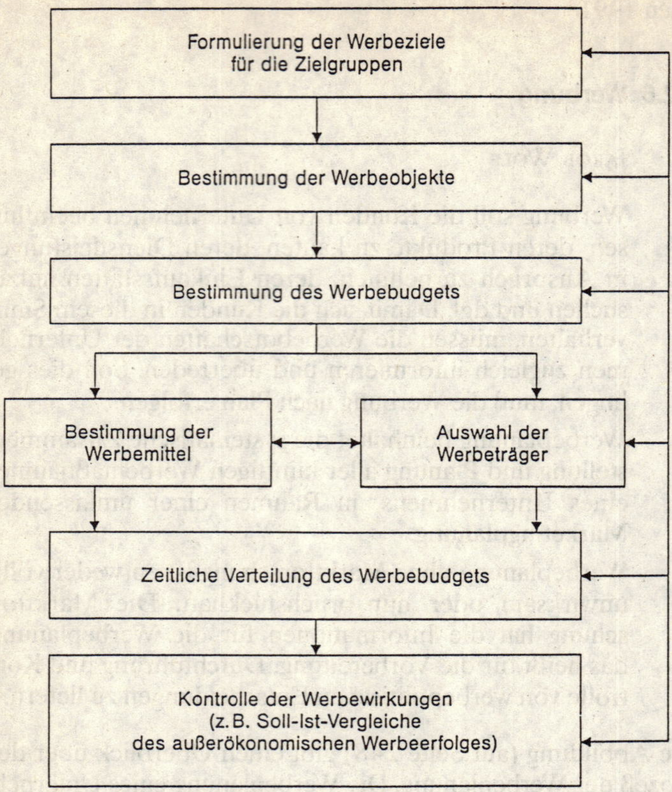

Nur wenn die Ergebnisse einer Imageanalyse vorliegen, die die Imageschwächen und -stärken eines bestimmten Produktes bei den unterschiedlichen Zielgruppen aufgedeckt haben, kann z.B. das Werbeziel »Verbesserung des Produktimage bei einer bestimmten Zielgruppe« operational formuliert werden.

2. **Bestimmung der Werbeobjekte**

Der zweite Schritt im Rahmen der Werbeplanung hat die Wahl der Werbeobjekte zum Inhalt. Wofür soll eine Unternehmung werben? Grundsätzlich können alle Marktleistungen, wie Produkte, Sortimente im Handel, Dienstleistungsprogramme oder das Unternehmen als Ganzes Gegenstand der Werbepolitik sein.

Bildet das Unternehmen als Ganzes das Werbeobjekt, spricht man von Firmenwerbung (Institutionenwerbung). Das Unternehmen als Träger eines bestimmten Leistungskonzepts wird beworben, um Präferenzen bei den potentiellen Kunden zu schaffen.

3. **Bestimmung des Werbebudgets**

Die Bestimmung des Werbebudgets (Werbeetats) als dritter Planungsschritt sollte eigentlich von den Werbezielen ausgehen. In diesem Fall legt die Budgetplanung die zur Erreichung der vorgegebenen Werbeziele notwendigen finanziellen Mittel fest. Die Summe der so geplanten Kosten macht das Werbebudget aus.

In der Praxis vollzieht sich jedoch die Budgetplanung auf der Basis des aktuellen oder erwarteten Umsatzes. Man nimmt einen bestimmten Prozentsatz (z.B. 2,4% vom Umsatz), der sich aus betriebsindividuellen Vergangenheitswerten herleitet oder an einem Branchendurchschnittswert orientiert. Eine derartige Werbebudgetplanung ist aus vielerlei Gründen problematisch. Sie beinhaltet z.B. eine zyklische Werbung, während sich vor allem in Krisenzeiten eine antizyklische Werbung empfiehlt. Sie berücksichtigt nicht die unterschiedlichen Phasen im Lebenszyklus eines Produkts usw.

4. **Auswahl der Werbeträger**

Die Auswahl der Werbeträger (Werbemedien), die auch als Mediaselektion bezeichnet wird, stellt den vierten Planungsschritt dar. Das Ergebnis dieses Auswahlprozesses schlägt sich in dem Mediaplan nieder, der eine optimale Ausschöpfung des Werbebudgets ermöglicht.

Im Rahmen der Werbeträgerauswahl kann auf folgende klassische Medien zurückgegriffen werden:

- Zeitschriften
- Tageszeitungen
- Fernsehen
- Hörfunk.

Diese vier klassischen Werbeträger stellen zugleich die wichtigsten Instrumente im Rahmen einer Mediawerbung (Massenumwerbung) dar, die häufig um weitere Werbeträger wie Plakatwerbung, Kinowerbung, Verkehrsmittelwerbung, Katalogwerbung und dgl. ergänzt werden.

5. **Bestimmung der Werbemittel**

Die Bestimmung der Werbemittel im fünften Planungsschritt umfaßt die Auswahl der Materialien, in denen sich die Werbebotschaft niederschlägt. Werbemittel sind z.B. Anzeige, Plakat, Hörfunkspot, Fernsehspot, Werbefilm usw.

Die Auswahl der Werbeträger und die Bestimmung der Werbemittel gehen in der Regel Hand in Hand. Es handelt sich hier um einen synchronen Prozeß innerhalb der Werbeplanung.

6. **Zeitliche Verteilung des Werbebudgets**

Der sechste Planungsschritt beinhaltet die zeitliche Verteilung des Werbebudgets. Dabei ist als erstes die Planungsperiode der Werbung zu bestimmen. Dies wird in den meisten Fällen das Kalenderjahr oder das Etatjahr sein.

Innerhalb des Planungszeitraums stellt sich dann die Frage, ob die Werbemaßnahmen zeitlich gleichmäßig verteilt, oder ob bestimmte zeitliche Schwerpunkte gesetzt werden sollen.

Werden zeitliche Schwerpunkte gesetzt, sind mit Rücksicht auf das Werbebudget in einem gewissen Umfang Werbepausen notwendig.

Die zeitliche Verteilung des Werbebudgets wird auch dadurch bestimmt, ob prozyklisch, d.h. mit dem Saisonverlauf, oder antizyklisch, also gegen den Saisonverlauf des Marktes geworben wird.

7. **Kontrolle des Werbeerfolgs**

Zum Prozeß der Werbeplanung wird auch noch die Werbeerfolgskontrolle gerechnet. Der Werbeerfolg beinhaltet die erreichte Realisierung (Realisierungsgrad) der Werbeziele.

Dabei wird zwischen einer ökonomischen (z.B. Umsatzsteigerung) und einer außerökonomischen (z.B. Veränderung eines Produktimage) Werbeerfolgskontrolle unterschieden.

Die vorstehenden sieben Planungsschritte im Rahmen der Werbeplanung sind nicht so zu verstehen, als wären sie streng aneinandergekettet. Das Phasenschema drückt vielmehr eine tendenzielle Reihenfolge der einzelnen Planungsschritte aus. Die Planungsphasen beeinflussen sich wechselseitig und überschneiden sich auch teilweise.

Ein die Werbung ergänzendes Kommunikationsinstrument stellt die Öffentlichkeitsarbeit (Public Relations) dar. Public Relations ist der systematische, kontinuierliche und offene Dialog mit der Öffentlichkeit. Die Öffentlichkeitsarbeit ist nicht primär darauf gerichtet, den Umsatz eines Unternehmens zu fördern, sondern will vor allem Vertrauen (goodwill) für das Unternehmen als Ganzes, aber selbstverständlich auch für dessen Leistungen erzeugen. Public Relations wendet sich daher auch an die unmittelbaren Zielgruppen (tatsächliche und potentielle Kunden) des Unternehmens.

Public Relations und Werbung sind nicht identisch, ergänzen sich aber gegenseitig. Beide Kommunikationsinstrumente haben als Gemeinsamkeit, daß sie für das Unternehmen ein positives Firmenimage in bezug auf die möglichen Dialoggruppen aufbauen wollen. Die Kommunikationsinstrumente Werbung und Public Relations sind möglichst eng aufeinander abzustimmen.

Literaturhinweise

BARTH, K. / THEIS, H. J.: Werbung des Facheinzelhandels, Wiesbaden 1991

UNGER, F.: Werbemanagement, Heidelberg 1989

WOLF, J.: Werbung und Public Relations, München 1992

WOLF, JAKOB, Prof., Fachhochschule Regensburg

Unternehmensberater

Autor von:
Marktforschung, Landsberg a. L. 1988
Werbung und Public Relations, München 1992

3.2.7 Personal- und Sozialarbeit

THOMAS FROMME

Der Erfolg eines Unternehmens ist zu einem wesentlichen Teil abhängig von der Leistungsfähigkeit aller Mitarbeiter, nicht nur der Führungskräfte. Bereitschaft zur Leistung und Treue zum Unternehmen in guten und schlechten Zeiten sind aber vom betrieblichen und sozialen Umfeld abhängig. Die Unternehmenskultur muß daher zu den Vorstellungen der Mitarbeiter passen.

Soziale Leistungen im Wandel der Zeit

Zu den Grundsätzen vieler Unternehmen zählt es, die Mitarbeiter zu fördern, zu entwickeln und ihnen soziale Sicherheit und Rückhalt sowohl im aktiven Berufsleben als auch im Ruhestand zu bieten. Die Mitarbeiter sollen motiviert an die Arbeit gehen. Es soll ihnen und ihrer Familie möglich sein, sich in hohem Maße mit dem jeweiligen Unternehmen zu identifizieren. Unternehmenskultur, Corporate Identity — Schlagwörter, die nicht nur in großen Firmen starke Beachtung finden.

Aus dieser Grundhaltung heraus entwickelte sich während des 20. Jahrhunderts, besonders in den Nachkriegsjahren, eine ganze Palette von vielfältigen Sozialleistungen. Viele haben ihren Ursprung mehrere Jahrzehnte zurückliegend und sind bis heute in ihrer Bedeutung aktuell geblieben. Für manche haben sich die Ausgangsvoraussetzungen geändert. Sie wurden im Laufe der Jahre den jeweiligen Bedürfnissen entsprechend angepaßt.

Einige wurden auch wieder völlig abgeschafft, weil ihre Existenzberechtigung nicht mehr weiter zu begründen ist. Inzwischen wird der soziale Bereich immer mehr durch Betriebsvereinbarungen, tarifliche Regelungen oder gesetzliche Vorschriften ausgefüllt. Dadurch entsteht für die Belegschaft ein ganzes Netzwerk von Sozialleistungen, die früher von den Unternehmen auf freiwilliger Basis gewährt wurden.

Sozialleistungen sollen gesetzliche und tarifliche Leistungen dort ergänzen, wo diese nicht ausreichen. Sie müssen deshalb zeitgemäß sein und in ihren Schwerpunkten entsprechend angepaßt werden können.

Zwei Beispiele sollen das verdeutlichen.

Beispiel 1: Wohnungsbau

Nach den beiden Weltkriegen herrschte in Deutschland akute Wohnungsnot. Deshalb betrieben viele Firmen den Bau von mietgünstigen Werkswohnungen. Mancherorts entstanden komplette Siedlungen. Im Laufe der Zeit strebten viele Mitarbeiter nach mehr persönlicher Sicherheit in Form von »eigenen vier Wänden«. In Reaktion auf diese Entwicklung verkauften viele Unternehmen den werkseigenen Wohnungsbestand an die Belegschaft, oft zu sehr günstigen Preisen. Heute wird die Eigeninitiative der Mitarbeiter zur Wohnraumbeschaffung gefördert, z.B. indem zinsbegünstigte Baudarlehen für die Finanzierung eines Eigenheimes oder einer Eigentumswohnung gewährt werden. Eine geänderte Gesetzgebung belastet immer stärker den verbilligt zur Verfügung gestellten Wohnraum für die ihn in Anspruch nehmenden Mitarbeiter mit Steuern und Sozialabgaben: als »geldwerten Vorteil«. Dadurch wurde die Grundhaltung vieler Unternehmen bestätigt, sich aus der eigenen Wohnungsbau-Aktivität zurückzuziehen.

Beispiel 2: Verpflegung

Die Einrichtung von Werkskantinen und die Versorgung der Schichtarbeiter mit Verpflegung vor Ort sind heute in vielen Firmen Selbstverständlichkeiten und haben ihren Stellenwert bei der Belegschaft voll behalten. War es früher die Hauptsorge der Arbeiter, mit einer ausreichenden Mahlzeit den Hunger zu stillen, wurde also vorwiegend entsprechende Quantität an Speisen erwartet, haben sich heute die Essensgewohnheiten sehr verändert und verfeinert. Individuelle Menüs, die sich jeder selbst zusammenstellen kann, stehen heute an erster Stelle der Mitarbeiterpräferenzen. Um schmackhafte und gesunde Ernährung professionell anbieten zu können, geben immer mehr Unternehmen bisher in eigener Regie geführte Kantinen in die Verantwortung von Experten, also Catering-Unternehmen, die sich meist im Rahmen eines im Free-Flow-Prinzip gestalteten Selbstbedienungsrestaurants an den individuellen Bedürfnissen der Mitarbeiter orientieren.

Weitere althergebrachte und (wieder) aktuelle Sozialleistungen:

- eigene Kindergärten für die Frauen mit Kindern, die berufstätig sein wollen, im Hinblick auf den immer höher werdenden Anteil weiblicher Arbeitskräfte
- die Förderung kultureller und sportlicher Aktivitäten vielfältigster Art für die Ausgestaltung des Feierabends und der Freizeit
- Beschäftigung von Schwerbehinderten, Angebot von Behinderten- und Koronarsport
- Hilfe bei Suchtproblemen
- Werksbücherei
- Beratung bei der persönlichen Steuererklärung
- Unterstützung der Belegschaft in Notfällen (Unterstützungs-Verein, Sterbekasse)
- Vorruhestandsregelungen, betriebliche Altersversorgung (Pensionskasse, Lebensversicherung)

- Hilfe in Zusammenhang mit dem — evtl. gleitenden — Übergang in den Ruhestand

Gerade zum letzten Punkt wird die Rentenreform zum 1. 1. 1992 Handlungsbedarf auslösen. Doch in welchen Betrieben wird rechtzeitig an Lösungen und Angeboten gearbeitet, die der neuen Rechtslage gerecht werden?

Sozialleistungen haben zweckbestimmten Charakter. Auch wenn jeder Mitarbeiter in vergleichbaren Situationen das gleiche Recht auf solche Leistungen hat, empfindet nicht jeder das gleiche Bedürfnis nach ihnen. Andererseits ist die Gefahr des Anspruchsdenkens desto größer, je breiter das Angebot ist.

Die aus einem derartigen Sozialleistungskatalog entstehenden Kostenbelastungen — inklusive Steuern und Sozialabgaben — müssen für das Unternehmen auch langfristig tragbar sein. Sozialleistungen können deshalb nicht auf den Augenblick hin ausgerichtet sein. Von daher muß ständig darauf geachtet werden, daß das soziale Engagement des einzelnen Unternehmens flexibel, angemessen und ausgewogen bleibt.

Sozialleistungen müssen dort einsetzen, wo gesetzliche und tarifliche Regelungen einer Ergänzung bedürfen. Sie haben sich in der Ausgestaltung an der wirtschaftlichen Leistungsfähigkeit des Unternehmens zu orientieren und sollen nicht zu Anspruchsdenken bei der Belegschaft führen.

Personalpflege — ein neuer Akzent

Immer mehr Unternehmen erarbeiten umfassende Konzepte, um den einzelnen Mitarbeiter dabei zu unterstützen, sein persönliches Wohlergehen und seine Gesundheit durch eine richtige innere Einstellung und das angemessene persönliche Verhalten zu bewahren. Der Betrieb kann konkret mit Maßnahmen der Arbeitsplatzgestaltung und der Mitarbeiterführung wesentlich dazu beitragen, daß die Mitarbeiter auch im betrieblichen Alltag auf die Erhaltung ihrer Gesundheit achten.

So können beispielsweise Vorgesetzte darin geschult werden, Fehlbeanspruchungen bei sich und ihren Mitarbeitern besser wahrzunehmen. Medizinische Programme zur Gesundheitsförderung, wie Herz- und Kreislaufvorsorge, sportliche Aktivitäten, richtige Ernährung, Streßabbau, Alkohol- und Nikotinentwöhnung usw. können im Einzelfall als Hilfsmaßnahmen eingesetzt werden, aber auch prophylaktisch für die gesamte Belegschaft.

Der Wert von Weiterbildung

In den vergangenen Jahrzehnten gesellschaftlicher Veränderungen, besonders seit Ende des Zweiten Weltkrieges, hat sich eine zunehmende Verschiebung ergeben vom früheren vorrangig harten körperlichen Einsatz am Arbeitsplatz hin zu Tätigkeiten, bei denen Koordinieren, Planen und Kontrollieren im Vordergrund steht. Der Verstand des einzelnen Mitarbeiters wird heute weit mehr gefordert als seine Muskeln. Das wird besonders deutlich am zunehmenden Einsatz der

- EDV in Verwaltungsbereichen,
- CAD/CAM in Konstruktionsbüros,
- Hochtechnologie mit rechnerunterstützter Prozeßsteuerung in Produktionsbetrieben.

Durch die ständige Modernisierung, Technisierung und Automatisierung gehen Tätigkeiten, die im gewerblichen Bereich ausgeführt werden, kontinuierlich zurück. Das Vordringen in High-Tech-Bereiche, die ständigen Verbesserungen der Produktqualitäten sowie die Intensivierung der Forschungsaktivitäten erfordern immer mehr höchstqualifizierte Mitarbeiter.

Die Errichtung des gemeinsamen europäischen Binnenmarktes und die Öffnung der Märkte in Osteuropa bedingen eine verstärkte Internationalisierung. Will man diese Herausforderungen der Zukunft bestehen, die Wettbewerbsfähigkeit erhalten und ausbauen, ist eine ständige fachliche und führungsbezogene Weiterbildung der Mitarbeiter notwendig.

Unter diesem Gesichtspunkt kommt der beruflichen Erstausbildung auf hohem fachlichen Niveau sowie der Förderung des Nachwuchses aus eigenen Reihen ein hoher Stellenwert zu. Anstrengungen des Unternehmens, durch Weiterbildungsmaßnahmen die Qualifizierung der Mitarbeiter zu fördern, gewinnen immer mehr an Wichtigkeit.

Bei der Konzeption der betrieblichen Bildungsarbeit sollten folgende Grundsätze im Vordergrund stehen:

- Das lernen, was erforderlich ist: Das bedeutet fachbedarfsnahe und problemorientierte betriebliche Bildung.
- Der Erfolg betrieblicher Bildung muß sich in der Praxis messen lassen.
- Der Vorgesetzte sollte in seiner Rolle als Trainer seiner Mitarbeiter unterstützt werden.
- Betriebliche Bildung ist Teil der Personalentwicklung, die sich aber an den Unternehmenszielen orientieren muß.

Es ist schon ein ausgewogenes Fortbildungsprogramm notwendig und die Möglichkeit für alle Mitarbeiter, daran teilzunehmen. Zu fördern sind vorrangig die Entwicklung und Erweiterung der

■ **Fachkompetenz**

z.B. durch Seminare über naturwissenschaftliche und technische Grundlagen der Produktionsprozesse, betriebs- und personalwirtschaftliche Grundlagen, Controlling, Datenverarbeitung, Kommunikations- und Bürotechnik, Sprachkurse.

■ **Sozialkompetenz**

z.B. durch Seminare über Präsentationstechniken, Visualisierung, Kommunikation, Gesprächsführung und Konferenztechnik, Moderationstraining, Mitarbeiterführung, Teamarbeit.

■ **Managementkompetenz**

z.B. durch Seminare über Arbeitsorganisation und Zeitmanagement, Problemlösungstechniken, Streßbewältigung, Planen, Entscheiden und Handeln in kompetenten Situationen, Führung- und Projektberatung, Organisationsdiagnose.

Ein weiteres Gebiet der betrieblichen Bildungsarbeit sind Qualitätszirkel. Sie zielen im wesentlichen darauf ab, Produktions- und Arbeitsabläufe effizienter und sicherer zu gestalten, die Qualität der Waren oder Dienstleistungen zu erhöhen sowie die Zusammenarbeit und die Arbeitsbedingungen und damit das gesamte Arbeitsumfeld zu verbessern. Die Teilnehmer an Qualitätszirkeln haben die Möglichkeit, sich in fachlicher und — durch die Arbeit in der Gruppe — auch in persönlicher Hinsicht höher zu qualifizieren.

Der bevorstehende Mangel an Fach- und Führungskräften

Untersuchungen der Altersstruktur der Bevölkerung Deutschlands zeigen unmißverständlich, daß in den nächsten 20 Jahren ein eklatanter Arbeitskräfte-Mangel eintreten wird. Bei der Besetzung der vorhandenen Stellen für Auszubildende macht sich diese Entwicklung bereits heute bemerkbar. Eine solche Arbeitsmarktlage wirkt sich besonders auf die Ressourcen an Fach- und Führungskräften aus. Gerade in diesem Bereich ist weder durch die Öffnung des Ostens noch durch die Realisierung des EG-Binnenmarktes eine Entlastung zu erwarten. Im Gegenteil, Aufbauarbeit erfordert einen höheren Bedarf.

In diesem zu erwartenden Szenario werden solche Unternehmen einen Vorteil haben, die bereits heute nach dem Grundsatz verfahren, Führungkräfte aus den Reihen der eigenen Mitarbeiter zu entwickeln. Dabei können folgende Maßnahmen eine wertvolle Hilfe sein:

- Jeder Vorgesetzte führt mit seinen Mitarbeitern jährlich ein Fördergespräch. Dabei gibt eine partizipative Gesprächsform Aufschluß über die Bewertung der erbrachten Leistungen und die Befähigungen des Mitarbeiters sowohl durch ihn selbst als auch durch seinen Vorgesetzten. Der Mitarbeiter kann mit seinem Vorgesetzten über seine beruflichen Entwicklungsziele sprechen, und der Vorgesetzte sollte seinem Mitarbeiter berufliche Perspektiven aufzeigen und die hierfür erforderlichen Entwicklungsmaßnahmen mit ihm konkret vereinbaren.

  Da aber nun mal nicht jeder Vorgesetzte zu solchen Gesprächen bereit oder in der Lage ist, sollte als Leitfaden ein entsprechendes Formular verwendet werden, abgestimmt auf die Bedürfnisse des Unternehmens: Außerdem können so die Gesprächsergebnisse schriftlich festgehalten und im Folgejahr als Grundlage eines darauf aufbauenden Fördergespräches verwendet werden.

- Durch ein solches Verfahren kristallisieren sich die im Unternehmen vorhandenen Führungsnachwuchskräfte heraus und stehen als Pool zur Verfügung. Die für die weitere berufliche Laufbahn unverzichtbare Managementkompetenz können diese Mitarbeiter praxisbezogen durch die Mitarbeit in für das Unternehmen besonders bedeutenden Projekten erwerben. So lernen sie das Managen von Geschäftsprozessen, Mitbestimmungsfragen des betrieblichen Alltags und das Realisieren einzelner Schritte praxisnah kennen. Von projektbegleitenden Trainern sollte jedem Teilnehmer — z.B. durch Supervision — die Fähigkeit zur Arbeit im Team einerseits und die Führungsbefähigung andererseits vermittelt werden, sein Durchsetzungsvermögen und das Überwinden betrieblicher Hindernisse. Durch ein solches Entwicklungsprogramm können die künftigen Führungskräfte ihre Befähigung zum systemischen Denken und Handeln unter Beweis stellen.

Für das Unternehmen selbst steht damit für die Besetzung von Führungspositionen ein Mitarbeiter-Potential zur Verfügung, das die Gesamtzusammenhänge im Unternehmen kennengelernt hat mit dem Vorteil einer große Verwendungsbreite.

Zeitmanagement

Abgesehen davon, daß die Gesetzgebung im Bereich des Lohnsteuerrechts immer mehr detallierte Zeitangaben verlangt, wird es immer wichtiger, Betriebszeiten einerseits und Arbeitszeitwünsche der Mitarbeiter andererseits flexibel planen zu können. Die heute verfügbaren modernen Zeitwirtschafts-Systeme und Kommunikationstechnologien ermöglichen

- den betrieblichen Vorgesetzten, den Personaleinsatz ihres Bereiches besser zu steuern, sowie
- den Mitarbeitern, eine weitreichende Disposition ihrer Arbeits- und Freizeiten vornehmen zu können.

Gleichstellung von Arbeitern und Angestellten

Die aus der industriellen Frühgeschichte entstandene — und damals gewollte — Trennung zwischen Arbeitern und Angestellten wird immer mehr in Frage gestellt. Besonders deutlich wird das an Gerichtsurteilen der jüngsten Zeit in Verbindung mit Kündigungsschutz und Lohnfortzahlung.

Ist es schon nicht zu verstehen, daß der Gesetzgeber durch die Judikative in Zugzwang gesetzt wird, sollten zumindest die Unternehmen in ihrer Personalarbeit das Ziel einer Gleichstellung kontinuierlich verfolgen. Dies kann beispielsweise in der Altersversorgung und bei der Entlohnung angestrebt werden.

Die Zusammenarbeit mit den Arbeitnehmer-Vertretern

Damit sind nicht nur die Betriebsräte gemeint. Man denke in diesem Zusammenhang auch an den Schwerbehindertenvertreter, die Jugend- und Auszubildendenvertreter sowie den Sprecherausschuß der leitenden Angestellten.

Frühzeitige Einbeziehung, umfassende Information und offener Meinungsaustausch fördern das Vertrauen zueinander und schaffen damit gute Voraussetzungen für die Lösung der vielfältigen betrieblichen Probleme.

Dialog statt Dirigismus

Etwa seit Mitte der 60er Jahre hat sich ein weiterer Wertewandel vollzogen: die Abkehr von den bis dahin herausgestellten Tugenden wie Gehorsam und Pflichterfüllung hin zu Zielen wie soziale Anerkennung und Selbstverwirklichung. Das hat nicht nur Auswirkungen in der Freizeit, sondern auch am Arbeitsplatz. Der Arbeitnehmer will heute nicht nur wissen, was er zu tun hat, sondern auch, zu welchem Zweck und warum eine bestimmte Tätigkeit gerade so ausgeführt werden soll.

Diese Fragen sind für manche Vorgesetzten zunächst unbequem, aber nur durch einen solchen Dialog können die Erfahrungen, Beobachtungen, das Wissen sowie das kritische Mitdenken der Mitarbeiter sinnvoll genutzt werden. Deshalb ist heute eine neue Führungsqualität gefordert. Dabei sollte besonders nach dem Grundsatz verfahren werden, Betroffene zu Beteiligten zu machen.

Die tätigkeitsbezogene Bezahlung ist größtenteils tariflich gesichert. Eine leistungsgerechte und erfolgsorientierte Entlohnung zu finden, ist aber auch eine soziale Verantwortung. Das geht jedoch nur im regelmäßigen Dialog zwischen jedem Vorgesetzten und jedem einzelnen seiner Mitarbeiter. Noch sind nicht alle zu einem solchen Vorgehen bereit. Hierin liegt die sich abzeichnende Herausforderung der Zukunft.

Die Bewältigung dieser veränderten Lage fällt nicht immer leicht. Es ist aber notwendig, sich in der Personalarbeit ständig, der jeweiligen Entwicklung entsprechend, neu zu orientieren.

Literaturhinweise

RUMPF, H.: Personalführung, München 1991

FROMME, THOMAS, Kirchheim-Heimstetten

ist Leiter des Abrechnungsbüros in einem Chemiekonzern und Betreuer der personalwirtschaftlichen EDV-Systeme. Er ist bundesweit tätig als Referent für Personalarbeit.

3.2.8 Finanz- und Rechnungswesen

HERBERT H. BERSCHIN

Das Finanz- und Rechnungswesen ist einer der klassischen Funktionsbereiche des Unternehmens. Es sorgt für die vollständige Erfassung aller im Betrieb auftretenden Geld- und Leistungsströme, bei der Beschaffung, bei der Produktion, beim Absatz und bei der Finanzierung

- wertmäßig und
- mengenmäßig.

Nur durch eine korrekte, zeitnahe, vollständige, übersichtliche und transparente Erfassung aller im Betrieb auftretenden Geld- und Leistungsströme ist eine sinnvolle Auswertung des Betriebsgeschehens gewährleistet. Durch die zahlenmäßige Abstraktion des Betriebsgeschehens werden für die Führungskraft eine Rekonstruktion der Sachverhalte und Abläufe sowie weitere Auswertungen ermöglicht.

Das Finanz- und Rechnungswesen dient damit der Kontrolle der Wirtschaftlichkeit und des Erfolges der betrieblichen Prozesse und liefert gleichzeitig der Betriebsführung die Unterlagen für ihre Disposition.

Zusätzlich stellt der Gesetzgeber an ein ordnungsgemäßes Finanz- und Rechnungswesen hohe Ansprüche.

Aus der Sicht der Unternehmensführung hat das Finanz- und Rechnungswesen drei Funktionen zu erfüllen:

1. eine Dokumentationsfunktion,
2. eine Kontrollfunktion,
3. eine Dispositionsfunktion.

- Um die *Dokumentationsfunktion* erfüllen zu können, müssen alle Geld- und Güterströme der betrieblichen Abläufe systematisch erfaßt werden. Das Finanz- und Rechnungswesen liefert wichtige, entscheidungsrelevante Daten für die Führungskraft, z.B. Angaben über den Erfolg des Unternehmens, über die Selbstkosten der betrieblichen Leistungen, über die Bestände an Vermögenswerten, über die Bestandsveränderungen an Fertigerzeugnissen. Hier stellt der Gesetzgeber hohe Ansprüche.

- Um die *Kontrollfunktion* erfüllen zu können, sind Aufwand und Ertrag zu erfassen und zu bewerten. Das gilt für das Gesamtunternehmen und für Teile davon, für einzelne Betriebe, Betriebsbereiche, Produkte und Produktgruppen. Durch den Vergleich mit den Ergebnissen anderer Zeiträume, z.B. mit denen des Vorjahres, wird die Wirtschaftlichkeit der betrieblichen Leistungserstellung im Zeitablauf sichtbar.
- Damit kann das Finanz- und Rechnungswesen seine *Dispositionsfunktion* erfüllen. Durch die Dokumentation und Kontrolle des betrieblichen Geschehens werden der Unternehmensführung Daten geliefert für deren Entscheidungen.

Zusätzlich zu diesen drei Funktionen hat das Finanz- und Rechnungswesen noch eine *Rechenschaftslegungs-* und *Informationsfunktion.* Im Jahresabschluß ist die tatsächliche Vermögens-, Finanz- und Ertragslage des Unternehmens darzulegen. Interessenten hierfür sind unter anderem:

- Fremdkapitalgeber, z.B. Darlehensgeber,
- Eigenkapitalgeber, z.B. Aktionäre,
- der Fiskus wegen der Besteuerung,
- die Geschäftsführung wegen der Beurteilung ihrer Leistung,
- die Mitarbeiter, um die Attraktivität des eigenen Unternehmens abzuschätzen.

Das Finanz- und Rechnungswesen deckt zwei Bereiche ab:

- einen *Außenbereich*: Kapital, Geld, Einkäufe, Verkäufe; Einzahlungen, Auszahlungen, Ausgaben, Erlöse
- einen *Innenbereich*: innerbetriebliche Leistungserstellung; in der Industrie z.B. Produktion und Fertiglager.

Das betriebliche Geschehen findet seinen Niederschlag
- im Außenbereich in der Finanzbuchhaltung,
- im Innenbereich in der Kosten- und Leistungsrechnung.

Zur *Finanzbuchhaltung* gehören:
- die Buchhaltung
- das Inventar
- der Jahresabschluß
- Sonder- und Zwischenbilanzen.

Die hier ermittelten Daten stehen für statistische und planerische Zwecke zur Verfügung. In Unternehmen mit Controllingabteilungen arbeitet der Controller mit diesen Daten weiter.

Die Finanzbuchhaltung sorgt für die zeitliche Erfassung aller Geschäftsvorfälle des Betriebs. Als Periodenrechnung sind hier alle wirtschaftlich bedeutsamen Vorgänge chronologisch festzuhalten.

Die Finanzbuchhaltung beginnt mit der Gründung und endet mit der Liquidation eines Betriebes. Wirtschaftlich bedeutsam sind alle Vorgänge, die zur Änderung der Höhe und (oder) zur Zusammensetzung des Vermögens und des Kapitals eines Betriebes führen.

Grundlage der Buchhaltung für die heutigen Wirtschaftsunternehmen ist die *doppelte Buchführung*. Alle im Laufe eines Jahres vorkommenden Geschäftsvorfälle werden doppelt verbucht
- in zeitlicher Ordnung,
- in sachlicher Ordnung.

Es gilt der Grundsatz: Keine Buchung ohne Gegenbuchung. Das dient der Sicherheit und Vollständigkeit.

Die Buchhaltung ist eine *Zeitrechnung*. Sie erfaßt den Werteverbrauch und den Wertezuwachs, der sich innerhalb des Betriebes in einer Zeitperiode, z.B. pro Jahr oder pro Monat, vollzieht.

Die doppelte Buchführung erfaßt dabei systematisch alle Vorgänge zweifach,

- nach ihrer Vermögenswirkung,
- nach ihrer Erfolgswirkung.

Dies erfolgt:

- im Grundbuch in zeitlicher Reihenfolge,
- in den Hauptbüchern in sachlicher Aufteilung.

Ausgegliedert und als Nebenbücher werden Material-, Lohn- und Betriebsmittelabrechnung geführt.

In bezug auf die *Vermögens- und Erfolgswirkung* werden in der Finanzbuchhaltung zwei Arten von Konten geführt:

- Bestandskonten,
- Erfolgskonten.

Bestandskonten übernehmen für alle Vermögens- und Kapitalarten gesondert den Anfangsbestand aus der Eröffnungsbilanz, erfassen die Zu- und Abgänge und ermitteln den Saldo. Die Erfassung erfolgt in Geldeinheiten.

Daneben erfolgt die mengenmäßige Ermittlung der Bestände. Dies geschieht als körperliche Bestandsaufnahme durch die Inventur. Im Inventar, der schriftlichen Aufzeichnung der Inventur, sind alle Vermögensgegenstände und Schulden nach Art, Menge und Wert auszuweisen. Dazu gehören auch die Bestände, die nicht nur durch körperliche Inventur, sondern auch durch Buchinventur ermittelt werden, z.B. der Forderungsbestand des Betriebes. Die Inventurwerte werden in die Bilanz übernommen. Eine Gegenüberstellung der Vermögensposten mit den Schuldposten und dem Kapital führt zum Ausweis des Bilanzgewinns oder des Bilanzverlustes.

Erfolgskonten übernehmen getrennt die einzelnen Aufwands- und Ertragsarten. Sie werden in der Gewinn- und Verlustrechnung zusammengeführt. Diese weist den Jahresüberschuß oder Jahresfehlbetrag einer Periode aus.

Die Instrumente für eine effiziente und effektive Finanzbuchhaltung sind heute in der betrieblichen Praxis schon sehr weit ausgefeilt. Hierauf kann die moderne Führungskraft zurückgreifen.

Die *Kosten- und Leistungsrechnung* gehört zum Innenbereich des betrieblichen Geschehens. Durch sie werden die Kosten erfaßt, verteilt und zugerechnet, für Zwecke

- der Betriebskontrolle und -steuerung,
- der Preisfindung,
- der Erfolgsermittlung.

In der Kosten- und Leistungsrechnung wird *nur* der Teil des Werteverzehrs erfaßt, der durch die Leistungserstellung verursacht wurde.

Betriebsfremde und außerordentliche Aufwände und Erträge erscheinen in der Geschäftsbuchhaltung.

Den Werteverbrauch, der bei der Erstellung der Betriebsleistung erfolgt, bezeichnet man als Kosten, den entstandenen Wertezuwachs als Leistung.

Klassisch ist die dreifache Einteilung der Kosten- und Leistungsrechnung.

- Die *Kostenartenrechnung* hat die Aufgabe der genauen Erfassung der verschiedenen Kostenarten.
- In der *Kostenstellenrechnung* werden die Kosten je Kostenstelle erfaßt und den Kostenträgern nach deren Inanspruchnahme zugerechnet.
- In der *Kostenträgerrechnung* werden die Kosten auf die Leistungen verrechnet, um die Selbstkosten zu ermitteln. Die Kalkulation zu Selbstkosten dient der Substanzerhaltung und verhindert einen schleichenden Vermögensverzehr.

Im Gegensatz zur Finanzbuchhaltung ist die Gestaltung der Kostenrechnung dem Unternehmen selbst anheimgestellt. Der Gesetzgeber hat hierzu keine Vorschriften erlassen, die, wie in der Finanzbuchhaltung, streng eingehalten werden müssen. Die Unternehmen können nach eigenen Gegebenheiten und den von ihnen mit der Kostenrechnung verfolgten Zwecken Aufbau und Organisation selbst bestimmen.

Im Grenzbereich zum Controlling werden vom Finanz- und Rechnungswesen zunehmend weiterführende Aufgaben wahrgenommen, wie activity accounting, Prozeßkostenrechnung, Folgekostenanalysen, Lebenszykluskostenbetrachtungen. Diese moderneren Instrumente des Finanz- und Rechnungswesens haben in der betrieblichen Praxis schon einen hohen Stand erreicht. Auch hierauf kann die Führungskraft zurückgreifen.

Durch die Einrichtung einer Controllingabteilung in vielen Unternehmen erfolgte zwangsläufig eine Auslagerung bestimmter betrieblicher Funktionen aus dem Finanz- und Rechnungswesen. Die Grenzziehung ist dabei in der betrieblichen Praxis nicht immer ganz eindeutig und variiert von Unternehmen zu Unternehmen. Controlling übernimmt schwerpunktmäßig auswertende und analytische Aufgaben.

In bezug auf das Finanz- und Rechnungswesen sollten folgende Hinweise beachtet werden:

- Ohne ein funktionierendes Finanz- und Rechnungswesen keine sinnvolle Auswertung des Betriebsgeschehens.
- Ohne ein funktionierendes Finanz- und Rechnungswesen keine Rekonstruktion der Sachverhalte und Abläufe für die Führungskraft.
- Kein qualifiziertes Controlling ohne qualifiziertes Finanz- und Rechnungswesen.
- Die Dokumentationsfunktion durch systematisches Erfassen aller Geld- und Güterströme der betrieblichen Abläufe gewährleisten.
- Die Kontrollfunktion durch vollständiges Erfassen von Aufwand und Ertrag sicherstellen.
- Die Dispositionsfunktion durch Analyse relevanter Daten voll ausschöpfen.
- Bei der Rechenschaftslegungs- und Informationsfunktion keine Kompromisse eingehen.
- Tue Gutes und rede darüber.

Literaturhinweise

LANGENBECK, J., WOLF, J.: Buchführung und Jahresabschluß, Herne/Berlin 1991

BERSCHIN, HERBERT H., Dipl.-Volkswirt

Controller

Autor von:

Controlling, München 1989

Unternehmen erfolgreich führen, 3. Auflage, Ehningen 1990

Bilanzen lesen und richtig interpretieren, München 1988

3.2.9 Controlling

HERBERT H. BERSCHIN

Controlling ist ein mehrdeutiger Begriff. Ausgehend von den USA hat er Eingang in andere Sprachkreise gefunden. Heute wird »Controlling« international gebraucht. In manchen deutschen Unternehmen wird dafür der synonyme Begriff »Betriebswirtschaft« verwandt.

Controlling leitet sich ab aus dem englischen Wort »to control«. »To control« heißt dabei nicht »kontrollieren«, sondern — je nach Kontext — »unter Kontrolle halten« bzw. »steuern«. Diese Bedeutung findet sich z.B. in Begriffen wie »Air Traffic Control« oder »Electronic Control System«. Ganz modern spricht man auch vom Controller als dem Copiloten des Unternehmens.

Modernes Controlling berücksichtigt zwei Aspekte:

- einen operativen, d.h. einen kaufmännischen und
- einen strategischen, d.h. einen marktorientierten Aspekt.

Der Copilot des Unternehmens steuert damit zusammen mit dem Piloten

- die unternehmensinterne Optimierung und
- die langfristige Ausrichtung auf ertragreiche Märkte.

Als Grundfunktionen des Controlling gelten Planung, Lenkung und Kontrolle.

- Um die Lenkungsfunktionen erfüllen zu können, müssen zunächst die Daten, die für die Entwicklung des Unternehmens von Bedeutung sind, gesammelt und ausgewertet werden.
- Mit Hilfe dieser Daten läßt sich der Unternehmenskurs der nächsten Jahre festlegen und durch vorgegebene Plangrößen und Budgets steuern.
- Aus dem Vergleich zwischen den Plangrößen und dem Istzustand können die Abweichungen erkannt und Korrekturmaßnahmen ergriffen werden, um das Unternehmensgeschehen wieder auf den vorgeschriebenen Weg einzuregulieren.

Für die Entwicklung des Unternehmens sind für den Controller zwei Kenngrößen von besonderer Bedeutung:

- das Unternehmenspotential,
- die Attraktivität des Marktes.

Der relative Marktanteil des Unternehmens (das ist der Marktanteil des Unternehmens im Verhältnis zu seinem stärksten Wettbewerber)
\+ die Stärken des eigenen Unternehmens
− die Schwächen des eigenen Unternehmens

= das Unternehmenspotential

Das Marktwachstum
− die Risiken auf dem Absatzmarkt

= die Attraktivität des Marktes

Je größer das Unternehmenspotential und je attraktiver der Markt, desto besser ist die Ausgangsposition des Unternehmens.

Um das Unternehmenspotential und die Attraktivität des Marktes zu quantifizieren, stehen dem Controller ausgefeilte Analyseinstrumente zur Verfügung. Häufig wird hier mit der Portfolioanalyse und mit der Portfolioplanung gearbeitet.

Das Festlegen des Unternehmenskurses der nächsten Jahre erfolgt durch

- die Langfristkonzeption,
- die Mittelfristplanung,
- die Kurzfristplanung,
- die Budgetplanung.

Beim Erarbeiten der *Langfristkonzeption* geht es schwerpunktmäßig darum, die auf den einzelnen Märkten angestrebte Position des Unternehmens zu benennen. Wichtig für den Controller ist hierbei, den dafür benötigten Investitionsbedarf zu bestimmen, insbesondere für Forschung und Entwicklung sowie für Produktions- und Vertriebskapazitäten. Mit der Langfristkonzeption soll festgestellt werden, in welchen Märkten das Unternehmen wie agieren will.

Liegt die Langfristkonzeption vor, sind durch die *Mittelfristplanung* die Eckdaten festzulegen, die die Realisierung der Langfristkonzeption sicherstellen. Für die einzelnen Geschäftsgebiete werden detaillierte Eckdaten erarbeitet:

- für den Auftragseingang,
- für den Umsatz,
- für die Mitarbeiter,
- für Investitionen,
- für den Aufwand für Forschung und Entwicklung,
- für das Betriebsergebnis und das Ergebnis von Steuern.

Die *Kurzfristplanung* geht über die Eckdatenplanung der Mittelfristplanung hinaus. Sie ist eine volle Durchrechnung der betriebswirtschaftlichen Gewinn- und Verlustrechnung und der Bilanz. Die Kurzfristplanung umfaßt dabei im allgemeinen einen Forschungs- und Entwicklungsplan, einen Investitionsplan, einen Gemeinkostenplan und einen Werbeplan.

Die weiterführende, zahlenmäßige Detaillierung des ersten Planjahres erfolgt durch die *Budgetplanung.*

Bei der Realisierung der Planung arbeitet der Controller mit dem Instrument der regelmäßigen Soll-Ist-Vergleiche.

Häufig muß sich der Controller mit der Kritik auseinandersetzen, Planung sei zu starr und zu unbeweglich. Dieser Kritik kann der Controller relativ einfach begegnen. Um die notwendige Flexibilität im Wirtschaftsleben zu gewährleisten, arbeitet er mit dem Instrument der *Planungsanpassung.*

- Steuern durch Roll-Over-Planung
- Steuern durch Planungsanpassung durch Notpläne
- Steuern durch Anpassung in Notsituationen

Controlling wird damit ein Instrument für Frühwarnsysteme und Vorwärtscontrolling. Dafür stehen dem Controller eine Reihe von speziellen *Controlling-Techniken* zur Verfügung, wie z.B.

- Planungstechniken
- Budgetierungsmethoden
- Kontrolltechniken
- Steuerungstechniken
- Verfahren der kurzfristigen Umsatz- und Gewinnsteigerung.

In bezug auf das Controlling sollten folgende Hinweise beachtet werden:

- Controlling ist mehr als Kontrolle.
- Als Controller sind Sie der Copilot des Unternehmens. Sie unterstützen den Piloten mit Ihren Navigationsinstrumenten. Ohne diese fliegt der Pilot im Blindflug.
- Modernes Controlling
  - ist operativ, d.h. kaufmännisch und
  - strategisch, d.h. marktorientiert ausgerichtet.

  Wollen Sie als Controller im Unternehmen eine wesentliche Rolle spielen, müssen Sie sich gleichermaßen operativen und strategischen Aufgaben widmen.
- Mit Ihrem Ertragsgewissen verdeutlichen Sie die Ergebnisentwicklung, im Vergleich von Plan und Ist mit einer Hochrechnung für die Zukunft.
- Durch Ihr Risikogewissen erkennen Sie die Risiken aus dem Geschäftsverlauf und machen diese transparent.
- Mit Ihrem Produktivitätsgewissen überprüfen Sie die Effizienz und Effektivität betrieblicher Abläufe und schlagen Verbesserungen vor.

- Mit Ihrem Systemgewissen stellen Sie die Berichterstattung mit einem Minimum an zusätzlicher Bearbeitung der Daten und Fakten sicher.
- Mit Ihrem Friedensgewissen wirken Sie als Moderator zwischen verschiedenen Interessengruppen im Unternehmen.

Literaturhinweise

Berschin, Herbert H.: Controlling, München 1989 (mit dort zitierter weiterführender Literatur)

Berschin, Herbert, H., Dipl.-Volkswirt
Controller

Autor von:
Bilanzen lesen und richtig interpretieren, München 1988
Unternehmen erfolgreich führen, 3. Aufl., Ehningen/Stuttgart 1990

3.2.10 Öffentlichkeitsarbeit

Sabine Braun

Öffentlichkeitsarbeit, auch *Public Relations* (PR) genannt, umfaßt, wie der Name schon sagt, den Aufbau und die Pflege der Beziehungen von Unternehmen, Organisationen und Behörden zur *Öffentlichkeit.*

Dabei hat die Öffentlichkeitsarbeit in den letzten Jahren einen starken Aufschwung erlebt. Trotzdem ist ihr Stellenwert im allgemeinen bei den Unternehmen unter dem der Werbung angesiedelt, was sich auch im Budget ausdrückt. Und so ist die Forderung, daß dieses Ressort im Vorstand vertreten sein sollte, selbst bei großen Unternehmen kaum erfüllt. Auch gibt es immer noch Unternehmen, bei denen die Öffentlichkeitsarbeit stiefmütterlich behandelt wird. Entweder existiert sie gar nicht oder sie ist vorwiegend für werbliche Maßnahmen zuständig. Ebenso mißverstanden werden die Chancen der Öffentlichkeitsarbeit von Unternehmen, die sie als reine *Pressearbeit* betreiben und darauf abzielen, das Unternehmen sozusagen billiger in die Zeitung zu bringen, als dies mit Anzeigen möglich wäre. Dabei werden die Möglichkeiten der PR vor allem in der Zukunft oft erheblich unterschätzt. Angesichts wachsender Märkte, die andererseits häufig einen starken Sättigungsgrad erreicht haben, ist es für Unternehmen zunehmend wichtig, ein ausgeprägtes und positives *Image* zu haben.

Richtig verstandene Öffentlichkeitsarbeit ist ein *Kommunikationsinstrument,* das Sympathie, Vertrauen, Verständnis und Konsens im Unternehmen, in der Öffentlichkeit und am Markt erzielen soll, so die Quintessenz der verschiedenen Definitionen. Dies läßt sich natürlich nicht von heute auf morgen verwirklichen, ebensowenig, wenn man nur nach Absatzzahlen schielt. Voraussetzung ist das Verständnis des Unternehmens als Teil seiner Umwelt. Nur damit läßt sich Aufbau und Pflege der Beziehungen zur Öffentlichkeit verwirklichen. Dazu gehört auch die Einsicht in den Anspruch der Öffentlichkeit auf *Information.* Die Abteilung für Öffentlichkeitsarbeit soll und darf keine Schönfärberei von sich geben, sondern Fakten vermitteln. Nur dadurch wird sie zu einem kompetenten Ansprechpartner für Fragen zum Unternehmen und zur Branche. Und ebendies ist Sinn und Zweck. Das läßt sich natürlich nur durch langwieriges Arbeiten aufbauen, zahlt sich aber im Falle einer Krise auch aus. Ernsthaft betriebene Öffentlichkeitsarbeit nach obenstehender Definition ist die Grundlage für ein erfolgreiches *Krisen-Management.*

Öffentlichkeitsarbeit wurde sogar aus einer Krisensituation heraus geboren: Anfang dieses Jahrhunderts fing man in Nordamerika damit an, die Beziehungen zwischen Unternehmen und Öffentlichkeit zu untersuchen. Die Unternehmen hatten entdeckt, daß, wenn ihr Ansehen in der Öffentlichkeit sank, auch der Gewinn zurückging. Um wieder ein gutes Image zu bekommen, entwarfen sie eine ganze Reihe von Maßnahmen. Seitdem werden solche Maßnahmen unter dem Begriff Öffentlichkeitsarbeit oder — englisch — PR zusammengefaßt.

Konkret konzentriert sich die Öffentlichkeitsarbeit auf eine Reihe ganz unterschiedlicher Arbeitsgebiete. Und das egal, ob sie von einer hausinternen Abteilung geleistet wird oder von einer externen PR-Agentur. Sie lassen sich in drei hauptsächliche Gebiete einteilen:

1. Pflege der Beziehungen zu Presse, Rundfunk, Fernsehen und Film.
2. Aufbau und Pflege der Beziehungen zu gesellschaftlichen Gruppen und Persönlichkeiten der Öffentlichkeit.
3. Information, Beratung und Weiterbildung von Geschäftsleitung und Mitarbeitern.

Innerhalb dieser Aufgabengebiete lassen sich im wesentlichen folgende Tätigkeiten differenzieren:

- Betreuung der Presse (Pressekonferenzen, Pressemitteilungen)
- Artikel- und Bilderdienst
- Dokumentationsarbeiten
- Mitarbeiterinformation (Werkzeitschriften, Informationsbriefe)
- Öffentlichkeitswirksame Aktionen
- Organisation von Kongressen, Seminaren und Tagungen
- Beratung der Geschäftsleitung
- Messe- und Ausstellungsbetreuung
- Sponsoringaktionen (Sport-, Kultur- und Soziosponsoring)
- Rundfunk- und Fernseharbeit
- Meinungsforschung

Fast alle diese Maßnahmen prägen das Bild des Unternehmens in der Öffentlichkeit. Ihr Ziel ist eine Deckungsgleichheit zwischen den Vorstellungen, die das Unternehmen selbst von sich hat, und den Vorstellungen der Öffentlichkeit über ein Unternehmen.

Pressearbeit ist zwar nur ein Teil der gesamten Öffentlichkeitsarbeit, aber bis heute der am häufigsten praktizierte. Dabei werden die Journalisten als Multiplikatoren verstanden.

Sie vermitteln der Öffentlichkeit das Bild des Unternehmens. Was aber, wenn die Journalisten ein anderes Bild vermitteln als das vom Unternehmen beabsichtigte? Sie haben wahrscheinlich den Braten gerochen und wollten nicht als billige Werbeträger mißbraucht werden. Doch nur Unternehmen, die den Informationsanspruch der Öffentlichkeit und der Journalisten ernst nehmen, werden Fakten statt Werbeinhalte vermitteln. Die klassischen Fehler der Pressearbeit sind denn auch:

- Keine regelmäßigen Medienkontakte
- Verspätete Informationen
- Informationen ohne Neuigkeitswert
- Falsche Reaktionen auf Gerüchte
- Vertuschungsversuche
- Falschmeldungen
- Bestätigung von Vorurteilen

Grundlage für die erfolgreiche Umsetzung von PR-Maßnahmen ist aber vor allem die »Öffentlichkeitsarbeit« im eigenen Haus. Denn genauso wichtig wie der gute Ruf eines Unternehmens in der Öffentlichkeit für seine Existenz ist, ist das Image des Unternehmens bei seinen Mitarbeitern. Nur motivierte und loyale *Mitarbeiter* schaffen ein offenes und leistungsorientiertes *Betriebsklima,* das wiederum Voraussetzung für die Vermittlung eines positiven Unternehmensbildes nach außen ist. Ansonsten geht es bei imagebildenden PR-Maßnahmen in der Öffentlichkeit um Feigenblattaktionen, was früher oder später von jedem draußen erkannt wird. Und dies ist dann um so schlimmer für das Unternehmen.

Innerbetriebliche Informationsarbeit mit Werkzeitschriften, Gesprächskreisen und Veranstaltungen sichert damit wesentlich die Grundlage von PR-Erfolgen. Außerdem sollten die Mitarbeiter eines Unternehmens und das, was sie über dieses denken, mindestens genauso ernst genommen werden wie die Multiplikatoren in der Öffentlichkeit. Noch ernster sogar, denn wenn die Mitarbeiter anfangen, negativ von ihrem Unternehmen zu sprechen, wird man diese Meinung bald auch in der Öffentlichkeit antreffen.

Die hauptsächlichen Anliegen der innerbetrieblichen Informationsarbeit lassen sich kurz zusammenfassen:

- Aufbau einer positiven Einstellung der Mitarbeiter zum Unternehmen.
- Bindung guter Mitarbeiter an das Unternehmen und damit eine Senkung der Fluktuation.
- Förderung des Engagements von Mitarbeitern.
- Werbung um Verständnis für betriebliche Maßnahmen wie Einführung einer neuen Technik.
- Steigerung des Vertrauens zum Unternehmen.
- Abwehr von negativen Stimmungen innerhalb des Unternehmens.

Ein spezifischer Bereich der Öffentlichkeitsarbeit sollte noch detaillierter dargestellt werden: *Sponsoring.*

Während die Unternehmen früher als — manchmal sogar anonyme — Spender oder Mäzene auftraten, hat sich mittlerweile die Praxis des Sponsoring ziemlich verbreitet. Beim Sponsoring gilt das Prinzip Leistung und Gegenleistung. Der Sponsor setzt gezielt Geld- oder Sachmittel für Veranstaltungen, Organisationen und Einzelpersonen ein. Am bekanntesten ist wohl das Sport-Sponsoring. Bei der Übertragung eines Fußballspiels flitzen nicht nur Trikots mit Nummern über den Bildschirm, sie tragen auch alle das Firmenlogo des Unternehmens, das die Mannschaft mit erheblichen Geldmitteln unterstützt. Die Unterstützung erfolgt in der Erwartung, das positive Image der Mannschaft auf das Unternehmen zu übertragen. Natürlich kann das manchmal schiefgehen. Das gilt aber nicht nur für das Sport-Sponsoring, sondern ebenso für Kultur-, Sozio- und Öko-Sponsoring.

Auch deshalb empfiehlt es sich, Sponsoring sehr systematisch zu betreiben und seine Geldmittel nicht aus einem spontanen Impuls heraus bereitzustellen. Denn nur Sponsoring, das langfristig und glaubwürdig angelegt ist, hat den erwünschten Erfolg in der Öffentlichkeit. Oberste Forderung ist daher der Bezug zwischen Sponsor und Gesponsertem. Wenn sich die deutschen Mineralbrunnen für die Reinhaltung der Flüsse und Seen sowie den Schutz des Grundwassers einsetzen, so macht dies Sinn. Zu beachten ist vor allem auch die zu erreichende Zielgruppe. Unternehmen mit einem regionalen Absatzgebiet dient es wenig, überregionale Veranstaltungen zu sponsern. Folgt man aber den wesentlichen Grundregeln, so hat man mit Sponsoring ein ideales Kommunikationsinstrument für die Öffentlichkeitsarbeit von Unternehmen in der Hand.

Zum Abschluß noch ein kurzer Ausblick: Momentan nehmen PR und *Werbung* in der Einschätzung der Unternehmen durchaus einen unterschiedlichen Stellenwert ein. Werbung gilt noch immer als das wesentliche Kommunikationsinstrument eines Unternehmens zum Erreichen seiner Ziele. Doch das soll sich in den nächsten Jahren ändern. Es ist anzunehmen, daß die Öffentlichkeitsarbeit bald mit der Werbung gleichzieht, ja sie vielleicht sogar noch überholt. Das hängt mit dem gestiegenen Stellenwert der Beziehung zwischen Ökonomie und Ökologie wie auch mit einem deutlich höheren Verbraucherbewußtsein zusammen. Denn für die Erfordernisse eines immer sensibleren Marktes reichen die Möglichkeiten der Werbung nicht aus. Da ist das differenzierte Instrumentarium der Öffentlichkeitsarbeit gefragt.

Literaturhinweise

Bürger, Joachim H.: Arbeitshandbuch »Presse und PR«, Essen 1985

Bruhn, Manfred: Sponsoring: Unternehmen als Mäzene und Sponsoren, Wiesbaden 1987

Skirl, Michael J.: 100 Ideen für Werbung und PR, Heyne-Reihe Kompaktwissen

Förster, Hans-Peter: Handbuch Pressearbeit, Heyne-Reihe Kompaktwissen

Braun, Sabine, M.A., München
Journalistin und Autorin
Autorin von:
Ökologie, Wirtschaft, Unternehmenskultur
Esquire, Öko-Manager (Mai 1991)

3.3 Führung, Organisation und Kommunikation

3.3.1 Management-Regelkreis

Jakob Wolf

Management ist die systematische Anwendung wissenschaftlicher Methoden und Techniken moderner Unternehmensführung in allen Bereichen und auf allen Ebenen des Betriebes.

Die Tätigkeiten, die darauf gerichtet sind, die unterschiedlichen Verhaltensweisen der Mitglieder der Organisation »Industrieunternehmen«, »Dienstleistungsunternehmen«, »Handelsunternehmen« auf die Zielsetzung der Gesamtorganisation auszurichten und zu koordinieren, bezeichnet man als Führungs- oder Managementtätigkeiten.

Beispiel: Ein Konsumgüterhersteller hat sich als unternehmerisches Oberziel gesetzt, langfristig einen angemessenen Gewinn und eine angemessene Gesamtkapitalrentabilität (ROI) zu erzielen.

Dazu bedarf es:
- eines marktgerechten Produktprogramms
- einer wirkungsvollen Marketingkonzeption
- eines positiven Firmenimages und positiven Produktimages
- einer leistungsfähigen Organisationsstruktur
- eines leistungsfähigen Controlling

Das Personal hat zum Teil ganz andere Wünsche und Vorstellungen als das Management. Das Personal wünscht sich z.B. ein hohes Gehalt, nicht zuviel Arbeit, ein hohes Ansehen bei Freunden und Bekannten usw.

Die Ausrichtung des Personals auf die unternehmerischen Oberziele setzt ein Bündel unterschiedlicher Leitungstätigkeiten voraus, z.B.:

- Gestaltung und Verbesserung des Produktprogramms
- Marktbeobachtung und Marktanalyse, insbesondere Konkurrenzforschung
- Entwicklung eines Marketing-Mix
- Erfolgs- und Kostenkontrolle innerhalb der Kosten- und Erfolgsbereiche (Profit Centers) usw.

Die Führungsaufgabe des Managements zur Erfüllung dieser Leitungstätigkeiten ist als ein komplexer Prozeß aufzufassen, der in eine Reihe von Phasen zerfällt. Diese Phasen sind einzelne Führungstätigkeiten, die für die Durchführung des Führungsprozesses erforderlich sind. Es sind dies die folgenden Führungsfunktionen:

Ziele setzen

- Entwicklung eines neuen Produktes innerhalb von ½ Jahr
- Erreichung eines Marktanteils von 10% innerhalb von 1 Jahr
- Erzielung eines Distributionsgrades von 70% innerhalb von ½ Jahr

usw.

Planen

Planen bedeutet die Vorausbestimmung der künftigen Ziele und der dafür einzusetzenden Mittel. Das neu entwickelte Produkt wird z.B. auf einem Testmarkt getestet. Es wird ein Werbefeldzug vorbereitet. Es werden PR-Aktionen geplant u. dgl. Dabei ist Planen kein einmaliger Akt, sondern ein ständiger, sich auf viele Teilbereiche erstreckender Vorgang.

Entscheiden

Für viele ist Entscheiden die augenfälligste Führungstätigkeit. Der Manager entscheidet über Einstellungen und Entlassungen von Personal, über eine bestimmte Werbekonzeption, über Investitionen, über Einkäufe u. dgl.

Realisieren

Mit Realisieren ist nicht etwa die Durchführung von Sachaufgaben gemeint. Durchführen ist eben gerade keine Führungsfunktion. Vielmehr bedeutet Realisieren:

- andere zur Durchführung von Arbeiten veranlassen
- diese Arbeiten organisieren

Der Marketingmanager organisiert z.B.:

- die Durchführung einer Werbe- oder PR-Aktion
- die Durchführung eines Markttests
- die Durchführung von Konkurrenzforschungsarbeiten u. dgl.

Er veranlaßt andere zur Durchführung von Arbeiten. Er weist neue Mitarbeiter in ihre Arbeitsplätze ein, unterweist sie am Arbeitsplatz usw.

Kontrollieren

Das Marketingmanagement kontrolliert z.B. den Erfolg von

- Marketingstrategien
- Werbeaktionen, PR-Aktionen
- Markttests, Produkttests

Ein wichtiges Hilfsmittel der Kontrolle bildet die Kennzahlenanalyse.

Kommunizieren

Das Top Management, das Middle Management und das Lower Management müssen sich ständig gegenseitig informieren, z.B. über:

- die Umsatzentwicklung bestimmter Produktgruppen oder einzelner Produkte
- die Reaktionen von Kunden auf bestimmte Marketing- bzw. PR-Aktionen
- die Kosten- und Ertragssituation in bezug auf bestimmte Produktgruppen bzw. einzelne Produkte u. dgl.

Die Informationen gehen sowohl von oben nach unten (Top Management zu Mitarbeitern) wie auch von unten nach oben (Mitarbeiter zu Top Management). Ohne Kommunikation ist dem Management die Erfüllung seiner Führungsaufgabe nicht möglich.

Als Symbol für die Darstellung der Führungsfunktionen wählt man häufig den Kreis. Man spricht deshalb von Führungs- oder Managementkreis (vgl. Abb. 3.7).

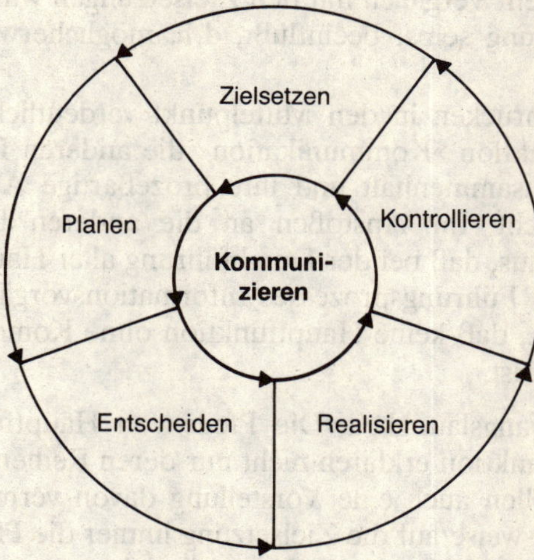

Abb. 3.7 Kreismodell zur Darstellung der Managementfunktionen

Zusammenfassung

Die Kreismodell soll folgendes verdeutlichen:

a) Die Geschlossenheit des Führungsprozesses: Aus dem Führungskreis kann kein Segment herausgebrochen werden, und keines darf fehlen, ohne die erforderliche Durchführung der Führungsaufgabe zu gefährden!

b) Die Aufeinanderfolge der Führungsfunktionen: Am Anfang steht die Zielsetzung. Diese löst die Planung aus, wie die Ziele am besten zu erreichen sind. Danach muß entschieden werden, welche der im Plan gedanklich durchgespielten Mittel tatsächlich eingesetzt werden sollen. Schließlich müssen die Entscheidungen dadurch ausgeführt werden, daß man andere (die Mitarbeiter) so organisiert, daß die Maßnahmen durchgeführt werden können und sie so motiviert, daß die Mitarbeiter Veranlassung haben, die Maßnahmen auch auszuführen. Die Kontrolle überprüft, ob die Durchführung auch erfolgt: Über eine Messung der Erfolge der durchgeführten Maßnahmen und einem Vergleich mit den Zielsetzungen wird dann die Zielsetzung selbst beeinflußt, d.h. möglicherweise korrigiert.

Das Einrücken in den Mittelpunkt verdeutlicht, wie die Kernfunktion »Kommunikation« die anderen Funktionen quasi zusammenhält und ihre prozeßartige Abfolge erst ermöglicht. Ihr Anstoßen an die anderen Funktionen drückt aus, daß bei der Durchführung aller Hauptfunktionen des Führungsprozesses Informationsvorgänge ablaufen, d.h., daß keine Hauptfunktion ohne Kommunikation denkbar ist.

c) Die Zwangsläufigkeit: Die Pfeile von Hauptfunktion zu Hauptfunktion erklären nicht nur deren Reihenfolge, sondern sollen auch eine Vorstellung davon vermitteln, daß beispielsweise auf die Zielsetzung immer die Planung und auf die Durchführung die Kontrolle folgen muß.

Literaturhinweise

HENTZE, H. / MÜLLER, K. D. / SCHLICKSUPP, H.: Praxis der Managementtechniken, München/Wien 1990

RUMPF, H.: Personalführung, München 1990

WOLF, JAKOB, Professor, Fachhochschule Regensburg

Unternehmensberater

Autor von:
Marktforschung, München 1988
Werbung und Public Relations, München 1992

3.3.2 Horizontale und vertikale Zusammenarbeit

Erich Ackermann

Im folgenden sollen kurz wesentliche Aspekte der Zusammenarbeit im Unternehmen dargestellt werden. Diese Thematik wird im Rahmen der Unternehmens-Organisation behandelt.

Ihre Bedeutung für den Erfolg des Unternehmens und als Führungsinstrument wird in vielen Unternehmen unterschätzt.

Unternehmens-Organisation

Die Unternehmens-Organisation läßt sich informal unter den Aspekten des menschlichen Zusammenwirkens betrachten. Es werden formal unzureichend beschreibbare Tatbestände, wie Betriebsklima, Mitarbeiter-Motivation bzw. Führungsstil behandelt.

Die Unternehmens-Organisation läßt sich daneben in *Modellen formal* abbilden. In der betriebswirtschaftlichen Organisationslehre haben sich im Rahmen der Modellierung zwei Sichtweisen ergeben:

- die Aufbau-Organisation zur Darstellung der Aufgabenteilung,
- die Ablauf-Organisation als raum-zeitliche Darstellung des Arbeitsprozesses zur Aufgabenrealisierung.

Modelle der Unternehmens-Organisation

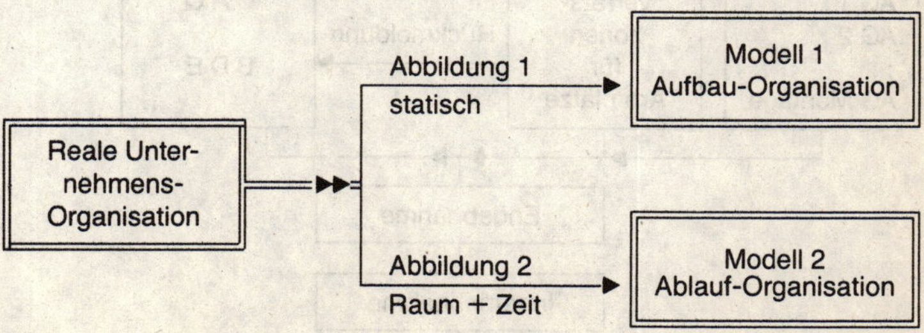

Aufbauorganisation Modell 1, Grob-Organigramm

»Wer ist für welche Aufgaben zuständig?«

Verrichtungsorientierte Aufgabenverteilung

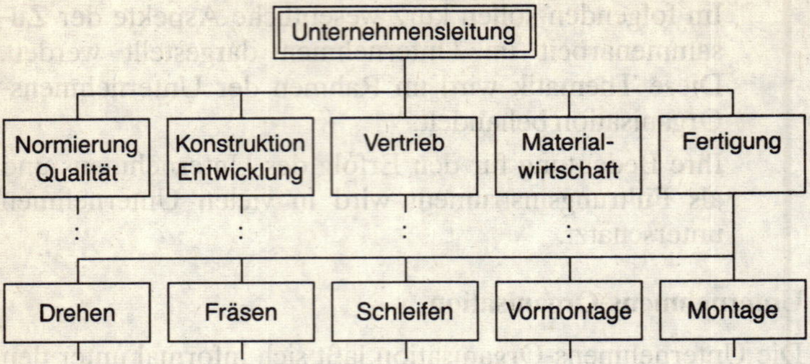

Ablauforganisation Modell 2

»Mit welchen Arbeitsschritten, in welcher Folge werden die Aufgaben erfüllt?«

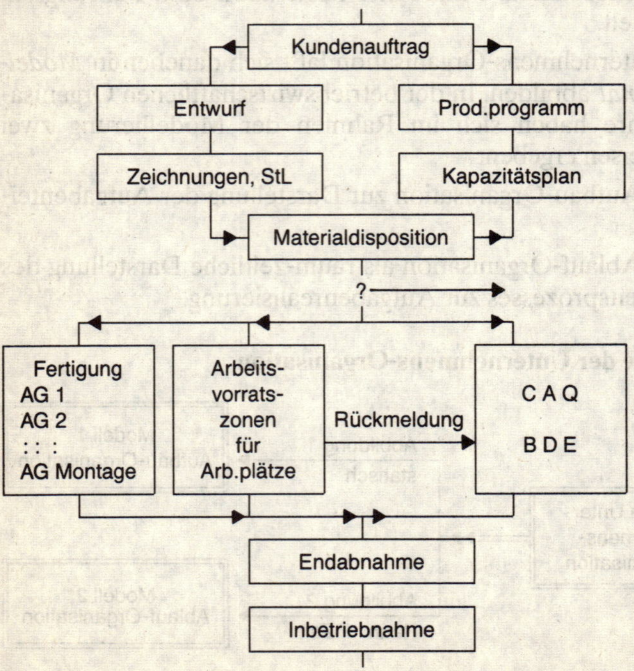

Beide Modelle vervollständigen die formale betriebswirtschaftliche Sichtweise der Unternehmens-Organisation. Sie können zur Erklärung als deskriptives, zur Planung als präskriptives Modell gehandhabt werden.

Aufbau-Organisation: Analyse und Synthese

Im Rahmen des Aufbau-organisatorischen Modells wird, ausgehend von der Unternehmensaufgabe,

- die Aufgabengliederung im Rahmen der Analyse und Schwachstellenermittlung,
- die Aufgabenverteilung und ihre Zuordnung zu Aufgabenträgern im Rahmen der Synthese bzw. Soll-Konzeption betrachtet.

Ablauf-Organisation

Im Modell der Ablauf-Organisation wird diese statische Sichtweise um die Betrachtung der zur Aufgabenrealisierung erforderlichen raum-zeitlichen Arbeitsgänge des Arbeitsprozesses vervollständigt. Damit wird die Realität im Rahmen einer simultanen Betrachtung beider Modelle erst hinreichend abgebildet.

Identische Aufgaben können im Arbeitsablauf unterschiedlich realisiert werden, z.B. durch alternative Fertigungs- und Planungsverfahren, -algorithmen o.ä.

Die Arbeits- und Ablaufsynthese verfolgt im wesentlichen die Zielsetzung der Durchlaufoptimierung.

Horizontale Zusammenarbeit

Horizontale Zusammenarbeit bezieht sich im Rahmen des Strukturgefüges des Aufbaus im wesentlichen auf die Informationsbeziehungen ranggleicher Aufgaben bzw. Stellen. Diese werden im Rahmen des Arbeitsablaufs definiert.

Vertikale Zusammenarbeit

Vertikale Zusammenarbeit bezieht sich im Rahmen des Strukturgefüges des Aufbaus im wesentlichen auf die Informationsbeziehungen über- und untergeordneter Aufgaben bzw. Stellen. Diese sind durch Entscheidungs-, Anordnungs- und Kontrollbefugnis übergeordneter bzw. Durchführung untergeordneter Stellen bestimmt.

Typische Schwachstellen der Zusammenarbeit

Schwachstellen sind i. d. R. vorzufinden durch

- lange Entscheidungswege i. R. d. vertikalen Zusammenarbeit,
- die Abstimmung der Verantwortlichkeiten,
- lange Durchlaufzeiten aller Vorgänge, z.B. von Aufträgen, i. R. d. horizontalen Zusammenarbeit,
- funktionsspezifisches, abteilungsbezogenes Denken,
- viele Spezialisten für Teilaufgaben, viele Mitarbeiter für einen Vorgang und in der Folge
- ein hoher Anteil an »unproduktiven« Mitarbeitern.

Konzepte zur Behebung dieser Schwachstellen

Konzepte zur Behebung dieser Schwachstellen basieren i. d. R. auf folgenden Ansätzen:

- funktionsübergreifendes Denken und
- Bildung von multifunktionalen Gruppen zur Vermeidung von *»AB«*-teilungen,
- Qualifikation der Mitarbeiter,
- universeller Einsatz der Mitarbeiter insgesamt,
- kooperativer Führungsstil,
- kurze Entscheidungswege und
- Vermeidung langer Durchlaufzeiten, z.B. für Aufträge, durch
- Bearbeitung möglichst vieler Arbeitsschritte durch *eine* Gruppe *oder einen* Mitarbeiter mit
- *kurzen Ablaufzeiten.*

Grobe aufbau-organisatorische Darstellung

Objektorientierte Aufgabenverteilung

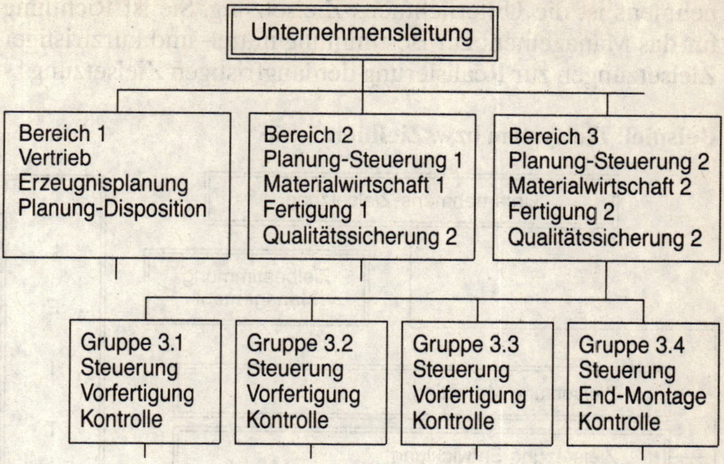

ACKERMANN, ERICH, Dipl.-Kfm., Eilsbrunn bei Regensburg

Unternehmensberater (Strategische Unternehmensplanung, Organisation, Produktionswirtschaft, PPS, Seminare, Workshops)

Autor von: Kosten- und zeitgerechte Produktionswirtschaft, Produktionsplanung und -steuerung im Wandel.

3.3.3 Zielsetzung und Kontrolle

ERICH ACKERMANN

In vielen Unternehmen wird häufig nur im Tagesgeschäft agiert und noch mehr reagiert. Für den langfristigen Erfolg eines Unternehmens ist jedoch der Leitfaden einer Zielsetzung von großer Bedeutung. Nur damit kann für Leitung und Mitarbeiter ein allgemeingültiges Zielsystem aufgebaut und eine objektive Kontrollfunktion aufgebaut werden.

Unternehmens-Zielsetzung

Zentrales Element der Planung und des Wirkens des Unternehmens ist die Unternehmens-Zielsetzung. Sie ist Richtlinie für das Management zur Bestimmung mittel- und kurzfristiger Zielsetzungen zur Realisierung der langfristigen Zielsetzung.

Beispiel: Zielsystem bzw. Zielhierarchie

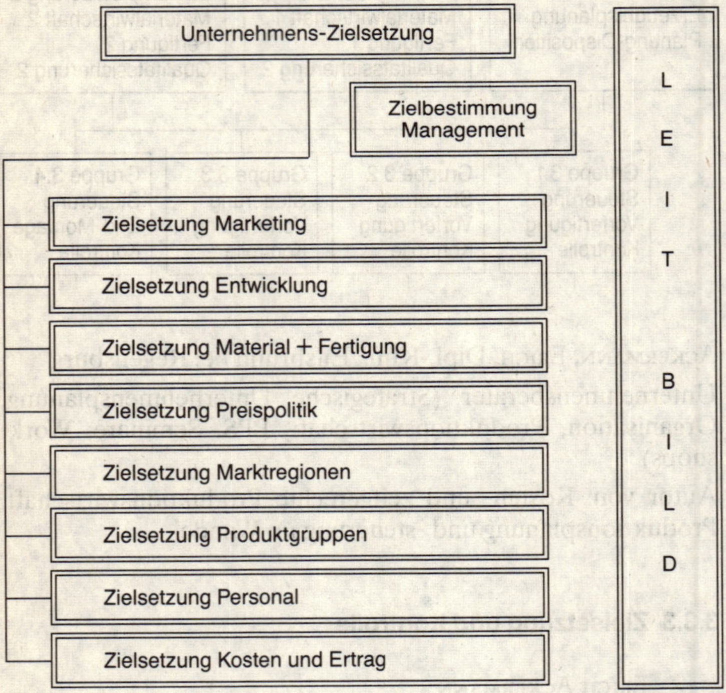

Langfristige Unternehmens-Zielsetzung

Die langfristige Unternehmens-Zielsetzung enthält i. d. R. Hinweise darauf,

- durch welches Verhalten bzw. dispositive Richtlinien der Bestand des Unternehmens sichergestellt werden soll,

- welche Markt-Aufgaben vorrangig erfüllt werden sollen, z. B. geordnet nach
  - Marktregionen,
  - Käufergruppen,
  - Produktgruppen,
  - Vertriebswege usw.
- wie Marktaufgaben vorrangig erfüllt werden sollen, z. B.
  - Dauer von Entwicklungszyklen,
  - Beschaffenheit der Produkte hinsichtlich ihrer Eignung für den gewünschten Zweck,
  - Beschaffenheit der Produkte hinsichtlich ihres Aufbaus, Zusammensetzung bzw. Herstellung,
  - Art des Service usw.
- unter welchen Nebenbedingungen die Zielsetzung realisiert werden soll, z. B.
  - Unternehmens-Image,
  - Produkt-Image,
  - Preis-Leistungsverhältnis,
  - Umsatz-, Kosten- und Ertragssituation.

Dazu ein einfaches **Beispiel:**

Unternehmensziel ist es, den Bestand des Unternehmens durch zukunfts- und ertragssichere Erzeugnisse überdurchschnittlicher Qualität im Rahmen eines wirtschaftlichen Produktionsprozesses zur Erzielung eines optimalen Nutzens zu sichern.

Nutzen kann als Vermögen, Ertrag, Marktanteil, Anteil am Umweltschutz o. ä. definiert werden. Dies kann mittel- bzw. kurzfristig angepaßt werden.

Unternehmens-Leitbild

Die Unternehmens-Zielsetzung wird im Gesamtrahmen durch eine *Unternehmens-Philosophie* bzw. *-Leitbild* ergänzt. Dies enthält Aussagen über Grundwerte bzw. Grundsätze, im Rahmen derer die Zielsetzung realisiert werden soll (vgl. Unternehmens-Image).

Beispiel Unternehmensleitbild:

- Unsere Erzeugnisse setzen Qualitäts-Standards.
- Wir betrachten das soziale Wohl unserer Mitarbeiter als unsere Pflicht.
- Wir fördern die Qualifikation unserer Mitarbeiter durch weit überdurchschnittliche Schulungsmaßnahmen.
- Wir legen Wert auf Teamfähigkeit und die Bildung von Teams optimaler Größe und Zusammensetzung.
- Am Unternehmenserfolg partizipieren alle Mitarbeiter überdurchschnittlich.
- Wir betrachten das Wissen unserer Mitarbeiter als unser Kapital.

Unternehmensziel, Leitbild, Strategie und Kontrolle

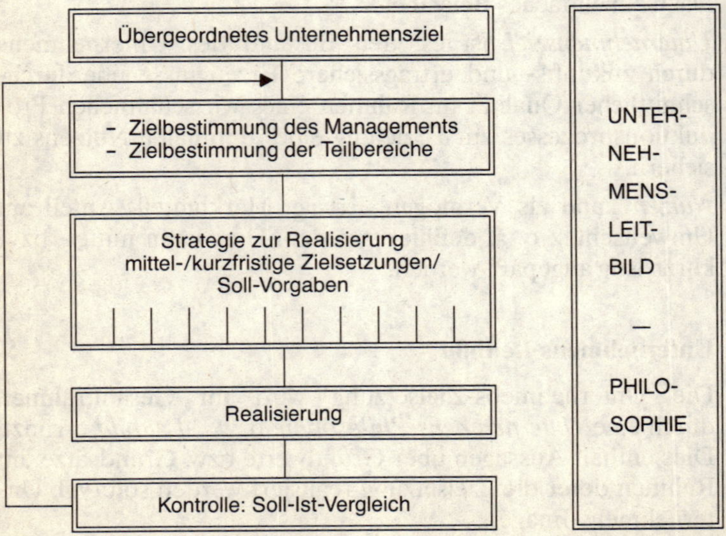

Strategie

Aus der langfristigen Unternehmens-Zielsetzung resultieren mittel- und kurzfristige Zielsetzungen als Strategie zur Zielerfüllung. Strategien stellen allgemein Verhaltensvorschläge bzw. -vorschriften in Abhängigkeit aktuell eingetretener Umweltzustände dar. So soll die langfristige Zielsetzung durch variable, den Umweltzuständen anpaßbare, kurzfristige Zielsetzungen realisiert werden.

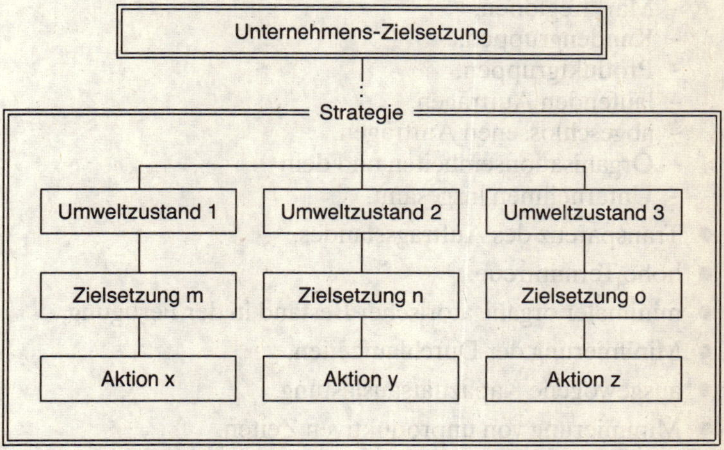

Mittel- und kurzfristige Zielsetzungen

Die mittel- und kurzfristigen Zielsetzungen werden i. d. R. durch die Bereichsziele Phasen- bzw. Marktziele abgedeckt. Bereiche können darüber hinaus, ggf. nach Organisationsform funktional, nach Produktgruppen, Marktregionen o. ä. geordnet sein.

Beispiele für kurzfristige, untergeordnete Zielsetzungen:

- Ermittlung eines optimalen Standorts,
- Entwicklung einer neuen Produktreihe,

- Realisierung eines neuen Werks,
- Automatisierung von Arbeitsplätzen mit hohen körperlichen Anforderungen,
- Mehrfach-Qualifizierung der Mitarbeiter,
- Verringerung der Fluktuation,
- Verringerung der Gemeinkosten,
- Aussagemöglichkeiten über die Kosten- bzw. Ertragssituation von
  - Entwicklungsmaßnahmen,
  - Marktregionen,
  - Kundengruppen,
  - Produktgruppen,
  - laufenden Aufträgen,
  - abgeschlossenen Aufträgen,
  - Organisationseinheiten und dem
  - Unternehmen insgesamt,
- Transparenz des Auftragsstandes,
- hohe Termintreue,
- minimaler organisatorischer Bestand in der Fertigung,
- Minimierung der Durchlaufzeiten,
- ausgewogene Kapazitätsauslastung,
- Minimierung von unproduktiven Zeiten.

Ziele bzw. Soll-Vorgaben

Zur Verfolgung der kurzfristigen Zielsetzungen können Soll-Vorgaben i. d. R. für meßbare Größen vorgegeben werden:

Ziel	*Soll*
○ Fluktuation	< 3 %
○ Anteil Arbeitsplätze mit hohen körperlichen Anforderungen	< 5 %
○ Entwicklungszeit	< 180 Tage

- Lieferzeitraum .... < 15 Tage
- Marktanteil Region 1 .... > 30%
- Marktanteil Region 2 .... > 15%
- Lagerbestand Ausgangsobjekte .... < 700 TDM
- Gemeinkostenanteil/Gesamtkosten .... < 20%
- Verrechnung auftragsbezogen zuordenbarer Kosten 100%
- Ertragsanteil/Umsatzerlöse .... > 5%
- Soll-Konzept einer neuen Produkt-Strategie .... Soll-Endtermin
  usw.

Kontrolle

Kontrolle kann zunächst anhand eines vorgegebenen Zielsystems erfolgen. Diese Vorgaben können im Rahmen eines Soll-Ist-Vergleichs zu einer Kontrollfunktion genutzt werden.

Ziel	*Soll*	*Ist*	±
○ Entwicklungszeit	< 80 Tage	83 Tage	2% Aufträge
○ Lieferzeitraum	< 15 Tage	16 Tage	12% Aufträge

Daneben kann Kontrolle im Rahmen von *IST-Analyse* und Schwachstellenermittlung fallweise bzw. laufend zur Aktualisierung des Zielsystems durchgeführt werden.

Zielsetzung der Analyse

Zielsetzung der Analyse ist allgemein die Ermittlung von Stärken und Schwächen der Unternehmens-Organisation zur Verbesserung der Marktstellung, sowie der Kosten- und Ertragsstruktur.

Beispiel: Grobes Stärken- und Schwächenprofil

Merkmal	+3	+2	+1	0	−1	−2	−3	Kennzahl	
Markt-Situation			■					10	10
Kosten-Ertrags-Situation		■						50	100
Umsatz-Situation			■						
Mitarbeitermotivation				■					
Organisations-Flexibilität		■							
Innovation Erzeugnisse			■						
Vorlaufzeiten Erzeugnisse					■				
Erzeugnisplanung			■						
Erzeugnisdokumentation					■				
Durchlaufzeiten Aufträge		■							
Beschaffung			■						
Materialbestand					■				
Halberzeugnisbestand					■				
Lagerwesen Verwaltung			■						
Bestand Umlaufvermögen					■				
Wareneingang					■				
Innerbetrieblicher Transport					■				
Angebotswesen			■						
Auftragsabwicklung			■						
Kosten-/Erlöstransparenz			■						
Fertigungsablauf					■				

Die Ergebnisse der Analyse können dann schrittweise verfeinert in die Vorgabe der kurzfristigen Zielsetzungen zur Beseitigung von Schwachstellen im Rahmen der Gesamtstrategie einfließen.

Rechnungswesen – Kostenrechnung

Klassisch ist die Kontrollfunktion im Bereich des Rechnungswesens durch monetäre Modelle der Finanz- und Anlagenbuchhaltung, betriebswirtschaftlicher Auswertungen bzw. der Kostenrechnung angesiedelt. Im Rahmen der Kostenrechnung ist ein Ziel, Planvorgaben zu erstellen, IST-Werte und PLAN-IST-Abweichungen zu ermitteln.

Literaturhinweise

Wettbewerbsfähig durch Lean Production. Ursprünge — Inhalte — Umsetzung, RKW-Verlag 1992

Eidenmüller, B.: Die Produktion als Wettbewerbsfaktor, Verlag TÜV-Rheinland 1991

Adams, H. W.: Das zukunftssichere Unternehmen, Verlag TÜV-Rheinland 1991

Ackermann, E.: Auf Anfrage: Bisher unveröffentlichte Seminarskripten

Ackermann, Erich, Dipl.-Kfm., Eilsbrunn bei Regensburg

Unternehmensberater

Schwerpunkte: strategische Unternehmensplanung, Unternehmens-Organisation, Produktionswirtschaft, Produktionsplanung und -steuerung, Seminare, Workshops.

3.3.4 Delegation, Dezentralisation und Partizipation

Hartmut Rumpf

Delegation, Dezentralisation und Partizipation sind drei wichtige Instrumente moderner Organisationsgestaltung und Personalführung zugleich. Sie stehen — obgleich jeweils deutlich unterschiedliche Sachverhalte betreffend — in einem ausgeprägten Spannungsverhältnis zueinander.

Delegation bedeutet, daß in einem Unternehmen eine ranghöhere Instanz an rangniedere Stellen bestimmte Aufgaben zur selbständigen und eigenverantwortlichen Erledigung überträgt.

Historisch gesehen mag man Delegation als Ausfluß der Überbelastung von Führungskräften sehen: Die klassische Ein-Linien-Organisation mit dem strikt einzuhaltenden »Dienstweg« als Kommunikationsstruktur führte zwangsläufig zu einer hohen Belastung der höheren Instanzen. Soweit die höheren Instanzen nicht Entlastung (bzw. Kapazitätserweiterung) durch ihnen direkt zugeordnete Stabsstellen im Rahmen der Stab-Linien-Organisation erfahren, bleibt nur der Ausweg, bestimmte Aufgaben auf untergeordnete Stellen zu übertragen.

Diese Übertragung von Aufgaben auf rangniedere Stellen ist in einem arbeitsteilig zu organisierenden Unternehmen unverzichtbar; es bleibt die entscheidende Frage, welche Aufgaben mit welchen Befugnissen auf andere Stellen übertragen werden.

Traditionelle Führungskonzepte haben an rangniedere Stellen vorrangig lediglich ausführende Aufgaben übertragen; die Entscheidungen blieben den ranghöheren Instanzen vorbehalten. Deutlich erkennbar wird diese Sichtweise an einem der sieben klassischen Kriterien zur Aufgabenanalyse und Stellenbildung, dem Kriterium des Rangs: Hierarchisch höhere (höherwertige) Stellen sind mit Entscheidungsaufgaben, hierarchisch niedere (niederwertige) Stellen mit Ausführungsaufgaben betraut.

Gleiches gilt auch für das Kriterium der Phase: Planung und Kontrolle sind den ranghöheren Instanzen vorbehalten, die Realisation obliegt den rangniederen Stellen.

Diese Art der Arbeitsteilung und Aufgabenverteilung wird in neueren Konzepten der Organisationsgestaltung sowie auch der Personalführung abgelöst durch das Prinzip der Delegation: Der rangniedere Mitarbeiter bekommt nicht nur ausführende Aufgaben übertragen, sondern ganze Aufgabengebiete, einschließlich der notwendigen Entscheidungen sowie der Planungs- und Kontrollaufgaben. Dieser Mitarbeiter vollzieht jetzt nicht mehr ausschließlich von oben ihm vorgegebene Weisungen, quasi als braver Befehlsempfänger, sondern kann das ihm übertragene Aufgabengebiet eigenverantwortlich und selbständig, das heißt auch nach eigenem Gutdünken bearbeiten.

Damit der rangniedere Mitarbeiter nicht willkürlich entscheidet oder sich aus dem notwendigen Arbeitsverbund eines Unternehmens herauslöst, werden dem Mitarbeiter zugleich mit der Delegation des Aufgabengebiets auch entsprechende Handlungsanleitungen im Sinne von Entscheidungsregeln sowie Pflichten zur Kommunikation und Zusammenarbeit auferlegt.

Geeignetes Instrument, um diese Einbindung des Mitarbeiters in den organisatorischen Arbeitsverbund sicherzustellen, ist die Stellenbeschreibung. Die Stellenbeschreibung ist ein wichtiges Hilfsmittel zur reibungslosen Gestaltung von Delegation.

Eine Stellenbeschreibung wird im Regelfall schriftlich und formalisiert erstellt; sie ist in vielen Fällen Bestandteil des mit dem Mitarbeiter geschlossenen Arbeitsvertrages. Sie enthält neben formalen Aspekten wie Bezeichnung der Stelle — vor allem zwei Bereiche: eine zum Teil sehr detaillierte Beschreibung der Arbeitsaufgaben des Stelleninhabers, unter Umständen mit Benennung der anzuwendenden Entscheidungsregeln und der vom Stelleninhaber zu beachtenden Zielsetzungen, und Angaben zur organisatorischen Einordnung der Stelle, nämlich Über- und Unterstellung der Stelle sowie die Benennung der Stellen, mit denen Informations- oder Leistungsverbund besteht.

Zu beachten ist, daß bei Delegation dem Mitarbeiter nicht nur ein Aufgabengebiet, sondern auch die entsprechenden Entscheidungsbefugnisse übertragen werden. Der Mitarbeiter muß dabei aber auch bereit sein, eine — gegenüber traditionellen Arbeitsstrukturierungen — wesentlich erweiterte Verantwortung zu übernehmen.

Damit Delegation aber reibungslos funktionieren kann, sind der Aufgabenbereich, die Entscheidungskompetenz und der Verantwortungsbereich aufeinander abgestimmt festzulegen. Es gilt der Grundsatz der Kongruenz von Handlungs-, Entscheidungs- und Verantwortungsbereich.

Der Vorgesetzte, der Aufgabengebiete an den ihm unterstellten Mitarbeiter delegiert, kann aber nicht alle Verantwortung auf den Mitarbeiter übertragen bzw. abwälzen: Der Mitarbeiter trägt — im Rahmen der ihm zugewiesenen Aufgaben und Kompetenzen — die sog. Handlungsverantwortung; dem Vorgesetzten verbleibt die sog. Führungsverantwortung. Führungsverantwortung besagt, daß der Vorgesetzte für die richtige Auswahl, Schulung und (gelegentliche) Kontrolle des Mitarbeiters verantwortlich ist und bleibt.

Das Prinzip der Delegation ist in den sechziger Jahren vor allem durch das sog. Harzburger Modell propagiert worden. Es läßt sich auch in relativ autoritären Strukturen, wie etwa bei einem bürokratischen Führungsstil anwenden.

Dezentralisation bedeutet, daß bestimmte Aufgaben nicht allein an einer Stelle im Unternehmen, also zentral, erledigt werden, sondern verteilt auf mehrere Stellen. Mehrere Stellen im Unternehmen nehmen also gleiche Aufgaben wahr, wobei durch entsprechende organisatorische Regelungen sicherzustellen ist, daß es weder zu Überschneidungen mit Doppelarbeit noch zu ausgegrenzten Bereichen mit unerledigten Arbeiten kommt.

Das Prinzip der Zentralisation ist oft in traditionellen Strukturen anzutreffen; Zentralisation bedeutet für den jeweiligen Stelleninhaber Macht und Unentbehrlichkeit.

Vorteil der Zentralisation ist die Konzentration aller Vorgänge eines Aufgabengebietes in einer Stelle, die dadurch sich wesentlich mehr spezialisieren kann und muß. Folge dieser Spezialisierung sind sachgerechtere, sachkundigere Entscheidungen und auch die Gleichbehandlung vergleichbarer Angelegenheiten einheitlich über das gesamte Unternehmen.

Dennoch gehen viele Unternehmen dazu über, bestimmte Aufgabengebiete und Entscheidungen zu dezentralisieren, das heißt, sie übertragen die Erledigung bestimmter, gleichartiger Arbeiten an verschiedene Stellen im Unternehmen. Zur Abgrenzung der Aufgabengebiete werden dabei oft regionale Aspekte verwendet, soweit sich nicht aus der Sache heraus eine saubere Abgrenzung der Zuständigkeiten ergeben kann.

Angesichts der zunehmenden Größe von Unternehmen ist die Dezentralisation oft eine Folge der notwendigen Mengenteilung: Das Arbeitsvolumen wächst so an, daß eine zentralisierte Bearbeitung auch mehrere Personen erfordern würde; die Arbeit muß sowieso auf mehrere Personen aufgeteilt werden. Damit kann der Vorteil der Spezialisierung erhalten bleiben.

Vorteil der Dezentralisation ist — z.B. bei regionaler Aufteilung — die räumliche und persönliche Nähe zum jeweiligen Einsatzgebiet; dezentrale Entscheidungsträger können oft besser entscheiden, weil sie »vor Ort« sind und die lokalen Gegebenheiten (besser) kennen und berücksichtigen können als zentrale Instanzen, die räumlich und hierarchisch weit entfernt am sog. »grünen Tisch« entscheiden.

Der »Preis« für die durch Dezentralisation erhöhte Qualität von Entscheidungen ist der Verzicht auf vollständige Gleichbehandlung und Gleichartigkeit der Entscheidungen. Durch entsprechende Koordination der dezentralen Entscheidungsträger — etwa durch Entscheidungs- und Arbeitsleitlinien oder durch regelmäßige Abstimmungsgespräche — gelingt es jedoch, die wünschenswerte Einheitlichkeit der Entscheidungen sicherzustellen.

Der politische Raum ist reich an Beispielen für Zentralisation (Frankreich, Preußen) und für Dezentralisation (föderale Strukturen wie in Deutschland).

Dezentralisation ist nicht gleichbedeutend mit Delegation, obgleich oft Dezentralisation durch Delegation erfolgt.

Denkbar ist Dezentralisation auch ohne Delegation, wenn von der zentralen Stelle lediglich Ausführungsaufgaben ohne eigenständigen Aufgaben- und Kompentenzbereich an verschiedene Stellen übertragen werden. Denkbar ist auch Delegation ohne Dezentralisation, wenn die ranghöhere Instanz bestimmte, begrenzte Aufgabengebiete komplett und ausschließlich einer rangniederen Stelle überträgt; die Zentralisation bleibt damit trotz Anordnung auf anderer hierarchischer Ebene erhalten.

Moderne Konzepte der Unternehmensorganisation sowie der Personalführung wenden dagegen Dezentralisation aus Gründen der Mengenteilung und deshalb im Regelfall gleichzeitig mit Delegation an.

Partizipation bedeutet Teilhabe, und im Rahmen von Unternehmensorganisation und -führung ist damit regelmäßig die Teilhabe an Entscheidungen gemeint.

Partizipation als Führungsprinzip heißt also, daß ranghöhere Instanzen die ihnen untergebenen Mitarbeiter an ihren Aufgaben, insbesondere an den von ihnen zu treffenden Entscheidungen beteiligen. Der Vorgesetzte beteiligt also seine Mitarbeiter in einem mehr oder weniger großen Ausmaß an seinen Aufgaben und an seinen Entscheidungen. Dies kann bedeuten, daß sich der Vorgesetzte mit seinen Mitarbeitern berät, bevor er (allein) eine Entscheidung trifft; dies kann aber auch bedeuten, daß der Vorgesetzte nach Benennung des Problems sich ganz zurücknimmt und die Gruppe der Mitarbeiter beraten und entscheiden läßt.

Partizipation setzt ein kooperatives Verhalten von Vorgesetzten und Mitarbeitern voraus, die sog. »Teamfähigkeit« ist gefordert — von Vorgesetzten und Mitarbeitern.

Die »Untergebenen« werden bei Partizipation zu »Mit-Arbeitern« und »Mit-Entscheidern« des Vorgesetzten.

Partizipation kann nur im Rahmen von kooperativen Konzepten der Personalführung praktiziert werden; traditionelle, autoritär geprägte Modelle sind ungeeignet, weil sie eine natürliche Distanz zwischen ranghöheren Instanzen und rangniederen Arbeitskräften sehen und beibehalten wollen.

Partizipation verlangt auch besondere organisatorische Regelungen: Die Aufbauorganisation muß Pluralinstanzen vorsehen, die Ablauforganisation muß Gruppenentscheidungen erlauben. Die Kommunikationsbeziehungen sind weniger isolierend linienmäßig, sondern knotenorientiert mit Kreisstrukturen und auch Überlappungsmöglichkeiten zu konzipieren. Die organisatorische Struktur ist damit dann weniger starr und straff, die Betonung der hierarchischen Ebenen verliert an Bedeutung.

Partizipation ist von Delegation deutlich zu unterscheiden: Wenn ein Vorgesetzter ein Aufgabengebiet an einen Mitarbeiter delegiert, überträgt er dem Mitarbeiter dieses Aufgabengebiet vollständig (mit allen Konsequenzen) zur alleinigen Bearbeitung; er selbst zieht sich aus diesem Aufgabengebiet ganz zurück — abgesehen von der Phase der Einweisung und von der Lösung besonderer Probleme, die eine »Rück-Delegation« an den Vorgesetzten gemäß dem Prinzip des Management by Exception erforderlich machen. Bei der Partizipation dagegen erledigen Vorgesetzter und Mitarbeiter das Aufgabengebiet gemeinsam.

Delegation im Rahmen der Partizipation erfolgt durch gemeinsame Absprache, wer was erledigt.

Partizipation stellt — wie Delegation und Dezentralisation — besondere Anforderungen an die fachliche Qualifikation der Mitarbeiter; Partizipation verlangt aber darüber hinaus auch besondere persönliche Qualifikationen als Voraussetzungen für eine gute Zusammenarbeit. Partizipation stellt insoweit das anspruchsvollste im Kreis dieser drei Instrumente dar.

Zusammenfassung

- Sollen Aufgabengebiete an einen Mitarbeiter delegiert werden, müssen Aufgabengebiet, Entscheidungskompetenz und Verantwortungsbereich deckungsgleich sein.
- Der Vorgesetzte zieht sich durch Delegation aus einem Aufgabengebiet ganz zurück; es bleibt ihm jedoch stets die Führungsverantwortung.
- Dezentralisation bedeutet in großen Unternehmen nicht den Verzicht auf Spezialisierung, bietet aber Vorteile durch die Möglichkeit, lokalen Gegebenheiten besser entsprechen zu können.
- Partizipation ist ein anspruchsvolles Instrument; es setzt Bereitschaft zur Teamarbeit und Abbau hierarchischer Distanzen voraus.
- Alle drei Instrumente verlangen vom Mitarbeiter höhere fachliche und auch persönliche Qualifikation; sie eröffnen

aber auch zusätzliche Chancen für leistungsbereite, motivierte Mitarbeiter.

Literaturhinweise

Bisani, Fritz: Personalführung, 3. Aufl., Wiesbaden 1985

Spitschka, Horst / Joschke, Heinz K.: Praktisches Lehrbuch der Organisation, München 1975

Zander, Ernst: Praxis des Führens, 7. Aufl., Heidelberg 1990

Rumpf, Hartmut, Diplom-Kaufmann, Dr. rer. pol.

Professor für Betriebswirtschaftslehre und Personalwesen an der Fachhochschule Regensburg

Schwerpunkte: Personalplanung, Personalführung, Personalverwaltung, Mitbestimmung.

Autor von:
Personalbestandsplanung mit Fähigkeitsvektoren, Frankfurt 1981
Personalführung, München 1991

3.3.5 Struktur- und Leitungsorganisation

Klaus Ulbrich

Jede Führungskraft hat sich mit Fragen der »Struktur- und Leitungsorganisation« auseinanderzusetzen. Es kann einmal darum gehen, eine Gruppe oder Abteilung zu organisieren, andererseits darum, die Grundstrukturen einer Institution (Unternehmung, Behörde, Partei, Verband) festzulegen, wie sie oft in Organigrammen (Organisationsplänen) dargestellt werden.

Diese Grundstrukturen sind derart festzulegen, daß sie eine gewisse Dauer aufweisen und dem organisierten System eine gewisse Stabilität gegenüber der »Umwelt« geben. Die Umwelt einer Abteilung kann z.B. die Hauptabteilung sein; die Umwelt einer Unternehmung ist der Markt (das strategische Umfeld).

Als Führungskraft hat man bei derartigen Maßnahmen oft die Wahl zwischen eher stabilen oder eher flexiblen Strukturen. Zuviel Struktur (Organisation) führt oft zu starren, unflexiblen Strukturen (Bürokratie), zuwenig Struktur bedeutet andererseits Durcheinander (Chaos) und führt sehr schnell zu Konflikten, kann gelegentlich aber auch recht produktiv sein.

Es kommt daher stets auf den richtigen Weg an!

In diesem Abschnitt sollen zunächst einige Grundbegriffe (Grundzusammenhänge) erläutert und beispielhaft veranschaulicht werden. Im Mittelpunkt der Ausführungen steht die »Leitungsorganisation«, wobei versucht wird, Hilfen für passende Entscheidungen zu geben.

Was versteht man unter »Struktur- und Leitungsorganisation«? Zur Beantwortung dieser Frage muß ein Blick in die Theorie geworfen werden. Organisation wird oft definiert als *»dauerhaft gültige Ordnung von zielorientierten sozio-technischen Systemen«.* Wobei man für den Begriff »Ordnung« auch »Struktur« oder »Regelung« setzen kann. In Praxis und Theorie hat sich diesbezüglich der Begriff »Struktur« durchgesetzt.

Betrachten wir die Definition etwas näher: »sozio-technisch« bringt zum Ausdruck, daß es um Systeme geht, in denen Menschen (meist viele) mit Technik ausgestattet sind und zielorientiert zusammenwirken. »Dauerhaft« besagt, daß die Ordnung/Struktur nicht einmalig, vorübergehend geschaffen wird, sondern eine gewisse Dauer — bei organisatorischen Regelungen meist einige Jahre — haben soll. Andererseits ist man sich im klaren, daß diese Strukturen nicht für ewig geschaffen sind.

Im Gegensatz zum organisatorischen Strukturieren steht *»Disposition«* und *»Improvisation«,* d.h. einmaliges bzw. vorübergehendes Ordnen (Regeln).

Beispiel: Für eine neugegründete größere Unternehmung ist eine Abteilung »Buchhaltung« einzurichten. Die Zielorientierung leitet sich aus sachlichen und formellen Zielen ab. (Welche Daten werden im Rahmen der laufenden Geschäftsführung benötigt? Was verlangen die Kapitalgeber? Welche Anforderungen stellt der Gesetzgeber?) Als wesentliches Ordnungsmittel ist der Kontenplan anzusehen. Dieser muß dauerhaft sein, d.h. er kann und darf nicht jederzeit neu gefaßt werden! Die Buchhalter bilden zusammen mit den Gruppenleitern, dem Leiter der Abteilung und den technischen Hilfsmitteln (Computer, Programme) das soziotechnische System.

Man unterscheidet zwischen *Aufbau- und Ablauforganisation,* um organisatorische Erscheinungen besser »in Griff« zu bekommen.

Mit Aufbauorganisation bezeichnet man die grundsätzliche Strukturierung, mit Ablauforganisation die Strukturierung nach logischen, zeitlichen und räumlichen Gesichtspunkten. Demgemäß spricht man auch von »Verteil-« bzw. von »Arbeitsbeziehungen«.

Aufbauorganisatorische/Verteil-Beziehungen betreffen z.B. die sachliche Zuordnung von Aufgaben, Personen und Sachmitteln/Technik. In diesem Zusammenhang werden auch die Leitungszusammenhänge geregelt, und es entstehen sogenannte Organisationseinheiten.

Durch die Ablauforganisation (Arbeitsbeziehungen) werden Wirkzusammenhänge geschaffen: ein bestimmter Arbeitsinhalt wird auf Aufgabenträger (Mensch, Gruppe) zugeordnet; der Arbeitsinhalt ist in einer bestimmten Zeit in einem bestimmten Raum zu erledigen.

Beispiel: Aufbauorganisatorisch sind die Aufgaben der Abteilung »Buchhaltung« festzulegen bzw. zu definieren: Sind nur die Aufgaben der Sachbuchhaltung wahrzunehmen oder sind auch Nebenbuchhaltungen (Kunden-/Lieferanten-/Anlagen-/Personalbuchhaltungen) oder gar Mahnwesen und Fakturierung wahrzunehmen? Es sind die technischen Hilfsmittel festzulegen. (Welches EDV-System? Welches Programm? Wer hat zu welchen Programmen/Dateien Zugriff?) Schließlich sind die Leitungsbeziehungen festzulegen. (Gruppenleiter und ggf. Abteilungsleiter sind zu benennen. Schließlich ist zu klären, wem der Abteilungsleiter zu unterstellen ist.)

Nimmt man an, daß man die Aufgabenstruktur der Abteilung Buchhaltung, um bei dem erwähnten Beispiel zu bleiben, etwa derart festlegt, daß Aufgaben zusammengefaßt werden, und zwar: Kunden-, Lieferanten-, Personal- und Hauptbuchhaltung, dann ergibt sich folgender Aufgabenzusammenhang:

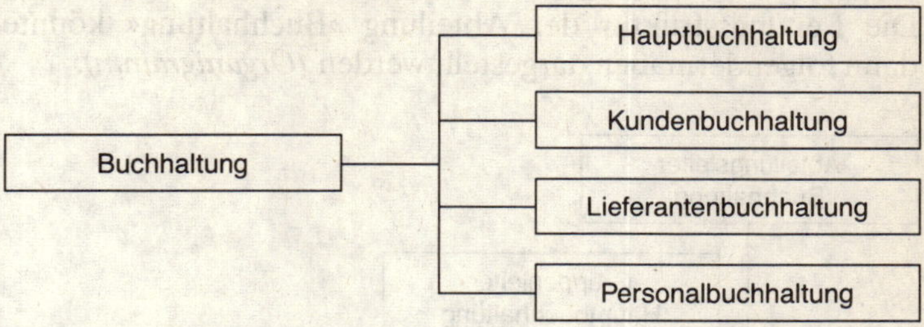

Ist der Aufgabenanfall entsprechend, wird man sich bezüglich der Aufgabenerfüllung Gedanken über die erforderliche Anzahl der Mitarbeiter machen (Personalbemessung). Es ist denkbar, daß für die verschiedenen Abteilungen unterschiedlich viele Mitarbeiter erforderlich sind, z.B. werden besetzt die Hauptbuchhaltung mit 4, Kundenbuchhaltung mit 7, Lieferantenbuchhaltung mit 3 und Personalbuchhaltung mit 5 Mitarbeitern. Schließlich wird man überlegen, ob man alle 19 Mitarbeiter einem Abteilungsleiter unterstellt oder ob man eine weitere »Leitungsebene« schafft, indem man »Gruppenleiter« einsetzt.

Werden dem Abteilungsleiter alle Mitarbeiter direkt unterstellt, spricht man von einer *Leitungsspanne (Kontrollspanne)* von 1:19, was im Verwaltungsbereich verhältnismäßig hoch wäre. Man muß schließlich bedenken, daß der Abteilungsleiter neben seinen allgemeinen *Führungsfunktionen* (Initiative, Planung, Kontrolle, Entscheidung, Organisieren, Personaldisponieren, Bericht erstatten u.v.a.) auch eine Reihe von Sonderaufgaben haben wird, die von den einzelnen Gruppen nicht wahrgenommen werden (Steuerfragen, Controlling, Jahresabschluß).

Eine gute Möglichkeit, die Koordinations-/Führungsaufgaben besser wahrzunehmen, wäre, für die einzelnen Arbeitsgruppen Gruppenleiter zu bestimmen; was sicher auch Nachteile hat (Kosten). Die Leitungsspanne, vom Abteilungsleiter aus gesehen, wäre dann 1:4, im übrigen: 1:4; 1:7 usw. Im allgemeinen gilt für »qualifizierte« Stellen eine Spanne von 1:6 als ideal. Im operativen Bereich in der Fertigung ist sie oft größer.

Die Leitungsstruktur der Abteilung »Buchhaltung« könnte dann folgendermaßen dargestellt werden *(Organigramm):*

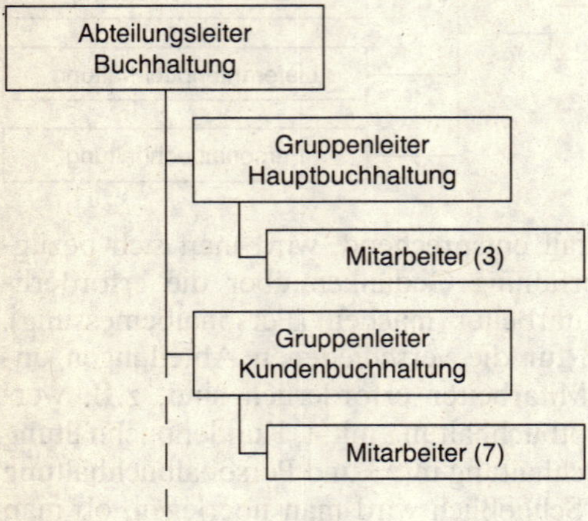

Man beachte: Die Verkleinerung der Leitungsspanne erfordert also eine neue Führungsebene, d.h. die Gesamtstruktur wird »tiefer« (ursprünglich: »flacher«). Dieser Zusammenhang kann auch auf die Gesamtstruktur einer Unternehmung übertragen werden:

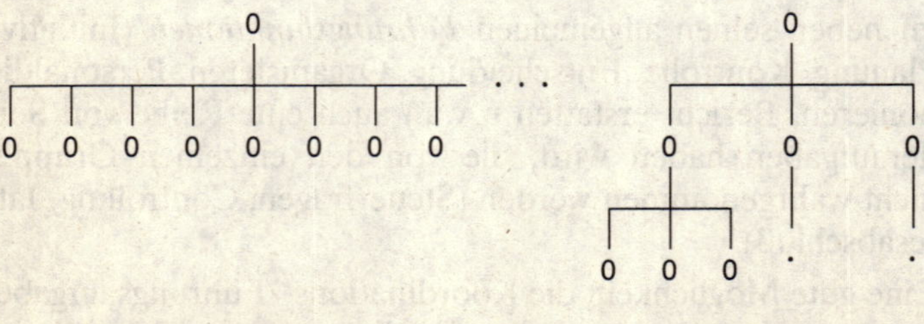

Flache Struktur Tiefe Struktur

In der Praxis beobachtet man, daß die Strukturen meist viel zu tief sind. Moderne Strukturen sind eher flach.

Wenn jeder Mitarbeiter nur einen einzigen Vorgesetzten hat, spricht man von einem *Einlinienmodell.* Es ist durchaus denkbar, daß die Mitarbeiter, bzw. ein Teil der Mitarbeiter, mehreren Vorgesetzten unterstellt sind, dann spricht man von einem *Mehrlinienmodell.* So konnte in unserem Beispiel der Gruppenleiter »Kundenbuchhaltung« gleichzeitig dem Vertriebsleiter unterstellt sein. Ein anderes Beispiel: In der öffentlichen Verwaltung unterscheidet man oft zwischen Disziplinar- und Fachvorgesetzten.

Um Führungskräfte zu entlasten, werden ihnen oft »Stäbe« zugeordnet (Leitungshilfsstellen), man würde dann von einem *Stablinienmodell* sprechen. So wäre es denkbar, daß dem Abteilungsleiter Buchhaltung eine/mehrere Sekretärinnen zugeordnet werden (adjudantiver Stab). Auch ein Assistent wäre denkbar (Stabsgeneralist). Eine andere Möglichkeit wäre ein Stab für Controlling (Stabsspezialist).

Hat man sich zwischen verschiedenen Strukturvarianten zu entscheiden, empfehlen sich detaillierte Vorteils-/Nachteilsvergleiche. Im allgemeinen strebt man heute klare Strukturen, d.h. Einlinienstrukturen an.

Zu beachten ist, daß die genannten Strukturen verhältnismäßig »autoritäre« Führungssysteme implementieren; um dies zu vermeiden, kann man *Ausschüsse* (Kollegialorgane) einrichten, und zwar auf den verschiedensten Ebenen (Investitionsausschuß, Organisationsausschuß, Kalkulationsausschuß, Qualitätssicherungsausschuß).

Eine weitere interessante Variante stellt das *Projektmanagement* dar; hier wird ein traditionelles Modell gewissermaßen überlagert (ergänzt). Während man »in der Linie« alle Routineaufgaben erfüllt, werden in Projektgruppen zukunftsorientierte komplexe Aufgaben einer Lösung zugeführt (Beispiele: neue Produkte, Bau einer neuen Fabrik, Entwicklung einer neuen Marktstrategie). Als Mitglieder beruft man Fachleute aus den unterschiedlichsten Bereichen. Bei größeren Projekten bleibt es nicht aus, der Projektorganisation eigene Strukturen (aufbau- und ablauforganisatorisch) zu geben.

Die Bildung organisatorischer Grundstrukturen erfolgt oft nach bestimmten Prinzipien, die vor allem bei der Bildung der zweiten Ebene (unter der Geschäftsleitung) von Bedeutung sind. Es bieten sich dabei vor allem das *Verrichtungs-* und das *Objektprinzip* an. Bei letzterem spricht man auch von Produkt-/Produktgruppenorganisation, auch Geschäftsbereichsorganisation bzw. Divisionalisierung (engl. Divisions). Verrichtungsorganisation wird oft als Funktionale Gliederung/Modell bezeichnet.

Beispiele

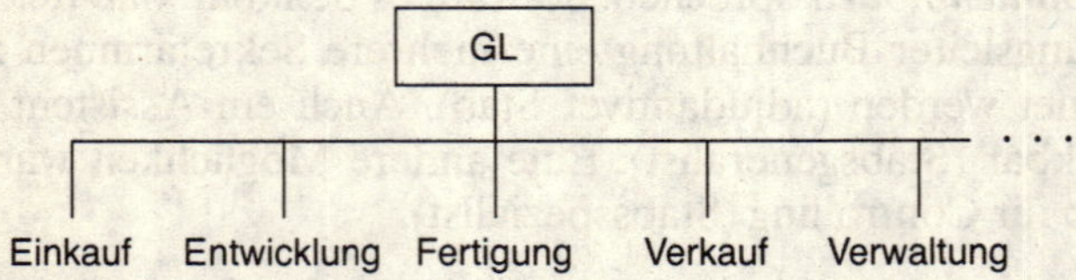

Verrichtungsmodell/Funktionale Gliederung

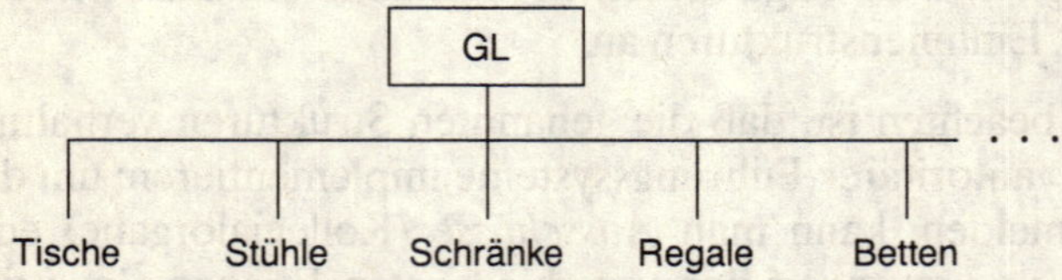

Objektmodell/Divisionale Gliederung

Der große Unterschied zwischen den beiden Modellen besteht darin, daß beim Objektmodell die Divisionalisierung gewissermaßen zu einer Zerlegung der Gesamtunternehmung (Subsystembildung) führt, die einzelnen Teile steuern sich weitgehend selbst (Unternehmen im Unternehmen; eigene Bilanzierung). Oft führt diese Strukturierung sogar zu eigenen Rechtsformen (GmbH, AG).

Zusammenfassung

Führungsorganisation ist ein besonders sensibler Bereich der Organisation. Es ist nicht damit getan, Organigramme zu skizzieren. Das ganze System ist zu durchdenken. Man sollte nie ohne detaillierte Hilfsmittel, wie Entscheidungsdiagramme (Funktionendiagramme) oder Stellenbeschreibungen (Funktionsbeschreibungen) arbeiten.

Literaturhinweise

Weidner / Freitag / Gernet / Ulbrich: Organisation in der Unternehmung, 4. Auflage, München/Wien 1992

Schmidt, Götz: Grundlagen der Aufbauorganisation, Gießen 1985

Bleicher, Knut: Organisation Strategien-Strukturen-Kulturen, 2. Auflage, Wiesbaden 1991

Ulbrich, Klaus, Prof., Dipl.-Hdl. Fachhochschule Regensburg

Schwerpunkte: Organisation und Datenverarbeitung, Management; Unternehmens- und Verbandsberatungen; Sportmanagement; Großveranstaltungen; Dozent an verschiedenen Akademien (Berlin, Köln)

Autor von:
Organisation in der Unternehmung (Mitautor)
Materialien für Organisationsleiter (Mitautor)
Fachzeitschriften

3.3.6 Information und Kommunikation

Gerd Vogelsang

Im Zeitalter der Information und Kommunikation nutzen viele Unternehmen und Personen die Möglichkeiten der modernen Kommunikation. Manchmal werden diese Möglichkeiten häufiger und intensiver genutzt, als der Führungskraft lieb ist. Die Informationsflut und damit auch die Informationsüberlastung steigt von Tag zu Tag.

Andererseits wächst das Bedürfnis nach für den Empfänger wirklich wertvollen Informationen. Jede Führungskraft kennt das Problem der Auswahl von wichtigen Informationen aus der eingehenden Informationsflut. So steht man als Führungskraft selbst vor dem Problem, mit den eigenen und den vom Unternehmen abgegebenen Informationen beim Empfänger in Konkurrenz zu vielen externen Informationen zu stehen.

Auch bei der Kommunikation können Schwierigkeiten auftreten. Jede Führungskraft ärgert sich z.B. über das Problem ineffizienter und damit zeitraubender Konferenzen und Meetings oder über ein mißlungenes Kunden-, Mitarbeiter- oder Vorgesetztengespräch.

Als Führungskraft mißverstanden zu werden oder selbst mißzuverstehen, kann folgenschwere Konsequenzen für das Unternehmen und die Führungskraft selbst haben. Wenn der Führungskraft die Grundzusammenhänge von Information und Kommunikation bekannt sind und sie deren Spielregeln beherrscht, fällt es bedeutend leichter, die eigenen Vorstellungen und Zielsetzungen und die des Unternehmens zu verdeutlichen und durchzusetzen.

Auch das Verständnis für die Kommunikationspartner und deren abgegebene Informationen wächst mit steigendem Wissen über Information und Kommunikation.

Informationen sind die Grundlage jeder Entscheidung und jeder qualifizierten Arbeit. Wer als Führungskraft nicht optimal informiert ist, kann nicht die richtigen Entscheidungen treffen. Auf der anderen Seite muß sich jede Führungskraft überlegen, welche der erhaltenen Informationen sie an Mitarbeiter, Vorgesetzte, Kunden, Lieferanten, Banken und Öffentlichkeit weitergibt.

Beispiel: Man kann durch gezielte Information der Mitarbeiter deren Motivation erheblich steigern. Durchgeführte Mitarbeiterbefragungen bestätigen, daß ein sehr hohes und meist nicht gestilltes Bedürfnis nach mehr Information vorhanden ist. Ein kooperativer Führungsstil lebt vor allem vom Informationsaustausch (= Kommunikation) und der Delegation von Aufgaben.

Beispiel: Kunden und potentielle Kunden wollen immer mehr wissen, von wem sie ihre Produkte erwerben, wie diese hergestellt werden und welche Ziele das Unternehmen verfolgt.

Beispiel: Im Rahmen der Karriereplanung und der Darstellung der eigenen Kompetenz kann es für eine Führungskraft durchaus sinnvoll sein, gewisse Informationen nicht an Vorgesetzte oder Mitarbeiter weiterzugeben.

Jede Führungskraft muß sich Informationen beschaffen, sie bewerten und auswählen, sie verwerten und weitergeben. Die Informationsbeschaffung, -bewertung, -auswahl und -weitergabe können durch gewisse Faktoren positiv oder negativ beeinflußt werden. Daher ist es wichtig für jede Führungskraft, zu wissen, auf welche Weise man durch Informationen beeinflußt wird bzw. selbst beeinflussen kann.

Woraus besteht eine Information oder Nachricht? Jede Information läßt sich gewissermaßen in die Information selbst und in die »Verpackung« zerlegen. Hierbei kann die »Verpackung« einen bedeutenden Einfluß auf die Information selbst nehmen. »Verpackung« und Information können zueinander passen (identisch sein), oder auch voneinander abweichen.

Beispiel: Herr B., der Verkaufsleiter eines Unternehmens der Automobilzulieferindustrie, bekommt vom Einkaufsleiter des wichtigsten Kunden die Information: »Die angekündigte Preiserhöhung können Sie vergessen!«

Sachinhalt dieser Nachricht ist: »Eine Preiserhöhung ist nicht durchzusetzen.« Diese Nachricht enthält jedoch noch weitere Mitteilungen an den Empfänger.

Sie hat auch einen *Beziehungsinhalt,* der sich wiederum aufteilt in Selbstdarstellung und Fremdeinschätzung.

Die *Selbstdarstellung* des Einkaufsleiters in dieser Nachricht kann lauten: »Ich bin der Einkäufer und entscheide hier, wieviel und bei wem ich kaufe. Ich will, daß Sie das begreifen.«

Die *Fremdeinschätzung* von Herrn B. zeigt: »Mit Ihnen kann ich machen, was ich will. Es gibt genügend Lieferanten, die zu alten Preisen Ihre Stelle einnehmen werden. Sie sind von mir abhängig.«

Schließlich enthält die Nachricht noch einen *Appell:* »Nehmen Sie Abstand von Ihrer angekündigten Preiserhöhung! Wenn Sie das tun, können Sie weiter bei uns liefern.«

Beispiel: Der Key-Account-Manager hört beim Erstbesuch eines neuen wichtigen Kunden: »Wenn Sie Ihre Preise um 30% senken, dürfen Sie wieder vorbeikommen.«

Der *Sachinhalt* dieser Nachricht ist: »Senken Sie Ihre Preise um 30%, dann kommen wir ins Geschäft.«

Die *Selbstdarstellung* kann folgendermaßen interpretiert werden: »Ich bin Ihnen überlegen. Ich weiß, daß Sie Ihre Preise nicht um 30% senken können. Ich will nichts von Ihnen.«

Die *Fremdeinschätzung* kann bedeuten: »Dieser Mann, sein Unternehmen und sein Angebot sind mir im Moment gleichgültig. Wenn er schlau ist, versteht er meinen Appell.«

Der *Appell,* der in der Botschaft enthalten ist, kann lauten: »Belästigen Sie mich nicht weiter. Sie haben momentan keine Chance, bei uns Lieferant zu werden.«

In diesem Beispiel sind die Information und die »Verpakkung«, d.h. die unterschiedlichen Inhalte der Information, nicht identisch. Der Sender der Information meint eigentlich etwas anderes, als er sagt, er hat seine Information verschlüsselt oder »verpackt«.

Wenn man als Führungskraft jede Nachricht bzw. Information auf den Sachinhalt, den Beziehungsinhalt (Selbstdarstellung, Fremdeinschätzung) und vorhandenen Appell untersucht, erhält man einen Informationsvorsprung vor anderen, denen diese Zusammenhänge nicht klar sind. Man kann besser auf die eigentlichen Absichten des Informationsgebers reagieren.

Kommunikation kommt zustande, wenn Informationen ausgetauscht werden. Der Kommunikationswissenschaftler Watzlawick hat festgestellt, daß es unmöglich ist, nicht zu kommunizieren. Selbst wenn eine Person vollkommen desinteressiert in einer Ecke sitzt und nicht aufschaut, signalisiert sie jedem, der zu ihr herüberblickt: »Ich will im Moment mit niemandem etwas zu tun haben. Laßt mich in Ruhe!«

Die Feststellung der Unmöglichkeit des Nichtkommunizierens bringt uns der Tatsache näher, daß Kommunikation nicht nur aus Worten besteht. Bisher sind wir davon ausgegangen, daß eine Information durch Worte weitergegeben wird. Sie kann jedoch auch in (Schrift-)Zeichen, Bildern sowie im Verhalten und Erscheinungsbild des Informationsgebers enthalten sein.

Jede Information geht von einem *Sender* aus und erreicht über ein Medium wie Sprache (auch Körpersprache), Bilder oder Schrift den *Empfänger.* Dabei muß diese Information jedoch mehrere Filter passieren. Zunächst wählt der Sender die Information aus. Dabei durchläuft sie das persönliche Raster des Senders, seine Empfindungen und Vorlieben. So hat z.B. jeder Mensch gewisse Lieblingsthemen, über die er besonders gerne informiert bzw. informiert wird, zeigt aber auch Abneigung oder mangelndes Interesse gegenüber anderen Themenbereichen.

Über die unterschiedlichen möglichen Inhalte einer Information (Sachinhalt, Beziehungsinhalt, Appell) wurde schon weiter oben gesprochen. Auch das »Beiwerk« der menschlichen Kommunikation (Verhalten und Erscheinungsbild der Kommunikationspartner) spielt eine große Rolle im Hinblick auf die tatsächlich vermittelten Informationen.

Die Informationen selbst werden durch die Sinnesorgane des Empfängers (z.B. Auge, Ohr) aufgenommen. Bevor sie wirklich bei ihm ankommen, müssen sie jedoch zunächst wieder das persönliche Raster (Empfindungen und Vorlieben) des Empfängers passieren. Vergleichen Sie hierzu die Abbildung zum Thema Kommunikation, die in Anlehnung an Watzlawick und Schulz von Thun entwickelt wurde.

KOMMUNIKATION

SENDER
Persönliches Raster (subjektive Empfindung, Gefühl)

Aussenden der Information durch Sprache, (Schrift-)Zeichen oder Bilder und gegebenenfalls Verhalten (z. B. Gestik, Mimik) und Erscheinungsbild des Senders

INFORMATION
Sachinhalt
Beziehungsinhalt (Selbstdarstellung/ Fremdeinschätzung)
Appell

Aufnehmen der Information durch die Sinnesorgane (z. B. Augen, Ohren) des Empfängers

Persönliches Raster (subjektive Empfindung, Gefühl)
EMPFÄNGER

Bei diesem Vorgang der Kommunikation können gewollt oder ungewollt diverse Störungen auftreten. Auch können die Aufnahme der Information und die Aufnahmebereitschaft beim Empfänger positiv oder negativ beeinflußt werden.

Informations- und Kommunikationsstörungen zu vermeiden und die Möglichkeiten der Beeinflussung der Wirksamkeit optimal zu nutzen, ist vorrangige Aufgabe einer Führungskraft. Jeder Führungskraft muß daran liegen, daß die abgegebenen Informationen optimal aufgenommen werden und empfangene Informationen von ihr selbst richtig interpretiert werden.

Um die Barriere des persönlichen Rasters beim Empfänger zu passieren, ist es wichtig, daß die Information den Empfänger interessiert, seinen Problemkreis berührt, auf seiner Gesprächsebene liegt und seinen Sprachcode benutzt. Ziel jeder Kommunikation ist auch eine Beeinflussung des Kommunikationspartners. Daher ist es wichtig, dessen Bedürfnisse zu erkennen und darauf einzugehen.

Beispiel: Wenn ein Tagungshotel sich Ihnen in einem Werbebrief vorstellt und hier nur seine eigenen Eigenschaften wie neue Geschäftsführung, neue Tagungsräume etc. beschreibt, sich also gewissermaßen nur auf seiner eigenen Gesprächsebene aufhält, so ist die Wahrscheinlichkeit eines positiven Echos bei Ihnen sehr gering. Die Probleme des Absenders sind Ihnen gleichgültig.

Beginnt der Werbebrief jedoch: »Als Entscheidungsträger kennen Sie das Problem von nicht funktionierenden Overheadprojektoren oder Telepromptern, schlecht funktionierendem Service etc.«, so wird Ihr eigener Problemkreis, der des Empfängers, berührt und Ihre Aufmerksamkeit geweckt.

Weiterhin kann es zur Überwindung des persönlichen Rasters beim Empfänger nützlich sein, zunächst ein persönliches Sympathiefeld (durch einige verbindliche Worte) aufzubauen.

Am besten wird eine Information dann vom Empfänger aufgenommen, wenn die Information selbst in Sachinhalt, Beziehungsinhalt und Appell übereinstimmt und auch das Verhalten und das Erscheinungsbild des Senders dazu passen. Die Identität von Kommunikation, Verhalten und Erscheinungsbild erleichtert dem Empfänger das Aufnehmen und Verwerten von Informationen.

Negativbeispiel: Ein schlecht gekleideter und unrasierter Key-Accounter (Erscheinungsbild) erscheint zu spät zu einem vereinbarten Termin (Verhalten), um Ihnen mit überheblichen Bewegungen (Körpersprache, Gestik, Mimik; Beziehungsinhalt) mitzuteilen, daß die Lieferung der bestellten Produktionsanlage im Wert von 800 TDM sich um ein halbes Jahr verzögern wird (Sachinhalt, aber auch Beziehungsinhalt: Geringschätzung des Kunden). Gleichzeitig möchte er mit Ihnen über Anschlußaufträge sprechen (Appell).

Zur Kommunikation gehören ein Sender und ein Empfänger. Diese Beziehung sollte jedoch wechselseitig sein. Deshalb ist es auch sehr wichtig zuzuhören. Nur die Führungskraft, die richtig zuhören kann, wird genügend wichtige Informationen für zu treffende Entscheidungen erhalten.

Jede Führungskraft ist angehalten, eigene Mängel der Fähigkeit zur Kommunikation durch Schulung und Training zu beseitigen. Rhetorik (insbesondere unterschiedliche Arten von Fragestellungen, z.B. offene und geschlossene Fragestellung), Dialektik, Körpersprache (Mimik, Gestik, das Einhalten von Distanzzonen), können erlernt werden.

Eine Lösungsmöglichkeit bei Kommunikationsstörungen ist die sogenannte »Metakommunikation«, die Kommunikation über die Kommunikation (Watzlawick und Schulz von Thun, vgl. Literaturangaben). Wenn Sie als Führungskraft während eines schwierigen Mitarbeitergespräches mit dem zu kritisierenden Mitarbeiter über die Art der bisher erfolgten, mangelhaften Kommunikation reden, so begeben sich gewissermaßen beide Kommunikationspartner auf einen »Feldherrenhügel«, von dem aus sie ihre bisherige Kommunikation betrachten und verbessern können.

Wenn die Führungskraft den Inhalt der von ihr abgegebenen Informationen optimiert, empfangene Informationen auf ihre unterschiedlichen Inhalte überprüft und die Art und Weise der eigenen Kommunikation ständig beobachtet und verbessert, kann sie ihre eigene Kompetenz und die ihres Unternehmens besser darstellen und mehren.

7 Ratschläge zur Verbesserung der Kommunikation

1. Begeben Sie sich auf die Gesprächs- und Interessenebene Ihres Kommunikationspartners.
2. Erzeugen Sie ein Sympathiefeld beim Kommunikationspartner. Ein Großteil der Entscheidungen wird bei ansonsten gleichen Voraussetzungen auf der Gefühlsebene getroffen.
3. Überprüfen Sie abgegebene und erhaltene Informationen auf ihren Sachinhalt, ihren Beziehungsinhalt (Selbstdarstel-

lung, Fremdeinschätzung) und ihren Appell. Versuchen Sie, diese Inhalte richtig zu vermitteln bzw. zu deuten.

4. Achten Sie bei Ihrer Kommunikation und der Ihres Kommunikationspartners auf die Einheit von Worten, Verhalten und Erscheinungsbild.
5. Hören Sie richtig zu. Nur wer zuhören kann, erhält Informationen.
6. Stärken Sie Ihre Kommunikationsfähigkeit durch Schulung und Training.
7. Denken Sie bei Kommunikationsstörungen zunächst an die Möglichkeit der Metakommunikation, d.h. sprechen Sie mit Ihrem Kommunikationspartner über diese Störungen.

Literaturhinweise

Schulz von Thun, Friedemann: Miteinander Reden: Störungen und Klärungen, Reinbek bei Hamburg 1981

Watzlawick, Paul / Beavin, Janet H. / Jackson, Don D.: Menschliche Kommunikation, 8. Auflage, Stuttgart 1990

Ruhleder, Rolf H.: Rhetorik, Kinesik, Dialektik, 9. Auflage, Bonn 1990

Vogelsang, Gerd, Dipl.-Kfm., Unternehmensberater, Nachrodt-Wiblingwerde

Schwerpunkte der Tätigkeit:
Beratung von Unternehmen auf den Gebieten Corporate Identity und Unternehmenskultur. Durchführung von Mitarbeiterbefragungen und Unternehmensanalysen. Schulung und Training auf den Gebieten Verkauf und Kommunikation.

Autor von:
Corporate Identity ohne Fremdworte, Nachrodt 1989
Unternehmenserfolg durch Unternehmensidentität, München 1993

3.3.7 Gesprächsführung

Ernst Maudrich

Die Zusammenarbeit von Mitarbeitern und Führungskräften in Unternehmen ist auf Kommunikation angewiesen. Eine der häufigsten und wirksamsten Kommunikationsformen ist das persönliche Gespräch. Untersuchungen haben gezeigt, daß Führungskräfte mehr als die Hälfte ihrer Arbeitszeit mit Gesprächen verbringen.

Denkt man an die Vielfalt von Gesprächen, die sich aus den Führungsaufgaben ergeben wie der Auswahl von Mitarbeitern, ihrer Entwicklung und Förderung, der Kritik und Anerkennung, der Zielvereinbarung oder der Kontrolle, so entsteht leicht der Eindruck, daß Gespräche eine Domäne der Vorgesetzten sind. Dies trifft aber nicht zu.

In kooperativ geführten Unternehmen können auch Mitarbeiter selbst Gespräche initiieren und leiten, um beispielsweise Arbeitsergebnisse zu präsentieren, Erfahrungen auszutauschen oder Kunden zu beraten.

Der Erfolg von Gesprächen hängt dabei nicht nur vom Geschick des Gesprächsleiters ab, sondern auch davon, wie alle Beteiligten miteinander umgehen. Jeder Mitarbeiter kann durch sein eigenes Verhalten aktiv dazu beitragen, die Beziehungen in Gesprächen zu verbessern. Er beeinflußt und steuert den Gesprächsablauf mit. Dieser Beitrag befaßt sich mit einigen Strategien, Grundsätzen und Techniken, mit denen man in Gesprächen gute Beziehungen aufbauen kann.

Strategien für das Gesprächsverhalten

Meist richten wir uns in Gesprächen nicht bewußt nach einer Strategie oder bestimmten Verhaltensregeln, die unser gegenseitiges Verhältnis verbessern könnten. Wir konzentrieren uns vielmehr auf das unmittelbare Sachproblem und betrachten unsere Beziehungen zum Gesprächspartner als weniger wichtig. Kommt es dadurch zu Differenzen oder Konflikten, so greifen wir oft zu Lösungen, die uns vielversprechend erscheinen, die in Wirklichkeit aber unzureichend sind. Folgende grundsätzlichen Überlegungen sind daher empfehlenswert:

- *die Strategie, Beziehungsprobleme von Sachproblemen zu trennen*

Jedes Gespräch hat sowohl rationale wie auch emotionale Aspekte. Auf der rationalen Ebene (Inhaltsebene) geht es um Sachthemen und logische Gedankenführung. Gleichzeitig läuft auf der Beziehungsebene ein emotionales Wechselspiel ab, in welchem sich das Verhältnis der Gesprächspartner zueinander ausdrückt.

Diese beiden Ebenen sind streng zu trennen. Wenn wir nämlich die Beziehungsebene nicht als eigenständigen Bereich betrachten, laufen wir Gefahr, Beziehungsfragen den Sachinteressen unterzuordnen, wodurch es zu Komplikationen und Konflikten kommt.

Ein häufiger Fehler ist es, daß wir Beziehungsprobleme auf die Inhaltsebene verlagern, weil sich dort über Sachfragen leichter diskutieren läßt. Das eigentliche Problem wird aber dadurch nicht gelöst.

Beispiel: Verkäufer A räumt dem Kunden B einen Preisnachlaß von 10 % ein. In einer Mitarbeiterbesprechung kommt es zu einem Streit mit dem Verkaufsleiter über den gewährten Preisnachlaß. Eine Analyse des Gesprächs ergibt, daß sich beide Seiten im Grunde über den Preisnachlaß einig sind. Was die beiden trennt, ist die Art und Weise, wie der Verkäufer seine Entscheidung getroffen hat, ob er berechtigt war, ohne Befragen des anderen so zu entscheiden.

Anstatt den Konflikt als Beziehungsproblem zu behandeln, versuchen die beiden das Problem auf die Inhaltsebene zu verlagern. Sie sind überrascht feststellen zu müssen, daß sie sowohl dieselbe Meinung als eine grundlegende Meinungsverschiedenheit über ein und denselben Sachverhalt haben.

Ein weiterer Fehler besteht darin, auf die Beziehungsebene auszuweichen, wenn wir mit einem Sachproblem nicht klar kommen. So trotzen wir unserem Gesprächspartner ein Zugeständnis ab, indem wir an sein Gewissen appellieren: »Sie werden doch nicht deswegen die guten Beziehungen aufs Spiel setzen. Stimmen Sie mir wenigstens in diesem Punkt zu.« Oder wir glauben, durch eigenes Nachgeben in Sachfragen das Verhältnis zum Verhandlungspartner verbessern zu können. Beide Strategien tragen nicht dazu bei, das Problem richtig anzupacken.

Schließlich neigen wir dazu, eine Einigung auf der Inhaltsebene bereits mit guten Beziehungen gleichzusetzen. Beispiel: »Ich habe eine gute Beziehung zu meinem Vorgesetzten. Er hat mir soeben eine Gehaltserhöhung versprochen.«

Eine Einigung in Sachfragen kann zwar eine schlechte Beziehung vorübergehend verdecken, aber nicht verbessern. Fällt das Einverständnis auf der Inhaltsebene weg, so ist die Tragfähigkeit der schon angeschlagenen Beziehung ernsthaft gefährdet. Deshalb ist es besser, nach Beziehungen zu suchen, die trotz Meinungsverschiedenheiten funktionieren.

■ *die Strategie, vorbehaltlos konstruktiv zu sein*

Im allgemeinen neigen wir dazu, beim Aufbau von Beziehungen uns vom Prinzip der Gegenseitigkeit leiten zu lassen. Wir machen unser Verhalten von dem des anderen abhängig, oder wir erwarten, daß der andere unserem Verhaltensbeispiel folgt. Beide Strategien sind aber wenig effektiv und auch riskant.

Ist z.B. mein Gesprächspartner über mich verärgert, und reagiere ich genauso, kommen wir aus dem Teufelskreis nur sehr schwer heraus. Gebe ich mich kooperativ, so ist damit noch gar nicht sicher, daß der andere sich genauso verhalten wird. Enttäuscht er mich in meiner Erwartung, so werde ich wahrscheinlich mein kooperatives Verhalten aufgeben.

Einen Ausweg aus diesem Dilemma bietet die Strategie, sich vorbehaltlos konstruktiv zu zeigen. Das heißt, in Gesprächen und Verhandlungen nach bestimmten Regeln vorzugehen, die sowohl für die Beziehung als auch inhaltlich für mich selbst vorteilhaft sind. Dabei ist es wichtig, selbst die Initiative zu ergreifen und nicht zu warten, bis der andere eine mir wünschenswerte Haltung einnimmt. Außerdem darf ich nicht davon ausgehen, daß sich der andere an mein Verhalten hält.

Beispiel: Ich versuche vorbehaltlos den anderen zu verstehen, auch wenn er mich nicht verstehen will. Je besser ich ihn verstehe, desto weniger Konflikte werden auftreten. Je mehr ich informiert bin, desto bessere Lösungen kann ich finden.

Wie wir miteinander in Gesprächen umgehen, läßt sich vereinfacht mit einem Koordinatenkreuz darstellen:

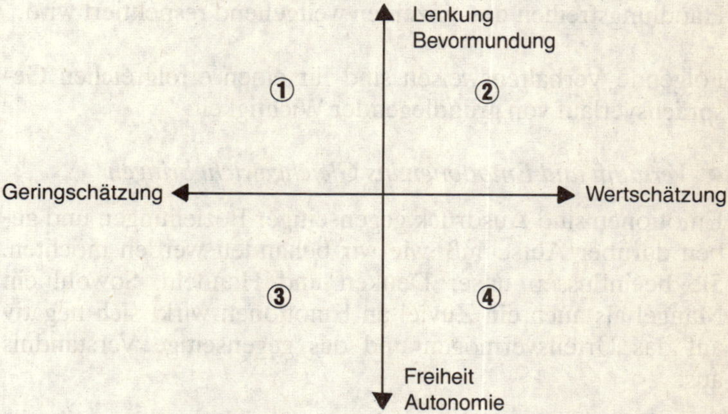

Den numerierten Feldern lassen sich typische Verhaltensweisen zuordnen, die die Beziehungen zwischen Gesprächspartnern prägen.

Im Feld 1 dominieren Umgangsformen, die es zum Ziel haben, den anderen in die Enge zu treiben, zum Aufgeben zu zwingen oder auszuschalten. Dazu gehört z.B. Druck auszuüben, Geständnisse zu erzwingen oder Schwächen des anderen anzuprangern. Ferner jemanden zu verunsichern, Wechselbädern auszusetzen, lächerlich zu machen und nicht zu Wort kommen zu lassen.

Im Feld 2 akzeptiert man sich zwar mehr oder weniger. Einer möchte aber, daß sich der andere ihm unterordnet. Typisches Verhalten ist das Demonstrieren von Wissen und Macht, das Belehren und der hohe Anteil an Redezeiten. Außerdem stellen solche Gesprächspartner häufig geschlossene oder Alternativfragen, die dem anderen nur wenig Entscheidungsraum und Entfaltungsmöglichkeiten lassen. Es geht ihnen darum, den anderen zu überreden anstatt zu überzeugen.

Im Feld 3 liegt ein Stil vor, der von Gleichgültigkeit geprägt ist. Typische Aussprüche in Gesprächen sind z. B.: »Dann machen Sie eben, was Sie wollen.« Oder: »Nach mir die Sintflut.«

Das Feld 4 dagegen bietet die Möglichkeit, so miteinander zu kommunizieren, daß sowohl die Wertschätzung als auch die Handlungsfreiheit des einzelnen weitgehend respektiert wird.

Folgende Verhaltensweisen sind für einen erfolgreichen Gesprächsverlauf von grundlegender Wichtigkeit:

- *Vernunft und Emotionen ins Gleichgewicht bringen*

Emotionen sind Ausdruck gegenseitiger Beziehungen und geben darüber Aufschluß, wie wir behandelt werden möchten. Sie beeinflussen unser Denken und Handeln. Sowohl ein Mangel als auch ein Zuviel an Emotionen wirkt sich negativ auf das Urteilsvermögen und das gegenseitige Verständnis aus.

Emotionen sollen daher nicht unterdrückt, sondern für die Problemlösung nutzbar gemacht werden. Vernunft und Emotionen sollen einander ergänzen und sich nicht gegenseitig beherrschen. Diese Balance setzt ein Wahrnehmen, Ausdrücken sowie den kontrollierten Umgang mit Gefühlen auf beiden Seiten voraus.

- *Den anderen verstehen*

Wenn ein Ergebnis zustande kommen soll, das die Interessen beider Seiten angemessen befriedigt und bei dem auch jeder sich gerecht behandelt fühlt, müssen beide Seiten ihre Ansichten, Interessen und Wertvorstellungen begreifen. Dabei ist es notwendig von der Position des Allwissenden abzurücken und bereit zu sein, ständig Neues aufzunehmen.

- *Wirksam miteinander kommunizieren*

Ein gegenseitiges Verstehen setzt voraus, miteinander wirkungsvoll ins Gespräch zu kommen. Dazu ist es erforderlich, die unterschiedlichen Auffassungen verständlich darzulegen, andere bei Entscheidungen anzuhören und selbst aktiver zuzuhören.

- *Vertrauenswürdig sein*

Blindes Vertrauen ist keine Hilfe für die Zusammenarbeit. Bei einer funktionierenden Beziehung ist es vielmehr so, daß beide Seiten ein in hohem Maße vertrauenswürdiges Verhalten zeigen und dabei richtig einkalkulieren, welche Risiken es in sich birgt, dem anderen zu vertrauen.

- *Überzeugen, anstatt Druck ausüben*

Je mehr man versucht, Druck auf jemanden auszuüben, desto geringer wird die Wahrscheinlichkeit, daß das Ergebnis den Interessen auf beiden Seiten gerecht wird. Druck auszuüben kommt einem Abbau einer Beziehung gleich. Selbst wenn es unwahrscheinlich ist, daß Gesprächspartner noch einmal zusammenkommen, so kann man das nie ausschließen. Deshalb sollte jede Begegnung druckfrei und auf Überzeugungsarbeit angelegt sein.

- *Sich gegenseitig akzeptieren*

Sich geschätzt und akzeptiert zu fühlen, ist ein menschliches Grundbedürfnis. Wenn jemand unsere Ansicht nicht anhört, wenn er uns nicht das Recht zugesteht, andere Auffassungen zu vertreten als er, und wenn er unsere Interessen nicht berücksichtigt, dann werden wir uns wahrscheinlich nicht mit ihm auseinandersetzen wollen. In diesem Fall werden wir unser Sachproblem nicht einmal im Ansatz lösen.

Zu diesen wichtigen Verhaltensweisen gibt es eine Reihe von Steuerungstechniken, von denen einige nachfolgend behandelt werden, weil sie für eine wirksame Kommunikation wichtig sind:

- *Die Kunst, aktiv zuzuhören*

Eine der wichtigsten Tugenden guter Gesprächsführung ist die Fähigkeit, aufmerksam zuhören zu können. Dies gibt uns die Möglichkeit, am Informations- und Wissensvorsprung anderer teilzuhaben. Durch Zuhören signalisieren wir Lernbereitschaft, indem wir uns Informationen anderer zu eigen machen, um zu besseren Einsichten und Urteilen zu kommen. Ferner respektieren wir den anderen in seiner Persönlichkeit und vermindern dadurch Konflikte.

Wenn Mitarbeiter und Führungskräfte Gespräche führen, ist es in der Regel so, daß einer von ihnen ein Anliegen hat. Er hat z.B. ein Problem, braucht einen Rat oder will eine Idee vortragen.

Viele Gesprächspartner neigen beim Zuhören dazu, sofort ihr Urteil über den geäußerten Sachverhalt abzugeben, fertige Lösungen anzubieten oder auf die Ursachen hinzuweisen. Manche ergreifen darauf die Initiative und reden über sich selbst, weil sie das Problem des anderen auch haben oder in ähnlicher Weise bereits erlebten. Diese sicherlich gut gemeinten Reaktionen stören aber das Gespräch, weil der Betroffene sich zu seinem Anliegen nicht weiter äußern kann und sich dazu animiert fühlt. Hier sollen daher Antwortverhalten beschrieben werden, die das begonnene Gespräch konstruktiv weiterführen. Folgende Techniken des aktiven Zuhörens haben sich bewährt:

- *Das Wiederholen und Umschreiben des Gesagten*

Der Hörer vergewissert sich, ob er den Sachverhalt richtig verstanden hat, indem er ihn mit eigenen Worten wiedergibt. Beispiel: »Wenn ich Sie richtig verstanden habe, dann meinen Sie damit …« Oder: »Wenn ich das richtig sehe, geht es Ihnen um …« Weniger wirksam ist es, wenn der Hörer den anderen dabei zensiert, kritisiert und belehrt. Beispiel: Mitarbeiter A ist mit seiner letzten Leistungsbeurteilung nicht einverstanden. Er führt aus, daß der Zusammenbruch des Kunden B nicht vorauszusehen war und er für den Umsatzrückgang nicht verantwortlich gemacht werden kann. Der Vorgesetzte C reagiert darauf so: »Wie Sie wissen, interessieren mich nur Zahlen, egal, von welchen Kunden sie kommen.«

- *Das Gesagte zusammenfassen*

Diese Technik empfiehlt sich, wenn ein Gesprächspartner sein Anliegen sehr ausführlich beschreibt. Die Zusammenfassung ist dann eine gekürzte Wiedergabe mit anderen Worten. Beispiel: »Wenn ich Sie richtig verstehe, verfolgen Sie mit dem neuen Produkt folgende Ziele:

1. Einen neuen Kundenkreis erschließen.
2. Die Angebotspalette verbreitern.
3. Die Gewinnsituation des Unternehmens verbessern helfen.«

- *Die Gefühle ansprechen*

Die schwierigste Form des Zuhörens ist es, den Gefühlston von Äußerungen richtig zu erfassen. Beispiel: Ein Mitarbeiter kommt mit einem neuen Kollegen nicht zurecht. Er beschreibt ihn als sehr intelligent. Was ihn stört ist, daß er sein Wissen zu stark herausstellt. Immer, wenn er dem Neuen Vorschläge macht, hat dieser ständig etwas daran auszusetzen. Es bewirkt nichts, wenn er ihm etwas sagt. Der Vorgesetzte gibt die Gefühlslage des Mitarbeiters dann so wieder: »Es frustriert Sie, wenn sich der Neue gegen alles wehrt, was Sie vorschlagen.«

- *Das Gesagte verdeutlichen*

Manchmal ist sich jemand nicht ganz klar darüber, was er sagen will. Aufgabe des Zuhörers ist es, den Sachverhalt auf den Punkt zu bringen. Beispiel: »Sie wollen damit sagen, daß ...«

- *Nachfragen*

Wenn jemand mit einer Aussage nicht viel anfangen kann, weil sie z.B. zu allgemein formuliert ist, kann er seinen Gesprächspartner um Zusatzinformationen bitten. Beispiel: »Können Sie mir bitte ein paar Vorteile nennen?« Oder: »Können Sie diese These durch ein Beispiel erläutern?«

- *Rückmeldungen in der Ich-Form aussprechen*

Ganz allgemein sollten wir in der ersten Person sprechen, wenn wir dem anderen mitteilen wollen, wie seine Nachricht, sein Verhalten oder seine Gefühlslage bei uns angekommen ist. Ich-Aussagen haben den Vorteil, daß sie offener und ehrlicher sind als Du-Aussagen. Der Hörer teilt dem anderen mit, was in ihm vorgeht und gibt ihm zu erkennen was dessen Verhalten in ihm bewirkt. Beispiel: »Herr X, ich kann Ihren Ausführungen nicht mehr folgen. Das Ganze wird doch etwas zu viel für mich.« Der Kollege kann sich nun sachlich mit der Äußerung des Gesprächspartners auseinandersetzen. Dies wird ihm aber erschwert, wenn er zu hören bekommt: »Herr X, jetzt hören Sie mal auf, Sie reden ja nur wirres Zeug.«

Es empfiehlt sich in Gesprächen, auch einmal eine positive Rückmeldung zu geben. Wenig förderlich für eine Beziehung sind einseitige Rückäußerungen. Zum Beispiel, wenn der Vorgesetzte seinen Mitarbeiter beurteilt, dies aber wegen der starren hierarchischen Struktur nicht umgekehrt erfolgen kann. Rückmeldungen verlieren an Wirkung, wenn sie zu spät kommen. Außerdem können sie beim Empfänger Erstaunen auslösen wie »Das sagen Sie mir erst jetzt?« und die zukünftige Beziehung beeinträchtigen.

Literaturhinweise

Blickhan, Daniela und Claus: Denken, Fühlen, Leben. Vom bewußten Wahrnehmen zum kreativen Handeln, Moderne Verlagsgesellschaft, München/Landsberg am Lech, 1989

Fisher, Roger / Brown, Scott: Gute Beziehungen. Die Kunst der Konfliktvermeidung, Konfliktlösung und Kooperation, Campus Verlag, Frankfurt/Main und New York 1989

Fittkau, B. / Müller-Wolf, H. M. / Schulz von Thun, F.: Kommunizieren lernen (und umlernen), Westermann Verlag, Braunschweig 1977

Gordon, Thomas: Managerkonferenzen. Effektives Führungstraining, Hoffmann und Campe, Hamburg 1979

Thiele, Albert: Die Kunst zu überzeugen. Faire und unfaire Dialektik, VDI-Verlag, 2. Aufl., Düsseldorf 1990

Watzlawick, Paul / Beavin, Janet H. / Jackson, Don D.: Menschliche Kommunikation. Formen, Störungen, Paradoxien, Hans Huber Verlag, 4. Aufl., Bern 1974

Weisbach, Christian / Eber-Götz, Monika / Ehresmann, Simone: Zuhören und Verstehen. Eine praktische Anleitung mit Übungen, Rowohlt, Reinbek b. Hamburg 1979

Maudrich, Ernst, Dipl.-Kfm., Pulheim

3.3.8 Organisationsentwicklung

Klaus Ulbrich

Oberflächlich könnte man sagen, Organisationsentwicklung ist das Organisieren unter Einbezug der von einem Organisationsprozeß betroffenen Menschen (Mitarbeiter).

Organisation wird traditionell als Funktion des Topmanagements gesehen, ähnlich wie die Funktionen Planen, Entscheiden, Kontrollieren u.a. Daher wird meist auch von oben-nach-unten organisiert; das Topmanagement läßt sich dabei oft von Experten unterstützen (aus der eigenen Organisationsabteilung oder von externen Beratungsfirmen). Die Ergebnisse dieser Art von Organisation werden von den betroffenen Mitarbeitern meist nur mit Überwindung akzeptiert. Dieses allgemeine »Akzeptanzproblem« richtet sich oft schon gegen die Vorarbeiten, wie die Erhebungen, Analysen und Konzepte.

Vor etwa zwei Jahrzehnten entwickelten amerikanische Sozialwissenschaftler Organisationsansätze, die die/den betroffenen Mitarbeiter in den Mittelpunkt der Organisation stellen. Diese Konzepte wurden unter den Bezeichnungen »Organisationsentwicklung« (organization development) bzw. »geplanter organisatorischer Wandel« (planned organizational change) bekannt.

Es dauerte Jahre, bis diese Konzepte in der Praxis deutscher (europäischer) Unternehmen Eingang fanden. Heute gibt es viele Unternehmen, die Organisationsentwicklung stark in den Mittelpunkt ihrer organisatorischen Arbeit stellen, ja die sogar gewissermaßen als »äußeres Zeichen« — ihre Organisationsabteilung umbenannt haben, etwa in »Abteilung Organisationsentwicklung«.

Beispiel:

In einer mittelständischen Unternehmung — Großhandlung mit etwa 50 Mitarbeitern — arbeitet man praktisch ohne EDV-Unterstützung. Das Unternehmen soll reorganisiert werden.

Traditionell könnte der Unternehmer derart vorgehen, daß er von einem Unternehmensberater ein Konzept erstellen läßt und sich dann das entsprechende EDV-System beschafft. Den Mitarbeitern wird die Reorganisation mitgeteilt, sie werden — je nach Bedarf auf das neue System eingearbeitet, d.h. der Lieferant schult die Mitarbeiter »on-the-job«.

Es leuchtet ein, daß die Mitarbeiter bereits beim Erscheinen des Unternehmensberaters, seinen ersten Erhebungen, gewissermaßen auf »Tauchstation gehen«, mit Rationalisierungsmaßnahmen rechnen und möglicherweise das ganze Projekt erheblich stören/verzögern. Die informellen »Führer« und/oder der Betriebsrat können die Dinge weiter verschlechtern. Man bedenke, daß die Zusammenhänge in Großunternehmen meist viel problematischer sind.

Im folgenden Abschnitt wird der Begriff Organisationsentwicklung erläutert und einige Merkmale herausgestellt. Es folgen Hinweise zur Projektorganisation bzw. dem Organisationsentwicklungsprozeß. Schließlich wird die Thematik Organisationsentwicklung in Zusammenhang mit dem aktuellen »Unternehmenskulturansatz« gestellt.

Eine bekannte Definition des Begriffes lautet: *Organisationsentwicklung (OE) ist ein länger angelegter, organisationsumfassender Entwicklungs- und Veränderungsprozeß von Organisationen und der in ihnen tätigen Menschen. Der Prozeß beruht auf Lernen aller Betroffenen durch direkte Mitwirkung und praktische Erfahrung. Sein Ziel besteht in einer gleichzeitigen Verbesserung der Leistungsfähigkeit der Organisation (Effektivität) und der Qualität des Arbeitslebens.*

Entsprechend dem üblichen Sprachgebrauch/Schreibweise soll auch im folgenden statt des Wortes Organisationsentwicklung nur die Abkürzung *OE* verwendet werden.

Typische Merkmale von OE:

- OE unterstellt die Notwendigkeit einer permanenten Veränderung und Anpassung von Organisationen an sich ständig wandelnde Bedingungen (Umwelt; Einstellungen der Mitarbeiter).
- Als Hauptziele von OE gelten:
  - Erhöhung der *Leistungsfähigkeit* und *Flexibilität* der Organisation
  - Vergrößerung des *Problemlösungs- und Innovationspotentials*
  - Befähigen der Organisationsmitglieder, die *Anpassungsprobleme* selbst zu lösen
  - Verbesserung der *Arbeitssituation* der Mitarbeiter (persönliche Entfaltung; Selbst- und Mitbestimmung verschaffen).
- Organisationen werden vor allem als soziale Systeme gesehen. Im Mittelpunkt aller OE-Maßnahmen steht die Entwicklung des menschlichen Potentials (*soziale Lernprozesse* sind zu initiieren; *Einstellungen* und *Verhaltensweisen* sind zu verändern; die *Motivation* ist zu erhöhen: zwischenmenschliche Beziehungen sind zu verbessern). *Lern- und Ausbildungsstrategien* sind Hauptbestandteil von OE.
- Auch Organisationsstrukturen und *technische Prozesse* sind zu verändern. Diese strukturellen/technologischen

Gestaltungsmaßnahmen, werden durch personenbezogene Maßnahmen unterstützt.

- OE ist nicht Aufgabe weniger Experten, sondern von möglichst allen Mitgliedern des zu verändernden Systems.

Zur Projektorganisation und Vorgehensweise einige Hinweise: Die betroffenen Mitarbeiter werden als *Klientensystem* bezeichnet, der Organisator wird zum OE-Berater (*change agent;* Moderator). Die Mitarbeiter gestalten einerseits den Organisationsprozeß, andererseits wird ihr Problemlösungs- und Sozialverhalten durch Schulungsmaßnahmen und Verhaltenstraining ständig verbessert.

Bezüglich der Vorgehensweise gibt es unterschiedliche Modelle: Ein einfaches Modell (nach Lewin) unterscheidet die Phasen:
- Auftauen (unfreezing)
- Veränderung (changing)
- Verfestigung (refreezing),

wobei man die menschlichen Verhaltensweisen im Mittelpunkt sehen muß.

Ein mehrstufiges, zyklisches Modell (nach Borrmann; Guserl/Hoffmann) könnte wie folgt aussehen:

1. *Vorphase*

   Entstehung des Veränderungsbedürfnisses
   Herstellung der Beziehung zum OE-Berater

2. *Diagnosephase*

   Sammeln und Aufbereiten von Daten
   Feedback der aufbereiteten Daten an die Arbeitsgruppen

3. *Entwicklungsphase*

   Planung der erforderlichen Änderungen in Arbeitsgruppen
   Durchführung der Veränderungsaktion

4. *Stabilisierungsphase*

   Stabilisierung
   Erfolgskontrolle

Anschließend an die »Erfolgskontrolle« beginnt möglicherweise ein neuer Ablauf (d.h. auch zyklisches Modell).

Für die Motivation der Mitarbeiter, an derartigen Prozessen mitzuwirken, ist es sehr wichtig, daß ein allgemeines »Veränderungsbedürfnis« erkannt wird.

Beispiel:

Ausgehend vom oben dargestellten Fall (Großhandlung/EDV-Umstellung) soll kurz ein Ablauf nach dem OE-Ansatz durchgespielt werden. Der Unternehmer bildet eine Initiativgruppe zur Darstellung des Problems (Workshop). In einer Besprechung mit einem OE-Berater werden das Problemfeld abgegrenzt, die Änderungsziele und Wertvorstellungen definiert. Die betroffenen Mitarbeiter werden in den Prozeß einbezogen (Meinungskonfrontation, Konsensbildung, Definition der Projektziele). Es folgt eine Erhebungsphase, wobei der OE-Berater die Instrumente liefert bzw. behilflich ist.

Die Ergebnisse werden gemeinsam diskutiert/analysiert und Ansätze für Änderungen erarbeitet/geplant, wobei es sich bei den Änderungen um personale, strukturelle und technologische handelt. Schulungs-/Bildungsmaßnahmen werden eingeleitet, Verhaltenstraining durchgeführt. Schließlich werden die Änderungen realisiert. Die Realisierung wird abgesichert (Training, Erfahrungsaustausch, Belohnungssystem). Eine Erfolgskontrolle schließt sich an: Beurteilung der Veränderungen, ggf. neue Anpassungsmaßnahmen, neue Projekte).

Nach dieser Einführung in den OE-Ansatz und seiner Veranschaulichung an einem einfachen Beispiel (mittelständisches Unternehmen) soll dieser Ansatz verallgemeinert werden; er soll außerdem mit dem aktuellen »Unternehmenskulturansatz« (Peters und Waterman) in Zusammenhang gebracht werden.

Der Unternehmenskulturansatz besagt, daß es neben den »harten Erfolgsfaktoren« einer Unternehmung (Strategie, Struktur, Systeme) sogenannte »weiche Faktoren« gibt (Selbstverständnis, Werte, Stil, Spezialkenntnisse, Stammpersonal). Diese »weichen Faktoren« (mitarbeiter-/verhaltensorientiert) werden, soweit sie normativen Charakter haben, als Unternehmenskultur bezeichnet. »Werden *gesamthafte* Unternehmenskulturen unter dem spezifischen Blickwinkel des Verhältnisses von struktureller Gestaltung und verhaltensmäßiger Entwicklung – also mit Fokus auf dem *Organisatorischen* betrachtet – läßt sich eingeschränkt von *Organisationskulturen* sprechen.« (Bleicher)

Es leuchtet ein, daß bei der hohen Bedeutung der »weichen Faktoren« für die Unternehmens-/Organisationskultur auch entsprechende Interventionstechniken, und dazu ist der Organisationsentwicklungsansatz zu rechnen, von ganz besonderem Stellenwert sind.

Der Organisationsentwicklungsansatz ist noch aus einem anderen Gesichtspunkt von hoher aktueller Bedeutung. Immer stärker setzen sich komplexe/modulare Standard-Softwaresysteme (integrierbare Systeme; Computer Integrated Manufactoring/CIM) durch. Diese Systeme sind weitgehend anpassungsfähig. Das bedeutet, daß die »Fachabteilung« bzw. der Mitarbeiter vor Ort, am besten sagen kann, wie die Anpassung (Reorganisation) auszusehen hat. Will man keine 1 : 1-Abbildung in einem neuen EDV-System, hat sich die Anpassung an den Unternehmenszielen zu orientieren, die es transparent zu machen gilt. Die Rolle des Organisators als OE-Berater/Moderator wird immer deutlicher.

Zusammenfassung

Führungskräfte sollten sich intensiv mit dem OE-Ansatz auseinandersetzen, insbesondere auch mit Techniken/Methoden zur Einleitung von Lern- und Änderungsprozessen, z.B: Diagnosemethoden, Datenerhebungs- und Rückkopplungsmethoden, gruppendynamische Trainingsformen, Teamarbeit, Intergruppenarbeit, Konfrontationskonferenzen, Workshop-Techniken u.a.

Organisationsentwicklung und zufriedene Mitarbeiter sind heute notwendiger denn je, allerdings sind sie noch kein Garant für die Überlebensfähigkeit einer Organisation, sicher aber eine wesentliche Voraussetzung.

Literaturhinweise

Weidner / Freitag / Gernet / Ulbrich: Organisation in der Unternehmung, 4. Auflage, München 1992

Eiff v., Wilfried (Hrsg.): Organisation — Erfolgsfaktor in der Unternehmung (besonders Teil 2.4 Organisations-Entwicklung (OE) das SKE-Kraftfeld), Landsberg 1991

Bleicher, Knut: Organisation — Strategien — Strukturen — Kulturen, 2. Auflage, Wiesbaden 1991

Lang, Gert: Von CIM zur Unternehmensintegration, Heidelberg 1991

Ulbrich, Klaus, Prof., Dipl.-Hdl., Fachhochschule Regensburg

Schwerpunkte: Organisation und Datenverarbeitung, Management; Unternehmens- und Verbandsberatungen; Sportmanagement; Großveranstaltungen; Dozent an verschiedenen Akademien/Instituten, Gastvorlesungen im In- und Ausland; internationale Seminare

Autor von:
Organisation in der Unternehmung (Mitautor)
Materialien für Organisationsleiter
Fachzeitschriften

3.3.9 Personalentwicklung

Hartmut Rumpf

Personalentwicklung gehört zu den wichtigen personalpolitischen Aufgaben einer Führungskraft, weil eine richtig durchgeführte Personalentwicklung über die Qualifikation der Mitarbeiter und zugleich über die strategische Leistungsfähigkeit des Unternehmens entscheidet. Zu unterscheiden sind die Bereiche Ausbildung, Fortbildung und Weiterbildung.

Zur Personalentwicklung gehören alle Maßnahmen, die eine Erhöhung der Qualifikation von Menschen zum Ziel haben.

Dabei sind mit Qualifikation nicht nur fachliche Fähigkeiten wie Kenntnisse und Fertigkeiten, sondern auch persönlichkeitsprägende Faktoren wie Verhandlungsgeschick, Rhetorik oder soziale Kompetenz gemeint.

Personalentwicklung findet in Betrieben und auch unabhängig von Betrieben — etwa im staatlichen Bildungssystem — statt. Im folgenden soll die betriebliche Personalentwicklung betrachtet werden.

Betriebliche Personalentwicklung umfaßt alle Maßnahmen zur Erhöhung der Qualifikation von Mitarbeitern, die betrieblich veranlaßt und deren Ergebnis betrieblich genutzt werden können. Personalentwicklung erfolgt durch sog. Bildungsmaßnahmen.

Nach dem Inhalt der Maßnahmen kann man drei große Bereiche der Personalentwicklung unterscheiden:

- Ausbildung
- Fortbildung
- Weiterbildung.

Unter Ausbildung versteht man üblicherweise (nur) die berufliche Erstausbildung, die in Deutschland in dem bekannten und bewährten Dualen System von betrieblicher Ausbildung und staatlicher Berufsschule mit überbetrieblicher, allgemein anerkannter Abschlußprüfung erfolgt.

Die Berufsausbildung ist durch das Berufsbildungsgesetz von 1969 umfassend gesetzlich geregelt. Danach darf ein Betrieb nur Ausbildungsstätte sein, wenn die zuständige Industrie- und Handelskammer bzw. die zuständige Handwerkskammer die Anerkennung ausgesprochen hat. Voraussetzung für die Anerkennung als Ausbildungsstätte ist, daß der Betrieb nach Art und Einrichtung zur Berufsausbildung geeignet ist und insbesondere fachlich und persönlich geeignete Ausbilder vorhanden sind. Seit einigen Jahren müssen die Ausbilder ihre Ausbildereignung nachweisen, z.B. in einer sog. AdA-Prüfung (= Ausbildung der Ausbilder) vor der zuständigen Kammer.

Fortbildung und Weiterbildung setzen im Regelfall auf einer vorhandenen beruflichen Erstausbildung auf und vermitteln zusätzliche Qualifikationen.

Die Begriffe Fortbildung sowie Weiterbildung werden in der Praxis in den einzelnen Unternehmen und auch in der Fachliteratur unterschiedlich, zum Teil sogar gegensätzlich verwendet. Deshalb ist bei Diskussionen über Personalentwicklung genau auf den jeweiligen Begriffsinhalt zu achten.

Zur Fortbildung sollen hier solche Bildungsmaßnahmen gezählt werden, die auf das bisherige Berufs- und Tätigkeitsfeld des Mitarbeiters zielen. Man kann dabei zwei Formen unterscheiden:

- Anpassungsfortbildung und
- Aufstiegsfortbildung.

Anpassungsfortbildung vermittelt Kenntnisse, die für den Mitarbeiter notwendig sind, um auch weiterhin die bisherige Tätigkeit ausüben zu können. Beispiele für Anpassungsfortbildung sind Einweisungen in neue Arbeitstechniken oder das Erlernen neuer Gesetzesvorschriften. Unterbleibt Anpassungsfortbildung, kann der Mitarbeiter die ihm übertragenen Arbeitsaufgaben nicht mehr korrekt ausführen.

Aufstiegsfortbildung vermittelt — aufbauend auf vorhandenen Erfahrungen und Kenntnissen — zusätzliche Fähigkeiten, die es dem Mitarbeiter erlauben, höherrangige Aufgaben zu übernehmen. Aufstiegsfortbildung bewirkt also eine Zusatzqualifikation, die oft über betriebsinterne Nachweise oder durch allgemein anerkannte, weil vor der zuständigen Kammer abgelegte Prüfungen dokumentiert wird. Beispiele für solche Zusatzqualifikationen sind der Personalfachkaufmann oder der Handelsfachwirt.

Gegenstand der Weiterbildung in der hier gewählten Begriffsfassung ist nicht das bisherige Berufs- und Tätigkeitsfeld des Mitarbeiters, sondern ein anderes Gebiet. Der Mitarbeiter erwirbt also — losgelöst von bisheriger Ausbildung und Tätigkeit — neue Kenntnisse und Fertigkeiten.

Eine besondere und zugleich radikale Art der Weiterbildung ist die Umschulung, wenn die Bildungsmaßnahme einer beruflichen Zweitausbildung nahekommt. Solche Umschulungen sind oft nach krankheits- oder unfallbedingt eingetretener Berufsunfähigkeit erforderlich und erfahren deshalb vielfach finanzielle Förderung durch das Arbeitsamt.

Die Grenze zwischen Fortbildung und Weiterbildung ist fließend, und zwar für Mitarbeiter und Unternehmen: Ein Persönlichkeitstraining oder ein Rhetorikkurs kann für den Mitarbeiter — je nach individueller Sichtweise — Fortbildung oder Weiterbildung sein; ein vom Unternehmen veranstalteter EDV-Kurs mag für einige Teilnehmer notwendige Anpassungsfortbildung sein, für andere dagegen lediglich Weiterbildung.

Nicht zuletzt deshalb wird Fort- und Weiterbildung oft als einheitliche Aufgabe verstanden, woraus sich auch die unterschiedlichen Begriffsverwendungen in der Praxis erklären mögen. Die vorgenommene Unterscheidung zwischen Fortbildung und Weiterbildung ist jedoch grundsätzlich notwendig, um die Prioritäten richtig setzen zu können: Anpassungsfortbildung ist für Mitarbeiter und Unternehmen ein Muß; Aufstiegsfortbildung ist für das Unternehmen notwendig, für den einzelnen Mitarbeiter aber freiwillig; Weiterbildung ist für den Mitarbeiter freiwillig, für das Unternehmen bietet Weiterbildung die Chance — nicht Verpflichtung —, im Rahmen strategischer Überlegungen Qualifikationsreserven anzulegen.

Personalentwicklung ist damit ein wichtiges Feld unternehmerischer Personalpolitik, das eine besondere Aufgabe gerade von Führungskräften darstellt.

Zunächst hat die Unternehmensleitung die strategische Grundsatzentscheidung zu treffen, ob man zur Deckung des Personalbedarfs auch betriebliche Ausbildung sowie betriebliche Fort- und Weiterbildung einsetzt oder ob man die benötigten Qualifikationen am externen Arbeitsmarkt beschafft und sich damit auf die Bildungsaktivitäten anderer Unternehmen verläßt.

Hat die Unternehmensleitung diese Grundsatzfrage positiv entschieden, so ist bezüglich der Ausbildung festzulegen, wie viele Auszubildende in welchen Berufen jeweils ausgebildet werden sollen. Bezüglich der Fort- und Weiterbildung ist zu entscheiden, welche Bildungsmaßnahmen grundsätzlich wo und wie durchgeführt werden sollen bzw. können.

Nach dem möglichen Ort sind drei Gruppen von Bildungsmaßnahmen zu unterscheiden:

– am Arbeitsplatz	training on the job
– intern	training off the job
– extern	training off the job.

Training on the job heißt, daß der Mitarbeiter an seinem Arbeitsplatz lernt, während er seine Arbeit erledigt. Er lernt durch Arbeiten, Ausprobieren, Fehler und Rücksprache mit seinem unmittelbaren Betreuer. Diese Art des Lernens ist vom Lernerfolg her die beste; sie kann jedoch nur an wenigen Arbeitsplätzen problemlos eingesetzt werden.

Deshalb versucht man oft, diese Lernsituation außerhalb des Arbeitsplatzes zu erreichen, etwa durch Lehrwerkstätten, Übungsfirmen oder vor allem auch Simulatoren.

Training off the job heißt, daß der Mitarbeiter für die Bildungsmaßnahme aus seinem Arbeitsplatz und seiner Arbeitsumgebung gelöst wird — aus technischen, organisatorischen oder auch motivationalen Gründen: Technische Gründe sind gegeben, wenn die Maßnahme am Arbeitsplatz wegen der Unzulaßbarkeit von Fehlern nicht durchgeführt werden kann; organisatorische Gründe liegen vor, wenn mehrere Mitarbeiter denselben Bildungsbedarf aufweisen. Motivationale Gründe spielen eine Rolle, wenn man den oder die zu qualifizierenden Mitarbeiter bewußt aus dem Arbeitsalltag herauslöst und sie in die angenehme Atmosphäre z.B. eines Tagungshotels versetzt; gerade im Bereich der Aufstiegsfortbildung und der Weiterbildung hat man damit gute Erfolge erzielt.

Training off the job kann grundsätzlich als interne Bildungsmaßnahme oder als externe Bildungsmaßnahme durchgeführt werden.

Interne Bildungsmaßnahme heißt, daß an der Veranstaltung nur Unternehmensangehörige teilnehmen, gleichgültig ob die Veranstaltung auf dem Betriebsgelände oder in einem »neutralen« Veranstaltungsort stattfindet. Interne Bildungsmaßnahmen bieten den Vorteil, daß der zu vermittelnde Stoff auf die konkreten Bedürfnisse der Mitarbeiter dieses Unternehmens ausgerichtet und dargeboten werden kann. Interne Bildungsmaßnahmen können jedoch in der Regel — vor allem aus ökonomischen Erwägungen heraus — nur durchgeführt werden, wenn eine größere Zahl von Mitarbeitern dieselbe Bildungsmaßnahme erfahren soll bzw. will.

Externe Bildungsmaßnahme heißt, daß die Veranstaltung von unternehmensfremden Trägern außerhalb des Unternehmens angeboten wird; die vom Unternehmen entsandten Teilnehmer treffen dort auch mit Angehörigen anderer Unternehmen zusammen, was zu einem — oftmals, aber nicht in jedem Fall positiv zu wertenden — Informationsaustausch und Kontakt über Unternehmens- und Branchengrenzen hinweg führt.

Die Personalentwicklung in einem Unternehmen sollte nicht dem Zufall oder der Tageslaune überlassen werden, vielmehr ist an eine gründliche Vorbereitung im Rahmen einer Personalentwicklungsplanung zu denken. Ausgangspunkt dafür ist eine Bestandsaufnahme von (qualitativen) Anforderungen und zu erwartenden Anforderungsveränderungen einerseits und von vorhandenen Fähigkeiten in der Belegschaft andererseits. Durch einen Vergleich von Anforderungen und Fähigkeiten — etwa als Profilvergleich von Anforderungs- und Fähigkeitsvektor oder als Resultat von Leistungsbeurteilungen — lassen sich Bildungsbedarfe erkennen, die dann durch zeitlich und ökonomisch zu planende Bildungsmaßnahmen zu decken sind.

Die Personalentwicklungsplanung darf sich dabei nicht nur von den betrieblichen Notwendigkeiten leiten lassen, sondern sie sollte auch die Interessen und Möglichkeiten (Entwicklungspotentiale) der Mitarbeiter beachten; dies eröffnet dann insbesondere im Hinblick auf die strategische Planung der Unternehmensentwicklung bessere Aktionsmöglichkeiten durch Schaffung von Qualifikationsreserven und Flexibilität im Personaleinsatz.

Geeignete Instrumente für eine solche Konzeption der Personalentwicklung sind eine Laufbahnplanung, die grundsätzlich mögliche Wege der Qualifizierung und — darauf aufbauend — des innerbetrieblichen Aufstiegs beschreibt, sowie eine mehr individuell ausgerichtete Karriereplanung für einzelne, besonders förderungswürdige Mitarbeiter.

Zusammenfassung

- Richtige Personalentwicklung entscheidet über die strategische Leistungsfähigkeit des Unternehmens.
- Betriebliche Ausbildung legt die Grundlage für die Qualifikation der Belegschaft, stellt aber auch eine gesellschaftliche Verpflichtung dar.
- Anpassungsfortbildung ist für Mitarbeiter und Unternehmen unverzichtbar.
- Aufstiegsfortbildung bietet für den Mitarbeiter die Chance zur Höherqualifizierung und zum innerbetrieblichen Aufstieg; für das Unternehmen ist Aufstiegsfortbildung unverzichtbar, um über qualifizierten Nachwuchs aus eigenen Reihen verfügen zu können.
- Weiterbildung ist bei (nur) kurzfristiger — kurzsichtiger?! — Betrachtung verzichtbar; eingebunden in strategische Überlegungen eröffnet Weiterbildung die Möglichkeit zur Ausschöpfung individueller Entwicklungspotentiale, baut eine strategisch wichtige Qualifikationsreserve auf und erhöht die Flexibilität der Unternehmenspolitik.

Literaturhinweise

Meier, Harald: Personalentwicklung, Wiesbaden 1991

Mentzel, Wolfgang: Unternehmenssicherung durch Personalentwicklung, 2. Aufl., Freiburg 1983

Olesch, Gunther: Praxis der Personalentwicklung, Heidelberg 1988

Rumpf, Hartmut, Dipl.-Kfm., Dr. rer. pol.

Professor für Betriebswirtschaftslehre und Personalwesen an der Fachhochschule Regensburg.

Schwerpunkte: Personalplanung, Personalführung, Personalverwaltung, Mitbestimmung.

Wichtige Veröffentlichungen:
Personalbestandsplanung mit Fähigkeitsvektoren, Frankfurt 1981
Personalführung, München 1991

3.3.10 Unternehmenskultur

Sabine Braun

Mit der Unternehmenskultur verhält es sich wie mit der Kinderstube: Ob gut oder schlecht, man hat sie auf jeden Fall. Der Betroffene ist sich ihrer Existenz meistens nicht bewußt, für Außenstehende ist sie jedoch an bestimmten Zeichen zu erkennen. Unternehmenskultur entwickelt sich zwar unter Einfluß der Außenwelt, ist aber durchaus etwas Eigenständiges. So bestehen in jedem Unternehmen individuelle und damit unternehmenstypische Charaktermerkmale, Verhaltensweisen, Einstellungen und Werthaltungen. Und eben die Gesamtheit dieser Eigenschaften bezeichnet man als Unternehmenskultur.

Es liegt auf der Hand, daß die in einem Unternehmen vorhandenen Einstellungen und Werthaltungen das Verhalten sowohl der Führungskräfte wie das der Mitarbeiter entscheidend prägen. Auch wenn sie beiden Gruppen nicht oder nur undeutlich bewußt sind. Selbst für den Außenstehenden ist die Ebene der Werte einer Unternehmenskultur nur über Interpretation zu erschließen. Sichtbare Zeichen der Unternehmenskultur sind dagegen Produkte, technische Einrichtungen sowie die Architektur eines Unternehmens. Auch bestimmte

Rituale und Gebräuche, die eben auf den genannten Werthaltungen fußen, gehören zu den eher offenkundigen Zeichen.

Grundsätzlich läßt sich die Kultur eines Unternehmens in vier Bereiche einteilen, die sich wechselseitig beeinflussen:

1. **Grundwerte**
- Menschenbild
- Verhältnis zur Gesellschaft, zur Arbeit, zu Zeit und Kultur
- Verhältnis zur Natur, zur Technik
- Sinn des Lebens
- Verhältnis zu Wahrheit, Glaube

2. **Werthaltungen**

Einstellungen
- zum Betrieb
- zur Unternehmensleitung
- zum Produkt
- zum Mitarbeiter
- zu Leistung und Qualität

3. **Normen** und **Verhaltensweisen**
- Umgangsformen mit Vorgesetzten/Untergebenen
- Konfliktverhalten
- Informationsverhalten
- Kooperationsverhalten
- Pünktlichkeit/Sauberkeit/Kleidung
- Sitten und Rituale

4. **Artefakte**
- Produkte
- Technologie/Werkzeuge
- räumliche Gestaltung
- Architektur
- schriftliche Dokumente
- Kunst

Bei der Interpretation einer Unternehmenskultur wird man mit den manifesten, beobachtbaren Artefakten anfangen, um sich nach und nach die anderen Bereiche zu erschließen, bis man zu den völlig unsichtbaren und unbewußten Grundwerten des Unternehmens gelangt.

Nun ist der Begriff Unternehmenskultur in der letzten Zeit zunehmend in die Diskussion gekommen. Viele Unternehmen beginnen, sich nach ihrer spezifischen Unternehmenskultur zu fragen, sie durch externe Beobachter sich zu erschließen und gegebenenfalls Maßnahmen zu deren Verbesserung einzuleiten. Dahinter steht die Vorstellung, daß eine starke Kultur in besonderer Weise geeignet ist, Mitarbeiter zu motivieren und damit zum unternehmerischen Erfolg beizutragen. Was aber bedeuten die Wertungen »stark« und »schwach« in bezug auf die Unternehmenskultur?

Im Gegensatz zu einer schwachen vermittelt eine starke Unternehmenskultur klare Werthaltungen und Orientierungsmuster. Je diffuser die das Unternehmen bestimmenden Grundwerte sind, desto schwächer ist die Kultur des Unternehmens. Dasselbe gilt für deren Verbreitung. Bei einer starken Unternehmenskultur wird die Grundhaltung von allen, Führungskräfte und Mitarbeiter, geteilt. Orientieren sich dagegen viele Unternehmensmitglieder an unterschiedlichen Werten und Normen, ist die Unternehmenskultur tendenziell schwach. Auch die sogenannte Verankerungstiefe gilt als Kriterium für eine starke oder schwache Unternehmenskultur. In starken Unternehmenskulturen ist eine wesentlich stärkere Internalisierung der Verhaltensmuster zu spüren als in schwachen. Die Verhaltensmuster sind bei den Unternehmensmitgliedern zum Bestandteil des Unterbewußtseins geworden, und nicht nur oberflächlich angenommen.

Als prägende Werte und Haltungen eines Unternehmens gelten die Einstellungen zum *Unternehmenszweck,* im Sozialbereich und gegenüber dem Markt. Starke und damit auch leistungsfähige Unternehmen verfügen daher über klar signalisierte Sach-, Sozial- und Marktkompetenz. Diese Bereiche sind aber nicht getrennt zu sehen, vielmehr beeinflussen sie sich wechselseitig und überlappen sich. Mit Sicherheit allerdings ist die Sozialkompetenz der Dreh- und Angelpunkt dabei. Aus ihr heraus wird das Unternehmen gestaltet. Ergibt sich doch aus dem Umgang mit den Mitarbeitern wie aus dem der Mitarbeiter untereinander das Betriebsklima, das wiederum den Umgangston und das Selbstverständnis der Unternehmensmitglieder prägt. Ein starkes Zusammengehörigkeitsgefühl sowie eine weitgehende Identifikation mit der Arbeit und mit dem Arbeitsplatz binden sich dann häufig an Symbole und Rituale des Unternehmens.

Ein Beispiel dafür sind Unternehmen in den USA und Japan, in denen morgens von den Mitarbeitern eine eigene Firmenhymne gesungen wird. Ebenso binden sich an den Mercedesstern nicht nur Imagebedürfnisse von Kunden, sondern auch Identifikationsgefühle von Mitarbeitern.

Es versteht sich nun von selbst, daß nur eine starke Unternehmenskultur ein geschlossenes Auftreten möglich macht. Man spricht dann von einem Unternehmen mit Identität. Aber eben diese *Unternehmensidentität — Corporate Identity* genannt — versuchen viele Unternehmer anzustreben, ohne sich grundlegend über die Unternehmenskultur Gedanken gemacht zu haben. Angesichts eines nahezu gesättigten und andererseits europaweit sich ausdehnenden Marktes haben sie erkannt, daß es auch auf die Identität des Unternehmens und auf seine Ausstrahlung ankommt, nicht nur auf die Qualität der Produkte.

Das ist sicherlich richtig. Aber eine aufgesetzte Corporate-Identity-Strategie hilft da nicht weiter. Corporate-Identity-Programme, Mitarbeiterbeteiligung am Kapital oder neue Raumgliederungskonzepte sind nur Instrumente zur Verwirklichung der Unternehmenskultur. Zuerst müssen grundsätzlich alle Ebenen der Unternehmenskultur hinterfragt werden. Denn nur auf einer ehrlichen Selbsteinschätzung diesbezüglich können Maßnahmen für eine stärkere Unternehmenskultur und damit für eine geschlossenere Unternehmensidentität aufbauen.

Zusammenfassung

Dabei gelten dann für den Unternehmer folgende Grundregeln:

- Sowohl innerhalb wie außerhalb des Betriebs muß Klarheit über die Vision herrschen.
- Angst davor, im Mittelpunkt zu stehen, ist unangebracht. Nur Ideen, die in Verbindung mit einer Person stehen, leben.
- Bei der Umsetzung der Vision, die einfach und nicht komplex sein soll, dürfen keine Abstriche gemacht werden.

Die Visionen und damit die zentralen Punkte einer Unternehmenskultur können folgendermaßen aussehen:

»Schaffung strategischer Wettbewerbsvorteile durch Pflege eines positiven optimistischen Betriebsklimas.« (Adolf Würth KG)

»Durch industrielle Tätigkeit der Menschheit dienen.« (Panasonic GmbH)

»Das Produkt, gestaltet nach dem Prinzip des technisch Richtigen und Notwendigen.« (ERCO Leuchten GmbH)

Literaturhinweise

Axel Gloger / Günter Morsbach: Schlüssel zur Spitzenleistung — Erlebte Unternehmenskultur, Bonn 1990

Gustav Klötzl / Hans Schneider: Mitarbeiter am Erfolg beteiligen; Heyne-Reihe Kompaktwissen

Rudolf Mann: Das ganzheitliche Unternehmen — Die Umsetzung des Neuen Denkens in der Praxis zur Sicherung von Gewinn und Lebensfähigkeit, Bern, München, Wien 1988

Braun, Sabine, M.A., München, Journalistin und Autorin

Autorin von:
Ökologie, Wirtschaft, Unternehmenskultur
Esquire, Öko-Manager (Mai 1991)
Abendzeitung, Bayerns grünste Manager (Aug. 1991)

3.4 Besondere Aspekte

3.4.1 Management in der öffentlichen Verwaltung

JOACHIM STRUNZ

Angesichts der spürbaren Verengung unseres Raumes infolge der vielfältigen Ansprüche an den Grund und Boden verdienen die innerhalb der staatlichen Verwaltung ablaufenden Entscheidungsprozesse, welche die räumliche Entwicklung unseres Landes beeinflussen, besondere Aufmerksamkeit. Diese Entscheidungsprozesse stellen an die zuständigen Führungskräfte erhebliche Anforderungen. Alle für die Entscheidungsfindung relevanten Belange müssen fachkundig, differenziert und ihrer Bedeutung entsprechend dargelegt und sachgerecht abgewogen werden. Um dieser Aufgabe gerecht zu werden, ist eine alle betroffenen Fachbereiche übergreifende Gesamtverantwortung im Dienst des Gemeinwohls erforderlich. Kooperatives Denken und Handeln erleichtert die Erfüllung dieser Aufgabe. Führungsstärke ist auf Dauer unerläßlich.

Die Aufgabenstruktur der öffentlichen Verwaltung hat sich in unserem Jahrhundert entscheidend geändert. In der Zeit der Jahrhundertwende dominierte noch die Eingriffsverwaltung, die vor allem für die öffentliche Sicherheit und Ordnung zuständig ist. In den darauffolgenden Jahrzehnten ist neben die Eingriffsverwaltung mit zunehmendem Gewicht die sich um die Daseinsvorsorge kümmernde Leistungsverwaltung getreten. Seit Ende des zweiten Weltkrieges hat die *Planungsverwaltung,* welche die räumliche Entwicklung unseres Landes gestaltet, einen beachtlichen Aufschwung erlebt.

Angesichts der Bedeutung, die der Planung im staatlichen Bereich im Laufe der vergangenen Jahrzehnte zugewachsen ist, werden die Aufgaben dieses Verwaltungsbereiches im Mittelpunkt der weiteren Ausführungen stehen.

Die vielfältigen Ansprüche an den Grund und Boden — z.B. wegen des Wunsches nach dem eigenen Heim, des erheblichen Bedarfs an neuen flächenintensiven Verkehrsanlagen oder des vermehrten Bedarfs an Freizeit- und Erholungseinrichtungen — haben zu einer spürbaren Verengung des Raumes geführt. Die Aufgabe der staatlichen Verwaltung, die Umwelt zu bewahren und die Raum- und Umweltverträglichkeit von flächenbeanspruchenden Vorhaben zu sichern, hat daher zunehmend an Bedeutung gewonnen.

Raumbezogene übergeordnete Programme und Pläne, welche die angestrebte räumliche Entwicklung verbindlich festlegen, werden aufgestellt; raumbedeutsame Vorhaben — sei es ein Flugplatz, eine Autobahn, eine neue Bundesbahnstrecke, eine Hochspannungsleitung oder ein Golfplatz — werden in entsprechenden Verwaltungsverfahren mit anderen räumlichen Nutzungsansprüchen nach Maßgabe der Ziele in den genannten Programmen und Plänen abgestimmt. Dabei kommt dem Anliegen, Eingriffe in schützenswerte Bereiche — z.B. im Interesse des Naturschutzes oder der Sicherstellung der Trinkwasserversorgung — abzuwenden, ein besonderes Gewicht zu.

Bei dieser Verwaltungstätigkeit geraten die verschiedensten Belange miteinander in Konflikt. Wie diese Konflikte gelöst werden, hat sich in den letzten zehn Jahren grundlegend geändert. Während früher die einvernehmliche Lösung im Rahmen von Fachstellenbesprechungen die Regel war, ist diese Form der Entscheidungsfindung die Ausnahme geworden. Die meisten anstehenden Konflikte müssen jetzt von der hierfür zuständigen Behörde allein entschieden werden. Dabei setzen sich einige Belange voll durch, andere können nur teilweise Berücksichtigung finden oder unterliegen im Abwägungsprozeß.

Diese *Entscheidungsprozesse* stellen an das Management der staatlichen Verwaltung erhebliche Anforderungen. Von einigen dieser Anforderungen, die dem Verfasser besonders wichtig erscheinen und der Art und Weise, wie die Führungskräfte der staatlichen Verwaltung versuchen, diesen Anforderungen gerecht zu werden, soll im folgenden die Rede sein.

Dabei wird vor allem auf die Vorbereitung von Entscheidungen, die Entscheidung selbst und auf die Möglichkeiten und Grenzen kooperativen Verhaltens im Entscheidungsprozeß eingegangen werden.

Die Konflikte, die in der Planungsverwaltung entschieden werden müssen, sind von sehr unterschiedlicher Natur. Bei raumbedeutsamen Vorhaben stoßen die Belange der verschiedenen Fachbereiche aufeinander. Soll bei der Rekultivierung einer Kiesgrube den Belangen der Forstwirtschaft oder denen des Naturschutzes der Vorrang eingeräumt werden? Ist es vertretbar, daß eine neue Autobahn zugunsten der Erschließung eines strukturschwachen Gebietes einen erheblichen Umweg macht? Sollte im Interesse der Erweiterung eines Steinbruches, welcher für die Versorgung der Wirtschaft bedeutsam ist, ein ökologisch wertvoller Bereich geopfert werden? Kann die Planung einer Windkraftanlage, die immerhin, wenn auch nur in einem relativ geringen Umfang alternative Energie liefern könnte angesichts ihrer exponierten Lage in einer ansprechenden Landschaft akzeptiert werden?

Solche und viele andere Konflikte, deren Problemlage im konkreten Einzelfall meistens viel differenzierter ist und in denen heutzutage häufig die Belange des Natur- und Umweltschutzes eine erhebliche Rolle spielen, sind zu entscheiden. Diese Entscheidungen müssen selbstverständlich im Rahmen der Gesetze getroffen werden; trotzdem verbleibt meistens für die entscheidenden Beamten ein nicht unerheblicher Ermessensspielraum, in dessen Rahmen die widerstreitenden Interessen abzuwägen sind.

In der ersten Phase des Entscheidungsprozesses, der Vorbereitung der Entscheidung, ist es wichtig, daß die betroffenen Belange sachkundig, differenziert und ihrer Bedeutung entsprechend von den hierfür zuständigen Fachstellen dargelegt werden. Diese Anforderungen mögen selbstverständlich klingen, ihre Erfüllung ist aber keineswegs immer gesichert. So sind z.B. die Kenntnisse über unseren Naturhaushalt und die in ihm stattfindenden ökologischen Wechselwirkungen nach wie vor verbesserungswürdig, obwohl diese Kenntnisse in den vergangenen zwei Jahrzehnten entscheidend erweitert werden konnten.

Bedenkt man weiter, daß Naturschützer ihren Belangen sehr häufig eine ausgesprochen hohe Bedeutung beimessen, so läßt dies Zweifel an der Differenziertheit ihrer Beurteilungsmaßstäbe aufkommen. Die teilweise extremen Formulierungen, die der Bund Naturschutz e.V. bei seiner Beurteilung von aktuellen Großvorhaben wählt und die Reaktionen der Betroffenen bieten hierfür reichliches Anschauungsmaterial.

Auch andere Fachstellen neigen dazu, ihren eigenen fachlichen Zielsetzungen als sehr bedeutsam darzustellen. Zu Beginn von Verhandlungen ist dies sicherlich verständlich. Jeder Verhandlungspartner versucht, mit einer für ihn günstigen Ausgangssituation die Verhandlungen zu beginnen. In einem fortgeschrittenen Verhandlungsstadium muß aber zumindest innerhalb der staatlichen Verwaltung, die im Gegensatz zur Privatwirtschaft eindeutig dem Gemeinwohl verpflichtet ist, die Gesamtverantwortung aller Beteiligten die Oberhand gewinnen.

Aber auch in der staatlichen Verwaltung gibt es in dieser Hinsicht Grenzen. Wenn sich z.B. ein Straßenbauer, um einen anderen Fachbereich anzusprechen, im Zweifelsfalle für und nicht gegen eine von ihm geplante Straße ausspricht, so dürfte dies natürlich sein. Ihm kann deswegen nicht bewußte Einseitigkeit oder gar Böswilligkeit vorgeworfen werden.

Trotz aller Bemühungen des entscheidenden Beamten, alle in einem Interessenkonflikt widerstreitenden Belange in ausreichender Differenziertheit zu berücksichtigen, wird er nicht selten feststellen, daß das Entscheidungsmaterial noch Lükken aufweist, die nicht aufgefüllt werden können. Auf wissenschaftliche Erkenntnisse, die noch nicht vorliegen — der Bereich Naturschutz wurde bereits als Beispiel genannt —, kann nicht gewartet werden. Bei zeitlich dringenden Vorhaben, wie sie z.B. in den neuen Bundesländern anstehen, kann nicht Wunschvorstellungen von Naturschützern entsprochen werden, welche gern vor Inangriffnahme der Planung eine einjährige umfassende vegetationskundliche Untersuchung des von dem Vorhaben voraussichtlich betroffenen Raumes gesehen hätten, um das Vorhaben besser beurteilen zu können. Die politischen Rahmenbedingungen erlauben eine solche Vorgehensweise nicht. Der Beamte der Planungsverwaltung muß in solchen Fällen trotzdem entscheiden.

Die zweite und auch schon letzte Phase des Entscheidungsprozesses ist die eigentliche Entscheidung, in der die widerstreitenden Belange abgewogen werden.

In diesem Zusammenhang dürfte nicht uninteressant sein, welche Anforderungen das Bundesverwaltungsgericht, Berlin, an eine sachgerechte Entscheidung stellt. Es fordert, daß erstens eine *Abwägung* stattfindet, daß zweitens in die Abwägung an Belangen eingestellt wird, was nach Lage der Dinge einzustellen ist, und daß drittens die Bedeutung der betroffenen Dinge nicht verkannt wird und der Ausgleich zwischen den Belangen zur objektiven Gewichtigkeit der einzelnen Belange nicht außer Verhältnis steht.

Das erste Erfordernis mag selbstverständlich klingen; aber es ist schon vereinzelt vorgekommen, daß die zur Entscheidung aufgerufene Behörde die Auffassung einer anderen Behörde ohne eigene Abwägung einfach übernommen hat. Das ist natürlich nicht zulässig.

Das zweite Erfordernis ist bereits behandelt worden.

Es bleibt also noch das dritte Erfordernis: die sachgerechte Gewichtung der in Konkurrenz stehenden Interessen.

Bei der Gewichtung der Belange dürfen keine Gesinnungen die Oberhand gewinnen. Gesinnungen sind Wertrangordnungen. So war z.B. nach dem Zweiten Weltkrieg in unserem Lande eine ökonomische Gesinnung vorherrschend; heutzutage ist eine ökologische Gesinnung weitverbreitet, bei der die wirtschaftlichen Werte von nachrangiger Bedeutung sind. Solche Gesinnungen dürfen eine Entscheidung nicht bestimmen. Eine Entscheidung muß von einer alle Fachbereiche übergreifenden verantwortungsethischen Grundhaltung geprägt sein, in der alle Belange das ihnen gebührende Gewicht erhalten.

Diese Gewichtung wird bestimmt durch den Wertewandel, der in unserer Gesellschaft über die Jahrzehnte hinweg stattfindet und in den Gesetzen seinen Niederschlag findet. Für den entscheidenden Beamten ist es wichtig, daß er die betroffenen Belange nicht nur begreift, sondern von ihnen in gewisser Weise auch ergriffen ist. Er muß in der Lage sein, sich in die fachlichen Überlegungen der Fachstellen hineinzudenken, sich in die Rolle des konsultierten Fachmannes hineinzuversetzen und einzufühlen. Nur dann ist es gewährleistet, daß eine »richtige« Entscheidung getroffen wird.

Angesichts der Komplexität vieler in der heutigen Zeit bei raumbeanspruchenden Vorhaben zu treffenden Entscheidungen ist es zu begrüßen, daß die in früheren Jahrzehnten bei Behörden vorherrschende autoritäre Grundhaltung von einem mehr kooperativen Geist im Denken und Handeln abgelöst wurde. Kooperatives Verhalten fördert die Zusammenarbeit der Behörden und das behördeninterne Zusammenwirken im Dienste des Gemeinwohls. Vielfältige Fachkompetenz kann auf diese Weise zusammengeführt und voll genutzt werden.

Diese Entwicklung birgt allerdings auch eine Gefahr in sich. Es darf nicht die Situation eintreten, daß sich der letzten Endes verantwortliche Beamte zu wenig zum eigenen Denken und Entscheiden anhält. Verstecken hinter einer vermeintlichen Mitverantwortung beteiligter Kollegen oder Mitarbeiter würde zu dem absolut nicht wünschenswerten Ergebnis führen, daß sich keiner voll verantwortlich fühlt.

Um keine Mißverständnisse aufkommen zu lassen, sei wiederholt: Angesichts der Vielschichtigkeit vieler heutzutage zu entscheidenden Probleme ist es selbstverständlich, daß Vertreter aller von dem jeweiligen Problem betroffenen Bereiche am Entscheidungsprozeß beteiligt werden müssen. Die Verantwortung für die abschließende Entscheidung — abgesehen von den für diese Entscheidung von Spezialisten zu beantwortenden Fachfragen — muß aber derjenige alleine tragen, der für diese Entscheidung zuständig ist. Dieser Grundsatz gilt natürlich nicht nur für die staatliche Verwaltung, sondern genauso für die Wirtschaft. Ohne Führungsstärke kann ein Vorgesetzter diesem Anspruch kaum gerecht werden.

Zusammenfassung

Für eine erfolgreiche Führung reichen jedoch die aufgezeigten Verhaltensweisen nicht aus. Hinzu kommen müssen Fachkompetenz, führungspsychologisches Wissen und diesbezügliche Erfahrungen, Charakterfestigkeit, kritische Urteilskraft, der Blick für das Wesentliche, Standfestigkeit und Belastbarkeit sowie ein von Mitmenschlichkeit geprägter Umgang mit Kollegen und Mitarbeitern. Diese und noch viele andere Merkmale, auf die an dieser Stelle nicht eingegangen werden kann, sollten sich schließlich zu einem persönlichen Führungsstil verbinden. Erst dann kann von einer Führungspersönlichkeit gesprochen werden, ohne die auch in der öffentlichen Verwaltung ein effektives Management nicht möglich ist.

Literaturhinweise

ALTHOF, K. / THIELEPAPE, M.: Psychologie in der Verwaltung, Herford 1990

RAHN, J.: Betriebliche Führung, Ludwigshafen 1990

STRUNZ, J.: Führungsstärke, Mitmenschlichkeit und verantwortungsethisches Verhalten — Grundvoraussetzungen für einen erfolgreichen Führungsstil, in: Bayerische Verwaltungsblätter, München 1992, Seite 362 ff.

STRUNZ, JOACHIM,, Dr. rer.pol., Regensburg

Leitender Regierungsdirektor, Landesentwicklung und Umweltfragen

Autor von:

Auswirkungen der Öffnung der Grenze zur CSFR auf die räumliche Planung in der Oberpfalz, in: Raumplanung in den 90er Jahren, Augsburg 1991, S. 499 ff.

Die Industrieansiedlungen in der Oberpfalz in den Jahren 1957 bis 1966, Bd. 4 der Regensburger Geographischen Schriften, Regensburg 1974

Die Belange der Landschaftspflege und des Naturschutzes im Raumordnungsverfahren, in: Raumforschung und Raumordnung, Hannover 1990, S. 92 ff.

3.4.2 Management sozialer Organisationen

BERND MAELIKE

In der sozialpolitischen Grundordnung der Bundesrepublik werden soziale Dienstleistungen von ambulanten Diensten oder stationären oder teilstationären Einrichtungen erbracht in öffentlicher (überwiegend Landkreise oder Gemeinden) oder in freier (überwiegend Freie Wohlfahrtspflege) Trägerschaft. Dies betrifft Arbeitsfelder, z.B. Kindergärten, offene Jugendarbeit, Drogenhilfe, Behindertenhilfe, Straffälligenhilfe, Altenhilfe.

Da Organisationen, die soziale Dienstleistungen erbringen, sich in essentiellen Eigenschaften von profitorientierten Unternehmen unterscheiden, erfordern sie ein spezifisches Management.

Dabei ist zu unterscheiden zwischen dem Management der öffentlichen Verwaltung und dem Management sozialer Organisationen, die überwiegend als Betriebe oder Unternehmen der Freien Wohlfahrtspflege geführt werden. Dies umfaßt z.Zt. die sechs Spitzenverbände und ihre Untergliederungen der Arbeiterwohlfahrt, des Deutschen Caritasverbandes, des Deutschen Paritätischen Wohlfahrtsverbandes, des Deutschen Roten Kreuzes, des Diakonischen Werkes der EKD und der Zentralwohlfahrtsstelle der Juden in Deutschland. Ihre »Freiheit« ergibt sich aus ihrer Staatsferne, ihrer Orientierung an ethischen Grundpositionen und Werten wie z.B. Nächstenliebe, Toleranz, Solidarität.

Der Hauptunterschied sozialer Organisationen zu den profitorientierten Unternehmen besteht in der nicht vorhandenen Gewinnorientierung. Die Mitarbeiterinnen und Mitarbeiter der Sozial-Branche erbringen ganz überwiegend soziale Dienstleistungen gegenüber Klienten, die nicht zugleich bezahlende Kunden sind. Die Qualität der Beratung oder Betreuung drückt sich nicht aus in der Bezahlung, sondern in der Akzeptanz durch die Klienten oder in schwer feststellbaren Veränderungen im Verhalten oder in den Lebensverhältnissen der Zielgruppen (z.B. in der Verhinderung oder Reduzierung von Drogenkonsum, in der verbesserten Versorgung und sozialen Integration von behinderten Menschen, in der offenen und ambulanten Betreuung alter Menschen).

Die Bezahlung der Dienstleistung erfolgt durch Dritte: z.B. durch öffentliche Haushalte, Sozialversicherungsträger, Stiftungen. Abrechenbar sind nur die direkt oder indirekt entstandenen und zurechenbaren Kosten, Gewinne dürfen nicht erzielt werden, die Unternehmen arbeiten gemeinnützig. Erfolge drücken sich deshalb nicht aus in erwirtschafteten Profiten, sondern in der Akzeptanz des Unternehmens und seiner Wertorientierung durch die Klienten und in seiner Förderungswürdigkeit durch die Finanziers.

Ein Markt mit konkurrierenden Wettbewerbern ist nicht vorhanden. Zwar besteht Wahlfreiheit für die Klienten, welches Dienstleistungsangebot welches Trägers sie in Anspruch nehmen wollen. Bedingt durch die knapper werdenden Ressourcen achten jedoch die Finanziers sorgsam darauf, daß keine Überkapazitäten entstehen, so daß im jeweiligen regionalen Einzugsbereich nur selten Auswahlmöglichkeiten bestehen.

Die starke Abhängigkeit sozialer Unternehmen von Drittmitteln erschwert zugleich die Wahrnehmung ihrer sozialpolitischen Mandatsfunktion als Mitgliedsorganisation zur Vertretung der Interessen und Wertvorstellungen ihrer Mitglieder. Sie sind so sehr tragende Säule des Sozialstaats geworden, daß es ihnen zunehmend schwerfällt, diesem mit kritischer Distanz gegenüberzutreten und grundlegende Veränderungen und Umgewichtungen zu fordern.

Zentrale und immer wieder neue Aufgabe für das Management in sozialen Organisationen ist deshalb die Entwicklung und Aktivierung einer wertorientierten Unternehmensphilosophie und -identität für das Unternehmen als Dienstleistungsbetrieb und als sozialpolitischer Interessenverband. Mitarbeiterinnen und Mitarbeitern wie Mitgliedern muß immer wieder bewußt gemacht werden, daß die besondere Qualität des Unternehmens darin liegt, daß die einzelfallorientierte Klientenarbeit ebenso wichtig ist wie die einzelfallübergreifende Mitwirkung bei der sozialpolitischen Gestaltung und Veränderung der Lebensverhältnisse auf kommunalpolitischer wie auf gesamtstaatlicher Ebene. Leitungskräfte wie Mitarbeiter haben deshalb immer wieder Leitbilder, Ziele und Erfolgskriterien zu formulieren und durchzusetzen, die beide Charakteristika sozialer Unternehmen und ihre wechselseitige Interdependenz betonen.

Zugleich darf die betriebswirtschaftliche Effizienz nicht vernachlässigt werden. Auch wenn Profitorientierung nicht zentraler Maßstab ist, so müssen doch die Kostenstellen und Einzelhaushalte der Dienste und Einrichtungen eingehalten werden, dürfen keine Defizite entstehen, muß der Jahreshaushalt ausgeglichen sein, müssen die Verwaltungs- und Regiekosten und neue Aufgaben und Planungen finanziert werden.

Die ungewöhnlich vielfältigen Aufgaben erfordern innerbetrieblich ein hohes Maß an interdisziplinärer Zusammenarbeit der verschiedensten Fachrichtungen. Keine Ausbildung und keine Fort- und Weiterbildung allein vermittelt die Kompetenzen, die zum Lenken, Gestalten und Verändern einer sozialen Organisation unerläßlich sind: Fachkenntnisse der Sozialarbeit/Sozialpädagogik, Sozialpolitik, Erziehungswissenschaften, Psychologie, Betriebs- und Volkswirtschaft, des Arbeits- und Sozialrechts und arbeitsfeldspezifische Spezialkenntnisse z.B. der Geriatrie oder der Psychiatrie. Leitungskräfte und Mitarbeiter sind deshalb wechselseitig auf enge fachliche Zusammenarbeit angewiesen. Erst das Zusammenwirken unterschiedlichster Disziplinen schafft die erforderliche Gesamtqualität sozialer Organisationen.

Hinzu kommt, daß das Management sozialer Organisationen im wesentlichen das Management von sozialen Innovationen erfordert. Rapide Veränderungen der gesellschaftlichen Verhältnisse führen immer wieder zu neuen Aufgabenstellungen mit entsprechenden Veränderungen der Angebots- und Dienstleistungsstruktur wie auch des Verbandsmanagements.

Soziale Organisationen sind zusätzlich dadurch gekennzeichnet, daß neben den professionellen Fachkräften auch zahlreiche neben- und ehrenamtliche Mitarbeiterinnen und Mitarbeiter mitwirken.

Sie bringen eine spezifische und zusätzliche Qualität ein, aber auch zusätzliche Reibungsflächen und Belastungen. Zugleich sind sie Mittler zu gesellschaftlichen Gruppen und Nachbarschaften, so daß soziale Integration ohne sie kaum erreichbar ist. Auch in den Vorständen, Gremien und Ausschüssen arbeiten häufig ehrenamtliche Honoratioren mit. Sie in die Organisation einzubinden, ihnen adäquate Aufgabenbereiche zu übertragen oder sie dazu zu qualifizieren ist eine weitere herausragende Aufgabe des Managements.

Überhaupt ist die Personenorientierung ein zentrales Qualitätskriterium sozialer Organisationen. Klienten, Mitarbeiter, ehrenamtliche Helfer und Vorstände — sie alle sind das humane Kapital des Unternehmens —, sie prägen seine Philosophie und seine Identität. Ihr Zusammenwirken zu gestalten, zu produktiven Formen des wechselseitigen Zusammenwirkens im Sinne des Leitbildes zu bringen — dies ist das Eigentliche, das Proprium des Managements sozialer Organisationen.

Literaturhinweise

MAELICKE, BERND: Soziale Arbeit als soziale Innovation, Juventa Verlag, 1987

MAELICKE, BERND / REINBOLD, BRIGITTE: Ganzheitliche und sozialökologische Entwicklung sozialer Organisationen, BfS Köln, 1989

MAELICKE, BERND: Ganzheitlichkeit und neues Denken, Socialmanagement, Heft 1/91, S. 25 ff.

MAELICKE, BERND, Dr., Achterwehr

Abteilungsleiter im Justizministerium Schleswig-Holstein Kiel, 17 Jahre tätig auf bundeszentraler Ebene in den Bereichen der Organisationentwicklung, der Fort- und Weiterbildung, der wissenschaftlichen Begleitung und der Praxisforschung

Autor von

zahlreichen einschlägigen Publikationen, insbesondere zu Innovationen im sozialen Bereich und zur Kriminalpolitik, Mitherausgeber von zwei Fachzeitschriften

Letzte/wichtigste Veröffentlichungen:
Soziale Arbeit als soziale Innovation, 1987
Sozialarbeit und Strafjustiz, zusammen mit R. Simmedinger, 1987
Alternative Kriminalpolitik zusammen mit H. Ortner, 1988
Recht der Resozialisierung, zusammen mit H. Cornel, 2. Aufl. 1991

3.4.3 Management der Verbände

Josef Mühlbauer

Dieser Beitrag richtet sich nicht an die in Verbänden tätigen Führungskräfte, sondern an Externe, denen »ihre« Verbände (bisher) fremd sind. Je höher Führungskräfte in der Hierarchie angesiedelt sind, um so ausgeprägter dürfte der »Zwang« sein, sich mit der Politik von Verbänden zu befassen und diese, wenn möglich, zu beeinflussen. Zu dem Unwissen über Verbände trägt die Komplexität der Verbandslandschaft bei, an der sich wenig ändert, wenn wir uns im folgenden auf Wirtschaftsverbände, die auf freiwilliger Mitgliedschaft beruhen, beschränken.

Die Zahl der Wirtschaftsfachverbände wird auf mehr als 1000 geschätzt, wobei freilich auch die Untergliederungen gezählt werden, soweit sie unabhängig von ihren Spitzenverbänden nach innen und außen wirksam werden.

Wirtschaftsverbände sind (meist) eingetragene Vereine, deren Mitglieder sich zur Verfolgung gemeinsamer Interessen, die in einer Satzung festgelegt werden, zusammenschließen. Gemeinsame Interessen bestehen nach außen (Beeinflussung der Politik auf allen Ebenen; Bildung einer Gegen-Macht zu Verbänden, die den eigenen Zielen entgegenstehen, u.a. auch zu den Gewerkschaften; Vertretung gegenüber der Öffentlichkeit) und nach innen (Förderung der wirtschaftlichen Leistungsfähigkeit durch zentrale Verbandsdienstleistungen).

Die Folgen der Verbandsarbeit in Bundes- und Landesparlamenten sind noch wenig erforscht. Die Klagen über die »Herrschaft der Verbände« (Prof. Theodor Eschenburg) oder den »Verbändestaat« erlauben die These, daß der Einfluß der Verbände nicht gerade gering ist.

Es gibt kaum einen Gesetz-Entwurf, der nicht »wirtschaftsfreundlicher« geworden wäre. Die Einflußnahme geschieht über Abgeordnete, die den Verbänden angehören, über die Mitgliederstärke, die ein Wählerstimmenpotential darstellt, durch finanzielle Unterstützung von Parteien und nicht zuletzt über die fachliche Kompetenz, die häufig nur in Verbänden vorhanden ist. Wo der Schuh drückt, weiß eben am besten nicht der Schuhmacher (= Gesetzgeber), sondern der, der täglich den Schuh tragen muß.

Im allgemeinen ist der Einfluß eines Verbandes eine Funktion der Zahl seiner Mitglieder. Je größer die Zahl der Mitglieder, um so schwieriger — wenn auch ausgewogener — wird der Abstimmungsprozeß zwischen den Einzelinteressen. Gleichzeitig nimmt die Gefahr zu, daß Mitglieder mit den erzielten Kompromissen unzufrieden sind und sich eine andere (Verbands-)Heimat suchen. So haben sich z.B. im Einzelhandel neben dem (mit Abstand mitgliederstärksten) Hauptverband des Deutschen Einzelhandels (HDE) zwei weitere Verbände etabliert, nämlich der Bundesverband der Mittel- und Großbetriebe des Einzelhandels (BAG) sowie der Bundesverband der Selbstbedienungs-Warenhäuser (BdSW). Nicht selten sind BAG oder BdSW-Mitglieder gleichzeitig Mitglied im HDE. Daß die Aufsplitterung dem Einzelhandel insgesamt schadet, dürfte sehr wahrscheinlich sein.

So wichtig der Einfluß eines Verbandes auf die Politik auch sein mag, aus Sicht eines Verbandsmitglieds wird dieser immer zu gering sein. Deshalb ist jeder Wirtschaftsverband auch ein Dienstleistungsunternehmen für seine Mitglieder, das für ihn sichtbare Leistungen erbringt. Dabei sind Verbände ein Marktteilnehmer, der sich marktkonform verhält. Der »Markt« sind die Verbandsmitglieder und die anderen Anbieter von Dienstleistungen (Steuerberater, Unternehmensberater, Rechtsanwälte, Industrie- und Handelskammern, konkurrierende Verbände).

Besonders wertvoll für einen Verband sind Dienstleistungen, die Monopol- oder monopolähnlichen Charakter haben. Wenn dies nicht möglich ist, und dies ist die Regel, sind die von Mitgliedern gewünschten Dienstleistungen besser und/oder billiger, d.h. meist sogar kostenlos (im Mitgliedsbeitrag enthalten) zu erbringen.

Dienstleistungs-Marketing bedeutet für Massenverbände, die Dienstleistungen nach Zielgruppen auszurichten. Ein Großbetrieb (mit eigenen Spezialisten für Steuern, Recht, Exportbestimmungen usw.) stellt andere Anforderungen als ein Kleinbetrieb.

Verbandsleistungen kosten Geld, sprich: Mitgliedsbeiträge. Mitgliedsbeiträge sollen gerecht sein, d.h. die unterschiedliche Leistungsfähigkeit der Mitgliedsbetriebe berücksichtigen, wie sie sich durch den Umsatz, Personalbestand, Ertragskraft oder einen ähnlichen Beitrags-Schlüssel ausdrückt. Darin liegt, meist verkannt, eine nicht zu unterschätzende mittelstandsfreundliche Komponente: Kleinunternehmen nehmen die Verbandsleistungen meist stärker in Anspruch als Großbetriebe, erbringen dafür aber relativ geringe Verbandsbeiträge.

Wie sehr sich Verbände zunehmend als »normale« Marktteilnehmer verstehen, wird deutlich, wenn man deren Bemühungen um eine Corporate Identity betrachtet. Im Kern geht es darum, sich von der Konkurrenz unterscheidungsfähig zu machen. Dies beginnt damit, daß für den Verbandsnamen — Verbände sind meist »Langnamvereine« (Wortschöpfung von Reichskanzler Otto v. Bismarck in einer Reichstagsrede) — eine psychologisch optimal merkfähige Buchstabenkombination (BDI für Bundesverband der Deutschen Industrie, HDE für Hauptverband des Deutschen Einzelhandels, LBE für Landesverband des Bayerischen Einzelhandels usw.) gefunden und penetriert werden muß, bis hin zur Verwendung von optischen Gestaltungselementen/Erkennungsmerkmalen bei allem, was nach außen in Erscheinung tritt (Werbung, Verbandszeitschrift, Informationsdienste, Presseerklärungen etc.).

Die Verbände haben gelernt, wie wichtig es ist, sich auch in der Öffentlichkeit gut zu verkaufen. Es kommt darauf an, der Außen- und Umwelt die Funktion, Bedeutung und Leistung eines Verbandes verständlich zu machen. Das Bild eines Durchschnittsbürgers — aber auch von Personen, die es eigentlich besser wissen müßten — über Verbände ist diffus und eher von Mißtrauen geprägt.

Gerade dies verwundert. Verbände mögen oder müssen professioneller sein als der örtliche Sportverein, im Kern funktionieren sie nicht anders. Jedes Verbandsmitglied hat die gleichen Rechte und Pflichten wie ein Vereinsmitglied. Auch dort muß eine Meinung mehrheitsfähig sein, soll sie etwas bewirken.

Anders ist, daß Wirtschaftsverbände »ernster« angelegt sind. Die Verbandspolitik ist dem Eigeninteresse — nennen wir es ruhig der Einkommenserzielung oder Existenzsicherung — der Mitglieder ebenso verpflichtet wie dem Gemeinwohl eines Wirtschaftszweiges, das dem Eigeninteresse durchaus nicht selten entgegensteht.

Die Mitglieder eines Wirtschaftsverbandes stehen miteinander im Wettbewerb. Bei einem Industrieverband mag der Konkurrent eines Mitgliedsbetriebes »weit weg« sein, für andere Verbände, z.B. einen Einzelhandelsverband oder Gaststättenverband, gilt, daß sich mehrere Mitglieder am selben Ort, vielleicht in der gleichen Straße, befinden. Kommt dann ein Konkurrent hinzu, möglicherweise noch nicht einmal Mitglied des Verbandes, dann stellt dies an die handelnden Personen im Verband besondere Anforderungen.

Über die in Verbänden handelnden Personen — seien es Präsidenten, Hauptgeschäftsführer, Vorstandsmitglieder oder Referenten — sind die Vorstellungen noch geringer als über das Wesen der Verbände. Hier wird es kompliziert. Gehört der oberste Repräsentant des Verbandes meist dem Ehrenamt (im wahrsten Sinne des Wortes — unentgeltliche Tätigkeit!) an, zählt der hauptamtliche Repräsentant (nennen wir ihn Hauptgeschäftsführer, wobei auch andere Bezeichnungen vorkommen) zu den durchaus gut bezahlten Bewohnern dieses Landes.

Über das Zusammenspiel des obersten Repräsentanten — nennen wir ihn nun »Präsident« — und seinem Hauptgeschäftsführer gibt es wenig nachzulesen. So klar die Hierarchie zwischen den beiden Hauptpersonen des Verbandes, so unklar die Machtverteilung. Ganz sicher hängt es von den Personen, die die Ämter eines Präsidenten oder Hauptgeschäftsführers bekleiden, ab. Zumindest läßt sich sagen, daß der Hauptgeschäftsführer des Verbandes sich in Detailfragen besser auskennt als der oberste Repräsentant des Verbandes.

Die Position eines Verbandsgeschäftsführers stellt hohe Anforderungen. Eine akademische Vorbildung ist normal, aber nicht Bedingung. Diplom-Volkswirte, Diplom-Kaufleute, Juristen sind typisch, aber auch Ingenieure, Soziologen, Politologen sind gute Verbandsgeschäftsführer. Extrovertierte Persönlichkeiten tun sich leichter als Introvertierte.

Auf jeden Fall muß eine Führungskraft im Verband belastbar und ein Meister im Überwinden von Widerständen verschiedenster Art sein. Einschlägige Erfahrungen der Branche, für die man tätig wird, sind von großem Vorteil. Gefragt ist in Wirtschaftsverbänden aber mehr der Generalist als der Spezialist.

Der ideale Verbandsgeschäftsführer ist in einer Person Jurist, Betriebswirt, Volkswirt, Soziologe, Politologe, Germanist, begnadeter Rhetoriker, Psychologe, Praktiker, Statistiker, vielleicht auch Zukunftsforscher und ausgestattet mit der Gabe, sich gelegentlich einmal unbeliebt zu machen. Kommt dann noch ein Alter von höchstens 40 Jahren, wenn möglich jünger, hinzu, dann steht einer Karriere im Verband nichts mehr entgegen.

Zusammenfassung

- Begeben Sie sich in die Verbände, arbeiten Sie in deren Gremien mit. Wer nicht mitspielt, schießt bekanntlich keine Tore.

- Nutzen Sie das Dienstleistungsangebot Ihres Verbandes. Verbände sind ein »Werkzeug«, das man ergreifen und für sich einsetzen muß.
- Resignieren Sie nicht, wenn Ihre Vorschläge nicht umgehend im Verband auf Resonanz stoßen. Andere Mitglieder haben auch — vielleicht sogar entgegengesetzte — Interessen. Reden Sie mit den Verbandsrepräsentanten darüber.

Literaturhinweise

SCHWARZ, PETER: Erfolgsorientiertes Verbands-Management, Band 1: Grundlagen der Verbandsbetriebslehre und der Verbandsführung, Sankt Augustin 1984

SÖLTER, ARNO: Der Verbandsmanager, 2. Auflage, Köln 1977

TIELITZ, HANS: Verbands- und Vereins-Management, Gernsbach 1980

MÜHLBAUER, JOSEF, Dr. rer. pol., Diplom-Ökonom, Regensburg.

Berufliche Tätigkeit: Bezirksgeschäftsführer des Landesverbandes des Bayerischen Einzelhandels, Bezirk Oberpfalz-Niederbayern, Regensburg.

4 Wirtschaft und Gesellschaft

4.1 Volkswirtschaftliche Grundlagen

4.1.1 Marktwirtschaft und Weltwirtschaft

MICHAELA WIMMER

Gleichgültig welche Güter oder Dienstleistungen ein Unternehmen erstellt, es genügt selbstverständlich nicht, lediglich innerbetriebliche Faktoren in die Unternehmens-, Produkt- oder Absatzplanung miteinzubeziehen. Um die richtigen Entscheidungen zu treffen, ist es notwendig, auch gesamtwirtschaftliche Zusammenhänge und Entwicklungen zu beachten. Jede Führungskraft sollte also ihren betriebswirtschaftlichen »Horizont« erweitern und volkswirtschaftliche Indikatoren zu deuten wissen.

Steigt oder sinkt die Nachfrage nach bestimmten Produkten? Gibt es inflationäre Tendenzen? Wächst die Konkurrenz im In- oder Ausland? Steigen die Arbeitslosenzahlen? Sinken die Exportraten oder die Zinsen? Stagniert das Wachstum im eigenen Land oder wächst das Sozialprodukt in Taiwan? Solche und andere Faktoren können das Wohl und Wehe des eigenen Unternehmens entscheidend beeinflussen. Abgesehen von der Ausgangslage und den Kapazitäten des Unternehmens bestimmt auch die gesamtwirtschaftliche Lage, ob es sinnvoll ist, zu einem bestimmten Zeitpunkt zu investieren oder nicht, den Personalbestand zu reduzieren oder auszubauen, unter Umständen auf andere Produkte auszuweichen, die Werbung zu intensivieren, die Produktion ins Ausland zu verlegen etc.

Kernstück einer jeden Marktwirtschaft ist das Wechselspiel von *Angebot* und *Nachfrage.* Millionen von Wirtschaftseinheiten — vor allen Dingen Unternehmen und Haushalte — entscheiden völlig unabhängig voneinander, was und wieviel sie produzieren und konsumieren möchten. In ihrer Gesamtheit bilden die Hersteller eines bestimmten Gutes, beispielsweise von Tennisschlägern, das Angebot auf dem Markt, die interessierten und kaufkräftigen Haushalte, also die potentiellen Käufer eines Tennisschlägers, entwickeln dagegen eine Nachfrage nach diesem Gut.

Dabei ist es höchst unwahrscheinlich, daß das Angebot und die Nachfrage nach diesem Produkt von Anfang an übereinstimmen. Erst auf dem Markt bzw. über den Preis der Waren werden Angebot und Nachfrage koordiniert und in Übereinstimmung gebracht. Man spricht deshalb auch vom Koordinations- oder Lenkungsproblem, das in einer Marktwirtschaft über den *Preismechanismus* gelöst wird.

Während die Unternehmen danach trachten, ihre Produkte oder Dienstleistungen zu einem möglichst hohen Preis zu verkaufen, um ihren Gewinn zu erhöhen, liegt den Kosumenten natürlich an einem möglichst geringen Preis. Dem Verkäufer sind also Grenzen gesetzt: bietet er seine Waren zu teuer an, kauft der Kunde sie nicht — zumal wenn andere Anbieter das gleiche oder ein ähnliches Produkt billiger anbieten. Das Unternehmen muß die Preise herabsetzen, um seine Ware loszuwerden; unter Umständen wird das Unternehmen auch die Preisgrenze seiner Konkurrenten unterschreiten, womit es weitere Käufer anlocken kann. Die Konkurrenz bzw. der Wettbewerb zwischen den Anbietern verhindert folglich, daß willkürlich hohe Preise festgesetzt werden können.

Allerdings existiert auch eine Preisuntergrenze: die *Produktionskosten.* Die Anbieter können ihre Produkte auf Dauer nicht für weniger verkaufen, als sie selbst für ihre Herstellung aufwenden mußten. Der herrschende *Marktpreis* eines Produktes ist folglich eine Richtlinie für die einzelnen Unternehmen, ob es sich im Einzelfall lohnt, die Produktion des betreffenden Gutes aufzunehmen bzw. auszudehnen oder aber einzuschränken bzw. aufzugeben.

Volkswirtschaftlich betrachtet gilt folgende Faustregel: Je geringer das Angebot eines bestimmten Produktes und je höher die Nachfrage danach ist, desto höher wird der Marktpreis sein und umgekehrt. Kommt also beispielsweise der Tennissport aus einem beliebigen Grund plötzlich in Mode, wird die Nachfrage nach Tennisartikeln stark ansteigen, während das Angebot zunächst noch verhältnismäßig klein ist. Die Anbieter können ihre Preise aufgrund der großen Nachfrage anheben und werden immer noch genügend Käufer finden — wenn auch angesichts der Verteuerung wieder einige Kunden auf den Kauf von Tennisartikeln verzichten. Die Unternehmen, deren Kapazität eine höhere Produktion zuläßt, werden darüber hinaus die Produktion von Tennisartikeln ausdehnen, weil aufgrund der gestiegenen Preise in diesem Bereich große Gewinne zu erwarten sind. Aus dem gleichen Grund entschließen sich aber vielleicht auch solche Unternehmen, die bisher keine Tennisartikel hergestellt haben, neu in die Produktion einzusteigen.

Damit vergrößert sich gesamtwirtschaftlich betrachtet das Angebot, aber auch die Konkurrenz zwischen den Anbietern. Das Angebot übersteigt möglicherweise bald die Nachfrage: Um nicht auf ihrer Ware sitzen zu bleiben, werden die Anbieter nun versuchen, sich gegenseitig zu unterbieten, das bedeutet, die Preise für Tennisartikel fallen. Wegen der gesunkenen Marktpreise werden einige Unternehmen die Produktion wiederum zurückschrauben, kleinere Betriebe können unter Umständen überhaupt nicht mehr kostendeckend produzieren und müssen die Produktion ganz einstellen: Das gesamtwirtschaftliche Angebot geht wieder zurück.

Theoretisch wird sich so ein bestimmter Marktpreis einpendeln — in der Volkswirtschaftslehre *Gleichgewichtspreis* genannt —, bei dem gesamtwirtschaftlich betrachtet genau die Menge eines Produktes hergestellt wird, die die Konsumenten zu diesem Preis zu kaufen bereit sind: Angebot und Nachfrage sind in Übereinstimmung gebracht, die Produktion dem Bedarf angeglichen. In Wirklichkeit wird es sich hierbei aber immer um eine gewisse Preisspanne handeln, innerhalb derer ähnliche Produkte ähnlicher Qualität angeboten werden. Die einzelnen Hersteller müssen sich unter Wettbewerbsbedingungen dieser Preisspanne anpassen, außer sie können durch besondere Serviceleistungen oder durch Werbung Kunden dazu bewegen, höhere Preise für die Ware zu bezahlen.

Damit der Preismechanismus als *Lenkungsmechanismus* funktioniert, ist es natürlich notwendig, daß das in einer Volkswirtschaft verwendete Geld als allgemeines Tausch- bzw. Zahlungsmittel anerkannt ist. Ob es von den Wirtschaftseinheiten als solches akzeptiert wird, hängt insbesondere von seinem Wert ab. Verliert das Geld durch eine *Inflation* seinen Wert, wird es durch andere Tauschmittel (z.B. Zigarettenwährung unmittelbar nach dem Krieg) ersetzt.

Allerdings kann nicht nur eine galoppierende, sondern auch eine schleichende Inflation, das heißt eine kontinuierliche Erhöhung des Preisniveaus, für die gesamte Wirtschaftsentwicklung gefährlich werden. Denn eine Geldentwertung ist gleichbedeutend mit dem Verlust an *Kaufkraft,* was wiederum zu einem Rückgang der Nachfrage führt. Geht die Nachfrage zurück, kann auch das Angebot nicht aufrechterhalten werden. Unter Umständen müssen die Unternehmen Personal entlassen, was wiederum zu einer Schwächung der Kaufkraft bzw. der Nachfrage führt usw. Eine *Rezession* kann die Folge sein.

Die Zentralbanken haben deshalb auf die *Geldwertstabilität* zu achten. In der Bundesrepublik Deutschland geschieht dies mit Hilfe der *Mindestreserve-,* der Diskont-, der Lombard- und der *Offenmarktpolitik.* Erhöht die Bundesbank beispielsweise den *Lombard-* oder den *Diskontsatz,* betreibt sie eine restriktive Geldpolitik. Das heißt, die in Umlauf befindliche Geldmenge wird eingeschränkt. Kredite werden für die Unternehmen teurer (weil das Angebot an Kapital knapper wird), was die Investitionstätigkeit ganz bewußt einschränken soll, um die *Konjunktur* abzukühlen.

Abgesehen vom Preisniveau gibt es zahlreiche andere Indikatoren, anhand derer die wirtschaftliche Entwicklung einer Volkswirtschaft branchenübergreifend beurteilt werden kann. International ist es üblich, die wirtschaftliche Leistung durch das Brutto- bzw. das Nettosozialprodukt auszudrücken. Die jährlichen Veränderungen des Sozialprodukts geben Auskunft darüber, ob die Wirtschaft wächst, stagniert oder gar schrumpft.

Das *Bruttosozialprodukt* errechnet sich aus dem Wert aller Güter und Leistungen, die in einer Volkswirtschaft innerhalb eines Jahres erstellt wurden, abzüglich der Vorleistungen, das heißt abzüglich der Güter und Leistungen, die wieder bei der Produktion anderer Güter verbraucht wurden. Zieht man vom Bruttosozialprodukt außerdem die Abschreibungen und die Steuern ab und zählt die Subventionen dazu, erhält man das Nettosozialprodukt zu Faktorkosten — die eigentliche *Wertschöpfung* eines Landes.

In der *Volkswirtschaftlichen Gesamtrechnung,* die jährlich erstellt wird, unterscheidet man drei Ermittlungsarten des Sozialprodukts: die Entstehungs-, die Verteilungs und die Verwendungsrechnung. Hierdurch gewinnt man Aufschluß darüber, in welchen Wirtschaftssektoren — also beispielsweise im produzierenden Gewerbe, im verarbeitenden Gewerbe, im Handel oder im Dienstleistungsbereich — welcher Anteil des Sozialprodukts erwirtschaftet, wie es verteilt und wo es verbraucht wurde. Nicht nur der Staat zieht hieraus Konsequenzen für seine künftige Wirtschaftspolitik, auch die Entscheidungsträger in der Wirtschaft können Trends ablesen, die das eigene Unternehmen beeinflussen können.

Selbstverständlich machen ökonomische Transaktionen längst nicht mehr an nationalen Grenzen halt. Im Gegenteil, die internationale wirtschaftliche Verflechtung nimmt immer größere Ausmaße an. Die Länder der Welt unterscheiden sich in ihrer Ausstattung mit Rohstoffen, in Klima und Beschaffenheit des Bodens, in der Größe und Qualifikation ihrer Bevölkerung und vieles mehr.

Eine Arbeitsteilung zwischen diesen Staaten liegt also nahe: Jedes Land kann sich jeweils auf die Produktion spezialisieren, bei der es aufgrund reichlich vorhandener Produktionsfaktoren (Boden, Arbeit und/oder Kapital) sowie günstiger Wettbewerbs- und Infrastrukturbedingungen absolute oder relative Kostenvorteile hat.

Ob im Rahmen eines multinationalen Unternehmens, ob durch gezielte Joint Ventures oder durch den Außenhandel, jede Form der internationalen Kooperation birgt besondere Vorteile für die betreffenden Unternehmen. So können steuerliche Vergünstigungen, billige Grundstücke, neue Absatzmärkte, ein großes Angebot an Arbeitskräften, niedrige Löhne und viele andere Gründe dafür sprechen, die Produktion ins Ausland zu verlegen.

Der zwischenstaatliche Warenaustausch ist volkswirtschaftlich betrachtet allerdings nur dann für beide Handelspartner vorteilhaft, wenn die Preise der exportierten in etwa den Preisen der importierten Güter entsprechen. Muß ein Land für die Güter, die es importiert (z.B. Traktoren) tendentiell immer höhere Preise bezahlen, während gleichzeitig die Preise für die eigenen Waren (z.B. Kaffee) auf dem Weltmarkt fallen, spricht man von einer Verschlechterung der internationalen Austauschverhältnisse.

Viele Entwicklungsländer, deren Exportstruktur einseitig auf Rohstoffe ausgerichtet ist, sind hiervon betroffen. Doch auch die Industrieländer können von einer solchen Situation nicht dauerhaft profitieren, da diese Entwicklungsländer mangels Devisen über kurz oder lang als Absatzmärkte ausfallen.

Zusammenfassung

- Die Führungskraft muß über den eigenen Tätigkeitsbereich und das eigenen Unternehmen hinaus die nationale und internationale Wirtschaftsentwicklung im Auge behalten.
- Die regelmäßige Lektüre einer Wirtschaftszeitung und anderer Fachpublikationen ist ein Muß für jeden Entscheidungsträger.
- Die Führungskraft muß volkswirtschaftliche Indikatoren kennen, sie richtig interpretieren und frühzeitig die Konsequenzen für den eigenen Tätigkeitsbereich ziehen.
- Nimmt die Führungskraft auch kleine und scheinbar unbedeutende Veränderungen der ökonomischen Rahmenbe-

dingungen wahr und stellt sich darauf ein, ist sie anderen voraus.

Literaturhinweise

HENRICHSMEYER, WILHELM / GANS, OSKAR / EVERS, INGO: Einführung in die Volkswirtschaftslehre. Stuttgart 1988/89

BÖVENTER, EDWIN VON / HAMPE, JOHANNES: Basiswissen Volkswirtschaft in 8 Stunden. Heyne-Verlag: Reihe Kompaktwissen

HARTEN, PETER: So funktioniert unsere Wirtschaft. Heyne-Reihe Kompaktwissen

WIMMER, MICHAELA, M.A., Journalistin, München

Wirtschaft/Politik/Umwelt; Stichwort Marktwirtschaft; Brennpunkt Jugoslawien; Die BRD verstehen

4.1.2 Chancen und Grenzen des Wettbewerbs

WERNER GLAHE

1. Chancen

Wegen der Wohlstandserfolge (Wohlstand = wachsendes reales Pro-Kopf-Einkommen) in der sozialen Marktwirtschaft der Bundesrepublik Deutschland ist der durch den Wettbewerb regulierte Idealtypus einer Marktwirtschaft, der sich am Ordoliberalismus orientiert hat, allerdings unter Beachtung von Möglichkeitsfunktionen, teilweise zum Vorbild geworden für Länder, die von einer zentralen Planwirtschaft ihre Volkswirtschaften auf eine dezentrale Planung umstellen wollen.

Konstituierend für diese Umstellung sind

- Schaffung des Rechtsinstituts »Privateigentum an Produktionsmitteln«
- nicht reglementierte Preisbildung, die demzufolge Knappheitsverhältnisse widerspiegeln kann
- funktionsfähiger Wettbewerb, damit das Koordinationssystem »Preismechanismus« optimale Ergebnisse erbringen kann.

Das Privateigentum an Produktionsmitteln bietet über die Möglichkeiten der Gewinnerzielung und damit Vermehrung des Privateigentums an Produktionsmitteln eine erhebliche Dynamik und einen ständigen Anpassungsdruck in bezug auf die Bedürfnisstrukturen der Konsumenten, da ohne die Beachtung des Postulats der Konsumenten-Souveränität aus Gewinnen Verluste werden und Eigentumsverlust droht.

Die freie Preisbildung für Produkte, Dienstleistungen, Produktionsfaktoren (Arbeit, Boden, Kapital) sowie Ressourcen sorgt für eine optimale Allokation der Produktionsfaktoren. Damit wird über die effektive Nachfrage der Konsumenten praktisch die Produktionsstruktur einer Volkswirtschaft im nichtöffentlichen Bereich bestimmt. Der Zusatz »sozial« vor »Marktwirtschaft« bedeutet, daß die Einkommen, die die Leistungsfähigen im Verteilungsprozeß beziehen, teilweise umverteilt werden zugunsten der Nichtleistungsfähigen (Behinderte etc.), damit auch diese — unter dem Gesichtspunkt des Gleichheitspostulats — an dem Abstimmungsprozeß den Einsatz der Produktionsfaktoren kraft ihrer effektiven Nachfrage mitbestimmen können.

Der Preis- bzw. Marktmechanismus, der quasi anstelle der bisherigen zentralen Planungsinstanz rückt, führt nur dann zu dem optimalen Ergebnis einer Maximierung des Sozialprodukts als Voraussetzung für eine optimale Bedürfnisbefriedigung der Konsumenten, wenn und soweit der Wettbewerb funktionsfähig ist.

Dies bezieht sich insbesondere auf die dynamische Funktion des Wettbewerbs, die für Innovation bei Produkten und Produktionsprozessen steht. Daß Innovation gerade im Hinblick auf die Lösung der Umweltproblematik vordringlich benötigt wird, ist inzwischen unbestritten. Die dynamische Funktion, für die ein weites Oligopol Voraussetzung ist, vollzieht sich nach folgendem Schema (Hartmut Berg):

- Auslösung eines Wettbewerbsprozesses durch Innovation eines Pionier-Unternehmers.
- Pionier-Unternehmer erzielt bei Erfolg Vorsprungsgewin-

ne und erlangt (zeitlich befristete) monopolistische Marktstellung.

- Abbau des Monopolelements durch Imitationsprozeß erforderlich, da sonst endgültige Monopolisierung des Marktes droht.

Dabei gilt: Vollzieht sich der Imitationsprozeß zu rasch, entfällt der Anreiz zur Innovation, da keine ausreichende Chance, Vorsprungsgewinne zu realisieren: Die Intensität des Wettbewerbs ist dann überoptimal.

Vollzieht sich der Imitationsprozeß zu langsam, kann der Pionier seinen Vorsprung verewigen: Sein Zeit-Monopol wird zum Dauer-Monopol. Die Intensität des Wettbewerbs ist dann unteroptimal.

Optimal ist die Intensität des Wettbewerbs, wenn der Imitationsprozeß die Vorsprungsgewinne des Pioniers dann »wegschmelzen« läßt, wenn dieser eine angemessene Verzinsung des eingesetzten Kapitals und eine dem Innovationsrisiko adäquate »Prämie« realisiert hat.

Intensität des Wettbewerbs ist also abhängig von der Geschwindigkeit, mit der Vorsprungsgewinne durch Imitation »weggeschmolzen« werden. Diese Geschwindigkeit ist abhängig vom Zwang der passiven Unternehmen zur Imitation.

Der Zwang zur Imitation ist abhängig vom Ausmaß der Existenzbedrohung bei Nicht-Reaktion (oder von Stärke des Bestrebens, an den Pioniergewinnen teilzuhaben).

Das Ausmaß der Existenzbedrohung ist abhängig von der Höhe der bei Nicht-Reaktion zu befürchtenden Absatzverluste.

Die Absatzverluste sind abhängig von der Absatzbeweglichkeit zwischen aktiven Unternehmen (Pionier-Unternehmen) und passiven Unternehmen (potentielle Imitatoren).

Die Absatzbeweglichkeit wird bestimmt durch oligopolistische Interdependenz (oder Reaktionsverbundenheit) zwischen aktiven Unternehmen und den (noch) passiven Unternehmen.

Diese oligopolistische Interdependenz ist abhängig von:

- der Möglichkeit des aktiven Unternehmens (Pionier-Unternehmens), von passiven Unternehmen Nachfrage abzuziehen. Diese Möglichkeit wird bestimmt durch:
  - Beweglichkeit der Nachfrage, diese abhängig von:
    - Markttransparenz
    - Homogenitätsgrad des Angebots
- der Möglichkeit des aktiven Unternehmens, zusätzlich gewonnene Nachfrage zu befriedigen. Diese Möglichkeit wird bestimmt durch:
  - Reservekapazität, diese wird kurzfristig bestimmt durch:
    - Kapazitätsauslastung
    - bei gegebener Kapazitätsauslastung ist die Reservekapazität abhängig vom Marktanteil
    - bei gleichmäßiger Streuung der Marktanteile und gegebener Kapazitätsauslastung ist die Reservekapazität abhängig von der Anbieterzahl
- Homogenitätsgrad (= Ausmaß der Produktdifferenzierung) und Anbieterzahl bestimmen die Marktform.

Der Wettbewerb hat jedoch nicht nur bei dynamischer Betrachtung, also in bezug auf die Realisierung von Innovationen Bedeutung. Nach J. M. Clark sorgt er im ökonomischen Bereich für

- eine Verteilung des Volkseinkommens, die orientiert ist an der erbrachten Marktleistung der Einkommensbezieher
- für eine Aufrechterhaltung der Wettbewerbsordnung selbst, indem Unternehmer, die durch Absprachen ihre Position verbessern wollen, daran gehindert werden, die Wettbewerbsordnung zu gefährden
- einen beweglichen Einsatz der Produktionsfaktoren unter dem Gesichtspunkt ihrer Produktivität
- eine Förderung des technischen Fortschritts
- eine adäquate Produktdifferenzierung und Verbesserung und Änderung der Produkte entsprechend den Konsumentenwünschen

- das Ausscheiden ineffizienter Unternehmen, Produktionsprozesse und überalteter Produkte, letzteres aus der Sicht der Konsumenten
- eine Tendenz in Richtung hoher Beschäftigung durch Preisrückgänge infolge nachlassender Nachfrage
- den Schutz der Konsumenten vor Übervorteilung ohne kostspielige und teilweise gar nicht zu praktizierende Überprüfung der Qualität der Produkte bezüglich ihrer Preiswürdigkeit durch die Konsumenten.

Daneben ist beachtlich ein außerökonomischer Aspekt, den ein funktionierender Wettbewerb in einem demokratischen Rechtsstaat ermöglicht, nämlich die Realisierung des Freiheitspostulats in der Wirtschaft dadurch, daß sich willige Subjekte nicht nur im rechtlichen Sinne (Niederlassungsfreiheit), sondern auch tatsächlich eine Unternehmerexistenz aufbauen können. Ein weiterer außerökonomischer Aspekt ist darin zu sehen, daß bei funktionierendem Wettbewerb die freie Berufswahl für unselbständig Beschäftigte auch tatsächlich realisiert werden kann.

Für die eingangs genannte Zielsetzung der Wohlstandserhöhung (Steigerung des realen Pro-Kopf-Einkommens) ist die Abkehr von einer zentralen Planwirtschaft mit beachtlicher Absorption von möglichem Produktionspotential durch notwendige Bürokratie und Übergang zu Marktwirtschaft mit Markt- bzw. Preismechanismus als Koordinationssystem eine notwendige, aber nicht hinreichende Bedingung. Dies erhält schon das Wohlstandsgefälle zwischen einzelnen Ländern der EG, die Marktwirtschaft praktizieren, wie z.B. die Bundesrepublik Deutschland und Griechenland. Marktwirtschaftlich orientierte Länder mit hohem realen Pro-Kopf-Einkommen wie Japan, USA und Bundesrepublik haben offenbar in ihrer gesamten Werte-Funktion in der Gesellschaft für den merkantilen Bereich eine hohe Rangordnung reserviert. Diese erklärt sich sicherlich aus außerökonomischen Tatbeständen.

Marktwirtschaft hat aber auch unter Vernachlässigung des Wohlstandsaspektes einen hohen Eigenwert, weil das Postulat der Konsumentensouveränität von einer hohen Wertschätzung des einzelnen Menschen ausgeht, von dem angenommen wird, daß er am besten wisse, was für ihn gut sei (wobei nur gesellschaftlich negativ definierte Bedürfnisse, z.B. Rauschmittel, auszunehmen sind).

Daneben entspricht das Koordinationssystem Preismechanismus der Methode von Versuch und Irrtum (Carl R. Popper, trial and error). Danach gibt es wegen der grundsätzlichen Irrtumsmöglichkeit niemals durch Verifikation gesicherte Theorien, sondern lediglich Hypothesen, die, solange sie nicht falsifiziert sind, als bewährt betrachtet werden können.

Damit wendet man sich von ganzheitlichen Systemen (z.B. Marxismus-Leninismus), die einen Allgemeingültigkeitsanspruch zur Grundlage haben, ab und der übrig bleibenden, bescheideneren Möglichkeit des Weges kleiner Schritte zu. Mit Verantwortungs-Ethik wird man zwar immer versuchen, Fehler in dezentralen Planungsprozessen möglichst zu vermeiden, aber das Wissen gilt a priori, daß Fehlerlosigkeit nur ein Zufallsergebnis sein kann. So gehen in die Nachfragepläne erwartete Preise ein wie auch in die Pläne der Anbieter. Erst wenn Anbieter und Nachfrager auf Märkten zusammentreffen, bildet sich ein Marktpreis, der den angenommenen Preisen entsprechen kann (Kompatibilität) oder nicht.

Im letzteren Fall sind Plankorrekturen unerläßlich. Nach der Popperschen Methode werden also geschlossene, ganzheitliche Systeme aus dem Bereich der Wissenschaft in den des Glaubens verwiesen. Damit erhöht sich jedoch der Freiheitsspielraum der Bürger in einer Demokratie, die sich im wirtschaftlichen Bereich auf Marktwirtschaft stützt, systembedingt, weil das Übermachtgefälle zwischen Regierenden und Bürgern erheblich reduziert wird.

2. Grenzen

Die Grenzen des Wettbewerbs liegen zunächst in Bestrebungen, dem Wettbewerb auszuweichen. Durch wettbewerbsbeschränkende Verhaltensweisen wie

- Kartellbildung

- abgestimmte, nicht vertraglich geregelte Verhaltensweise bei Preiserhöhungen
- Fusionen

entstehen Übermachtverhältnisse. Diese können auch nicht im Hinblick auf die Bildung gegengewichtiger Marktmacht (J. K. Galbraith): Sekundärmacht Gewerkschaften als Reaktion auf die Primärmacht von kapitalbesitzenden Unternehmen als selbstregulierend akzeptiert werden.

Es besteht immer die Möglichkeit, daß sich Primär- und Sekundärmacht zu Lasten anderer einigen. Dies könnte z.B. eine einvernehmliche Lohnerhöhung zwischen Gewerkschaften und Arbeitgeberverbänden sein, die über der Steigerung der Produktivität liegt zu Lasten der Verbraucher, wenn die Lohnkostensteigerung auf die Preise überwälzt wird.

Sicherlich kann der Wettbewerb durch neue Modelle in seiner Wirksamkeit auch auf die Lösung von Umweltproblemen im Sinne der Durchsetzung des Verursacherprinzips angewendet werden. Man denke an Lärm von Flugzeugen. Gäbe es ein Gesetz für eine Maximallärmbelästigung, müßten die Flughafenbetreiber die Bereitschaft, Lärm, der darüber liegt, zu ertragen, von den Flugschneisenbewohnern abkaufen. Damit stiegen die Preise für Landeanflüge. Durch den Marktmechanismus im Zusammenhang mit Gewinnstreben wird alsbald bei den Herstellern von Flugzeugen eine Tendenz ausgelöst, lärmvermeidende Flugzeuge zu konstruieren. Trotz solcher wettbewerbs-immanenter gewinnmindernder Bestrafungsmodelle wird man wegen des Zeitbedarfs der Versuchs- und Irrtumsmethode nicht auf regulierende staatliche Maßnahmen verzichten können. Hierbei setzt man auf die abschreckende Wirkung von Bestrafungen und entsprechenden öffentlichen Sanktionen (Imageverlust).

Dennoch: bevor man nach staatlichen und damit schwerfälligen sowie teueren Lösungen ruft, sollte die Kreativität bemüht werden, wettbewerbskonforme Lösungen zu finden, die letztlich immer auf Bestrafung (Kosten) oder Belohnung (Gewinn) beruht.

Daß die wettbewerbsgesteuerte ökologisch orientierte soziale Marktwirtschaft mit ihren Zielen

- hohe Beschäftigung
- stetiges und angemessenes Wirtschaftswachstum
- Gleichgewicht in der Außenwirtschaft

wirtschaftspolitischer Eingriffe bedarf, ist evident. Wie weit man die Gestaltungsmöglichkeiten der Träger von Wirtschaftspolitik hierbei in der jüngsten Vergangenheit überschätzt hat, erhellt die Anwendung des sogenannten Stabilitätsgesetzes.

Einer der Väter dieses auf wirtschaftspolitische Machbarkeit abhebenden Gesetzes, Karl Schiller, hat die Formel geprägt: Soviel Wettbewerb wie möglich, soviel Planung wie unbedingt nötig! Um also in einer notwendigerweise gemischten Wirtschaftsordnung die Dominanz des marktwirtschaftlichen Koordinationssystems sicherzustellen, bedarf es eines kritischen Bewußtseins hinsichtlich dessen, was notwendige Eingriffe sind.

Auf Walter Euken geht die Vorstellung zurück, daß der Wettbewerb eine staatliche Veranstaltung zu sein habe. Die sich völlig selbst überlassene Marktwirtschaft führt zu unerträglichen Übermachtverhältnissen, die in einer Demokratie nicht hingenommen werden können. Prästabilisierende Harmonie, eine unsichtbare Hand, die alles regelt, steht offenbar nicht zur Verfügung. Deswegen muß ein Kartellamt, wie in Deutschland die Behörde heißt, die wettbewerbsbeschränkenden Verhalten zu verhindern sucht, als notwendiger Bestandteil einer Marktwirtschaft geschaffen werden.

Die Anwendung des Gesetzes ist jedoch in der Praxis oft mit großen Schwierigkeiten behaftet. Besonders deutlich wird das bei dem Versuch, mißbräuchliches Verhalten von marktbeherrschenden Unternehmen vor Gericht zu beweisen. Deswegen wäre es begrüßenswert, wenn die Wirtschaftssubjekte innerhalb einer marktwirtschaftlichen Ordnung sich möglichst in hohem Maße freiwillig wettbewerbskonform verhielten. Andernfalls müßte durch immer weitergehende Nominierung des Gesetzes (z. B. in der BRD die Abschaffung der Ministerfusion oder Einführung, ähnlich wie in USA, die Möglichkeit der Entflechtung) die Effizienz der Verhinderung von wettbewerbsbeschränkenden Verhalten gesteigert werden. Dazu könnte auch eine bessere Personalausstattung der Kartellbehörden gehören. Hierbei käme man möglicherweise in die Gefahr, worauf Andreas Predöhl hingewiesen hat, zur Erhaltung eines liberalen Systems immer mehr dirigistische Maßnahmen einführen zu müssen.

Glahe, Werner, Prof. Dr., Bad Harzburg

4.1.3 Konjunktur und Rezession

Michaela Wimmer

Alle Marktwirtschaften der Welt haben ein Phänomen gemeinsam: die wirtschaftliche Entwicklung vollzieht sich nicht gleichmäßig, sondern in der Regel mit erheblichen Schwankungen. Dies bedeutet, daß die Gesamtnachfrage, das Produktionsniveau, das Preisniveau, die Beschäftigung, das Wachstum usw. periodisch steigen und wieder abnehmen. Diese wellenartigen und zyklisch auftretenden Ausschläge nach oben und nach unten nennt man Konjunkturen. Die einzelnen Branchen und insbesondere die verschiedenen Unternehmen können von den Konjunkturschwankungen unterschiedlich stark betroffen sein; sich diesem Rhythmus völlig zu entziehen, ist für ein einzelnes Unternehmen jedoch kaum möglich. Gelingt es den Entscheidungsträgern allerdings, die sogenannten Frühindikatoren der unterschiedlichen Konjunkturphasen zu erkennen, können die negativen Auswirkungen auf das eigene Unternehmen unter Umständen abgemildert bzw. die positiven genutzt werden.

Die Dauer der einzelnen *Konjunkturzyklen* und die Formen des Konjunkturverlaufs sind in den verschiedenen Volkswirtschaften keineswegs einheitlich. So kann ein Zyklus durchschnittlich vier, fünf oder auch zehn Jahre umfassen, und die jeweiligen Schwankungen können traditionell stark oder weniger stark sein (wobei die klassische Form eines Konjunkturzyklus einer Sinuskurve gleicht). Innerhalb eines Konjunkturzyklus unterscheidet man mehrere Phasen, für die in der Regel jeweils bestimmte volkswirtschaftliche Begleitumstände typisch sind: den *Konjunkturaufschwung,* die *Hochkonjunktur (Boom),* den *Konjunkturabschwung (Rezession)* sowie das *Konjunkturtief,* die *Depression* oder Krise.

Diese Schwankungen haben unterschiedliche Ursachen. So können äußere Anstöße wie technologische Veränderungen, der Erlaß bestimmter Gesetze oder politische Wahlen einen Auf- oder Abschwung auslösen — häufig sind es aber schlicht die positiven oder negativen Erwartungen der Wirtschaftsubjekte, die solch einen Umschwung einleiten. Einmal in Gang gesetzt, verstärken sich die verschiedenen Elemente gegenseitig. So kann z.B. allein die Vermutung, daß sich die Wirtschaft in Zukunft positiv entwickeln wird, zu einer Steigerung des Konsums, das heißt der Gesamtnachfrage in einer Volkswirtschaft, führen.

Ein Konjunkturaufschwung beginnt, denn mit der Nachfrage steigt auch die Produktion. In Erwartung günstiger Absatzbedingungen beginnen die Unternehmen verstärkt zu investieren und neues Personal einzustellen: Die Investitionsgüterindustrie wird angekurbelt, die Beschäftigung nimmt zu. Die hohen Gewinne vieler Unternehmen und die gesteigerte Nachfrage nach Arbeitskräften nutzen die Gewerkschaften wiederum, um in den Tarifverhandlungen höhere Löhne durchzusetzen. Steigende Haushaltseinkommen können aber zu einer weiteren Ausdehnung der Konsumgüternachfrage führen usw.

Der Aufschwung hat sich verselbständigt. Auf dem Gipfel des Aufschwungs, dem Boom, sind die Produktionskapazitäten einer Volkswirtschaft nahezu vollständig ausgelastet, der Produktionsausstoß ist hoch, ebenso die Beschäftigungsquote, die Löhne und damit die Haushaltseinkommen. Allerdings treibt die gestiegene Nachfrage auch die Güterpreise in die Höhe.

Inflationäre Tendenzen sind der Wermutstropfen einer boomenden Wirtschaft — ein Grund, warum aus volkswirtschaftlicher Sicht eine stabile Wirtschaftsentwicklung vorzuziehen ist. Bundesbank und Regierung können versuchen, einer Überhitzung der Konjunktur durch geld- oder wirtschaftspolitische Maßnahmen gegenzusteuern.

Doch auch ohne entsprechende Maßnahmen wird solch ein Boom früher oder später von einem erneuten Abschwung gefolgt: Nicht allen Unternehmen gelingt es nämlich gleichermaßen, die gestiegenen Produktionskosten (Kosten für Löhne, Rohstoffe, Maschinen, etc.) auf die Güterpreise abzuwälzen. Schwächere Unternehmen oder Branchen, deren Erzeugnisse am Markt weniger gefragt sind, werden gezwungen, die Preise ihrer Produkte wieder zurückzuschrauben. Damit sinken bei steigenden Produktionskosten die Gewinne. Die Kauf- und Investitionskraft der betroffenen Unternehmen geht zurück — zumal die allgemein hohe Investitionsquote und damit die starke Kreditnachfrage die Zinsen in die Höhe getrieben haben. Die sinkende Kauf- und Investitionskraft der betroffenen Unternehmen werden allmählich auch die Zulieferbetriebe und die entsprechende Investitionsgüterindustrie zu spüren bekommen. Eine Kettenreaktion wird ausgelöst: Auch dort müssen in der Folge die Preise gesenkt und/oder die Produktion gedrosselt werden.

Aufgrund der hohen Güterpreise und der hohen Zinsen ist es außerdem nicht ausgeschlossen, daß die Haushalte wieder dazu übergehen, mehr zu sparen und weniger zu konsumieren. Das heißt, daß auch bislang boomende Branchen unter Umständen einen Rückgang der Nachfrage hinnehmen müssen. Wiederum kann ein relativ kleiner Auslöser einen lawinenartigen Effekt nach sich ziehen. Sinkt z.B. in der Textilbranche die Nachfrage um 10%, werden weniger Nähmaschinen bestellt. Möglicherweise verzichten die Textilhersteller aufgrund der schlechteren Absatzlage sogar völlig darauf zu investieren, mit der Folge, daß die Nachfrage nach Industrienähmaschinen sogar um 100% zurückgeht. Daraufhin müssen dort Arbeitskräfte entlassen werden, oder es kommt zur Kurzarbeit. Aufgrund des nunmehr geringeren Einkommens der Haushalte sinkt die Nachfrage auch in anderen Bereichen, z.B. in der Lebensmittel- oder Autoindustrie. Auch hier muß nun die Produktion gedrosselt werden und in der Folge wiederum in der Landwirtschaft und Metallindustrie etc. In der Krise sind die Produktionskapazitäten nur unzureichend ausgelastet, die Gewinne der Unternehmen sind niedrig, aber auch die Güterpreise. Die Löhne steigen kaum noch, und viele Menschen werden arbeitslos, bis erneut ein Aufschwung einsetzt.

Nicht alle Phasen eines Konjunkturzyklus müssen jedoch zwangsläufig voll zur Ausprägung kommen. So kann einem kurzem Aufschwung auch ein Abschwung folgen, ohne daß ein regelrechter Boom dazwischen lag. Auch ist es möglich, daß bereits nach einer leichten Rezession ein erneuter Aufschwung einsetzt und die Krise übersprungen werden kann. Langfristig betrachtet können die Konjunkturen in ein stetiges *Wirtschaftswachstum* integriert sein, das heißt, daß die Wirtschaft bzw. das *Bruttosozialprodukt* laufend wächst und lediglich die Wachstumsraten schwanken. In diesem Fall verliefen die Wellenbewegungen insgesamt nach oben.

Andererseits ist es denkbar, daß das Wachstum im Laufe eines Konjunkturabschwungs negativ wird, das heißt, daß das Bruttosozialprodukt — absolut betrachtet — abnimmt. Die Wellenbewegungen würden auf Dauer einen gleichbleibenden oder fallenden Trend aufweisen. Darüber hinaus kann es auch vorkommen, daß trotz einer Rezession das Preisniveau untypisch hoch bleibt, wie es in der Bundesrepublik in den 70er Jahren der Fall war. Man nennt die Kombination zwischen *Stagnation* und *Inflation* Stagflation. Heute ist es dagegen üblich, daß trotz konjunkturellen Aufschwungs die Arbeitslosigkeit groß bleibt, obwohl in dieser Phase theoretisch eine hohe Beschäftigungsrate herrschen müßte.

Wie auch immer, in der Regel spielt für den Konjunkturverlauf die Massenpsychologie eine große Rolle. Die optimistischen, manchmal auch übertriebenen Erwartungen der Wirtschaftsubjekte in Zeiten des Aufschwungs und des Booms können recht plötzlich in pessimistische Erwartungen umschlagen, die sich während des Abschwungs weiter verstärken. Die Haushalte schränken ihren Konsum ein, die Unternehmen sind nicht bereit, zu investieren. Erst wenn eine »psychologische Talsohle« durchschritten ist, zeigen sich wieder optimistischere Einschätzungen.

Was innerhalb einzelner Branchen und einzelner Volkswirtschaften passiert, läßt sich ebenso für die Weltwirtschaft nachweisen. Auch die internationale Wirtschaftsentwicklung ist erheblichen Konjunkturschwankungen unterworfen, wobei die einzelnen Phasen in den jeweiligen Ländern unterschiedlich stark und häufig zeitlich verschoben auftreten. So gelang es der Bundesrepublik Deutschland im Zuge der Wiedervereinigung, sich vorübergehend von der Weltkonjunktur abzukoppeln: Trotz weltweiter Rezessionserscheinungen hielt hier der Aufschwung weiter an.

National und international gibt es eine Reihe von *Konjunkturindikatoren* — Frühindikatoren, mitlaufende und nachlaufende Indikatoren —, die auf einen bestimmten Konjunkturverlauf hindeuten können. Abgesehen von Bruttosozialprodukt, Preisindex und Arbeitsmarktdaten zählen hierzu insbesondere die Auftragseingänge in der gewerblichen Wirtschaft. Diese Auftragszahlen sind ein sogenannter Frühindikator: nehmen die Aufträge zu, kann man in der Regel davon ausgehen, daß zwei bis drei Monate später auch die Produktion ausgedehnt wird und umgekehrt. Die Industrieproduktion selbst ist ein weiterer wichtiger Indikator auf der Angebotsseite. Um die Nachfrage bzw. die Konsumkonjunktur einzuschätzen, bedient man sich vor allem der jeweiligen Umsatzzahlen im Einzelhandel. Sind die Umsätze gestiegen, ist auch die Nachfrage gestiegen, gehen die Umsätze zurück, sinkt dagegen die Nachfrage, und die Absatzbedingungen verschlechtern sich.

Über Produktions- und Umsatzzahlen hinaus führen Wirtschaftsinstitute regelmäßig repräsentative Umfragen durch, um die augenblickliche Situation und die Erwartungen der Wirtschaftssubjekte zu erfahren. Die Ergebnisse der monatlichen Befragungen werden in zahlenmäßige Indices übertragen. So gibt der sogenannte *Geschäftsklimaindex* Auskunft über die ökonomische Situation und insbesondere über die

Einschätzungen der Unternehmen, die Wirtschaftsentwicklung betreffend. Sind die Einschätzungen und Erwartungen optimistisch, kann man davon ausgehen, daß innerhalb von drei bis sechs Monaten tatsächlich eine positive Entwicklung stattfindet. Sind sie pessimistisch, bleibt die Konjunktur schwach.

Angaben über die Situation der Haushalte und ihre Einschätzungen werden dagegen im *Konsumklimaindex* ausgedrückt. Wiederum kann man hieraus Schlüsse für die Konjunktur ziehen. Für Unternehmen, die im Ausland tätig sind, gelten analog die Indikatoren für das betreffende Land. Wird Außenhandel betrieben, ist insbesondere die Entwicklung der Warenausfuhr zu beobachten.

Zusammenfassung

- Jede Führungskraft sollte die augenblickliche und künftige konjunkturelle Entwicklung in ihren Entscheidungen berücksichtigen. Es kann z.B. ein schwerwiegender Fehler sein, die Produktion zu steigern, große Investitionen zu tätigen oder den Personalbestand zu erweitern, wenn sich eine Rezession abzeichnet. In dieser Situation kann es dagegen sinnvoll sein, die Nachfrage nach den eigenen Erzeugnissen durch verstärkte Werbung stabil zu halten.
- Die Konjunkturindikatoren geben Auskunft darüber, welchen Verlauf die Konjunktur nehmen könnte, auch wenn keine hundertprozentigen Voraussagen möglich sind. Die Indikatoren werden in der Wirtschaftspresse regelmäßig veröffentlicht. In branchenspezifischen Publikationen und Veröffentlichungen der Wirtschaftsinstitute und -verbände können zusätzliche Informationen gewonnen werden.
- Die Führungskraft sollte auch die internationale Konjunkturentwicklung im Auge behalten, denn eine tiefe Rezession beispielsweise in den USA bleibt auf Dauer nicht ohne Auswirkung auf die heimische Konjunktur. Macht sich in wichtigen Industriestaaten dagegen ein Aufschwung bemerkbar, wird in der Regel auch die heimische Wirtschaft profitieren.

Literaturhinweise

ASHAUER, GÜNTER: Grundwissen Wirtschaft, Stuttgart 1988

FRÖHLICH, THOMAS / GERTOBERENS, KLAUS: Der Wirtschaftsteil der Zeitung — Richtig gelesen und genutzt. Heyne-Verlag: Reihe Kompaktwissen

SCHREIBER, UWE: Handlexikon Wirtschaft. Heyne-Verlag: Reihe Kompaktwissen

WIMMER, MICHAELA, MA., München
Journalistin

4.1.4 Der EG-Markt

GERNOT NERB

Die Europäische Gemeinschaft bildet unter den Industrieländern den bevölkerungsreichsten Wirtschaftsraum. In ihm lebten 1989 326 Millionen Menschen. Ab 1990 gehören auch die neuen Bundesländer dazu, so daß sich die EG-Bevölkerungszahl auf über 340 Millionen erhöht. Seine stärksten Konkurrenten, die USA und Japan, weisen eine Bevölkerungszahl von rund 246 Millionen bzw. 123 Millionen auf (vgl. Tab. 1). Die EG verfügt damit über ein Konsumentenpotential, das fast genauso groß ist wie das amerikanische und japanische zusammengenommen.

Wirtschaftliche Leistungen im Weltvergleich

Die Wirtschaftskraft Europas, gemessen am Bruttoinlandsprodukt zu Marktpreisen ist mit rund 8700 Mrd. DM (1989) etwa ebenso groß wie die der USA mit etwa 9000 Mrd. DM, aber fast doppelt so stark wie die Japans (rund 4400 Mrd. DM). Relativiert man diesen Vergleich mit der Bevölkerungszahl der jeweiligen Wirtschaftsregionen, so fällt die EG allerdings gegenüber den USA zurück. Das Bruttoinlandsprodukt pro Kopf ist in den USA um fast die Hälfte höher als im EG-Durchschnitt und in Japan (vgl. Tab. 1). Diesen Rückstand

Tabelle 1 Die EG im internationalen Vergleich 1989[1)]

	EUR-12	USA	Japan
Bevölkerung in Mio.	325,95	248,76	123,12
Bruttoinlandsprodukt pro Kopf in Dollar[2)]	14.356,2	20.906,9	14.316,2
Privater Konsum[3)]	2.828,1	3.450,1	992,5
Bruttoanlageinvestitionen[3)]	966,9	742,9	561,8
Einfuhren[3)]	1.323,8	672,3	219,2
Ausfuhren[3)]	1.330,0	626,2	257,1

1) Vorläufig, teilweise geschätzt.
2) Zu laufenden Preisen und Kaufkraftparitäten von 1985.
3) In Mrd. US-Dollar, zu laufenden Preisen und Kaufkraftparitäten von 1985.

Quelle: OECD; UNO; IW-Berechnungen

aufzuholen, war eines der Hauptmotive für die Schaffung des einheitlichen europäischen Binnenmarktes ab 1993.

Zusammenfassend läßt sich zur demographischen und wirtschaftlichen Ausgangssituation der Europäischen Gemeinschaft sagen: Der Europäische Binnenmarkt ist durch ein gewaltiges Konsumentenpotential gekennzeichnet. Die Kaufkraft des »durchschnittlichen« europäischen Konsumenten ist derzeit wesentlich niedriger als in den USA oder in Japan; von Mitgliedsland zu Mitgliedsland ergeben sich jedoch erhebliche Unterschiede (vgl. Tab. 2). Die erhofften Wachstumseffekte des EG-Binnenmarktes basieren nicht zuletzt darauf, daß durch einen beschleunigten wirtschaftlichen Aufholprozeß in den zurückgebliebenen Regionen Europas (vgl. Tab. 3) bereits innerhalb weniger Jahre rasche Wohlstandsgewinne möglich sein müßten. Der Einkommenseffekt des EG-Binnenmarktes ist in erster Linie für die erwartete Wachstumsbeschleunigung verantwortlich. Von der Bevölkerungsentwicklung gehen dagegen kaum nachfragebelebende Impulse aus.

Tabelle 2 Makroökonomische Indikatoren 1989

	Bruttoinlandsprodukt je Einwohner[1)]	Verbraucherpreise[2)]	Arbeitslosenquoten	Leistungsbilanzsalden[3)]
B	15.246,7	3,1	9,3	
L	17.837,8	3,4	1,3	2,4
D	19.293,4	2,8	5,5	4,4
F	16.937,3	2,6	9,5	- 0,4
I	14.994,8	6,6	12,1	- 1,3
NL	15.077,5	1,1	7,4	3,1
DK	20.292,4	4,8	9,3	- 1,3
GB	14.451,0	7,8	6,2	- 4,1
IRL	9.344,7	4,0	15,5	1,8
GR	5.403,8	13,7	7,5	- 4,8
E	9.670,2	6,8	17,3	- 2,9
P	4.326,6	12,6	5,3	- 1,2

1) In Dollar zu laufenden Preisen und Wechselkursen.
2) Veränderung gegen Vorjahr in Prozent.
3) In Prozent des BIP/BSP.

Quelle: OECD; UNO; EG; IW-Berechnungen

Tabelle 3 Die EG-Mitglieder im Vergleich 1989

	Fläche		Bevölkerung		Inlandsprodukt	
	1000 km^2	In Prozent der EG	Mio.	In Prozent der EG	In Mrd. US-Dollar[1)]	In Prozent der EG
B	30,5	1,3	9,93	3,0	135,0	3,1
L	2,6	0,1	0,37	0,1	6,3	0,1
D	248,7	11,0	61,99	19,0	940,8	21,5
F	549,1	24,3	56,16	17,2	819,0	18,8
I	301,3	13,3	57,52	17,6	799,6	18,3
NL	41,8	1,8	14,83	4,5	205,3	4,7
DK	43,1	1,9	5,13	1,6	73,9	1,7
GB	244,1	10,8	57,20	17,5	814,6	18,7
IRL	70,3	3,1	3,51	1,1	31,2	0,7
GR	132,0	5,8	10,03	3,1	72,6	1,7
E	504,8	22,3	38,81	11,9	396,7	9,1
P	92,4	4,1	10,47	3,2	72,1	1,7
EUR-12	2.260,7	100,0	325,95	100,0	4.367,1	100,0

1) Umgerechnet mit Kaufkraftparitäten.

Quelle: Eurostat; OECD; UN

Produktionsstandort Europäische Gemeinschaft

Der Übergang von der Wiederaufbauwirtschaft nach dem Kriege zur modernen Hochtechnologiewirtschaft gelang bisher in Europa nur mit erheblichen Einschränkungen. Die Entscheidungsträger in Politik und Wirtschaft waren oft nicht bereit oder in der Lage, ihre traditionellen Wachstumskonzepte zu vergessen und die Entscheidungsmechanismen, die Arbeitsbeziehungen, Finanzmärkte und generell die Wirtschaftspolitik flexibler und risikofreudiger zu gestalten.

Die mehr auf Konservierung bestehender Strukturen ausgerichtete Politik, verbunden mit einer nachlassenden Mobilität der Arbeitskräfte, schlägt sich unter anderem darin nieder, daß — generalisierend gesprochen — Europa auf traditionellen Feldern wirtschaftlich relativ stark ist, aber im Weltmaßstab unterrepräsentiert ist in einer Reihe von Zukunftsindustrien. Dies wird deutlich anhand der Abb. 4.1, in der die Produktionsanteile der Triade EG, USA und Japan in ausgewählten Industriebranchen dargestellt sind. Besonders ausgeprägt sind die europäischen Defizite in den Bereichen Luft- und Raumfahrt, Biotechnologie, Konsumelektronik und Halbleiter.

Probleme der Außenhandelsstruktur

Entsprechend den Produktionsschwächen in einer Reihe von Zukunftsindustrien ergibt sich auch beim Export der EG in Drittländer ein Defizit bei einigen besonders nachfragestarken Produktgruppen.* Anders als in den USA — und noch

---

* Einteilung der Produktgruppen nach Nachfrageintensität.

Starke Nachfrage:
Elektrotechnik, Datenverarbeitungsgeräte, Büromaschinen, Meß- und Regeltechnik, Chemie und Arzneimittelerzeugnisse.

Mittlere Nachfrage:
Fahrzeugbau, Nahrungs- und Genußmittelgewerbe, Bereiche des Maschinenbaus (z.B. Bau-, Land-, Textilmaschinen).

Schwache Nachfrage:
Textilien, Leder, Bekleidung, Eisen und Stahl, Metallerzeugnisse, Baumaterialien.

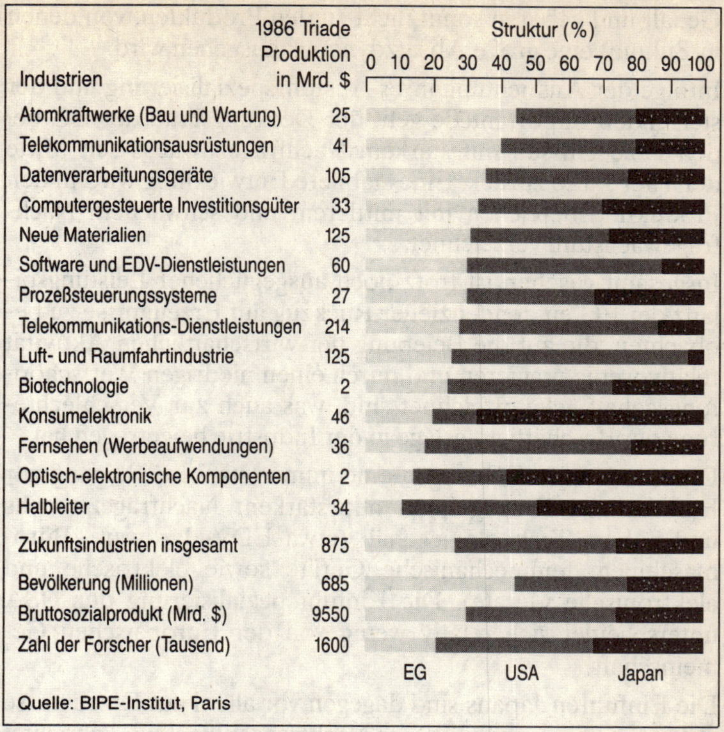

Abb. 4.1 Produktion und Struktur ausgewählter Zukunftsindustrie in der Triade (EG, USA, Japan)

mehr in Japan — konzentrieren sich die europäischen Exporte auf Produktgruppen, bei denen die weltweite Nachfrage nur relativ schwach expandiert. Die geographische Orientierung der EG-Exporte in Drittländer ist zum Teil für die Spezialisierungsentscheidungen maßgeblich.

So sind immer größere Teile der EG-Ausfuhren auf nicht industrialisierte Länder ausgerichtet. Damit gelingt es zwar der Gemeinschaft heute noch, einen hohen Ausfuhranteil an der Produktion zu wahren, jedoch haben die in diesem Raum vermarkteten Erzeugnisse nur einen geringen technologischen

Gehalt und gehören somit nicht zu den Produkten, von denen in Zukunft eine große Absatzdynamik ausgehen wird.

Infolge der Ausrichtung ihrer Ausfuhrspezialisierung und der steigenden Importanteile geht der Deckungsgrad der EG bei den Erzeugnissen mit starkem Nachfragezuwachs seit Mitte der 70er Jahre zurück. Eine stabilere Entwicklung wird in den Produktionsbereichen mit mittlerem und schwachem Nachfragewachstum verzeichnet.

Insgesamt gesehen ist trotz noch ausgeglichener Leistungsbilanz der EG ein tendenzieller Rückzug auf Erzeugnisse zu beobachten, die auf die Belebung der wirtschaftlichen Aktivität relativ wenig reagieren und durch einen niedrigen Wertschöpfungsgehalt gekennzeichnet sind, was auch zur Verschlechterung der Beschäftigungslage in der Industrie beigetragen hat.

Die Länder der EG zeigen eine immer stärkere Neigung zur Einfuhr von Erzeugnissen mit starkem Nachfragezuwachs und hohem Technologiegehalt (etwa EDV-Hardware, Büromaschinen, feinmechanische Geräte sowie elektrische und elektronische Geräte). Die Einfuhrspezialisierung der USA unterscheidet sich relativ wenig von der Europäischen Gemeinschaft.

Die Einfuhren Japans sind dagegen vor allem auf Erzeugnisse mit schwacher oder mittlerer Nachfrageentwicklung gerichtet (Metallerze und nichtmetallische Mineralien, Textilindustrie, Bekleidungsgewerbe, Nahrungsmittelerzeugnisse), die Ausfuhren Japans dagegen vor allem auf Produktgruppen mit starker Nachfrageentwicklung.

Zur regionalen Entwicklung innerhalb der Gemeinschaft

Die Entwicklung im Europa der neunziger Jahre läßt zwei verdichtete wirtschaftliche Kraftfelder entstehen: Einmal die sogenannte Banane (Abb. 4.2), Europas am dichtesten besiedelter und am höchsten entwickelter Raum; er reicht von Südengland über die Rhein- und Rhône-Schiene bis in die Lombardei, mit London und Mailand als Endpunkten und Frankfurt im Zentrum. Zum anderen den sogenannten Sunbelt: Im rechten Winkel zur Nord-Süd-Achse bildet sich eine Ost-

Quelle: Ifo-Institut

Abb. 4.2 Wachstumszentren in der EG

West-Schiene am Mittelmeer heraus, von der Toskana über Mailand und Lyon bis Barcelona und weiter nach Valencia.

Die traditionellen nationalen Ballungsgebiete um London, Paris und Madrid profitieren auch in den neunziger Jahren von ihrer Rolle als Verwaltungs- und Dienstleistungszentren. Immer mehr in eine solche Funktion wachsen auch Brüssel als Sitz der EG-Kommission und Berlin hinein.

Am meisten prosperieren werden jedoch Wirtschaftszentren mittlerer Größe, die auf der »Banane« oder dem »Sunbelt« liegen und wirtschaftliche Aktivitäten der Metropolen an sich ziehen. Eine Sonderstellung nimmt hier lediglich das schottische Grampian ein, mit Aberdeen als Zentrum der Nordsee-Ölindustrie.

Kennzeichnend für die Wachstumszentren ist neben ihrer geographischen Zentrallage eine führende Stellung in hochwertiger industrieller Fertigung und bei produktionsorientierten Dienstleistungen. Dazu kommen attraktive Freizeit- und Kulturangebote, die heute eine immer wichtigere Rolle spielen, um Führungskräfte in eine Region zu ziehen.

Perspektiven und Empfehlungen

Der in der zweiten Hälfte der 70er Jahre und auch noch Anfang der 80er Jahre vorherrschende Europessimismus ist einer neuen Aufbruchstimmung gewichen. Hierzu hat vor allem das glaubhafte Konzept der EG-Kommission für einen einheitlichen Europäischen Binnenmarkt beigetragen. Die hiermit einhergehende Deregulierung in der Wirtschaft verspricht, verkrustete Strukturen in besonders geschützten Bereichen, wie vor allem dem Transportgewerbe (Straßengüter- und Luftverkehr sowie Bahn), dem öffentlichen Auftragswesen (verbunden mit den »nationalen Hoflieferanten«), dem Finanzdienstleistungssektor und der Telekommunikation, aufzubrechen.

Die verbliebene Eigendynamik in der Wirtschaft scheint immer noch groß genug zu sein, um die neuen Freiräume zu nutzen. Durch Produkt-Spezialisierung und Hineinwachsen in optimalere Betriebsgrößen steigt die Wettbewerbsfähigkeit europäischer Unternehmen nicht nur auf dem Binnenmarkt, sondern auch weltweit. Dies dürfte nicht zuletzt für die angesprochenen Zukunftsbranchen gelten, wo in Europa vielfach noch eine Nachholbedarf besteht. Hierdurch besteht eine Chance, die Schwächen in der Außenhandelsstruktur zu überwinden.

Die Stärkung Europas muß nicht zu Lasten der beiden anderen Wirtschaftsblöcke der Triade gehen. Im Gegenteil, ein wirtschaftlich stärkeres Europa benötigt weniger Außenprotektion und kann damit zu einem dynamischen Welthandel beitragen. Insbesondere die Bundesrepublik Deutschland als traditionelle Exportnation ist auf ein Funktionieren der internationalen Arbeitsteilung angewiesen und sollte sich für freien Handel — auch gegenüber Drittländern — einsetzen.

Zusammenfassung

- Jährlich veröffentlicht die EG-Kommission »Panorama of EC-Industries«, das über jede Bücherei oder über das Amt für Veröffentlichungen der Europäischen Gemeinschaften von Luxemburg bezogen werden kann.
- Lesenswert ist der 1988 erschienene sogenannte Cecchini-Report zum Thema EG '92 (Nomos Verlagsgesellschaft, Baden-Baden).

Nerb, Gernot, Dr.

Abteilungsleiter im Ifo-Institut für Konjunkturumfragen, Investitionsanalysen und Unternehmerverhalten.

Autor von
Erwartete Auswirkungen des Europäischen Binnenmarktes auf die Industrie der Bundesrepublik Deutschland und der EG-Partnerländer (von J. Gürtler und G. Nerb; 1988; Ifo-Studien zur Industriewirtschaft, Nr. 23)
Anpassungserfordernisse in Unternehmen durch den europäischen Binnenmarkt (von L. Scholz, G. Mensch und G. Nerb; 1989; Ifo-Studien zur Strukturforschung, Nr. 15)

4.2 Sozialpolitische Grundlagen

4.2.1 Das System der Sozialversicherung

THOMAS FROMME

Versicherungspflicht

Das tragende Prinzip der deutschen Sozialversicherung ist die Versicherungs*pflicht*. Diese tritt ein, wenn bestimmte vom Gesetzgeber festgelegte Voraussetzungen erfüllt werden, z.B. durch den Beginn einer nichtselbständigen Beschäftigung.

Wer versicherungspflichtig ist, wird also per Gesetz verordnet. Der Betroffene kann damit nicht mehr selbst entscheiden, in welcher Weise er für Krankheit, Unfall, Arbeitslosigkeit und Alter vorsorgen will. Er wird »automatisch« dem Versicherungsschutz nach dem Solidaritätsprinzip der Sozialversicherung unterstellt. Ob dies dem Wunsch von Arbeitnehmer und Arbeitgeber entspricht, spielt keine Rolle. Die gesetzliche Versicherungspflicht kann nicht vertraglich ausgeschlossen werden.

Auch wenn ein Arbeitnehmer z.B. eine private Unfallversicherung abgeschlossen hat, besteht die Pflicht zur gesetzlichen Unfallversicherung. Das gilt für jeden, der in einem persönlichen oder wirtschaftlichen Abhängigkeitsverhältnis zu einem Unternehmen steht, also einen Arbeits-, Anstellungs-, Dienst- oder Ausbildungsvertrag hat.

Die Versicherungspflicht stützt sich also darauf, daß eine nichtselbständige Beschäftigung ausgeübt wird, unabhängig davon, ob ein Arbeitsvertrag vorliegt oder nicht. Scheinarbeitsverträge lösen jedoch keine Versicherungspflicht aus. Versicherungspflichtig wird nur, wer *tatsächlich* beschäftigt ist.

In der Arbeitslosenversicherung gilt nicht der Begriff *Versicherungspflicht*. Hier spricht man von *Beitragspflicht*.

Nur in der Krankenversicherung gibt es eine Mitgliedschaft. In der gesetzlichen Unfall-, Renten- und Arbeitslosenversicherung wird man »versichert«, ohne eine Mitgliedschaft zu erwerben.

Die zuständige Krankenkasse

Die Mitgliedschaft der Arbeitnehmer in der gesetzlichen Krankenversicherung wird geführt

- bei der zuständigen Pflicht-Krankenkasse; das ist
  - die Betriebskrankenkasse (BKK) für die Beschäftigten eines Betriebes, der eine solche errichtet hat,
  - die Innungskrankenkasse (IKK) für die Arbeitnehmer eines Betriebes, der einer Innung angehört, für die eine eigene Krankenkasse gegründet wurde,
  - ansonsten die Allgemeine Ortskrankenkasse (AOK) des Beschäftigungs- oder Wohnortes;
- bzw. bei einer vom Arbeitnehmer gewählten Ersatz-Krankenkasse, wenn der Arbeitnehmer aufgrund seiner ausgeübten Tätigkeit zu deren Mitgliederkreis gehört.

Für bestimmte Berufsgruppen sind besondere Krankenkassen zuständig, z.B. die Landwirtschaftliche Krankenkasse, die Krankenversicherung der Bundesknappschaft oder die Seekasse.

Die Mitgliedschaft begründet die Pflicht, Beiträge zu zahlen, sowie das Recht auf Leistungen, aber auch zur Wahl der Vertreter in die Selbstverwaltungsgremien der Krankenkasse.

Im Rahmen der Mitversicherung in der gesetzlichen Krankenkasse werden die Angehörigen den Mitgliedern gleichgestellt. Versichert ist der Ehegatte eines Mitgliedes und deren Kinder bis zum 18. Lebensjahr, unter bestimmten Voraussetzungen auch länger.

Die beitragsfreie Familienversicherung kann jedoch nur in Anspruch genommen werden, wenn der Angehörige keine oder nur geringfügige Einkünfte hat. Das eigene Einkommen darf $^1/_7$ der jeweils geltenden Bezugsgröße nicht übersteigen (1991 — $^1/_7$ von 3360 DM, also 480 DM im Monat).

Das Solidaritätsprinzip

Das einzelne Mitglied erhält von der Gemeinschaft der Krankenversicherten Leistungen, die er aufgrund seines Gesundheitszustandes benötigt. Die Finanzierung erfolgt durch Beiträge, die der einzelne entsprechend seinem Einkommen an die Krankenkasse zahlt. Es gibt also in der gesetzlichen Krankenversicherung keinen direkten Zusammenhang zwischen den Leistungen und Beiträgen.

In der Renten- und Arbeitslosenversicherung ist dagegen die Höhe der Leistungen im Prinzip abhängig von der Höhe des Brutto-Entgelts und den versicherten Zeiten. Damit besteht hier schon ein Zusammenhang zwischen erbrachten Beiträgen und Zahlungen im Versicherungsfall.

Der Begriff »Arbeitsentgelt«

Das Arbeitsentgelt spielt in der Sozialversicherung eine wichtige Rolle als

- Grundlage der Entscheidung über Versicherungspflicht oder -freiheit,
- Berechnungsgröße für die Beiträge, die Arbeitnehmer und Arbeitgeber zahlen müssen,
- Maßstab für die Barleistungen der Sozialversicherung wie Krankengeld, Arbeitslosengeld oder Rente. Diese Leistungen sollen den Verdienstausfall des Arbeitnehmers ausgleichen, orientieren sich also folgerichtig am Arbeitsentgelt.

Das Arbeitsentgelt in der Sozialversicherung ist grundsätzlich identisch mit dem Arbeitslohn im Steuerrecht. Deshalb werden die Beiträge zur Kranken-, Renten-, Arbeitslosen- und Unfallversicherung weitgehend vom gleichen Bruttoentgelt berechnet wie die Lohnsteuer.

Zum Arbeitsentgelt gehören alle laufenden und einmaligen Einnahmen aus einer Beschäftigung. Dabei spielt es keine Rolle,

- ob sie auf einem Rechtsanspruch beruhen oder ohne einen solchen gezahlt werden,
- unter welcher Bezeichnung die Zahlungen laufen,
- in welcher Form sie geleistet werden (in Geld, in Form von Sachbezügen oder durch Vergünstigungen),

- ob die Einnahmen unmittelbar aus der Beschäftigung oder nur im Zusammenhang mit ihr erzielt werden.

Es ist jedoch notwendig, zwischen laufendem Arbeitsentgelt und einmaligen Zahlungen (z.B. Urlaubs- und Weihnachtsgeld, Gewinnbeteiligung usw.) zu unterscheiden. Diese Entgeltarten haben unterschiedliche Auswirkungen auf die Berechnung der Beiträge.

Die Beiträge

Die Leistungen in der Sozialversicherung (z.B. Arzt- und Krankenhauskosten, Kranken- und Mutterschaftsgeld, Kurzarbeitsgeld, Arbeitslosengeld und -hilfe, Renten) werden in erster Linie durch Beiträge finanziert.

Damit im Grundsatz die Beitragszahlung entsprechend der wirtschaftlichen Leistungsfähigkeit des einzelnen Versicherten erfolgt, orientieren sich die Beiträge am Brutto-Arbeitsentgelt.

Der Maximal-Beitrag ergibt sich durch eine vom Gesetzgeber festgelegte maximale Beitrags-Bemessungsgrenze. Diese wird jedes Jahr der allgemeinen Einkommensentwicklung angepaßt. Sie beträgt zur Zeit (1991) für die Renten- und Arbeitslosenversicherung 78 000 DM. Für die Krankenversicherung sind jeweils 75 % dieses Wertes maßgebend, 1991 also 58 500 DM. In der knappschaftlichen Rentenversicherung gilt eine höhere Grenze (1991 96 000 DM).

Die Beiträge sind grundsätzlich jeweils zur Hälfte vom Arbeitnehmer und vom Arbeitgeber zu tragen. Ausnahmen von dieser Regel gelten vor allem in Zusammenhang mit

- geringem Entgelt (z.Zt. bis 610 DM monatlich). Hier zahlt der Arbeitgeber den gesamten Beitrag, also auch den sonst vom Arbeitnehmer zu tragenden Anteil.
- beschäftigten Rentnern. In diesen Fällen hat der Betrieb seinen Anteil zur Renten- und Arbeitslosenversicherung wie bei jedem anderen Beschäftigten auch zu zahlen, obwohl Rentner an sich in diesen Zweigen der Sozialversicherung nicht mehr beitragspflichtig sind.

Für die Kranken-, Renten- und Arbeitslosenversicherung wird der Beitragsanteil des Arbeitnehmers direkt von dessen Brutto-Arbeitsentgelt abgezogen. Er wird mit dem Arbeitgeber-Anteil zu einem Gesamt-Sozialversicherungsbeitrag zusammengefaßt und durch den Betrieb bei der zuständigen Krankenkasse eingezahlt. Von dort werden die jeweiligen Anteile weitergeleitet an die

- Landesversicherungsanstalten (LVA) für die Rentenversicherung der Arbeiter
- Bundesversicherungsanstalt in Berlin (BfA) für die Rentenversicherung der Angestellten
- Bundesanstalt für Arbeit in Nürnberg für die Arbeitslosenversicherung.

Die Beiträge zur gesetzlichen Unfallversicherung werden allein vom Arbeitgeber getragen. Sie sind an die für den Betrieb zuständige Berufsgenossenschaft zu entrichten.

Beitragssätze

Die Beiträge werden nach einem bestimmten Prozentsatz vom Arbeitsentgelt erhoben.

Zur Renten- und Arbeitslosenversicherung werden die Beitragssätze durch den Gesetzgeber festgelegt. Seit 1. 4. 91 sind es 17,7 % in der Rentenversicherung und 6,8 % in der Arbeitslosenversicherung.

Die Beitragssätze zur Krankenversicherung werden durch die Selbstverwaltungsgremien der Krankenkassen beschlossen und in die Satzung aufgenommen. Dabei werden folgende Beitragssätze unterschieden:

- allgemeiner Beitrag für Arbeitnehmer mit Anspruch auf sechswöchige Entgeltfortzahlung
- erhöhter Beitrag für Arbeitnehmer ohne Anspruch auf Entgeltfortzahlung
- ermäßigter Beitrag für Arbeitnehmer ohne Anspruch auf Krankengeld.

Das Meldewesen

Um die Sozialversicherung der Arbeitnehmer in der richtigen Form durchführen zu können, z. B.

- für die Daten zur Führung der Mitgliedschaft,
- zur Berechnung von Leistungen,
- für die Abwicklung der Beitragszahlungen,

sind verschiedene Meldungen notwendig, insbesondere über die versicherten Zeiträume und das den Beiträgen zugrunde liegende Entgelt, jeweils dem einzelnen Versicherten zugeordnet.

Der Arbeitnehmer muß seinem Betrieb alle Angaben machen bzw. Unterlagen vorlegen, die für die Meldungen erforderlich sind. Auch die Aufnahme einer weiteren Beschäftigung und Veränderungen in einem zweiten Arbeitsverhältnis sind mitzuteilen.

Der Arbeitgeber ist gesetzlich verpflichtet, die entsprechenden Meldungen zu erstellen und bei der zuständigen Krankenkasse einzureichen. Diese leitet die Daten maschinell an die Renten- und Arbeitslosenversicherung weiter. Das Meldeverfahren ist in einer eigenen Datenerfassungs-Verordnung (DEVO) geregelt bzw. für Betriebe, die ihre Daten mit Hilfe einer elektronischen Datenverarbeitungsanlage übermitteln, in der Datenübermittlungs-Verordnung (DÜVO).

Um die Meldungen auf maschinell verwertbaren Datenträgern durchzuführen, ist eine entsprechende Zulassung notwendig. Sie wird auf Antrag des Betriebes von der zuständigen Krankenkasse ausgesprochen. Die Krankenkasse prüft zuvor, ob die Daten über Beschäftigungszeiten und beitragspflichtige Bruttoentgelte aus maschinell geführten Lohn- und Gehaltskonten herrühren, sowie das Entgeltabrechnungs- und Meldeverfahren.

Beitragsfreiheit

In Rahmen einer Beschäftigung sind bestimmte Zeiten von der Beitragspflicht ausgenommen, sind also trotz Weiterbestehen des Versicherungsschutzes beitragsfrei. Damit sind die

Zeiten gemeint, in denen der Arbeitnehmer Kranken-, Mutterschafts- oder Erziehungsgeld bezieht. Beitragsfrei sind auch Zeiten, in denen wegen einer medizinischen Rehabilitation Verletzten-, Übergangs- oder Versorgungskrankengeld bezogen wird.

Zuschüsse des Arbeitgebers zum Krankengeld sind beitragsfrei, soweit sie zusammen mit dem Krankengeld das Nettoarbeitsentgelt nicht übersteigen. Ebenso sind in solchen Zeiten weitergezahlte Arbeitgeberzuschüsse zu vermögenswirksamen Leistungen beitragsfrei. Wenn jedoch für einen Teil des Monats noch Entgelt gezahlt wird, sind die vermögenswirksamen Leistungen insgesamt beitragspflichtig. Solange der Arbeitgeber das Arbeitsentgelt weiterzahlt, (z.B. im Rahmen der Lohnfortzahlung bei Krankheit und Kur), ist dieses Entgelt auch beitragspflichtig. Mutterschaftzuschüsse gelten allerdings nicht als Arbeitsentgelt.

Bei der Ermittlung der Beitragsbemessungsgrenze für den einzelnen Lohnabrechnungszeitraum werden beitragsfreie Zeiten ausgeklammert. Auch bei der anteiligen Jahres-Bemessungsgrenze, die bei Einmalzahlungen zu berücksichtigen ist, werden sie nicht angerechnet. Sonderzahlungen sind jedoch selbst dann beitragspflichtig, wenn sie im Laufe einer beitragsfreien Zeit gezahlt werden.

Versicherungsfreiheit

Vom Grundsatz der Versicherungspflicht in Zusammenhang mit Beschäftigungsverhältnissen gibt es Ausnahmen, die im Gesetz namentlich genannt sind. So sind z.B. unter bestimmten Bedingungen

- Studenten
- kurzfristig Beschäftigte
- geringfügig entlohnte Tätigkeiten

insgesamt versicherungsfrei.

Beamte, die im Alter staatlich abgesicherte Pension erhalten brauchen nicht in der gesetzlichen Rentenversicherung versichert zu werden. Da sie in ihrem Beamtenverhältnis unkündbar sind, besteht auch kein Grund für eine Arbeitslosenversicherung.

In der Krankenversicherung ist die Beitragsbemessungsgrenze zugleich auch Versicherungspflichtgrenze. Wird diese überschritten, besteht für solche höherverdienenden Arbeitnehmer also keine gesetzliche Krankenversicherungspflicht.

Ein solchermaßen von der Krankenversicherungspflicht befreiter Arbeitnehmer kann aber wieder versicherungspflichtig werden

- durch die jährliche Erhöhung der Pflichtversicherungsgrenze
- durch Herabsetzen seines Arbeitsentgelts, z.B. wegen Änderung der Arbeitszeit in eine Teilzeitbeschäftigung.

In diesen Fällen kann bei der Krankenkasse beantragt werden, von der Krankenversicherungspflicht befreit zu werden.

Die Beitragsbemessungsgrenze der Rentenversicherung ist *nicht* zugleich Pflichtversicherungsgrenze, wie das bei der Krankenversicherung der Fall ist. Die Versicherungspflicht zur Rentenversicherung ist also unabhängig von der Höhe des Entgelts. Die Bemessungsgrenze wirkt sich nur auf die maximal zu zahlenden Beiträge aus.

Die Bestimmungen für Beitragsfreiheit in der Arbeitslosenversicherung in Zusammenhang mit Teilzeitbeschäftigungen unterscheiden sich wesentlich von den Regeln für die Kranken- und Rentenversicherung.

Wenn das Arbeitsamt eine dauernde Leistungsminderung und der Rentenversicherungsträger Berufs- oder Erwerbsunfähigkeit festgestellt haben, werden die betroffenen Personen von der Beitragspflicht zur Arbeitslosenversicherung befreit.

Es gibt bestimmte Möglichkeiten, sich in der gesetzlichen Kranken- und Rentenversicherung freiwillig zu versichern. Dadurch entstehen im Grundsatz die gleichen Ansprüche wie bei einer Pflichtversicherung.

Private Krankenversicherung

Besondere Regeln gelten, wenn ein Arbeitnehmer weder der gesetzlichen Krankenversicherungspflicht unterliegt noch sich in einer gesetzlichen Krankenkasse freiwillig versichert, sondern eine private Krankenversicherung abgeschlossen hat. In diesem Fall ist er selbst für die Zahlung seiner Versicherungsbeiträge verantwortlich.

Nur wenn die gleichen Leistungen von der Versicherungsgesellschaft erbracht werden, wie sie ihrer Art nach für gesetzliche Krankenkassen im Sozialgesetzbuch vorgeschrieben sind, besteht Anspruch auf einen Arbeitgeberzuschuß.

Für dessen Berechnung gilt der Beitragssatz der zuständigen Pflichtkrankenkasse, also z.B. von der AOK. Vom Betrieb ist jedoch höchstens die Hälfte des Betrages zu zahlen, den der Versicherte tatsächlich aufwendet.

Eine private Krankenversicherung kann aber auch von Arbeitnehmern, die in einer gesetzlichen Krankenkasse pflicht- oder freiwillig versichert sind, als Zusatzversicherung abgeschlossen werden, z.B. für eine bessere Krankenhaus-Pflegeklasse oder höhere Kostenerstattung bei Zahnersatz. Der Arbeitgeber ist nicht verpflichtet, die Hälfte solcher Versicherungsbeiträge zu zahlen. Übernimmt er freiwillig einen Teil des Beitrags, ist dieser Zuschuß steuer- und sozialversicherungspflichtiger Bruttolohn.

Das Ausgleichs-(Umlage-)Verfahren

Durch das Lohnfortzahlungsgesetz ist der Arbeitgeber außerdem verpflichtet, bei Krankheit eines Arbeiters für sechs Wochen das Entgelt weiter zu zahlen. Bei Mutterschutz ergibt sich aus dem Mutterschutzgesetz eine Zahlungsverpflichtung für 14 Wochen in Form des Zuschusses zum Mutterschaftsgeld, im Rahmen des Mutterschaftslohnes sogar für mindestens weitere 7½ Monate. Das kann für kleinere Betriebe zu einer großen Belastung werden.

Deshalb wurde 1970 für alle Betriebe mit bis zu 20 Beschäftigten ein Ausgleichsverfahren eingeführt und 1986 erweitert.

Die für den Betrieb zuständige Pflicht-Krankenkasse kann dieses Umlageverfahren auf alle Betriebe in ihrem Bereich ausdehnen, die bis zu 30 Beschäftigte haben. Die Krankenkassen bilden ein Sondervermögen, in das die betroffenen Arbeitgeber monatlich einen Beitrag einzuzahlen haben, aber im Falle der Leistung von Lohnfortzahlung 80% der Aufwendungen erstattet erhalten.

Konkursausfallgeld

Wenn in den letzten drei Monaten vor Eröffnung des Konkursverfahrens der Anspruch auf Arbeitsentgelt nicht mehr erfüllt werden konnte, hat der Arbeitnehmer für diese Zeit Anspruch auf Konkursausfallgeld in Höhe des ihm entgangenen Nettoentgelts. Dieser Ausgleich wird vom Arbeitsamt an die betroffenen Arbeitnehmer ausgezahlt. Die Mittel dafür werden aber von den Berufsgenossenschaften zusammen mit den Beiträgen für die gesetzliche Unfallversicherung erhoben.

Für die Zeit, in der Konkursausfallgeld bezahlt wird, entrichtet das Arbeitsamt auch evtl. noch ausstehende Beiträge zur Sozialversicherung.

Die Künstlersozialkasse

Selbständige Künstler und Publizisten haben meist schwankende und unregelmäßige Einkünfte. Deshalb ist für sie ein besonderer Versicherungsschutz und eine gesicherte Altersversorgung notwendig. Deshalb wurde für diesen Personenkreis 1982 die Künstler-Sozialversicherung gegründet mit der Folge, daß seit 1. 1. 83 Versicherungspflicht in der Kranken- und Rentenversicherung besteht. Die Beiträge kommen aus drei Quellen:

- zur Hälfte vom Auftraggeber oder Vermarkter
- zur Hälfte vom beschäftigten Künstler oder Publizisten
- durch einen zusätzlichen Bundeszuschuß

Die Wirkung der deutschen Sozialversicherung außerhalb der Landesgrenzen

Wenn ein Arbeitnehmer von seinem deutschen Arbeitgeber für eine von vornherein begrenzte Zeit, also nur befristet, ins Ausland geschickt wird, z.B. um dort einen bestimmten Auftrag durchzuführen, bleibt er in der deutschen Sozialversicherung. Für die Beurteilung der Beitragspflicht gelten die Regeln so, wie der Mitarbeiter bei gleicher Beschäftigung und gleichem Entgelt im Inland versicherungspflichtig wäre.

Hat die Bundesrepublik mit diesem Staat ein Sozialabkommen abgeschlossen (z.B. im Bereich der EG), sind die darin geregelten Vorschriften zu beachten. Das kann dazu führen, daß auch nach dem Recht des anderen Staates dort Beiträge zu einer Pflichtversicherung gezahlt werden müssen. Eine solche Doppelversicherung läßt sich nur durch entsprechende Vertragsgestaltung vermeiden, also z.B. eine unbefristete Entsendung.

Wird von einem ausländischen Arbeitgeber ein Arbeitnehmer für eine von vornherein begrenzte Zeit in die Bundesrepublik Deutschland geschickt, ist die Beschäftigung im Inland in der deutschen Sozialversicherung nicht versicherungspflichtig.

Fromme, Thomas, Kirchheim-Heimstetten

4.2.2 Soziale Pflichten und Rechte des Betriebes

Maximilian Roth

Die Bundesrepublik Deutschland ist unter anderem ein Sozialstaat (Art. 22 und 28 GG). Darunter versteht man allgemein, daß jedem die Teilnahme und Teilhabe am Staat ermöglicht werden muß. Im engeren Sinne bedeutet das Sozialstaatsprinzip, daß dem einzelnen in bestimmten gesetzlich vorgeschriebenen Notfällen von der Allgemeinheit (Staat- oder Versichertengemeinschaft) Hilfe gewährt werden muß.

Der Betrieb ist eine organisatorische Einheit, in der Personen mit Hilfe sachlicher Mittel bestimmte arbeitstechnische Zwecke fortgesetzt verfolgen. Im Betrieb spielt sich unter der Betriebsleitung das Arbeitsleben ab: Es entsteht eine Gemeinschaft zwischen dem Betriebsleiter und den Arbeitnehmern und zwischen den Arbeitnehmern untereinander: Die gesetzlichen Verpflichtungen der Betriebsverfassung und der Arbeitnehmerschutzrechte sowie die beidseitigen Verpflichtungen aus den Arbeitsverträgen werden im Betrieb erfüllt.

Die arbeitsvertraglichen Rechte und Pflichten sollen hier nicht im Rahmen der »Sozialen Pflichten und Rechte des Betriebes« behandelt werden, denn sie gehören in den Bereich des Arbeitsvertragsrechts. Die Abhandlung erstreckt sich also nur auf die gesetzlichen Pflichten und Rechte, die im Rahmen des Sozialstaatsprinzips aufgrund gesetzlicher Regelung bestehen.

Die besondere Aufgabe des Arbeitsvertragsrechts ist der Schutz des Arbeitnehmers vor Gefahren und sonstigen Nachteilen der unselbständigen Arbeit. Das öffentlich-rechtliche Arbeitnehmerschutzrecht mit seinen strafbewehrten Sanktionsmöglichkeiten trägt in großem Umfang zur Verwirklichung dieser Schutzrechte bei. Der Staat überwacht durch Aufsicht Erfüllungszwang und Strafvorschriften, daß diese Arbeitnehmerschutzvorschriften eingehalten werden. Die Vorschriften sind zwingend. Ein Verzicht ist nicht möglich.

Bestimmungen über den Arbeitsschutz sind in einer Vielzahl von Rechtsvorschriften enthalten. Zur systematischen Klarstellung unterscheidet man das Arbeitnehmerschutzrecht dem Inhalt nach (Betriebsschutz; Arbeitszeitschutz und Arbeitsvertragsschutz) und das Arbeitnehmerschutzrecht nach dem persönlichen Geltungsbereich (allgemein für alle Arbeitnehmer geltender Arbeitsschutz und besonderer Arbeitsschutz für bestimmte Gruppen von Arbeitnehmern: Frauen, Jugendliche, Schwerbehinderte, Wehrdienst- und Zivildienstleistende). Das nachfolgende Schaubild soll die Einteilung veranschaulichen.

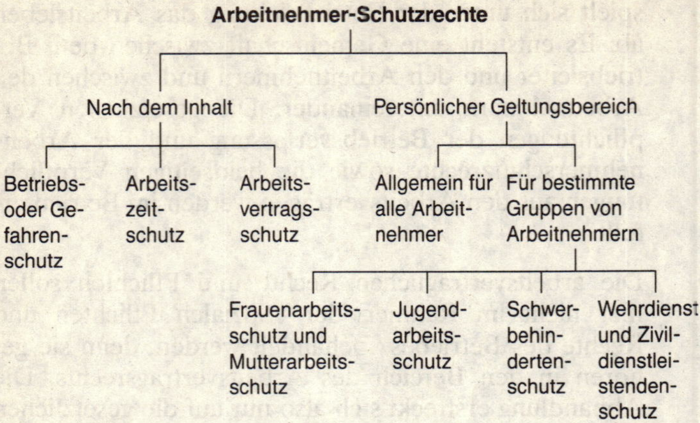

Der Betriebsschutz umfaßt alle technischen Maßnahmen, mit denen die aus dem Betrieb drohenden Gefahren beseitigt werden sollen. Im einzelnen ist auf folgende Vorschriften hinzuweisen:

Für bestimmte technische Anlagen, von denen besondere Gefahren ausgehen, ist die Überwachung durch die technischen Überwachungsvereine gem. § 24 GewO vorgeschrieben.

Nach dem Arbeitssicherheitsgesetz hat der für den Arbeitsschutz und die Unfallverhütung verantwortliche Betriebsleiter Betriebsärzte, Sicherheitsingenieure und andere Fachkräfte für Arbeitssicherheit zu bestellen. Sie wirken sachverständig bei der Einhaltung der Schutzvorschriften mit. Ähnliche Aufgaben haben die nach § 719 RVO in allen Betrieben mit mehr als 20 Beschäftigten zu bestellenden Sicherheitsbeauftragten.

Die gem. § 708 RVO von den Berufsgenossenschaften erlassenen Unfallverhütungsvorschriften sind zu beachten. Die Einhaltung der Unfallverhütungsvorschriften wird vom technischen Aufsichtsdienst der für den Betrieb zuständigen Berufsgenossenschaft durch nicht angekündigte Betriebsbesichtigungen überwacht. Verstöße werden als Ordnungswidrigkeiten mit Bußgeld für jeden Einzelfall bis zu 20000 DM belegt. Außerdem stellen Verstöße gegen die Unfallverhütungsvorschriften für den Arbeitgeber und für den Arbeitnehmer Verletzungen der Arbeitsvertragspflichten dar. Die Überwachung der Arbeitsschutzvorschriften ist darüber hinaus eine besondere Aufgabe des Betriebsrats.

Weiterhin hat der Arbeitgeber im Betrieb für die sog. »Erste Hilfe bei Unfällen« zu sorgen. Er muß jederzeit erreichbare Sanitätsräume und eine ausreichende Zahl von Verbandskästen im Betrieb zur Verfügung stellen.

Das Arbeitszeitrecht ist in der Arbeitszeitordnung geregelt. Diese Vorschrift enthält zwingende Mindestarbeitsbedingungen hinsichtlich der Arbeitszeit. Zugunsten der Arbeitnehmer sind jederzeit Abweichungen möglich. In allen geltenden Tarifverträgen ist inzwischen die Arbeitszeit auf weniger als 40 Stunden in der Woche herabgesetzt worden, während in der Arbeitszeitordnung die wöchentliche Höchstarbeitszeit auf 48 Stunden festgelegt ist. Bedeutung hat die Arbeitszeitordnung nach wie vor bei der Festlegung von Mindestzeiten für Ruhepausen, für die Vergütung von Mehrarbeit und Nachtarbeit und bei Arbeiten an Sonn- und Feiertagen. Überschreitungen der in der Arbeitszeitordnung festgelegten Höchstgrenzen werden als Ordnungswidrigkeit mit Bußgeld, in schweren Fällen mit Geldstrafe belegt.

Der öffentlich-rechtliche Arbeitsvertragsschutz erfährt seine besondere Ausgestaltung durch den Kündigungsschutz und die Verpflichtung zur Lohnfortzahlung im Krankheitsfall.

Im Kündigungsschutzgesetz sind zwingend die Voraussetzungen geregelt, unter denen die Kündigung eines Arbeitnehmers durch den Arbeitgeber gerechtfertigt ist. Das Kündigungsschutzgesetz gilt nur für Betriebe mit regelmäßig mindestens sechs oder mehr Arbeitnehmern ausschließlich der Auszubildenden. Ferner gilt das Kündigungsschutzgesetz nicht für Arbeitnehmer, deren Arbeitsverhältnis noch nicht länger als sechs Monate ununterbrochen in demselben Betrieb oder Unternehmen besteht.

Das Kündigungsschutzgesetz erklärt alle ordentlichen Kündigungen für unwirksam, die sozial ungerechtfertigt sind. Es geht dabei davon aus, daß grundsätzlich alle Kündigungen, abgesehen von drei Ausnahmen, ungerechtfertigt sind. Ausnahmsweise darf nach dem Kündigungsschutzgesetz eine Kündigung des Arbeitgebers aus personenbedingten Gründen, aus verhaltensbedingten Gründen und wegen dringender betrieblicher Erfordernisse ausgesprochen werden. Die personenbedingten Kündigungsgründe beruhen auf persönlichen Eigenschaften des Arbeitnehmers. Dies gilt vor allem bei körperlicher oder geistiger Ungeeignetheit für den Arbeitsplatz im Betrieb, aber auch bei langanhaltender oder immer wiederkehrender Krankheit.

Verhaltensbedingte Kündigungsgründe können sein: Vertragsverletzung der verschiedensten Art, z.B. schlechte Arbeitsleistung, Störungen des Betriebsfriedens, Fehlverhalten gegenüber dem Arbeitgeber oder den Arbeitskollegen. Vor Ausspruch der Kündigung ist in diesen Fällen in der Regel eine Abmahnung erforderlich, d.h. der Arbeitnehmer muß eindringlich darauf hingewiesen werden, worin seine Vertragsverletzung besteht und daß er im Wiederholungsfall gekündigt wird.

Dringende betriebliche Erfordernisse im Sinne des Kündigungsschutzgesetzes sind z.B. Arbeitsmangel, Zentralisierungsmaßnahmen innerhalb des Unternehmens oder des Betriebes, Rationalisierungsmaßnahmen im Betrieb. Die Zweckmäßigkeit derartiger Maßnahmen kann vom Arbeitsgericht im Rahmen eines Kündigungsschutzverfahrens nicht nachgeprüft werden. Das Gericht kann jedoch nachprüfen, ob die Kündigung als Folge dieser Maßnahmen »dringend erforderlich« war. Selbst wenn dies vom Gericht anerkannt wird, kann die Kündigung im Einzelfall sozial ungerechtfertigt sein, wenn der Arbeitgeber die Auswahl der zu kündigenden Arbeitnehmer nicht nach sozialen Gesichtspunkten getroffen hat. Der Arbeitgeber ist also verpflichtet, unter mehreren für eine Kündigung aus dringenden betrieblichen Erfordernissen in Frage kommenden Arbeitnehmern denjenigen auszuwählen, den die Kündigung am wenigsten hart treffen wird.

Hierbei kommt es auf folgende Kriterien an: Lebensalter, Betriebszugehörigkeit, Familienstand, Unterhaltsverpflichtungen. Nach der Rechtsprechung des Bundesarbeitsgerichts ist es nicht zulässig, nur eine dieser Voraussetzungen (z.B. die Betriebszugehörigkeit) zum Maßstab für die Sozialauswahl zu nehmen. Allerdings hat die Betriebsleitung das Recht unter Beachtung der betrieblichen Belange den für die Sozialauswahl in Betracht kommenden Personenkreis nach objektiven Merkmalen von vornherein zu begrenzen (z.B. für die Kündigung kommen nur Hilfsarbeiter oder nur Facharbeiter eines bestimmten Bereiches, nicht aber Meister oder Vorarbeiter in Betracht).

Gem. § 102 Betriebsverfassungsgesetz muß der Betriebsrat vor jeder Kündigung gehört werden. Kündigungen ohne Anhörung des Betriebsrats sind unwirksam. In bestimmten gesetzlich festgelegten Fällen kann der Betriebsrat der Kündigung widersprechen.

Die Lohnfortzahlung im Krankheitsfall ist für Angestellte in § 617 BGB, für Arbeiter im Lohnfortzahlungsgesetz von 1969 geregelt. Die Vorschriften sind im wesentlichen identisch. Sie legen dem Arbeitgeber die Verpflichtung auf, im Falle der Arbeitsunfähigkeit des Arbeitnehmers infolge Krankheit das Entgelt grundsätzlich für die Dauer von sechs Wochen weiterzuzahlen, es sei denn, der Arbeitnehmer hat die Arbeitsunfähigkeit selbst verschuldet. Nach der ständigen Rechtsprechung des Bundesarbeitsgerichts muß bei der Annahme eines Verschuldens des Arbeitnehmers ein sehr strenger Maßstab angelegt werden. So gelten z.B. grundsätzlich alle Sportunfälle des Arbeitnehmers im privaten Bereich als unverschuldet. Allerdings wird ein die Lohnfortzahlung ausschließendes Verschulden angenommen, wenn alkoholbedingte Fahruntüchtigkeit des Arbeitnehmers oder die Tatsache, daß er im PKW nicht angeschnallt war, die Ursache seiner Arbeitsunfähigkeit ist. Die Lohnfortzahlung von sechs Wochen wird wegen derselben Krankheit grundsätzlich nur einmal in einem Zeitraum von 12 Monaten gewährt.

Für jugendliche Arbeitnehmer bis zum vollendeten 18. Lebensjahr gelten die besonderen Bestimmungen des Jugendarbeitsschutzgesetzes. Die Beschäftigung von Kindern bis zum vollendeten 14. Lebensjahr ist verboten. Jugendliche, die das 15. Lebensjahr noch nicht vollendet haben, dürfen grundsätzlich im Rahmen eines Berufsausbildungsverhältnisses beschäftigt werden. Für Jugendliche gilt eine Reihe von Beschäftigungsverboten. Von besonderer Bedeutung ist die gesundheitliche Betreuung von Jugendlichen im Betrieb. Ein Jugendlicher darf grundsätzlich nur beschäftigt werden, wenn er vorher ärztlich untersucht worden ist. Vor Ablauf des ersten Beschäftigungsjahres muß eine ärztliche Nachuntersuchung durchgeführt werden. Besondere Regelungen gelten für die Arbeitszeit der Jugendlichen. Die Teilnahme am Berufschulunterricht ist Pflicht und gilt als Arbeitszeit.

Arbeitnehmerinnen sind im Berufsleben ihren männlichen Kollegen gleichgestellt. Das umfassende Benachteiligungsverbot für Frauen ergibt sich aus Artikel 3 GG und findet seine konkrete Ausprägung in den §§ 611 a und 611 b BGB. Darüber hinaus gibt es besondere öffentlich-rechtliche Schutzvorschriften, die dem Gesundheitsschutz der Arbeitnehmerinnen dienen. So bestehen Einschränkungen bei der Beschäftigung von Frauen mit bestimmten schweren Arbeiten (z. B. im Bergbau oder in der Schwerindustrie). Außerdem enthält die Arbeitszeitordnung für Frauen günstigere Bedingungen für Ruhepausen und für die Höchstarbeitszeit.

Wichtigster Bestandteil des Frauenarbeitsschutzes ist das Mutterschutzrecht. Das Mutterschutzgesetz bietet den Frauen während der Schwangerschaft und für eine gewisse Zeit nach der Entbindung einen Gefahren-, Arbeitsplatz- und Entgeltschutz.

Dem Gefahrenschutz dienen Vorkehrungen und Maßnahmen des Arbeitgebers im Betrieb, z. B. die Einrichtung einer Sitzgelegenheit bei stehender Beschäftigung oder die Bereitstellung einer Liege zum Ausruhen während der Pause. Werdende oder stillende Mütter dürfen nicht mit schweren körperlichen oder gefährlichen Arbeiten oder mit Akkordarbeiten beschäftigt werden. Allgemein ist die Beschäftigung einer Frau vor der Entbindung untersagt, wenn dadurch nach ärztlichem Zeugnis Leben oder Gesundheit von Mutter oder Kind gefährdet werden. Während der Schutzfristen vor und nach der Entbindung, sechs Wochen vor und acht Wochen (bei Früh- und Mehrlingsgeburten 12 Wochen) nach der Entbindung ist die Beschäftigung verboten.

Durch den Arbeitsplatzschutz bleibt der Mutter während der Schutzfrist der Arbeitsplatz erhalten. Einer Frau darf deshalb bis zum Ablauf von vier Monaten nach der Entbindung nicht gekündigt werden. Wird Erziehungsurlaub in Anspruch genommen, so besteht während dieser Zeit Kündigungsschutz. Die Arbeitnehmerin kann während der Schwangerschaft und der Schutzfrist nach der Entbindung sowie während des Erziehungsurlaubs jederzeit kündigen. Durch den Entgeltschutz wird die Arbeitnehmerin während der Mutterschaft so gestellt, daß sie wegen der Unterbrechung der Beschäftigung keine Einkommenseinbußen erleidet. Sie erhält entweder Entgeltfortzahlung vom Arbeitgeber oder Mutterschaftsgeld von der gesetzlichen Krankenkasse, das durch einen Arbeitgeberzuschuß auf das volle Nettoarbeitsentgelt aufgestockt wird.

Der Schwerbehindertenschutz ist im Schwerbehindertengesetz geregelt. Schwerbehinderte sind Personen, deren Minderung der Erwerbsfähigkeit wenigstens 50 v. H.beträgt. Die Art und die Ursachen der Behinderung spielen dabei keine Rolle. Ist sonst ein geeigneter Arbeitsplatz nicht vorhanden, können Arbeitnehmer mit einer Minderung der Erwerbsfähigkeit mit 30 v. H. einem Schwerbehinderten gleichgestellt werden. Alle Arbeitgeber müssen auf mindestens 6 v. H. der Arbeitsplätze im Betrieb Schwerbehinderte beschäftigen. Genügen sie dieser Beschäftigungspflicht nicht, so haben sie eine Ausgleichsabgabe von 200 DM für jeden unbesetzten Pflichtplatz an die Hauptfürsorgestelle abzuführen.

Schwerbehinderte und ihnen Gleichgestellte haben einen besonderen Kündigungsschutz: Jede ordentliche oder außerordentliche Kündigung durch den Arbeitgeber ist grundsätzlich nur mit Zustimmung der Hauptfürsorgestelle zulässig. Die Hauptfürsorgestelle ist eine bei jedem Regierungsbezirk eingerichtete Verwaltungsbehörde, der die Betreuung der Schwerbehinderten obliegt. Schwerbehinderte haben Anspruch auf einen Zusatzurlaub von fünf Arbeitstagen im Jahr. Der Arbeitgeber ist allgemein zu besonderer Fürsorge gegenüber den Schwerbehinderten verpflichtet, z.B. durch besondere Ausstattungen, Arbeitshilfen und Gestaltung der Arbeitsabläufe. Der Arbeitgeber kann für seinen Aufwand im Betrieb Zuschüsse der Hauptfürsorgestelle erhalten. Der Betriebsrat muß die Eingliederung der Schwerbehinderten im Betrieb fördern. Daneben ist in Betrieben mit mindestens fünf ständig beschäftigten Schwerbehinderten eine eigene Schwerbehindertenvertretung zu wählen.

Wehr- und Zivildienstleistende dürfen durch diese Pflichterfüllung keine vermeidbaren Nachteile erleiden. Deshalb bewirkt das für sie geltende Arbeitsplatzschutzgesetz, daß Wehrdienst- und Zivildienstzeit auf die Berufs- oder die Betriebszugehörigkeit angerechnet werden muß und daß für die Wehrdienst- oder Zivildienstzeit Kündigungsschutz besteht. Dies gilt entsprechend, wenn der Wehrpflichtige später zu Wehrübungen einberufen wird.

Auf dem Gebiet des Sozialversicherungsrechts besteht in der gesetzlichen Krankenversicherung, der gesetzlichen Rentenversicherung und der gesetzlichen Arbeitslosenversicherung die Verpflichtung des Arbeitgebers, im sog. Lohnabzugsverfahren die Sozialversicherungsbeiträge ihrer pflichtversicherten Arbeitnehmer einzubehalten und sie zusammen mit dem zusätzlichen Hälfteanteil des Arbeitgebers abzuführen. Einzugsstelle für diese Sozialversicherungsbeiträge ist für jeden Arbeitnehmer die für ihn zuständige gesetzliche Krankenkasse. Werden die Beiträge nicht ordnungsgemäß abgeführt, haftet der Arbeitgeber mit seinem Vermögen als Haftungsschuldner für den Gesamtbeitrag. Die Höhe der Beiträge wird in der Rentenversicherung und Arbeitslosenversicherung gesetzlich festgelegt, in der Krankenversicherung ist dafür eine Festlegung durch die Beitragssatzung der jeweiligen gesetzlichen Krankenkasse maßgebend. Die gesetzlichen Krankenkassen führen in ihrer Eigenschaft als Einzugsstelle der Sozialversicherungsbeiträge Revisionen in den Betrieben durch, um festzustellen, ob die Beiträge ordnungsgemäß berechnet und abgeführt wurden.

Die Beiträge zur gesetzlichen Unfallversicherung muß der Arbeitgeber in voller Höhe allein an den für ihn zuständigen Unfallversicherungsträger entrichten. Für die Höhe ist die Beitragssatzung der jeweiligen Berufsgenossenschaft maßgebend. Die Beiträge werden unter Berücksichtigung der Bruttolohnsumme des Betriebes und der Gefahrenklasse, in die der betreffende Arbeitnehmer eingestuft ist, festgesetzt.

Zusammenfassung

- Die Führungskraft im Betrieb sollte die Einteilung der Arbeitnehmerschutzrechte und die sich daraus ergebenden Pflichten und Rechte kennen.

- Besonders zu beachten ist dabei, daß für den Betriebs- und Gefahrenschutz insbesondere die technische Abteilung des Betriebes maßgebend ist, während für die Verwirklichung der übrigen Schutzrechte die Betriebsverwaltung (Personalabteilung) zuständig ist.

- Besonders nützlich ist in diesem Zusammenhang eine sinnvolle Delegation der bestehenden Aufgaben auf geeignete Mitarbeiter.

- Besonders vorsehen sollte man sich vor den unvermutet stattfindenden Betriebsbesichtigungen des technischen Aufsichtsdienstes der Berufsgenossenschaft wegen der Einhaltung der Unfallvorschriften, der Unfallverhütungsvorschriften und vor den Revisionen der gesetzlichen Krankenkassen als Einzugsstellen der Sozialversicherungsbeiträge, denn hier können nicht unerhebliche Kosten entstehen: Geldbußen, Schadensersatzleistungen, Haftungsbeträge.

- Zu vermeiden sind besonders Unklarheiten im Betrieb, d.h. alle bestehenden Pflichten und Rechte müssen durch eine klare und eindeutige Zuständigkeitsregelung bestimmten Betriebsangehörigen zugewiesen werden. Kompetenzen- und Pflichtenüberschneidungen sind zu vermeiden.

Literaturhinweise

Die in der Abhandlung genannten Gesetzestexte müssen im Betrieb vorhanden sein. Es empfiehlt sich, die für jedes Gesetz vorhandenen Kommentare, in denen insbesondere auch die Rechtsprechung des Bundesarbeitsgerichts und des Bundessozialgerichts verarbeitet ist, zu beschaffen.

Roth, Maximilian, Regensburg

Leitender Regierungsdirektor und Kanzler der Fachhochschule Regensburg, Lehrbeauftragter an der Fachhochschule für »Arbeits- und Sozialversicherungsrecht« sowie für »Personalverwaltungsrecht«

4.2.3 Betriebsverfassung und Mitbestimmung

Hartmut Rumpf

Die Mitwirkung der Arbeitnehmer bei betrieblichen und unternehmerischen Entscheidungen findet auf drei Ebenen statt: Neben der — in der Praxis problemlosen — Mitbestimmung am Arbeitsplatz gibt es auf betrieblicher Ebene die weitgehende Mitwirkung in fast allen sozialen und personellen Angelegenheiten durch den Betriebsrat sowie auf Unternehmensebene die Mitwirkung in wirtschaftlichen Grundsatzentscheidungen über die Arbeitnehmervertreter im Aufsichtsrat.

Grundlage für diese Mitwirkungsmöglichkeiten sind zum einen das Betriebsverfassungsgesetz, zum anderen verschiedene Mitbestimmungsgesetze, etwa das seinerzeit politisch und juristisch umstrittene Mitbestimmungsgesetz von 1976.

Mitbestimmung bedeutet, daß die Arbeitnehmer eines Unternehmens das Recht haben, direkt oder über bestimmte Organe — z.B. Aufsichtsrat, Arbeitsdirektor, Wirtschaftsausschuß oder Betriebsrat — an der Gestaltung sozialer, personeller und wirtschaftlicher Fragen eines Unternehmens teilzunehmen.

Man kann drei Ebenen der Mitbestimmung unterscheiden:

- Mitbestimmung am Arbeitsplatz
- Mitbestimmung im Betrieb
- Mitbestimmung im Unternehmen.

Mitbestimmung am Arbeitsplatz bedeutet, daß der einzelne Arbeitnehmer über sein unmittelbares Arbeitsumfeld mitentscheiden darf. Gegenstand dieser Mitbestimmung am Arbeitsplatz können sein Arbeitsinhalt, Arbeitsablauf, Arbeitsplatzgestaltung und auch Arbeitszeiten.

Eine solche Mitbestimmung ist von jedem Mitarbeiter selbst wahrzunehmen, wobei es kaum gesetzliche Regelungen gibt. Diese Mitbestimmung am Arbeitsplatz vollzieht sich vielmehr — fast automatisch — im Rahmen moderner Konzepte der Personalführung: Dem Mitarbeiter wird die Möglichkeit eingeräumt, Arbeitsplatz und Arbeitsablauf, teilweise auch Arbeitsinhalt und Arbeitszeit — im Rahmen grober Vorgaben und des betriebstechnisch Möglichen — eigenverantwortlich und selbständig zu gestalten. Organisatorische Regelungen — wie zum Beispiel eine Gleitzeitregelung oder Delegation komplexer Aufgabenfelder — unterstützen und erweitern den möglichen Freiraum. Dieser Freiraum ist besonders ausgeprägt bei Führungskräften.

Mitbestimmung im Betrieb vollzieht sich vorrangig über den Betriebsrat.

Gemäß dem Betriebsverfassungsgesetz von 1972, in den späten achtziger Jahren mehrfach einschneidend geändert, kann und soll in jedem Betrieb mit mehr als fünf Arbeitnehmern (über 18 Jahre) ein Betriebsrat gewählt werden. Da die Initiative zur Bildung eines Betriebsrats von den Arbeitnehmern ausgehen muß, gibt es sehr oft in kleineren Betrieben keinen Betriebsrat; größere Betriebe — ab ungefähr 100 bis 200 Mitarbeiter — haben dagegen meistens einen Betriebsrat.

Der Betriebsrat wird alle vier Jahre, jeweils einheitlich für alle Betriebe im Frühjahr – jetzt 1994 und dann wieder 1998 – von den Arbeitern und Angestellten des Betriebes gewählt. Die sog. »leitenden Angestellten« sind dabei nicht wahlberechtigt, da sie Arbeitgeberfunktionen ausüben; sie können ihrerseits allerdings einen Sprecherausschuß als Vertretungsorgan für die Interessen der leitenden Angestellten wählen (Gesetz über Sprecherausschüsse der leitenden Angestellten von 1988).

Aufgabe des Betriebsrates ist es, die Interessen der Belegschaft gegenüber dem Arbeitgeber zu vertreten; daneben unterstützt der Betriebsrat einzelne Arbeitnehmer bei der Durchsetzung ihrer berechtigten Anliegen.

Zwischen Arbeitgeber und Betriebsrat soll eine vertrauensvolle Zusammenarbeit bestehen, man soll sich mindestens einmal im Monat zu einem Gespräch treffen und alle offenen, streitigen Fragen mit dem ernsten Willen zur Einigung verhandeln. Kampfmaßnahmen zwischen Arbeitgeber und Betriebsrat sind nicht möglich.

Kommt es bei streitigen Fragen in den Verhandlungen zu keiner Lösung, kann zur Vermittlung und Schlichtung eine betriebliche Einigungsstelle angerufen werden; in einer ganzen Reihe von Sachfragen kann diese Einigungsstelle — aufgrund der Regelungen des Betriebsverfassungsgesetzes — verbindlich entscheiden: Der Spruch der Einigungsstelle ersetzt dann die Einigung zwischen Arbeitgeber und Betriebsrat.

Haben Arbeitgeber und Betriebsrat sich in einer Angelegenheit auf eine Lösung geeinigt, fassen sie einen gemeinsamen Beschluß, der in vielen Fällen in die schriftlich dokumentierte Form einer Betriebsvereinbarung gekleidet wird.

Der Betriebsrat hat eine Reihe allgemeiner Aufgaben, die vor allem darin bestehen, Anregungen aus der Belegschaft aufzunehmen und Maßnahmen, die der Belegschaft dienen, beim Arbeitgeber zu beantragen. Außerdem ist die Beschäftigung und Eingliederung von Schwerbehinderten, älteren Arbeitnehmern und Ausländern zu fördern.

Daneben gibt es eine Reihe präziser Mitwirkungsrechte des Betriebsrats. Diese Mitwirkungsrechte gehen unterschiedlich weit:

Bei einem Informationsrecht hat der Arbeitgeber den Betriebsrat — zum Teil anhand von Unterlagen — über die jeweilige Angelegenheit zu unterrichten; weitergehenden Einfluß hat der Betriebsrat in solchen Angelegenheiten nicht.

Bei einem Beratungsrecht, das oft an ein Informationsrecht anschließt, kann der Betriebsrat sich zu der jeweiligen Angelegenheit äußern, Bedenken anmelden und Änderungsvorschläge in die Diskussion einbringen. Die Entscheidung trifft der Arbeitgeber alleine, jedoch kann der Betriebsrat durch seine »Beratung« des Arbeitgebers die Entscheidung indirekt beeinflussen.

Getrennt von dem Beratungsrecht gibt es in einigen Angelegenheiten ein Vorschlagsrecht, das dem Betriebsrat erlaubt, in dieser Angelegenheit von sich aus initiativ zu werden; er braucht dann nicht auf eine Vorlage und Information des Arbeitgebers zu warten.

Das Mitentscheidungsrecht ist das weitgehendste Recht; es schließt Informations-, Beratungs- und Vorschlagsrecht jeweils mit ein. Mitentscheidungsrecht bedeutet, daß der Arbeitgeber in einer Angelegenheit eine Regelung nur einvernehmlich mit dem Betriebsrat treffen kann. Der Arbeitgeber kann in solchen Angelegenheiten ohne Zustimmung des Betriebsrates nicht handeln.

Die Mitwirkungsrechte des Betriebsrats erstrecken sich auf fast alle personellen und sozialen Angelegenheiten in einem Betrieb. Man kann grob sagen, daß ein Arbeitgeber im Personal- und Sozialbereich nahezu nichts ohne Mitwirkung des Betriebsrates tun kann, wobei in vielen Fällen ein Mitentscheidungsrecht gegeben ist.

Mitentscheidungsrechte gibt es unter anderem in folgenden Angelegenheiten:

- betriebliche Arbeitsordnung
- Arbeitszeitregelungen
- Kurzarbeit
- Überstunden
- Urlaubsgrundsätze und Urlaubsplan
- Entlohnungsgrundsätze
- Entlohnungsmethoden
- Kontrolleinrichtungen
- Verwaltung von Sozialeinrichtungen
- Personalfragebögen
- Beurteilungsgrundsätze
- Auswahlrichtlinien.

Besonders bedeutsam für die tägliche Praxis ist die Mitwirkung des Betriebsrates bei personellen Einzelmaßnahmen: Jede Einstellung eines neuen Mitarbeiters, jede Umgruppierung und jede Versetzung bedürfen der Zustimmung des Betriebsrates; vor jeder Kündigung (auch der sog. fristlosen) ist der Betriebsrat anzuhören. Eine ohne Anhörung des Betriebsrats ausgesprochene Kündigung des Arbeitgebers ist unwirksam.

In wirtschaftlichen Angelegenheiten hat der Betriebsrat dagegen nur wenige Möglichkeiten zur Mitwirkung. In Unternehmen mit mehr als 100 Arbeitnehmern ist unter Beteiligung des Betriebsrates ein Wirtschaftsausschuß als reines Beratungsgremium für den Unternehmer zu bilden.

Der Unternehmer hat den Wirtschaftsausschuß regelmäßig über die wirtschaftliche Lage und wichtige, eventuell auf die Belegschaft wirkende Vorhaben zu unterrichten. Soweit solche Vorhaben allerdings eine sog. Betriebsänderung — zum Beispiel Stillegung, Verkleinerung, Verlegung oder grundlegende Umgestaltung des Betriebs — darstellen, ist auch der Betriebsrat direkt zu informieren. Es ist dann mit dem Betriebsrat über einen Interessenausgleich über Art und Weise der Durchführung der Betriebsänderung zu verhandeln und — falls sich erhebliche wirtschaftliche Nachteile für Arbeitnehmer ergeben können — mit ihm ein Sozialplan zur Abmilderung der wirtschaftlichen Nachteile dieser Betriebsänderung abzuschließen.

Gehören einem Unternehmen mehrere Betriebe an, so ist im Regelfall in jedem Betrieb ein Betriebsrat zu bilden. Zur Behandlung überbetrieblicher Fragen des Personal- und Sozialwesens — beispielsweise unternehmenseinheitliche Sozialleistungen — wird dann ein Gesamtbetriebsrat und möglicherweise auch ein Konzernbetriebsrat gebildet.

Drei Beschäftigtengruppen haben eigene Interessenvertretungen:
- die Jugendlichen unter 18 Jahren und die Auszubildenden unter 25 Jahren mit der gemeinsamen Jugend- und Auszubildendenvertretung,
- die leitenden Angestellten mit dem Sprecherausschuß und
- die Schwerbehinderten mit der Schwerbehindertenvertretung.

Mitbestimmung im Unternehmen vollzieht sich im wesentlichen durch die Mitwirkung von Arbeitnehmervertretern in wirtschaftlichen Angelegenheiten, und zwar durch den Aufsichtsrat und durch den Arbeitsdirektor.

Kapitalgesellschaften haben als höchstes Entscheidungsgremium für Grundsatzfragen einen Aufsichtsrat, der insbesondere (bei Aktiengesellschaften) den Vorstand bestellt, kontrolliert und entläßt. Diesem Aufsichtsrat gehören in größeren Unternehmen — neben den Vertretern des (Eigen-)Kapitals auch Arbeitnehmervertreter an, wobei es drei verschiedene »Mitbestimmungsmodelle« gibt:

Die Montanmitbestimmung von 1951 ist die weitgehendste; Kapitalvertreter und Arbeitnehmervertreter sind nach Zahlen gleich stark, so daß bei einer Pattsituation der sog. neutrale Mann die Entscheidung trifft.

Das Betriebsverfassungsgesetz von 1952 — das in diesem Punkt noch gültig ist — sieht bei kleineren Kapitalgesellschaften die sog. Drittelparität vor, derzufolge jeweils ein Arbeitnehmervertreter zwei Kapitalvertretern gegenübersitzt.

Das Mitbestimmungsgesetz von 1976 stellt im Aufsichtsrat größerer Kapitalgesellschaften die sog. Fastparität her: Es gibt jeweils eine gleiche Anzahl von Kapitalvertretern und Arbeitnehmervertretern; in einer Pattsituation hat jedoch der regelmäßig von der Kapitalseite gestellte Vorsitzende des Aufsichtsrats eine zweite Stimme.

Nach der Montanmitbestimmung und nach dem Mitbestimmungsgesetz von 1976 ist vom Aufsichtsrat ein Arbeitsdirektor zu bestellen, der im obersten Leitungsgremium (Vorstand) als gleichberechtigtes Mitglied wirkt und regelmäßig auch für das Ressort Personal zuständig ist. Dieser Arbeitsdirektor genießt bei der Wahl das besondere Vertrauen der Arbeitnehmervertreter im Aufsichtsrat.

Zusammenfassung

- Mitbestimmung am Arbeitsplatz ist Ziel und Ergebnis moderner Personalführung.
- Fast alle personellen und sozialen Angelegenheiten unterliegen der Mitwirkung des Betriebsrats.
- Der Betriebsrat ist nicht der Gegner des Arbeitgebers, sondern ein Partner, mit dem die Führungskraft vertrauensvoll zusammenarbeiten kann und soll.
- Die Mitwirkung der Arbeitnehmer(vertreter) in wirtschaftlichen Fragen ist wirkungsvoller, wenn die Gremien Betriebsrat, Wirtschaftsausschuß und Arbeitnehmervertreter im Aufsichtsrat gut zusammenarbeiten.

Literaturhinweise

Niedenhoff, Horst-Udo: Mitbestimmung in der Bundesrepublik Deutschland, 6. Auflage, Köln 1987

Fitting, Karl u.a.: Betriebsverfassungsgesetz (Handkommentar), 17. Auflage, München 1992

Dietz, Rudolf / Richardi, Reinhard: Kommentar zum Betriebsverfassungsgesetz, 6. Auflage 1981/82

Rumpf, Hartmut, Diplom-Kaufmann, Dr. rer. pol., Professor für Betriebswirtschaftslehre und Personalwesen an der Fachhochschule Regensburg.

Schwerpunkte: Personalplanung, Personalführung, Personalverwaltung, Mitbestimmung.

Wichtige Veröffentlichungen:
Personalbestandsplanung mit Fähigkeitsvektoren, Frankfurt 1981
Personalführung, München 1991

4.2.4 Die Gewerkschaften

Rainer Hasl

Die Gewerkschaften als Arbeitnehmerorganisationen spielen in der Bundesrepublik Deutschland eine bedeutende Rolle im Rahmen der grundgesetzlich garantierten Tarifautonomie. Die häufig beschworene Formel von der »Sozialpartnerschaft« weist damit den Gewerkschaften als Interessenvertretung der Arbeitnehmer eine große Verantwortung für die weitere Entwicklung der Wirtschaft und insbesondere des Arbeitsmarktes zu. Allerdings ist es nicht möglich, von »den Gewerkschaften« zu sprechen; es ist vielmehr notwendig, den Aufbau, die Struktur und die Vielfalt der einzelnen Gewerkschaften zu kennen.

Als Gewerkschaften werden nach Industriegruppen, Branchen oder nach Berufen gegliederte Vereinigungen von Arbeitnehmern bezeichnet, die sich die Verbesserung der sozialen, wirtschaftlichen und kulturellen Lebensbedingungen der Arbeitnehmer als auch ihre Interessenvertretung gegenüber den Arbeitgebern (bzw. Arbeitgebervereinigungen) und gegenüber der Öffentlichkeit zum Ziel gesetzt haben.

Die Organisationsformen von Gewerkschaften können verschieden sein. Grundsätzlich sind zwei Unterscheidungsmerkmale möglich:

Einheitsgewerkschaften ⇔	*Richtungsgewerkschaften*
vertreten alle Arbeitnehmer einer Branche oder einer Berufsgruppe unabhängig von weltanschaulichen Bindungen, sind also für alle Arbeitnehmer offen (z. B. Deutscher Gewerkschaftsbund)	verstehen sich primär als Vereinigung weltanschaulich oder parteipolitisch gleichen Zielsetzungen verbundener Arbeitnehmer. Sie können daher in der gleichen Branche oder Berufsgruppe auch in Konkurrenz zu anderen Arbeitnehmerorganisationen stehen (z. B. französische Gewerkschaften)

Branchengewerkschaften ⇔	*Berufsgewerkschaften*
vertreten alle Arbeitnehmer einer Branche unabhängig von der Berufsausbildung und der Berufsgruppe, der sie zuzurechnen sind (z. B. Industriegewerkschaft Metall)	vertreten eine ganz bestimmte Berufsgruppe oder einen ganz bestimmten Berufsstand in den Unternehmen, in denen diese als Arbeitnehmer beschäftigt sind. Bei Tarifverhandlungen stehen damit einem Unternehmen/Arbeitgeberverband eine Vielzahl unterschiedlichster Gewerkschaften gegenüber (z. B. britische Gewerkschaften)

Die in der Bundesrepublik Deutschland vorherrschende Gewerkschaftsstruktur ist die Einheitsgewerkschaft als Branchengewerkschaft.

Typisch für diese Struktur ist der größte deutsche Gewerkschaftsverband, der *Deutsche Gewerkschaftsbund (DGB)* mit Sitz in Düsseldorf. Mitglieder des DGB sind 16 Einzelgewerkschaften:

Gewerkschaften	*Mitgliederzahl* (am 31. 12. 1990)
Insgesamt	9550740
Christlicher Gewerkschaftsbund (CGB)	304741
Deutsche Angestellten-Gewerkschaft (DAG)	509073
Deutscher Beamtenbund (DBB)	799003
Deutscher Gewerkschaftsbund (DGB)	7937923
davon	
Industriegewerkschaft Metall (IGM)	2726705
Gewerkschaft öffentliche Dienste, Transport und Verkehr	1252599
Industriegewerkschaft Chemie-Papier-Keramik (IGC)	675949
Deutsche Postgewerkschaft	478913
Industriegewerkschaft Bau-Steine-Erden (BSE)	462751
Gewerkschaft Handel, Banken und Versicherungen (HBV)	404695
Industriegewerkschaft Bergbau und Energie (IGBE)	322820
Gewerkschaft der Eisenbahner Deutschlands (GdED)	312353
Gewerkschaft Nahrung-Genuß-Gaststätten (NGG)	275203
Gewerkschaft Textil-Bekleidung (GTB)	249880
Gewerkschaft Erziehung und Wissenschaft (GEW)	189155
Industriegewerkschaft Medien (IG Medien)	184720
Gewerkschaft der Polizei (GdP)	162780
Gewerkschaft Holz und Kunststoff (GHK)	152731
Gewerkschaft Gartenbau, Land- u. Forstwirtschaft (GGLF)	44054
Gewerkschaft Leder (GL)	42614

Quelle: Zahlen zur wirtschaftlichen Entwicklung der Bundesrepublik Deutschland 1992, Institut der Deutschen Wirtschaft, Köln 1992, Tab. 139 (alle Zahlen alte Bundesländer).

Die Organe des DGB sind der Bundeskongreß, das höchste Organ des DGB, der alle vier Jahre zusammentritt und sich aus den Delegierten der Einzelgewerkschaften zusammensetzt. Das höchste Organ zwischen den Kongressen ist der Bundesausschuß, der regelmäßig jedes Vierteljahr tagt. Der Bundesvorstand setzt sich aus dem Vorsitzenden der 16 Einzelgewerkschaften und aus dem Geschäftsführenden Bundesvorstand — also dem Vorsitzenden des DGB, seinen zwei Stellvertretern und fünf weiteren Mitgliedern — zusammen. Der Bundesvorstand tagt einmal monatlich. Die aus drei Mitgliedern bestehende Revisionskommission überwacht die

Kassenführung des DGB und erstattet dem Bundesausschuß bzw. dem Bundeskongreß Bericht.

Auf regionaler Ebene wird der DGB durch Landesbezirke vertreten, deren Organe die Landesbezirkskonferenzen und die Landesbezirksvorstände sind. Im Einvernehmen und auf Vorschlag der Landesbezirksvorstände richtet der DGB Kreise mit Kreisgeschäftsstellen ein, die sich in der Regel an den politischen Kreisgrenzen orientieren. Ihre Organe sind die Kreisdelegiertenversammlung und die Kreisvorstände.

Satzungsgemäßes Ziel des DGB ist es, auf demokratischem Wege die volle gesellschaftliche, wirtschaftliche, soziale und kulturelle Gleichberichtigung, der in den Einzelgewerkschaften des DGB organisierten Mitglieder wie auch der übrigen Arbeitnehmer zu erreichen.

Dabei sind als Aufgaben im wesentlichen zu nennen:

- Vertretung der Gewerkschaften und ihrer gemeinsamen Forderungen gegenüber Gesetzgebung, Regierung und Behörden;
- Vertretung der Gewerkschaften in den Organen der Wirtschaft, Verwaltung, Sozialversicherung, Arbeitsverwaltung, Arbeitsgerichten und Schlichtungsinstanzen;
- Schulung und Fortbildung der Mitglieder und der Funktionäre der Gewerkschaften;
- Durchführung gemeinsamer Gewerkschaftsaufgaben für Arbeiter, Angestellte, Beamte, Frauen und Jugend;
- Errichtung und Unterhaltung von wirtschafts- und sozialpolitischen Beratungsstellen;
- Rechtsschutz der Mitglieder;
- Erarbeitung von Grundsätzen für die Tarifpolitik;
- Schaffung von Richtlinien zur Führung von Arbeitskämpfen;
- Förderung gemeinwirtschaftlicher, gemeinnütziger und genossenschaftlicher Bestrebungen;
- Kampf für die Sicherheit und den Ausbau der demokratischen Rechte und Freiheiten der Bürger und der Völkerverständigung;
- Herausgabe von Zeitschriften und einschlägiger Literatur;
- Mitarbeit in der internationalen Gewerkschaftsbewegung.

Zweitgrößte Gewerkschaftsorganisation in der Bundesrepublik ist die *Deutsche Angestellten-Gewerkschaft (DAG)* mit Sitz in Hamburg. Die DAG ist eine überparteiliche Nachfolgeorganisation der früheren parteipolitisch oder konfessionell bestimmten Angestelltengewerkschaften. Die Aufgaben der DAG sind ähnlich wie die des DGB in den Bereichen des Tarif- und Schlichtungswesens, des Rechtsschutzes der Mitglieder, der Bildungsarbeit und der Sozialpolitik. Die DAG ist eine Berufsgewerkschaft, die nach folgenden Berufsgruppen gegliedert ist:

- kaufmännische Angestellte in der Industrie,
- technische Angestellte und Beamte,
- Meister,
- Bergbau,
- Handel, Verkehr und private Dienste,
- Luftfahrt,
- Schiffahrt,
- Banken und Sparkassen,
- Versicherungen,
- öffentlicher Dienst,
- Kunst und Medien.

Organe der DAG sind der Bundeskongreß als höchstes Organ, der alle vier Jahre stattfindet sowie der Gewerkschaftsrat, der die ständige Vertretung der Mitglieder zwischen den Bundeskongressen bildet. Dem Bundesvorstand, der aus dem Vorsitzenden der DAG und acht Ressortleitern besteht, obliegt die Geschäftsführung und die Vertretung der DAG. Der Beirat berät den Bundesvorstand in allen gewerkschaftlichen Fragen.

Ähnlich der regionalen und örtlichen Gliederung des DGB bildet die DAG Bezirke, Kreis- oder Ortsgruppen und Betriebsgruppen.

Neben diesen beiden Gewerkschaftsorganisationen sind noch der *Deutsche Beamtenbund (DBB),* mit Sitz in Köln und der *Christliche Gewerkschaftsbund (CGB)* zu nennen. Während es sich beim DBB um eine Interessenvertretung der Beamten für eine klar abgegrenzte Berufsgruppe (Berufsgewerkschaft) handelt, stellt der CGB die kleinste gewerkschaftliche Gruppierung dar — gleichzeitig auch die einzige in der Bundesrepublik tätige Richtungsgewerkschaft.

Mitgliederstruktur und Organisationsgrad 1990
(alte Bundesländer)

	Beamte	Angestellte	Arbeiter	Insgesamt	Frauen
Organisierte insgesamt	64,3	19,8	49,5	36,5	23,5
davon DGB	32,1	14,5	48,2	30,3	18,2
DBB	28,4	0,6	0,2	3,0	2,1
DAG	—	4,0	—	2,0	2,2
CGB	3,8	0,7	1,1	1,2	0,7

Quelle: Zahlen zur wirtschaftlichen Entwicklung der Bundesrepublik Deutschland 1992, Institut der Deutschen Wirtschaft, Köln 1992, Tab. 140

Der Organisationsgrad der Gewerkschaften, d.h. die Zahl der gewerkschaftlich organisierten Arbeitnehmer (einschl. Schüler, Studenten, Wehr- und Zivildienstleistende, Rentner und Arbeitslose) in Prozent der abhängig Beschäftigten, ist unterschiedlich hoch. Dieser gilt häufig auch als Gradmesser für die Akzeptanz einer Gewerkschaft wie auch ihrer Arbeit.

Zusammenfassung

- Die Gewerkschaften sind die Interessenvertretung der Arbeitnehmer im Rahmen der Tarifautonomie.
- Die Gewerkschaften in der Bundesrepublik sind zum großen Teil Einheitsgewerkschaften und Branchengewerkschaften.
- Sie treten aber nicht als einheitlicher Gewerkschaftsblock den Unternehmen/Arbeitgeberverbänden gegenüber.
- Der Organisationsgrad der einzelnen Gewerkschaften ist in den verschiedenen Branchen und Betrieben unterschiedlich hoch.

HASL, RAINER, Dr., Dipl.-Volkswirt, Regensburg
Unternehmensberater
Schwerpunkte: Organisation, Personalwesen, Mitarbeiterführung, Aus- und Weiterbildung.

4.2.5 Die Sozialbilanz

JAKOB WOLF

Die Sozialbilanz soll die Beziehungen eines Unternehmens zur Gesellschaft darstellen. Im Rahmen der Veröffentlichung des Jahresabschlusses soll durch die gleichzeitige Veröffentlichung einer Sozialbilanz die gesellschaftsbezogene Unternehmensführung deutlich gemacht werden. Dabei bedeutet im Zusammenhang mit Sozialbilanzen der Begriff »Bilanz« keinesfalls eine ausgeglichene Gegenüberstellung der Aktiva und der Passiva eines Unternehmens. Sozialbilanz bedeutet vielmehr eine *freiwillige* regelmäßige gesellschaftsbezogene Rechnungslegung, die sich in unterschiedlicher Form vollziehen läßt. Sozialbilanzen sind demnach eine Ergänzung der bestehenden Unternehmensrechnung.

Die Zahl der Unternehmen, die heute Sozialbilanzen oder Teilsozialbilanzen veröffentlichen, wird auf ca. 250 mit steigender Tendenz geschätzt.

Die Unternehmenspraxis folgt gegenwärtig bei der Erstellung der Sozialbilanzen unterschiedlichen Konzeptionen:

a) **Erweiterte Sozialberichterstattung**

Der offenlegungspflichtige Lagebericht der Kapitalgesellschaften enthält in einem gewissen Umfang auch Elemente einer Sozialberichterstattung. So bildet zum Beispiel die Berichtspflicht über Forschung und Entwicklung im Unternehmen (§ 289 Abs. 2 Ziff. 3 HGB) den Teil einer Sozialberichterstattung.

Was der erweiterte Sozialbericht im einzelnen enthält und welchen Umfang er aufweist, ist in das Ermessen der Unternehmensleitung gestellt. Hier setzt die Kritik ein. Man äußert die Befürchtung, daß in dem Sozialbericht nur solche Umweltbeziehungen zusätzlich dokumentiert werden, die das Unternehmen in positivem Licht erscheinen lassen. Dabei wird jedoch übersehen, daß ein Unternehmen im wohlverstandenen Eigeninteresse einen Sozialbericht erstellen wird, der versucht, in möglichst objektiver Art und Weise den gesellschaftlichen Nutzen und eventuell auch Schaden der getätigten Aufwendungen gegenüberzustellen.

Inhaltlich umfaßt der erweiterte Sozialbericht unter gesellschaftsbezogenen Aspekten als verbal formulierte Teilberichte unter anderem:

- Umweltschutzbericht
- Forschungs- und Entwicklungsbericht
- Personalbericht

Die Erstellung eines erweiterten Sozialberichts ist nur mit relativ geringen Kosten verbunden. Meß- und Bewertungsprobleme existieren kaum, da immer die verbale Form der Berichterstattung gewählt wird.

b) **Wertschöpfungsrechnung**

Bei der Wertschöpfungsrechnung handelt es sich um eine »mikroökonomische Beitragsrechnung zum Volkseinkommen«. Die Wertschöpfungsrechnung soll mit Hilfe der Gewinn- und Verlustrechnung, in Anlehnung an die Berechnungsmethode des Sozialprodukts, den Nutzen ermitteln, den die Unternehmen für die Gesellschaft erbringen.

Die Wertschöpfungsrechnung kann sowohl *Entstehungsrechnung* als auch *Verteilungsrechnung* sein. In der gesellschaftsbezogenen Berichterstattung wird überwiegend die Wertschöpfungsrechnung als Verteilungsrechnung eingesetzt.

Abb. 4.3 stellt beispielhaft eine solche Wertschöpfungsrechnung als Verteilungsrechnung dar. Die Wertschöpfung umfaßt die Summe aller in der Gewinn- und Verlustrechnung berücksichtigten Einkommen der am Leistungsprozeß Beteiligten. Die Wertschöpfungsrechnung berücksichtigt dabei die Zahlungsströme zwischen Unternehmen, Mitarbeiter, Öffentliche Hand und Kapitalgeber.

Wertschöpfung an:	Position der Gewinn- und Verlustrechnung	Positions-Nr. nach § 275 Abs. 2 HGB
Mitarbeiter	Löhne, Gehälter, soziale Abgaben, Aufwendungen für Altersversorgung	6 a und b
Öffentliche Hand	Steuern	18, 19
Kapitalgeber	Zinsen und ähnliche Aufwendungen, abgeführte Gewinne, Dividende	13 23 (Sonderposten) 24 (Sonderposten)
Unternehmen	Gewinn-/Verlustvortrag aus dem Vorjahr, Entnahmen aus offenen Rücklagen, Überschuß in offene Rücklagen	20 Gewinnverwendungsrechnung Bilanz oder Anhang
Wertschöpfung		

Abb. 4.3 Wertschöpfungsrechnung (Verwendungsrechnung)

Die Wertschöpfungsrechnung orientiert sich an der Gewinn- und Verlustrechnung. Die Gewinn- und Verlustrechnung kann jedoch keine Auskunft über externe Effekte geben. Dies bedeutet, daß die Wertschöpfung, wie sie in der Wertschöpfungsrechnung ermittelt wird, nicht den tatsächlichen *Wohlfahrtsbeitrag* des Unternehmens darstellen kann, da die sozialen Kosten, die den gesellschaftlichen Wohlstand verringern, nicht abgesetzt sind.

c) **Gesellschaftsbezogene Aufwand-Nutzen-Rechnung**

Ziel dieser Variante der Sozialbilanz ist es, die aus dem Jahresabschluß abgeleiteten Zahlen über die betrieblichen Aufwendungen den einzelnen Beziehungsfeldern

- Mitarbeiter
- Kapitalgeber
- Gemeinwesen, Staat, Öffentlichkeit
- Unternehmen

zuzuordnen und den sozialen Nutzen der einzelnen Aufwendungen anzugeben, z.B. Nutzen für die natürliche Umwelt, für die Substanzerhaltung des Unternehmens, für die Schaffung und Erhaltung von Arbeitsplätzen und dgl.

Der Unterschied zur Wertschöpfungsrechnung liegt darin, daß zusätzlich auch Aufwendungen für Sach- und Dienstleistungen berücksichtigt werden, die das Unternehmen von Dritten bezogen hat.

Die Bewertung der einzelnen Unternehmensleistungen erfolgt Input-orientiert. Der erreichte soziale Nutzen wird nicht in DM ausgedrückt.

Gegen die gesellschaftsbezogene Aufwand-Nutzen-Rechnung wird vor allem eingewandt, daß sie nur den sozialen Nutzen berücksichtigt, die sozialen Kosten hingegen nicht erwähnt.

Es gibt allerdings Ansätze, die in die Aufwand-Nutzen-Rechnung auch die sozialen Kosten einbeziehen und den Beziehungsfeldern zuordnen.

d) Sozialindikatoren

Die Sozialberichterstattung mit Sozialindikatoren ist ein weiterer Ansatz für eine Sozialbilanz. *Sozialindikatoren* sind Kennzahlen, die zum Beispiel etwas über die *Arbeitsqualität* aussagen, wie:

Arbeitsbedingungen:
- Quote tödlicher Industrieunfälle
- Quote dauernder Invalidität durch Industrieunfälle

In der Praxis finden sich zahlreiche Sozialindikatorenmodelle. In Frankreich ist eine Sozialbilanz in der Form eines Sozialindikatorenmodells sogar gesetzlich vorgeschrieben.

In der Bundesrepublik Deutschland besteht ein DGB-Modell, das die Sozialindikatoren auflistet, die der Deutsche Gewerkschaftsbund als Mindestanforderungen versteht, über die die Unternehmen berichten sollen.

e) **Gesellschaftsbezogene Mischrechnungen**

Die Sozialbilanz eines Unternehmens kann auch eine Kombination

- der erweiterten Sozialberichterstattung
- der Wertschöpfungsrechnung
- der gesellschaftsbezogenen Aufwand-Nutzen-Rechnung

darstellen.

Eine solche Darstellung läßt sich vor allem im gesetzlich vorgeschriebenen Lagebericht einer Kapitalgesellschaft unterbringen. Eine kombinierte Sozialbilanz eröffnet dem Unternehmen vielfältige Erfassungs-, Meß-, Bewertungs- und Darstellungsmöglichkeiten.

f) **Unternehmenszielbezogene Berichterstattung (Goal Accounting and Reporting)**

Diese Form der Sozialbilanz setzt voraus, daß das Unternehmen über einen ausgearbeiteten Zielkatalog verfügt, der sich nicht nur auf ökonomische, sondern auch auf gesellschaftliche Aufgaben bezieht. Das Unternehmen wird dann an den selbst aufgestellten Zielen gemessen.

Diese Variante der Sozialbilanz verlangt in der Regel ein hoch entwickeltes Managementsystem. Nur so läßt sich der gesellschaftliche Erfolg oder Mißerfolg eines Unternehmens feststellen. Die deutsche Shell AG nennt zum Beispiel in ihrer Sozialbilanz die folgenden ökonomischen und gesellschaftsbezogenen Unternehmensziele:

- marktgerechte Versorgung der Verbraucher
- Entwicklung neuer Anwendungsverfahren und Produkte
- Erwirtschaftung einer angemessenen Rendite
- Berücksichtigung der Interessen der Mitarbeiter
- Beachtung der Belange des Gemeinwohls

Soziale Kosten und sozialer Nutzen werden als Indikatoren der Zielerfüllung interpretiert. Ein Unternehmen verursacht *soziale Kosten,* wenn es die von ihm selbst formulierten gesellschaftsbezogenen Ziele nicht oder nur unvollständig erreicht. Es stiftet hingegen *sozialen Nutzen,* wenn es die selbst formulierten gesellschaftsbezogenen Ziele ganz oder teilweise erfüllt.

Fazit

Das Management eines Unternehmens sollte nicht der Gefahr erliegen, die Sozialbilanz als bloßes Instrument der Werbung oder der Public Relations zu verstehen. Die gesellschaftsbezogene Berichterstattung muß vor allem glaubwürdig sein und die praktizierte soziale Verantwortung einer Unternehmung widerspiegeln.

Dies setzt voraus, daß die Führungskräfte eines Unternehmens eine von sozialem Verantwortungsbewußtsein getragene Unternehmensphilosophie verfolgen.

Literaturhinweise

BUDÄUS, D.: Sozialbilanzen, in: ZfB 1977, S. 183—202.

DIERKES, M.: Die Sozialbilanz, Frankfurt—New York 1977

GÖLLERT, K.: Sozialbilanzen, Grundlagen im geltenden Recht, Wiesbaden 1979

HEYMANN, H. H.: Die Sozialbilanz als Instrument der Unternehmensführung, Frankfurt 1989

HEYMANN, H. H.: Sozialbilanzen, in: Harvard Manager, Heft 1, 1985

WYSOCKI, K. v.: Sozialbilanzen, Inhalt und Formen gesellschaftsbezogener Berichterstattung, Stuttgart—New York 1981

ZAPF, W.: Sozialberichterstattung, Möglichkeiten und Probleme, Götting 1976.

WOLF, JAKOB, Prof., Fachhochschule Regensburg

Unternehmensberater

Autor von:

Handels- und Steuerbilanz, 2. Auflage, Ehningen 1988

GmbH-Rechnungslegung, Herne—Berlin 1987.

4.3 Ökologische Grundfragen

4.3.1 Ökologische Gleichgewichts- und Kreislaufmodelle

RALPH STARKE

Wie aktuell es ist, sich mit Konsequenzen durch veränderte und gestörte Gleichgewichte und Kreisläufe zu beschäftigen, zeigen u.a. Interviews mit Dennis Meadows (Spiegel Nr. 29/89) oder Alexander King (Wirtschaftswoche Nr. 40/90). Sie repräsentieren Untersuchungsergebnisse des »Club of Rome«, die 1972 wie 1991 eine globale Krise voraussahen. Beide Wirtschaftsexperten teilen die Meinung einer Krisenbewältigung durch Umdenken. Meadows vermutet, daß es bereits zu spät sein könnte, und King tippt eher auf Umlernen durch Schock (Tschernobyl) bei Politikern und Bürgern.

»Alles hängt mit allem zusammen«, ist ihr Fazit, das es auf allen verantwortlichen Ebenen zu bedenken gilt. Für sie sind die Einzeldisziplinen der Wissenschaften auseinandergedriftet (auch Ökologie und Ökonomik) und so spezialisiert, daß eine Zusammenarbeit und ein Verständnis untereinander schwierig wurde. Verantwortung für die gegenwärtige Situation kann nicht allein auf Regierung oder Wirtschaftsunternehmen verdrängt werden. Ohne die Basis, z.B. auch der Führungskräfte im Management, kann eine Umorientierung gelähmt werden. Verantwortliches Handeln durch Denken in Zusammenhängen, Verstehen von Kreisläufen und Gleichgewichten ist gefragt. Eine Tugend, die gerade den Führungskräften in der Wirtschaft eigen sein sollte.

Wirtschafts*kreisläufe* gehören zu ihrer Ausbildung und zu ihrem täglichen Selbstverständnis. Ist z.B. die Einkommensentstehung und -verwendung aus dem *Gleichgewicht,* kommt es zu entsprechenden Folgen.

Auch ökologische Grundlagen (wie Kreisläufe und Gleichgewichte) müssen in neuem Zusammenhang verstanden werden. Es wurde bisher davon ausgegangen, daß überall in der Natur unverrückbare Festlegungen zu finden sind. Natur ist etwas durch Gesetze Geregeltes, ihre Reaktion ist vorhersehbar. Diese Determiniertheit gilt für die Ökologie nicht mehr.

Eine Lehre aus der Ökologie ist gerade das Vermeiden von separater Betrachtung und Untersuchung. Warum das so ist, wird hier versucht darzustellen.

Kreisläufe und Gleichgewichte sind Teilsysteme. Systeme oder Teilsysteme zeichnen sich durch folgende Gesetzmäßigkeiten aus: Gefüge von Teilen / voneinander abhängig / und (mehr oder weniger) ineinandergreifend oder zusammenwirkend. Gesetzmäßigkeiten, die in der Wirtschaft genauso anzutreffen sind. Die Ähnlichkeit beider Bereiche zeigt auch das Wort Ökologie (Zusammenwirken von belebter und unbelebter Natur). OIKOS = Haus/Haushaltswesen und LOGOS = Kunde/Kenntnis. Ein abschließender Vergleich sei noch erlaubt. Wenn wir von Kreislauf- und Gleichgewichts*modellen* sprechen, zeigt die Wortbedeutung: *Muster — Vorbild,* die Richtung der Orientierung.

Wollen wir die Frage beantworten, was in der Natur vorbildlich ist, müssen wir wissen, welche *Gesetze* z.B. Kreisläufe und Gleichgewichte bestimmen. Die wichtigsten Gesetze der Ökologie lauten (stark vereinfacht): *Alles steht mit allem in Beziehung, alles muß irgendwo bleiben, und nichts ist umsonst.* Nun wird gefragt, was soll das? Die Antwort ist einfach und kompliziert zugleich. Wissenschaftlich beinhalten die Aussagen den ersten und zweiten Hauptsatz der Thermodynamik (Energieerhaltungssatz und *Entropie*zuwachs). Es scheint so, als ob physikalische Gesetzmäßigkeiten gesellschaftliche, wirtschaftliche und ökologische Prozesse gleichsam bestimmen.

Gegenüber der Natur, die nichts produziert, was sie nicht auflösen, zersetzen oder recyclen kann, hat die moderne Industrietechnik eine Produktionsexplosion hervorgerufen, die sie nun mit ihren eigenen Mitteln nicht mehr bewältigen kann. Im Wirtschaftsbereich Entropieauswirkungen wiederzufinden wird zum Teil sehr abstrakt empfunden, obgleich Fachleute von westlicher »Entropiewirtschaft« sprechen.

Ein Beispiel der Darstellung von Grenzen unseres Wirtschaftswachstums anhand der Entropietheorie kommt von dem Wirtschaftstheoretiker Nicholas Georgescu Roegen (The Entropy law and the Economic process). Ein Teilfazit kann so dargestellt werden: Die Entropie setzt die Grenzen für unsere derzeitigen ökonomischen Prozesse, und wir können sie erkennen, aber sie *steuert sie nicht.* Physikalische Gesetze »verbieten« also das Entfernen von Kreisläufen und Gleichgewichten.

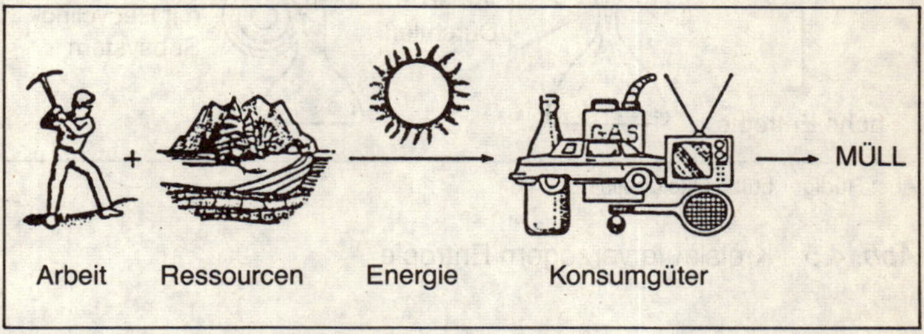

Aus: Rüdiger Lutz, »Ökolopolis«, Knaur Verlag, München 1987

Abb. 4.4 Einem ideal-typischen Kreislauf steht z. B. der lineare Produktions- und Abfallerzeugungsprozeß gegenüber

Auch das jedem bekannte Beispiel »Exponentielles Wachstum« ist in der belebten Welt atypisch oder krankhaft. Kommt es in der Natur zur Überdüngung eines Gewässers (z.B. Teich), folgt eine explosionsartige Algenvermehrung, die im Extremfall zum schnellen Absterben jeglicher Tier- und Pflanzenwelt führt. Dabei muß immer daran gedacht werden, daß nicht nur der Teich, sondern auch größere Systeme (bis hin zur Erde selbst) eine begrenzte Größe darstellen. Die mathematische Formel in den hochindustriellen Ländern geht seit längerer Zeit schon nicht mehr auf, da man bisher die Energie als *Potenz* genommen hat, unseren Verbrauch und den Bedarf als *Exponenten* und vergessen hat, daß die Basis eine vorhandene Menge ist. Eine Menge, die in Form von Rohstoffen bei uns z.B. gar nicht mehr vorkommt.

Bleiben wir beim exponentionellen Wachstums des Mülls. Es wurde durch die bedrohliche Lage erkannt, bestimmte Arten des Wirtschaftswachstums genauer zu analysieren. Der Mensch kommt in der Notsituation zu der Erkenntnis, Kreisläufe und Gleichgewichte in seine künstlichen Systeme einzubauen (siehe Abb. 4.5).

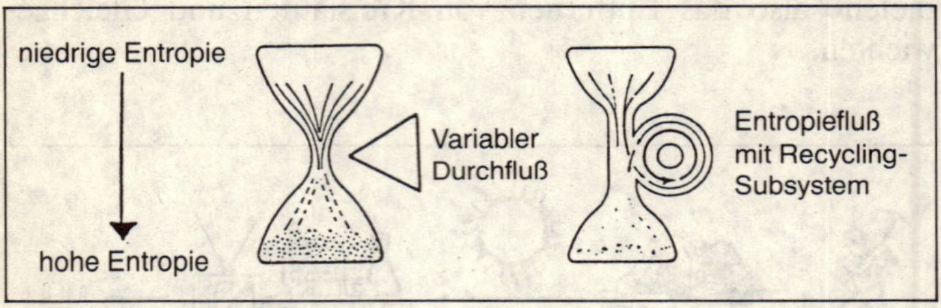

Aus: Rüdiger Lutz »Ökolopolis«

Abb. 4.5 Kreisläufe verzögern Entropie

Der für Gleichgewichte und Kreisläufe wichtige zweite Hauptsatz sagt aus, daß (vereinfacht dargestellt) alles im Zerfallsprozeß zur Unordnung hin begriffen ist. Ohne erheblichen äußeren Arbeitsaufwand kann dieser Prozeß nicht gebremst werden. Die Natur hat jedoch einen »Trick« entwikkelt, der Entropie wenigstens zeitweise entgegenzuwirken. Sie hat Kreisläufe in Systeme eingebaut.

Um die Vielfalt der uns umgebenden Kreisläufe in Erinnerung zu rufen, sollen nur kurz Schlagworte wie Blutkreislauf, Wirtschaftskreislauf, Wasserkreislauf, Nährstoffkreislauf (auch Nahrungsketten) genannt werden. Aus Platzgründen sind hier nur die wichtigsten Wirkungen und Wirkungszusammenhänge in Kreisläufen aufgezählt. Wissenschaftlich interessierte Leser der Problematik kommen nicht um kybernetische Gesetzmäßigkeiten und Vernetzungstheorien herum und können in Büchern von Frederic Vester eine Vertiefung in diesem Gebiet erfahren. Hier wie in seinen Büchern wird versucht zu erklären, warum Kreisläufe oft »offene Systeme« sind und Gleichgewichte »dynamisch« genannt werden.

Natur selbst kann ohne Kreisläufe nicht funktionieren. Die ungeheure Menge der Biomasse (ob Blätter, Stengel, Wurzeln, Fäkalien oder sonstige organische »Abfallprodukte«) gehen einen Kreislauf ein, in dem sie je nach Pflanzenart und Standort für die unterschiedlichsten Lebewesen zur Nahrung werden. Das Entstehen von weiteren organischen Substanzen und das Gefressenwerden spielt sich in unzähligen Nahrungsketten ab. Einfache Pflanzenfresser (z.B. Kaninchen) bauen mit Hilfe der pflanzlichen Nahrung tierische, organische Substanz auf und dienen höheren Raubtieren als Nahrung.

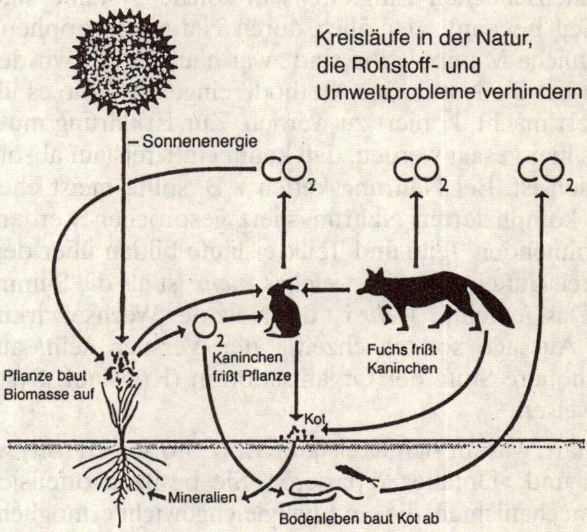

Aus: Frederic Vester, »Unsere Welt, ein vernetztes System«, 1. Aufl., Stuttgart 1978

Abb. 4.6 Kreislaufdarstellung

An jeder Stelle innerhalb der Nahrungsketten verarbeiten die Lebewesen organische Substanzen, in denen sich Kohlenstoff befindet, welches als Kohlendioxid umgewandelt und ausgeschieden wird. Dieses geht weiter in die Atmosphäre und wird von Grünpflanzen wieder aufgenommen, um mit Hilfe von Sonnenenergie neu umgewandelt zu werden. Ein Positivbeispiel, das jeder kennt.

Ein Negativbeispiel: Was wird in einem Wald passieren, in dem die Bakterien und niederen Tiere, die normalerweise Blätter und ähnliches in Humus zurückverwandeln, vernichtet würden? Negativauswirkungen durch Herausnehmen wichtiger Glieder in Kreisläufen bringen (in unserem Beispiel) den Wald durch eigene Biomasse zum langsamen Ersticken.

Zwei wichtige Funktionen sind durch Kreisläufe erfüllt. 1. Verarbeitung von Abfall; 2. dadurch Produktion neuer Rohstoffe. Durch diesen Kreislauf gab es über Hunderte von Millionen Jahren keine Rohstoffverknappung. Die Gefahren eines menschlichen Eingreifens in solche Systeme sind nur zum Teil bekannt. »Unfälle« durch Naturkatastrophen oder menschliche Manipulation sind zwar häufiger, als wir denken, jedoch hat die Natur eine Methode eingeführt, die es überlegenswert macht, kopiert zu werden. Zur Erklärung muß spätestens hier gesagt werden, daß kaum ein Kreislauf absolut geschlossen ist. Bei Nahrungsketten z.B. sollte meist eher von einem komplizierten Nahrungsnetz gesprochen werden. Die innewohnenden Teile und Teilkreisläufe bilden über den Gesamtkreislauf ein Ganzes, welches *mehr* ist als die Summe der Teile. Das gemeinte *Mehr* ist das Netz der Wechselwirkungen. Diese Aussage soll gleichzeitig der Versuch sein, auf die nächsthöhere Stufe der Organisation in (Kreislauf-)Systemen hinzuweisen.

Es erklärt, warum sich Kreisläufe trotz Störungen (oft) wieder fangen und »Unfälle« reparieren. Sie besitzen offensichtlich Regelmechanismen, die ein Fließgleichgewicht ermöglichen.

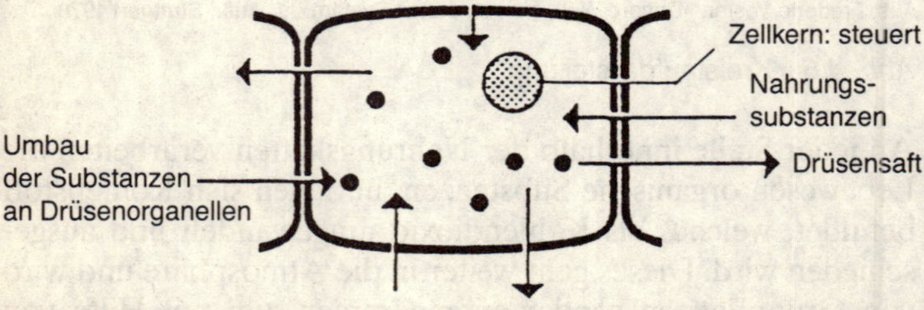

Aus: Markus Fritz / Dieter Teufel: »Klipp und Klar« (100mal Umwelt), Mannheim 1977

Abb. 4.7 Fließgleichgewicht in einer Drüsenzelle

Um die zwei wesentlichen Naturphänomene (des Fließgleichgewichts) zu kennzeichnen, gilt die Aussage: Es besteht ein Gleichgewicht trotz Stoff- und Informations*austausch,* und es gibt einen *Regelkreis.*

Die Regelungstheorie ist ein Teilgebiet der Kybernetik und beschäftigt sich mit dynamischen Systemen, die einen Gleichgewichtszustand einhalten und diesen auch wieder anstreben, wenn sie ihn durch äußere Störungseinflüsse verlassen mußten. Denn die Frage ist ja, wie das Fließgleichgewicht (siehe Abb. 4.7) gehalten werden kann. Wie wird gewährleistet, daß z.B. eine Zelle nicht zuviel Substanzen aufnimmt, exponentiell wächst oder sich in seiner Substanz verzehrt? Die nachfolgende schematische Darstellung (Abb. 4.8) soll diesen wichtigen Teil meiner Erklärungen verdeutlichen.

In unserem Beispielbild versucht ein Lotse, ein Problem zu regeln. Der Schiffseigner gibt dem Lotsen einen Befehl, der diesen Befehl an den Rudergänger weitergibt und (in diesem Fall mit Fernglas) die Auswirkung seines Befehls beobachtet. Die Kursabweichung vom gewünschten Ziel wird von ihm mit einem entgegengesetzten Stellbefehl beantwortet. Durch das regelmäßige Beobachten mit den Meßfühlern und Korrekturbefehlen des Reglers an das Stellglied entstehen immer wieder Regelgrößen, die die Störgrößen (in unserem Falle Wind) ausgleichen.

Regelkreis heißt: Ein geschlossener Wirkungsablauf der selbsttätigen Regelung.

Auch z.B. im industriellen Produktionsprozeß können wir ähnliche Regelkreise wiederfinden.

Die menschliche Atmung wird nach gleichen Gesetzen geregelt. Durch Tiefe und Schnelligkeit der Atmung läßt sich die Aufnahme des Sauerstoffs regulieren, je nachdem, ob jemand im Sessel sitzt oder sich anstrengt. Der Meßfühler hierzu sitzt im Zwischenhirn des Menschen. Bei Überschreitung von Grenzwerten wird eine Information an die Zwerchfellmuskulatur geschickt, damit diese die Atembewegung beschleunigt. So ist gewährleistet, daß die Atemrate immer genau dem Sauerstoffbedarf des Körpers angepaßt ist. Die Abb. 4.8 oder

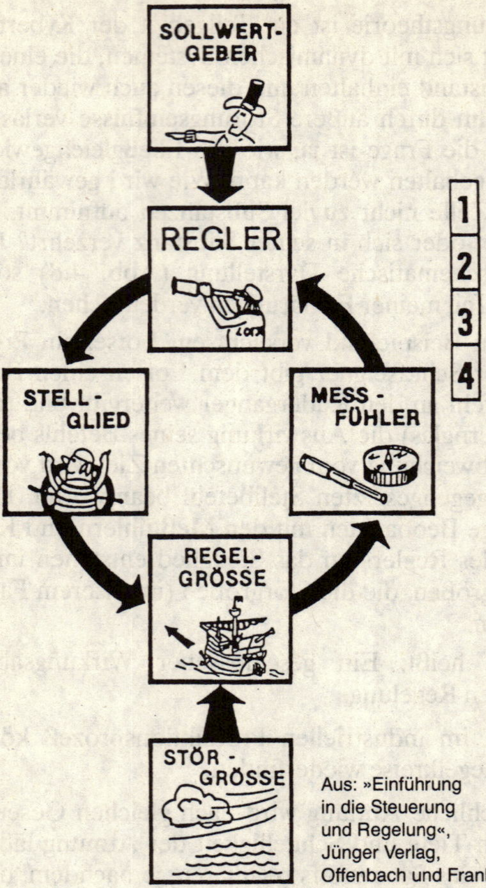

Aus: »Einführung in die Steuerung und Regelung«, Jünger Verlag, Offenbach und Frankfurt

Abb. 4.8 Regelkreis

auch das Atembeispiel zeigt eine *negative Rückkopplung.* Da dabei eine Größe (in unserem Beispiel der Sauerstoffgehalt des Blutes) auf einem bestimmten Wert gehalten wird und bei Störung entgegengesetzt, *also negativ,* reagiert wird. Eine negative Rückkopplung zwischen einem Lebewesen und einem Umweltfaktor z.B., ermöglicht demnach ein stabiles Fließgleichgewicht im Organismus und in der Lebensgemeinschaft.

Eine positive Rückkopplung dagegen führt um so mehr Stoff oder Energie zu, je mehr davon bereits vorhanden ist, bis daß das Beziehungsgefüge zusammenbricht (aufschaukelnde Wechselwirkung).

Beim Beispiel Sahel-Zone kam es mit dem Entdecken, daß es in geringer Bodentiefe größere Grundwasservorkommen gibt, durch Brunnen und Pumpen zu einem positiven Rückkopplungsprozeß. Mehr Wasser — mehr Vieh — mehr zusätzliche Brunnen usw. Das Gebiet wurde zur Halbwüste (heute Wüste). Wieder eine Auswirkung von Wachstum, die für das Gebiet den vorläufigen Tod (für lange Zeit ein stabiles Gleichgewicht) bedeutete. Im Gesamtsystem der Natur fällt es nicht unbedingt auf, wenn der vorhin erwähnte Teich stirbt oder die Sahelzone verwüstet. Jedoch Eingriffe dieser Art in unseren Kreislauf und Gleichgewichtszustand des Körpers sind fatal. Somit haben wir beide Komponenten (Gleichgewicht und Regelkreis), die das Fließgewicht halten, an ökologischen und technischen Beispielen erklärt.

Viele technische Selbststeuerungen in Regelkreisen im Alltag sind schon zur Selbstverständlichkeit geworden. Fällt die mikroprozessorgesteuerte Hausheizung mit Regler und Thermostat aus, reagieren wir mit Reparatur. Eine Reparatur, die im Ökologiebereich sehr oft nicht mehr möglich ist. Fehlverhalten sollte den Verursacher selbst treffen und ökologisch angemessenes Verhalten unmittelbare Vorteile und Anerkennung bringen.

In die natürliche Umwelt mit geschilderten Gesetzen bzw. Wirkungsmechanismen greift der Mensch durch Produktion und Konsum auf zweierlei Weise ein.

a) Ressourcenverbrauch
b) Emission und Immission.

Dabei gibt es unvorhersagbare Veränderungen, wie: Kettenreaktionen, Wirkungsketten oder Systemreaktionen. Diese Wirkungen potenzieren und verstärken sich gegenseitig. Sie sind nicht monokausal zurückzuverfolgen, also auch nicht vorhersehbar und damit gefährlich.

Wieder muß auf die Studie »Grenzen des Wachstums« hingewiesen werden, wobei heute feststeht, daß nicht nur das globale, exponentionelle Wachstum der Industrie zu Ungleichgewichten führt, sondern daß tägliche Nachrichten beweisen, daß genau das Gegenteil von dem erreicht wurde, für das in der Natur Fließgleichgewichte sorgen.

Statt Kreislauf lineare Produktionsprozesse, statt Selbstregulation zu starker Eingriff, statt Gleichgewicht exponentionelles Wachstum, statt Stabilität Instabilität, die uns tägliche Katastrophen beschert.

Die bisher eingetretenen Verbesserungen greifen nur sehr langsam. Wer setzt schon z.B. Technologie-Folgeabschätzung als Mittel ein, um umweltrelevante Störgrößen für Kreisläufe und Gleichgewichte festzustellen? Unser Gehirn kann zwar Kräfte und Wirkungen eines Systems, eines Kreislaufs oder Gleichgewichts abstrahierend erfassen und hat mehr oder weniger gelernt, Strukturen von komplexen Wirkungszusammenhängen analytisch zu erkennen, doch wird es im täglichen Leben zu wenig darauf trainiert, die Konsequenzen klar zu durchdenken. Um ein Umdenken in diesem Sinne kommen wir aber nicht herum.

Abschließend folgt der Versuch, darzustellen, an welcher Stelle die Wirtschaft *direkt* und *indirekt* gezwungen wird, dem Umlernprozeß zu folgen. Der indirekte Zwang zum Umdenken gerade in und von der Wirtschaft findet sich z.B. in folgendem Zitat wieder:

»Trotz aller bisherigen Erfolge wird Umweltschutz eine unserer wichtigsten Zukunftsaufgaben sein. Zu deren Bewältigung brauchen wir umweltbewußte Mitarbeiter auf allen Managementebenen. Deshalb ist zusätzliches Umweltwissen heutzutage unbedingt karriereförderlich.« (Louis R. Haoghes, Vorstandvorsitzender Adam Opel AG in: Zeitschrift Kapital Nr. 9/1990.)

In der zitierten Zeitschrift sind auf 18 Seiten komprimiert Tips und Analysen, Buchlisten, Praxisdarstellungen und vor allem brauchbare Checklisten für den Alltag des Managements aufgeführt. Das sind notwendige, aufbauende Hinweise, die hier aus Platzgründen nicht geleistet werden konnten. Ein Teilergebnis von der wissenschaftlichen Seite kommend, sind Konzepte wie Technologie-Folgeabschätzungen, Systemanalyse in Wirtschaftskreisläufen und Wirtschaftsgleichgewichten, Produktionslinienanalyse und Prozeßkettenanalyse (siehe angegebene Bücherliste), mit denen (vereinfacht dargestellt) Fragen, *wie wird was wofür und mit welchen Folgen und Aufwand produziert und konsumiert,* beantwortet werden. So werden »Störgrößen« aus ökologischer Sicht im gesamten Produktionsprozeß festgestellt und im Umweltsinne versucht zu »regeln«. Vom Rohstoff, über Wege, Energieeinsatz zum Konsumenten, bis zur Entsorgung.

Direkter wird der Zwang zum Umorientieren durch die Veränderungen im politischen Umweltschutz. Die Spannbreite der fiskalen Auflagen geht von Beiträgen, Gebühren, Umweltabgaben, Steuern über umweltbewußte Beschaffung bis hin zu Umweltauflagen und Umweltplanung. Konkrete Auswirkungen werden durch Produktions- und Emissionsauflagen kommen. Einhalten von strengeren Grenzwerten und Normen sowie Haftung (Versicherungspflicht bei Umweltschäden) werden genauso Bestandteil der Wirtschaft wie nachzuweisende Umweltzertifikate und Umweltverträglichkeitsprüfungen. Dem allseits zitierten Paradigmenwechsel wird so der Übergang erleichtert, da offensichtlich nicht nur Wissenschaftler, sondern auch Verwaltung und Politik erkannt haben, wie stark unsere Wirtschaft in Kreisläufe und Gleichgewichte eingreift und sich so selbst die Basis nimmt.

Mitarbeiter/innen und Führungskräfte im Management sind gefordert, an ihrem eigenen Wirkungsbereich Bestandsaufnahmen im ökologischen Sinne zu machen, ihre Betriebssituation zu analysieren, sich darauf folgend beraten zu lassen und Informationen einzuholen, um Veränderungswege zu konzipieren.

Hilfreich hierbei könnten folgende Fragen sein:

- Verarbeiten wir Gefahrenstoffe, und wird nach Ersatzstoffen gesucht?
- Kennen wir die Auflagen/werden sie eingehalten und sind sie auf dem neuesten Stand der Vermeidung/Recycling?
- Gibt es noch Altlasten?
- Kennen wir die neuesten Vermeidungsstrategien und -techniken?
- Werden schon vor Markteinführung Umweltbelastungen geprüft?
- Werden alle Mitarbeiterinnen im Umweltschutz genügend weitergebildet?
- Haben wir einen Umweltberater?
- Bedenken wir Kreisläufe und Gleichgewichte in der Ökonomie und Ökologie?

Literaturhinweise

Henderson, Hasel: Die neue Ökonomie — menschlich und ökologisch wirtschaften im Solarzeitalter, Heyne Sachbuch Nr. 37, München, 1989

Sietz, Manfred, Michahelles, Reinhard (Hrsg.): Umwelt-Checklisten für Manager, Eberhardt Blottner-Verlag, Traunstein, 1989

Projektgruppe Ökologische Wirtschaft (Hrsg.): Produktlinienanalyse — Bedürfnisse, Produkte und ihre Folgen, Kölner Verlagsblatt Verlag 1987

Club of Rome: Die Herausforderung des Wachstums, Scherz-Verlag, München, 1990

Kieffer / Dürrschmidt / Lünzer / Müller (Hrsg.): Ökologisch denken und handeln — Strategien mittlerer Technologie, Verlag C. F. Müller, Karlsruhe

Fachzeitschriften:

Forschungsinformationsdienst Ökologisch orientierte Betriebswirtschaft. Herausgeber: Prof. E. Seidel, Siegen

Informationsdienst »Institut für ökologische Wirtschaftsforschung«, Berlin

Starke, Ralph, Dipl.-Sozialpädagoge, Bad Harzburg
Ökopädagoge für den Schwerpunkt außerschulische Kinder-, Jugend- und Erwachsenenbildung, tätig als Stadtjugendpfleger.

4.3.2 Ökobilanz

Michael Lörcher

Nachdem die Notwendigkeit eines betrieblichen Umweltschutzes mittlerweile auch auf Geschäftsführungsebene akzeptiert wird, stellt sich in der Praxis die Frage nach den geeigneten Instrumenten zur Umsetzung. Ein ökologisch orientiertes Management soll ja alle umweltrelevanten Tätigkeiten eines Unternehmens möglichst vollständig erfassen und darstellen und daraus Maßnahmen zur Verbesserung des Umweltschutzes ableiten und durchführen.

In den letzten fünfzehn Jahren sind eine Reihe solcher Instrumente und Methoden entwickelt und erprobt worden. So versuchte schon vor fünfzehn Jahren Ruedi Müller-Wenk mit betriebswirtschaftlichen Ansätzen die vom Unternehmen ausgehenden Umweltauswirkungen zu erfassen. Mit seiner *»Ökologischen Buchhaltung«* sollten diese umfassend und kontinuierlich erfaßt werden. Da die Dimensionen der betrachteten Umweltauswirkungen unterschiedlich sind, versucht die ökologische Buchhaltung die Maßeinheiten anhand von Äquivalenzfaktoren in eine vergleichbare Werteinheit umzurechnen. Diese Äquivalenzfaktoren werden aus dem Erschöpfungsgrad, bzw. der Knappheit der jeweiligen Ressource, abgeleitet. Mit den so gewonnenen einheitlichen Rechnungseinheiten kann analog zu einer normalen Bilanz weitergearbeitet werden. Die objektive Bestimmung dieser Äquivalenzfaktoren verursacht allerdings so große Schwierigkeiten, daß diese Methode in der Praxis kaum angewandt wird.

Eine andere Methode ist das sogenannte *Umweltschutz-Audit,* das auch von der ICC (International Chamber of Commerce) favorisiert wird. Sie stammt eher aus dem Bereich der *Sicherheits-* oder *Risikoanalyse* und ist ein Managementinstrument, das einer systematischen, dokumentierten, periodischen und objektiven Beurteilung dient, wie gut Umweltschutzorganisation, -management und -einrichtungen funktionieren, um den Schutz der Umwelt zu fördern.

Wesentliche Elemente des Umweltschutz-Audits sind:

1. *Aktivitäten vor dem Audit*
- Auswahl des zu prüfenden Standortes
- Aufstellen eines Überprüfungsplanes
- Beschaffung von Hintergrundinformationen
- Aufstellen der Kriterien für die Auswertung

2. *Aktivitäten vor Ort*
- Erfassen und Verständnis der Management-Kontrollsysteme
- Bewertung der Management-Kontrollsysteme
- Sammeln von Prüfbeweisen
- Auswertung der Prüfungsergebnisse
- Bericht über die Prüfungsergebnisse

3. *Tätigkeiten nach der Prüfung*
- Abschließender Prüfungsbericht
- Aufstellung und Umsetzung des Maßnahmenkatalogs
- Weiterverfolgen des Maßnahmenplans.

Das Umwelt-Audit ist der erste Schritt zur *Ökobilanz.* Es beinhaltet die in den Betrieb eingehenden Stoff- und Energiearten und -mengen. Es umfaßt ebenso die Erhebung der Bestände, der jährlichen Verbräuche sowie der aus dem Betrieb ausgehenden Materialien, Produkte, Abwässer, Abfälle etc. Damit vollzieht ein Umwelt-Audit einen Soll-Ist-Vergleich zwischen ökologischer Situation und gesetzlichen Bestimmungen und untersucht anhand von Check-Listen alle umweltrelevanten Geschäftsbereiche.

Die Ökobilanz geht einen wesentlichen Schritt weiter. Sie arbeitet zum einen mit betriebswirtschaftlichen Prinzipien und zum anderen mit einem systemorientierten Ansatz. Sie stellt eine interne Analyse der ökologischen Situation des Unternehmens dar und ist dadurch ein wichtiges Instrument des betrieblichen Umwelt-Managements. Mit der auf das Geschäftsjahr bezogenen ökologischen Bestandserhebung werden Schwachstellen festgestellt und Zielsetzungen für Verbesserungen erarbeitet. Auch ist der Ausbau der Ökobilanz bis hin zu einem betrieblichen *Umweltinformationssystem,* auch *Ökocontrolling* genannt, möglich.

Grundlage der Ökobilanz ist die Tatsache, daß Schädigungen der natürlichen Lebensgrundlagen in unserer Industriegesellschaft immer Folgen von Energie- und Stoffumwandlungen sind (z.B. Abgase durch Verbrennung von Öl zur Heizung von Öfen). Die Erfassung dieser Prozesse bildet daher die Basis einer umfassenden Darstellung der Umweltauswirkungen. Ausgangspunkt der Ökobilanz ist die Erfassung der *Stoff-* und *Energieflüsse* im Zusammenhang mit den Aktivitäten eines Unternehmens bzw. Betriebs.

Der Begriff Ökobilanz wird oft in unterschiedlichen Zusammenhängen gebraucht, dabei setzt sie sich eigentlich aus mehreren, verschiedenen Teilbilanzen zusammen. Diese werden auch häufig schon als Ökobilanzen bezeichnet. Eine Ökobilanz im engeren Sinne kann sich zum einen auf das Unternehmen als Ganzes beziehen, zum anderen einzelne Prozesse, Produkte oder Substanzen untersuchen. Erst die Kombination aller Teilbilanzen jedoch ergibt das vollständige Bild.

In dem Ökobilanz-Konzept des Institutes für ökologisches Wirtschaftsforschung (IÖW) ergibt sich daraus folgende vierstufige Systematik (s. Abb. 4.9):

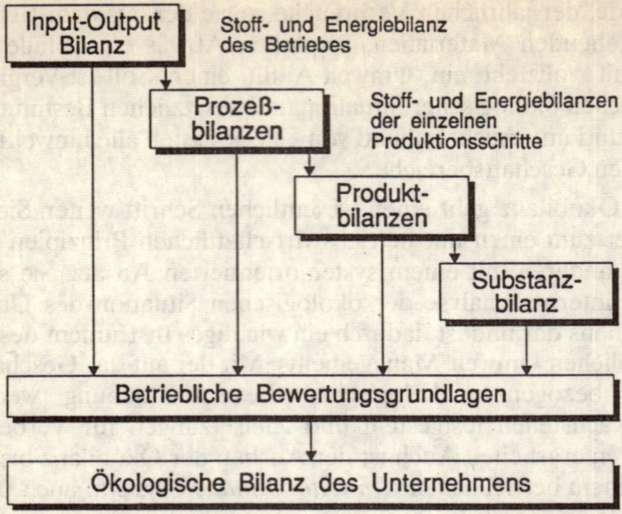

Abb. 4.9 Ökobilanz-Konzept

1. *Input-Output-Bilanz*
   - Stoffe und Energien
   - stoffliche Emissionen, freiwerdende Energie, Endprodukte
2. *Produktbilanz*
   - ökologische Eigenschaften und Wirkungen eines Produktes über seinen gesamten Lebenszyklus
3. *Prozeß-Bilanz*
   - Ablaufanalyse der betrachteten Produktionsprozesse
4. *Substanzbilanzen*
   - ökologisch relevante Aspekte, z. B. Bebauung, Altlasten

Voraussetzungen für eine vergleichbare und objektive Ökobilanz sind eine genaue Beschreibung der Systemgrenzen und -komponenten (Unternehmensbereiche, Zulieferer, etc.) und die Angabe der zeitlichen, räumlichen Dimensionen.

Eine Variante stellt die sogenannte »handlungsorientierte Ökobilanz« nach Oekoscience dar:

Die Anforderungen an die handlungsorientierte Ökobilanz sind:

a) Vollständigkeit — klare Systemgrenzen (geografisch, organisatorisch)
b) Schaffung eines Überblicks — *Querschnittsanalyse*
c) Erkennen von Schwerpunkten
d) Entwicklung von Zielen und Maßnahmen
e) Möglichkeit der Erfolgskontrolle.

Bei der »handlungsorientierten Ökobilanz« wird in folgenden Stufen vorgegangen:

1. Phase:

- Querschnittsanalyse
- qualitative bzw. halbquantitative Bewertung
- Sofortmaßnahmen

2. Phase:

- Schwerpunktanalyse.

Dem Unternehmer gibt die handlungsorientierte Ökobilanz folgende Punkte an die Hand:

- Übersicht über Bestände, Aktivitäten und Umweltbelastungen
- als Instrument für betriebliche Umweltpolitik und Entscheidungsgrundlage:
  - Schwachstellen
  - Risikopotentiale
  - Maßnahmenbewertung
  - Öko-Kommunikation
  - Erfolgskontrolle.

Allerdings ist eine Ökobilanz nur dann auf Dauer wirksam und erfolgreich, wenn sie voll in den Betriebsablauf integriert worden ist. Das heißt: Zum einen muß die Daten- und Informationsverarbeitung an die zusätzlichen Erfordernisse der

Ökobilanz angepaßt werden, zum anderen müssen Mitarbeiter und Geschäftsführung lernen, dieses Instrument sinnvoll zu nutzen.

Literaturhinweise

Hallay, Hendric: Die Ökobilanz — Ein betriebliches Informationsinstrument; Schriftenreihe des IÖW, Nr. 27, Berlin 1989

Positionspapier der Internationalen Handelskammer (ICC) zum Umweltschutz-Audit

Lörcher, Michael, Dipl.-Phys., München
Geschäftsführer der Akku Umweltberatungs GmbH
Innerbetriebliche Umweltschutzmaßnahmen, Ökobilanz, Umweltverträglichkeitsprüfung.

4.3.3 Ökologische Leitungsverantwortung

Sabine Braun

Umweltbewußtes Handeln bedeutet für den Unternehmer zuallererst die Übernahme von Verantwortung. Das kann natürlich nur, wer sich der Tragweite seiner Tätigkeit und seiner Entscheidungen bewußt ist. Daß die Wirtschaft nur Teil eines umfassenden Systems darstellt mit vielfältigen Beziehungen zu ihrer Umwelt, ist jedoch eine Einsicht, die sich mittlerweile gegen das Verständnis von Wirtschaft als einem geschlossenen System durchsetzt. Und ausschließlich auf dieser Basis sollten in Zukunft unternehmerische Entscheidungen getroffen werden. Eine umweltorientierte Unternehmensführung übernimmt nicht nur gesamtgesellschaftlich Verantwortung für die Zukunft, sondern ist auch für die Existenzsicherung des eigenen Betriebes das Gebot der Stunde. Denn nur durch umweltverträgliches Wirtschaften kann die Grundlage des Wirtschaftens überhaupt erhalten werden.

Umweltbewußtes Wirtschaften hat verschiedene Motive. Obenan steht der Erhalt unserer natürlichen Lebensgrundlagen. Das bedeutet auch eine Verringerung der volkswirtschaftlichen Gesamtkosten durch Umweltschäden, die jährlich für die Bundesrepublik Deutschland mit rund einer Milliarde Mark beziffert werden. Natürlich sähe es anders aus, wenn das *Verursacherprinzip* gelten würde. Dann müßten die Unternehmen einen guten Teil dieser Kosten direkt tragen. In Zukunft ist allerdings eher mit einer Verschärfung der politischen *Rahmenbedingungen* zu rechnen, so daß die Kosten verstärkt auf die Unternehmen umgewälzt werden wie beispielsweise im Falle der Verpackungsverordnung. Die Unternehmen sollten bestrebt sein, hier verantwortlich und innovativ zu handeln, und nicht erst die Verschärfung gesetzlicher Vorgaben abzuwarten, um lediglich mit End-off-pipe-Technologie darauf zu reagieren.

Zudem sind freiwillige *Umweltschutzmaßnahmen* eines Unternehmens durchaus dazu angetan, ihm wirtschaftliche Vorteile zu sichern. Durch ein enorm gestiegenes *Umweltbewußtsein* der Verbraucher sind sozusagen neue Absatzmärkte für umweltfreundliche Produkte entstanden. Auch hat ein umweltfreundliches Unternehmen auf dem Arbeitsmarkt wesentlich bessere Chancen, qualifizierte Bewerber zu bekommen. Angesichts der Verschärfung des Wettbewerbs auf dem Personalmarkt durch die geburtenschwachen Jahrgänge, sollte man diesen Vorteil nicht von der Hand weisen.

Als äußerst wichtiges Motiv für eine umweltbewußte *Unternehmensführung* ist natürlich auch die *Risikovorsorge* zu nennen. Und zwar nicht nur die globale, sondern ebenso die betriebliche. Wenn ein Unternehmen umweltbelastende Produkte durch umweltverträgliche Alternativen ersetzt, beugt es damit einem plötzlichen Markteinbruch durch ein verändertes Verbraucherverhalten vor. Ebenso schützt es sich vor gesetzlichen Verboten in diesem Produktbereich, die unter Umständen das Weiterbestehen des Unternehmens gefährden könnten. Auch das Risiko einer strafrechtlichen bzw. zivilrechtlichen Haftung durch das Unternehmen wird durch ein umweltorientiertes Management verringert oder ausgeräumt. So bedeutet das *Produkthaftungsgesetz,* das seit 1. Januar 1990 in Kraft ist, insbesondere für den Erzeuger von Waren ein neues Haftungspotential. Während es davor noch möglich war, sich mit dem Nachweis des nicht schuldhaften Handelns von der Haftung für Schäden, die durch ein Produkt verursacht wurden, freimachen zu können, ist dies bei Ansprüchen nach dem Produkthaftungsgesetz nicht mehr gegeben. Auch ohne Verschulden haften Hersteller und Händler nun für fehlerhafte Produkte.

Aufgrund der dargestellten Vorteile durch eine umweltorientierte Unternehmensführung im Gegensatz zu den steigenden Risiken durch umweltgefährdendes Verhalten setzt sich Umweltschutz als notwendige Leitlinie mittlerweile in den Führungsetagen durch. Mit dem Schlagwort »Umweltschutz ist Chefsache« beanspruchen zahlreiche Führungskräfte die Verwirklichung umweltgerechten Verhaltens für sich. Das reicht aber nicht aus, denn dieses Motto kann nur Wirkung haben, wenn umweltbewußtes Handeln

1. grundsätzlich in den *Unternehmensleitlinien* verankert ist.
2. als Kriterium in die *Entscheidungsstrukturen* aufgenommen ist.
3. die *Mitarbeiter* auf der gleichen Linie liegen.

Erst wenn alle diese Punkte realisiert sind, kann man von umweltorientierter Unternehmensführung sprechen. Klar ist aber auch, daß eine ernsthafte Umorientierung nur von höchster Stelle angestoßen und überprüft werden kann. Und vom Anstoß bis zur Verwirklichung ist es allemal ein langer Weg. Die notwendigen Maßnahmen müssen über mehrere Jahre abgestuft durchgeführt werden. Um sich hierfür einen Strategieplan zusammenzustellen, sollten sie in vier verschiedene Gruppen unterteilt werden:

1. Betriebsökonomische Prioritäten
2. Ökologisch-technische Prioritäten
3. Personell-organisatorische Prioritäten
4. Betriebspsychologische Prioritäten

An Punkt 1 sei beispielhaft aufgezeigt, wie man innerhalb eines Umweltschutzkonzeptes Maßnahmen nach bestimmten Prioritäten ergreift, die zu einem umweltorientierten Unternehmen führen. So ist völlig klar, daß man betriebsökonomisch sinnvoll zuallererst Umweltschutzmaßnahmen ergreift, die durch Gesetze und Verordnungen vorgeschrieben sind. Danach wird man die Umweltschutzmaßnahmen realisieren, die dem Betrieb nützen, sprich energie- und wassersparende Technologien einsetzen. In diesem Bereich zeigt sich sehr deutlich, daß es eine ganze Anzahl von Umweltschutzmaßnahmen gibt, die dem Betrieb durchaus zugute kommen, indem sie Geld einsparen. Sind in diesem Bereich alle Möglichkeiten ausgeschöpft, steht die Umsetzung von neutralen Maßnahmen an, die dem Unternehmen weder nützen noch es belasten. Erst dann müssen Überlegungen zu Maßnahmen angestellt werden, die für das Unternehmen eine finanzielle Belastung bedeuten, sich aber mittel- oder langfristig durchaus wieder auszahlen können.

Zusammenfassung

Bevor man Umweltschutz als Führungsaufgabe für sich reklamiert, müssen folgende Punkte abgecheckt werden. Sie sollten alle positiv beantwortet werden können:

- Die persönliche Einstellung zum Umweltschutz:
  Besteht grundsätzliche Bereitschaft, das persönliche Verhalten so zu ändern, daß man Umweltschutzziele glaubhaft vertreten kann?
- Die eigenen Kenntnisse über den bestehenden Umweltschutz im Betrieb:
  Bestehen Orientierungen zur umweltfreundlichen Materialbeschaffung, Maßnahmen im Fertigungsbereich über gesetzliche Bestimmungen hinaus oder Aktivitäten im Bereich Vermeidung und Wiederverwertung von Müll?
- Unternehmensleitlinien und Zielvorstellungen:
  Wurde Umweltschutz für das Unternehmen verbindlich als Ziel formuliert?

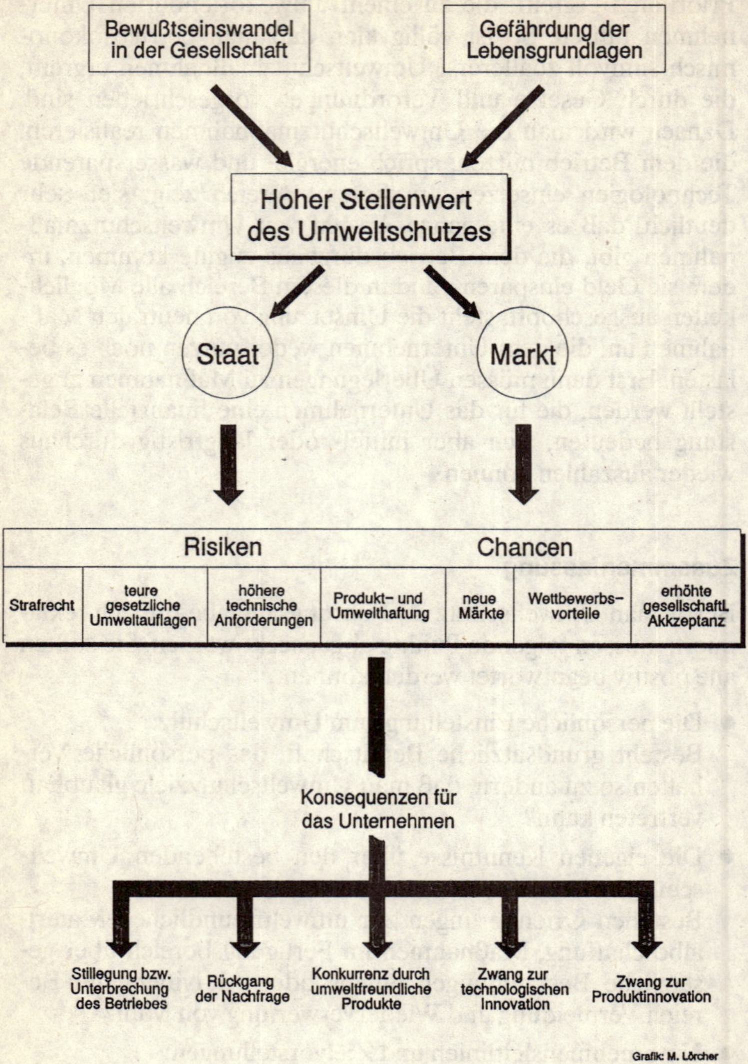
Bewußtseinswandel in der Gesellschaft
Gefährdung der Lebensgrundlagen
Hoher Stellenwert des Umweltschutzes
Staat
Markt
Risiken
Chancen
Strafrecht
teure gesetzliche Umweltauflagen
höhere technische Anforderungen
Produkt- und Umwelthaftung
neue Märkte
Wettbewerbsvorteile
erhöhte gesellschaftl. Akkzeptanz
Konsequenzen für das Unternehmen
Stillegung bzw. Unterbrechung des Betriebes
Rückgang der Nachfrage
Konkurrenz durch umweltfreundliche Produkte
Zwang zur technologischen Innovation
Zwang zur Produktinnovation
Grafik: M. Lörcher

- Marktpotentiale für umweltverträgliche Produktalternativen:
  Bestehen Planungsinstrumente, die Umweltschutz als Marktpotential identifizieren könnten?
- Controlling und Umweltschutz:
  Bestehen Möglichkeiten zur Überprüfung von technischen Standards und darüber hinaus zum Erkennen von Umweltrisiken im Betrieb?
- Zuständigkeiten:
  Liegen Informationen über die Tätigkeit und die Meldungen des Umweltschutzbeauftragten vor?
- Motivation von Mitarbeitern:
  Enthält das betriebliche Vorschlagswesen auch den Umweltschutz betreffende Anreize?

Literaturhinweise

Bundesverband Junger Unternehmer e.V. (Hrsg.): BJU-Umweltschutz-Berater, Handbuch für wirtschaftliches Umweltmanagement im Unternehmen, Köln 1989

Hopfenbeck, Waldemar: Umweltorientiertes Management und Marketing: Konzepte — Instrumente — Praxisbeispiele, Landsberg/Lech 1990

Leske, Jürgen: Produkthaftung. Die neue Herausforderung, Heyne-Reihe Kompaktwissen

Braun, Sabine, M.A., Journalistin und Autorin, München

Autorin von:
Ökologie, Wirtschaft, Unternehmenskultur
Esquire, Öko-Manager (Mai 1991)
Abendzeitung, Bayerns grünste Manager (Aug. 1991)

4.3.4 Umweltschutz im Betrieb

Kirsten Bauer

Eine umweltorientierte Unternehmensführung kann den betrieblichen Erfolg in doppelter Hinsicht fördern: Zum einen dient sie der Entschärfung der Umweltbelastung durch das Gewerbe, zum anderen kann sie langfristig den betriebswirtschaftlichen Erfolg eines Unternehmens steigern. Das Verbraucherbewußtsein, aber auch die gesetzlichen Verpflichtungen in Fragen des Umweltschutzes sind in den vergangen Jahren erheblich geschärft worden, Tendenz steigend! Deshalb sollte ein zukunftsorientiertes Management rechtzeitig Umweltschutzmaßnahmen in sein betriebliches Führungskonzept aufnehmen.

Voraussetzung für effektiven Umweltschutz in Betrieben ist ein funktionierendes *Umweltinformationssystem (UIS).* Ein solches System kann ohne großen Aufwand in die bestehenden Strukturen integriert werden. Wo im Rahmen herkömmlicher betrieblicher Informationssysteme Informationen erhoben werden, lassen sich auch Umweltinformationen berücksichtigen.

Ein UIS sollte im wesentlichen nach folgenden Gesichtspunkten geordnet sein: Übersicht über die betriebsrelevanten Umweltgesetze, über Arbeitsschutz- und Sicherheitsmaßnahmen im Betrieb, über ökologisch bedingte Änderungen des Verbraucherverhaltens sowie Marktchancen für ökologische Produktentwicklungen, über Gefahrenstoffe, die in der Produktion verwendet werden, über umweltbedingte Kostennachteile einzelner Produkte oder Materialien und über Reyclingmöglichkeiten des Betriebes. Je nach Größe eines Betriebes und der Anzahl der verschiedenen Produktionsstätten können weitere Kategorien innerhalb des UIS sinnvoll sein.

Eckpfeiler des betrieblichen Umweltschutzes sind selbstverständlich die gesetzlichen Grundlagen. Das Umweltrecht ist heute durch eine Fülle von Gesetzen und Vorschriften geregelt. Im folgenden können daher lediglich die drei Gesetze vorgestellt werden, an denen kein Unternehmen vorbeikommt:

1. Nach dem *Bundesimmissionschutzgesetz (BImSchG)* sind Menschen, Tiere, Pflanzen und andere Sachen vor umweltschädlichen Einflüssen zu schützen, dem Entstehen solcher Beeinträchtigungen ist vorzubeugen. Der anlagenbezogene Immissionsschutz unterscheidet zwischen genehmigungsbedürftigen und nicht genehmigungsbedürftigen Anlagen. Anlagen sind genehmigungspflichtig, wenn sie aufgrund ihrer Beschaffenheit besonders schädliche Umwelteinwirkungen hervorrufen.

Über 140 Anlagentypen unterschiedlicher Wirtschaftsbereiche fallen heute unter die Genehmigungspflicht. Eine genaue Auflistung findet sich im Anhang des BImSchG. Wichtig für genehmigungspflichtige Anlagen ist auch die *Störfallverordnung.* Sie gilt für solche Anlagen, in denen mit gefährlichen Stoffen umgegangen wird. Zur Zeit fallen 23 Anlagetypen sowie über 300 gefährliche Stoffe oder Stoffgruppen unter die Verordnung. Betriebe, die unter die Störfallverordnung fallen, müssen eine Reihe von Maßnahmen ergreifen, die insbesondere der Vorsorge und Abwehr sowie dem Schutz der Mitarbeiter gelten.

2. Die *Abwasserherkunftsverordnung (AbwHerkV)* ist für jeden Betrieb von entscheidender Bedeutung. Der Begriff »Abwasser« ist im *Wasserhaushaltsgesetz (WHG)* nicht definiert. Allgemein versteht man darunter Wasser, das durch häuslichen oder gewerblichen Gebrauch verändert wurde. Eine Erlaubnis zum Einleiten von Abwasser wird nur erteilt, wenn der Schadstoffgehalt so gering wie nach den anerkannten Regeln der Technik möglich gehalten ist. Gilt ein Betrieb als »Abwassereinleiter«, muß er besondere Anforderungen an die Sicherheit von Anlagen zum Lagern, Abfüllen und Umschlagen wassergefährdender Stoffe (LAU-Anlagen) sowie deren Herstellen, Behandeln und Verwenden (HBVAnlagen) beachten. Leitet ein Unternehmen am Tag mehr als 750 Ku-

bikmeter Abwasser in die Gewässer ein, ist es gesetzlich dazu verpflichtet, einen Gewässerschutzbeauftragten einzustellen.

Das *Abwasserabgabengesetz* ergänzt die Verordnungen des Wasserhaushaltsgesetzes. Es schreibt vor, daß für das Einleiten von Abwasser eine Abgabe entrichtet werden muß und soll sogenannten »Direkteinleitern« Anreize zur Investition von gewässerschützenden Maßnahmen verschaffen.

3. Wenn Abfälle anfallen, müssen sie so entsorgt werden, daß das Wohl der Allgemeinheit nicht beeinträchtigt wird. Das zentrale Gesetz für die Abfallwirtschaft ist das *Gesetz über die Vermeidung und Entsorgung von Abfällen,* kurz *AbfG.*

Ein Unternehmen muß insbesondere prüfen, in welchem Umfang innerbetrieblich überwachungsbedürftige Reststoffe und Abfälle anfallen. Einzelheiten über die Entsorgungsstandards und Abfallnachsorge gibt die *TA Abfall* sowie einzelne Rechtsverordnungen. Die wichtigsten Rechtsverordnungen mit entsprechenden Handlungshinweisen sind die Klärschlammverordnung, Altölverordnung, die Verordnung über die Entsorgung gebrauchter halogenierter Lösungsmittel und die Entsorgung schadstoffhaltiger Baustellenabfälle. Im Rahmen einer Novellierung des Abfallgesetzes 1992 sind einige Änderungen zu erwarten.

Der Deutsche Industrie- und Handelstag (DIHT) hat eine neue IHK-Seminarreihe »Unternehmen und Umweltschutz« entwickelt. Hiermit soll insbesondere den zuständigen Fachleuten das erforderliche »Rüstzeug« zur besseren Umsetzung der gesetzlichen Anforderungen in der betrieblichen Praxis vermittelt werden.

Umweltorientierte Unternehmensführung braucht die Belegschaft! Bei vielen Mitarbeitern wird das Management mit innerbetrieblichen Umweltschutzmaßnahmen ohnehin offene Türen einrennen und auf große Unterstützung treffen. Durch das gestiegene Umweltbewußtsein in der Bevölkerung werden solche Maßnahmen oftmals das Wohlbefinden am Arbeitsplatz und damit die allgemeine Motivation steigern.

Die Betriebsleitung sollte auf diesem Bewußtsein aufbauen und es durch *umweltorientierte Mitarbeiterschulung* ausweiten. Neu einzuführende Umweltschutzmaßnahmen sollten der Belegschaft beispielsweise an einem »Grünen Brett« angekündigt und ihre Nützlichkeit erklärt werden. Das erleichtert die Akzeptanz auch bei den Mitarbeitern, die kein generelles Interesse am Umweltschutz haben.

Zusätzlich sollten regelmäßig Seminare oder Vorträge zu Umweltfragen organisiert und insbesondere in den Lehrplan von Auszubildenden aufgenommen werden. Auch Umweltbroschüren und ähnliches für Mitarbeiter können das Umweltbewußtsein fördern.

Die örtlichen Industrie- und Handelskammern bieten Betrieben in Fragen der Umweltinformation und Umweltberatung ihre Hilfe an. Die Kammern beschränken sich dabei vornehmlich darauf, Ansprechpartner und Kontaktvermittler für Umweltschutzbelange der gewerblichen Wirtschaft zu sein und stellen keine betriebsinterne »Allround-Beratung«.

Ein *Umweltschutzbeauftragter* fungiert als zentrale Schaltstelle für alle Belange des Umweltschutzes des Betriebes. Jeder Betriebsleiter sollte sich erkundigen, ob sein Unternehmen verpflichtet ist, Umweltschutzbeauftragte einzustellen. Je nach Schadstoffausstoß der Produktion gibt es nämlich Auflagen, die Betriebe gesetzlich dazu verpflichten, einen Betriebsbeauftragten für Immissionsschutz, Gewässerschutz oder Abfall einzustellen. Seit der Neufassung des Bundes-Immissionsschutz-Gesetzes von Mai 1990 muß der zuständigen Behörde die Einstellung eines Betriebsbeauftragten unverzüglich angezeigt und sein Aufgabenfeld dargestellt werden. Sollte beispielsweise ein mittelständiger Betrieb eine zusätzliche Fachkraft nicht vollständig auslasten können, besteht die Möglichkeit, einen fachlich kompetenten Mitarbeiter mit dieser Aufgabe zu betreuen. Diese Möglichkeit bietet sich besonders auch für die Betriebe an, die gesetzlich nicht verpflichtet sind, einen Umweltbeauftragten zu beschäftigen, sondern ein eigenes Interesse an einem fachkundigen Umweltmanagement haben.

Zu den Aufgaben des Umweltschutzbeauftragten gehört es, Strategien zur Entsorgung und Vermeidung von umweltschädlichen Stoffen in der Produktion zu entwickeln, das Management auf mögliche Gesetzesübertretungen oder Gesetzesänderungen und die Mitarbeiter auf Umweltprobleme und neue, innerbetriebliche Umweltschutzmaßnahmen aufmerksam zu machen.

Wichtig ist, daß der Betriebsbeauftragte die finanzielle und »ideelle« Unterstützung der Geschäftsleitung hat. Nur so wird er effektiv und unterstützt von der Belegschaft arbeiten können.

Der oder die Umweltbeauftragte koordiniert also die innerbetrieblichen Umweltaktivitäten. Je nach Größe eines Unternehmens ist es allerdings ratsam, den institutionellen Bereich des Umweltschutzes auszuweiten, um alle Unternehmensbereiche an Umweltfragen zu beteiligen. So ist es beispielsweise ratsam, einen *Umweltausschuß* einzurichten, der sich aus Mitarbeitern der verschiedenen Abteilungen zusammensetzt. Diese sollten gemeinsam einen *»Umweltaktionsplan«* ausarbeiten und in regelmäßigen Abständen zusammenkommen; um eine Bilanz über die Effektivität der eingeleiteten Schritte zu ziehen sowie Verbesserungsvorschläge einzubauen. Empfehlenswert ist in diesem Zusammenhang auch das gängige *Vorschlagswesen* zur betrieblichen Rationalisierung seitens der Mitarbeiter auf Umweltfragen auszuweiten. Durch den finanziellen Anreiz an die Mitarbeiter werden diese ihr Arbeitsfeld auf mögliche Umweltschutzverbesserungen untersuchen. Mit einem *Umwelt-Vorschlagswesen* werden zwei Ziele erreicht: Zum einen wird so allgemeine Bewußtseinsbildung für Umweltfragen gefördert, zum anderen kann das Management auch in Bereichen Umweltschutzmaßnahmen etablieren, die sich sonst ihrer Kontrolle weitgehend entziehen.

Grundsätzlich sollte für jeden Unternehmer gelten, den Einsatz von Energie, Wasser und Materialien durch verbesserte Techniken so weit wie möglich einzuschränken. Umweltbelastende Stoffe und Lärm an der Quelle einzufangen und die klassischen Einkaufskriterien der Materialwirtschaft durch das Kriterium »Umweltverträglichkeit« zu erweitern. Unterstützung bieten dabei sogenannte *»Stofflisten«*, die Herstellerfirmen auf Anfrage mitliefern müssen. Diesen Stofflisten kann die genaue stoffliche Zusammensetzung einzelner Vorprodukte entnommen werden.

Ein umweltorientiertes Unternehmen muß sich ständig über den neuesten Stand der Entsorgungstechnik informieren. Eine wichtige Hilfestellung bei der Entsorgung von Produktionsrückständen und Reststoffen bietet die *»Recyclingbörse«* des Deutschen Industrie- und Handelstages. Das Kernstück der Recyclingbörse ist ein leistungsfähiges EDV-gestütztes überbetriebliches Vermittlungssystem von Produktionsrückständen/Reststoffen. Über die zuständige IHK werden Angebot und Nachfrage nach genauer Zusammensetzung der Stoffe codiert in das überregionale System eingespeist. Die IHKs machen die Informationen durch direkte Übersendung, Abonnement oder per Kammerzeitschrift einer großen Zahl von Unternehmen zugänglich. Darüber hinaus kann jedes Unternehmen auch direkt in der Datenbank recherchieren.

Ein Tip zum Schluß:

Maßnahmen zum Umweltschutz können durch staatliche Förderprogramme, verbilligte Darlehen oder steuerliche Möglichkeiten finanziell unterstützt werden. Auch im Rahmen der Europäischen Gemeinschaft können Förderprogramme insbesondere zur Energieeinsparung beantragt werden. In der Regel folgt die Förderung dem Technikanspruch, der durch eine Investition erreicht wird. Handelt es sich lediglich um eine Ersatzinvestition, die dem derzeit üblichen Standard entspricht, werden sich relativ wenig Subventionsmittel rekrutieren lassen, wird aber die Energiebilanz eines Unternehmens beispielsweise durch Abwärmenutzung optimiert, steigen die Möglichkeiten deutlich. Genaue Informationen sollten der Fachlektüre entnommen werden.

Literaturhinweise

Förderfibel Energie (Bundes- und Länderförderprogramme), Deutscher Wirtschaftsdienst, Köln

Winter, Georg: Das umweltbewußte Unternehmen. Ein Handbuch der Betriebsökologie mit 22 Checklisten für die Praxis, 2. Auflage, München 1989

Sietz, Manfred / Sondermann, Wolf Dieter: Umwelt-Audit und Umwelthaftung. Anleitung zur Risikominderung, Vorsorge und Produktqualitätssicherung in der Betriebspraxis, Taunusstein 1990

Bauer, Kirsten, M.A., Journalistin, München

Politik, Wirtschaft, Umwelt

Autorin von
div. Veröffentlichungen in verschiedenen Zeitschriften

4.4 Besondere Aspekte

4.4.1 Ethik, Effizienz und Erfolg

Joachim Kreutzkam

Über Ethik im Kontext von Effizienz und Erfolg in der Wirtschaft zu spekulieren ist zur Mode geworden. Ist Wirtschaftsethik deshalb ein nur modisches Thema? Handelt es sich nur um ein »ethisches Gesäusel« (Helmut Maucher), von dem wieder abzulassen der harte Kampf um Effizienz und Erfolg gebietet?

Der vorliegende Beitrag will in der gebotenen Kürze aufzeigen, daß ein differenziertes Verständnis des »Drei-E-Prinzips« (Ethik, Effizienz, Erfolg) über die Qualität des Managements entscheidet — nicht nur in der Wirtschaft (im Mikro-, Meso- und Makrobereich), sondern in allen sozialen Systemen und auf allen Ebenen des individuellen und sozialen Handelns.

Die Schwierigkeit, den inneren Zusammenhang der drei Begriffe zu verstehen, offenbart sich in den vielen modischen Vagheiten und appellatorischen Unverbindlichkeiten der »Ethik-Industrie« und ihrer vielen Billigprodukte. Hierher gehören nicht nur die zahlreichen Bindestrich-Ethiken, sondern auch viele Abhandlungen zu Unternehmenskultur, Corporate Identity und »ganzheitlichem« oder »visionärem« Management.

Der vorliegende Beitrag will dem Leser eine Orientierungshilfe auf dem wildwuchernden »Ethik-Markt« vermitteln und seine Unterscheidungsfähigkeit stärken.

Menschliches Handeln ist immer — bewußt oder unbewußt — zielgerichtetes Handeln. Das gilt für Individuen wie für soziale Systeme, zu denen auch die Unternehmen gehören. Die Art des Ziels, der Mittelwahl und des Mitteleinsatzes zur Zielerreichung bestimmen die Qualität des Handelns. Diese Grundstruktur ist immer wirksam, ob wir uns ein Frühstück bereiten, uns zu einem Arbeitsessen treffen oder die Linderung des Welternährungsproblems zur Aufgabe machen. Nur der Grad der Komplexität ist unterschiedlich.

Weil der Mensch über Ziele, Mittelwahl und Mitteleinsatz entscheidet, muß er seine Entscheidungen auch begründen und mit anderen darüber kommunizieren können.

Für die Beurteilung von Handlungsentscheidungen spielt das »Drei-E-Prinzip« eine entscheidende Rolle: Der Erfolg sagt etwas über die Zielerreichung aus, die Effizienz über Mittelwahl und -einsatz und die Ethik über die Verantwortbarkeit beider. Wer dem Grundsatz huldigt, alles, was machbar sei, sei auch legitim, reduziert das »Drei-E-Prinzip« auf Effizienz und Erfolg.

Der wissenschaftlich-technische Fortschritt der Industriegesellschaft hat in den vergangenen zweihundert Jahren Ethik zunehmend in Effizienz und Erfolg aufgehen lassen. Solange es den Menschen immer »besser« geht, wird Fortschritt selbst zur ethischen Kategorie.

Von Ausnahmen abgesehen, steht die Wirtschaftspraxis der heutigen Industriegesellschaft noch weitgehend unter dem Eindruck dieses traditionellen Fortschrittsdenkens, des Fortschrittsparadigmas, wie es zuweilen genannt wird. Daran hat auch die Umweltdebatte, die in den vergangenen zwei Dezennien zu einer immer größeren Kraft geworden ist, noch nichts Wesentliches verändert. Aber sie hat einen nachhaltigen Denkanstoß gegeben, der zu einer Veränderung des Fortschrittsparadigmas in der Industriegesellschaft führen kann, zu einer »Entmoralisierung« des Effizienz-Erfolg-Denkens und damit zu einem neuen Verständnis des »Drei-E-Prinzips«.

Dieser Umbruch im Denken der Industriegesellschaft könnte auch wieder zu einer nüchterneren Einschätzung der Notwendigkeit von Effizienz und Erfolg in der Wirtschaft führen. Werden diese Begriffe nämlich »entmoralisiert« und die ethische Diskussion ernstgenommen, wird auch die Akzeptanz der Wirtschaft — als Produkt von Leistungsfähigkeit und Glaubwürdigkeit — in der Gesellschaft zunehmen. Dazu aber muß die Wirtschaft — in Zusammenarbeit mit allen anderen gesellschaftlichen Subsystemen — selbst aktiv beitragen.

Wie dies geschehen könnte, soll an einem praktischen Beispiel erläutert werden: an der Automobilindustrie, die nicht nur ein großer Wirtschaftsfaktor ist und in einem hart umkämpften globalen Markt operiert, sondern auch in das Leben fast jedes Menschen in der Industriegesellschaft hinein wirkt. (Vergleichbare Überlegungen ließen sich für alle Branchen anstellen.)

Wer ein Automobil produzieren will, wird sich auf der Grundlage von Marktanalysen für eine Modellidee (Produktionsziel) entscheiden. Er wird dann alle Mittel wie Forschung und Entwicklung, Personal, Finanzierung, Marketing, Logistik usw. einsetzen und mit Hilfe des Controlling überwachen, damit das angestrebte Ziel mit Erfolg erreicht wird. Erfolg bedeutet betriebswirtschaftlich gelungene Gestaltung der Ziel-Mittel-Relation, d.h. die Erreichung eines Optimums an Zielverwirklichung bei gegebenem Ressourceneinsatz mit dem Ergebnis eines Gewinnüberhangs bei der Vermarktung.

Unternehmerischer Erfolg ist das Ergebnis effizienten Managements. Dieses setzt technisch-ökonomische Fachkompetenz und Sozialkompetenz voraus, damit — abstrakt gesprochen —

optimale materielle und immaterielle Ressourcen-Allokation möglich wird. Effizienz und Erfolg sind Kategorien der ökonomischen Rationalität.

Das soziale System Unternehmen steht jedoch nicht auf der grünen Wiese. Effizienz und Erfolg sind nicht konfliktfrei. Das gilt für die Binnenbeziehungen des Unternehmens wie für seine Außenbeziehungen, sein Umfeld.

Unternehmen sind wie alle sozialen Systeme offene Systeme, die — entgegen unserer begrifflichen Vorstellungswelt — nicht durch Grenzen definiert werden, sondern durch die Dynamik ihrer Anpassungsfähigkeit an ihr Umfeld und durch die gleichzeitige Gestaltungsfähigkeit eben dieses Umfeldes. Soziale Systeme sind ständig lernende Systeme, wenn sie überleben wollen, wenn sie langfristig erfolgreich sein wollen.

Lernprozesse sind immer auch Konflikt- oder Problemlösungsprozesse. Die Art der Konflikte oder Probleme bestimmt die Art der Lernprozesse.

Im Kontext sozialer Systeme gibt es im wesentlichen drei Arten von Konflikten, auf die Lernprozesse bezogen werden müssen, um die Überlebensfähigkeit der Systeme zu sichern:

- innersystemische Konflikte,
- intersystemische Konflikte und
- metasystemische Konflikte.

Bezogen auf das exemplarische Automobilbauunternehmen bedeutet dies in der Praxis:
Erstens: Innersystemisch sind alle jene Konflikte, die das Zusammenspiel von Effizienz und Erfolg stören. Das können zum Beispiel Konflikte aufgrund unzufriedener Mitarbeiter, Lieferanten, Kunden oder Aktionäre sein. Die Unzufriedenheit der Mitarbeiter kann mit Lohn-, Arbeitszeit- und Arbeitsplatzbedingungen oder mit dem schlechten Führungsstil der Vorgesetzten zusammenhängen. Lieferanten sind mit zunehmend rigiden Konditionen nicht einverstanden. Die Unzufriedenheit der Kunden richtet sich auf Produktqualität, Lieferfristen oder Vertragswerkstätten, und die Aktionäre können sich mit den tatsächlich gezahlten Dividenden nicht abfinden.

In allen Fällen, in denen die Unzufriedenheit berechtigt ist, handelt es sich um Auswirkungen eklatanter Managementfehler, um Defizite in der Fach- und Sozialkompetenz des Managements. Hier fehlt dem Management das notwendige Berufsethos, sollte es zu entsprechenden Lernprozessen nicht bereit sein. Unternehmens- und Führungsleitlinien sind Ausformulierungen dieses Berufsethos — nicht mehr, aber auch nicht weniger. Sie enthalten Verhaltensregeln für einen möglichst konfliktfreien innerbetrieblichen Ablauf. Ethik in diesem Verständnis war schon immer ein Erfolgsfaktor in vorbildhaften Unternehmen. Das »Drei-E-Prinzip« vermag auf dieser Ebene innersystemische Konflikte zu lösen. Hier liegen aber nicht die entscheidenden Fragen der heutigen Wirtschaftsethikdebatte.

Zweitens: Intersystemisch sind alle jene Konflikte (Probleme), die dadurch entstehen, daß das soziale System Automobilbauunternehmen (Automobilbranche) mit anderen gesellschaftlichen Gruppen (Systemen) kollidiert. Bürgerinitiativen wehren sich gegen den Bau weiterer Teststrecken, und Umweltschützer rufen zum Boykott des Unternehmens auf, weil die Giftmüllentsorgung zu leicht genommen wird, oder fordern mehr Mut zur Produktion abgasfreier Autos. Die Automobilindustrie ihrerseits ist unzufrieden mit restriktiven staatlichen Rahmenbedingungen für den Straßenbau oder mit einer geplanten drastischen Erhöhung der Mineralölsteuer oder mit einer gesetzlichen Geschwindigkeitsbeschränkung.

Kommt es hier zu Konfliktlagen, so ist wiederum die Lernfähigkeit des Systems Unternehmen (Branche) gefragt, da Defizite im intersystemischen Wissen und Verstehen (Systemkompetenz) des Managements zutage treten. Gerade weil ihr Unternehmen kein geschlossenes, idyllisch selbstgenügsames System darstellt, müssen sich Führungskräfte mit den intersystemischen Interdependenzen befassen, müssen Systemkompetenz erwerben. Konkret bedeutet dies:

Man sollte als Mitglied der Führungselite eines Automobilbauunternehmens die vernetzten Zusammenhänge von Auto, Verkehr, individueller Freiheit, nationaler und globaler Umweltbelastung, Stadtplanung, Rechtsordnung, internationalem Tourismus, Versorgungswirtschaft, Wertewandel usw. in einem lebenslangen Bildungsprozeß zunehmend besser verstehen lernen, um von einer kurzfristigen Effizienz-Erfolg-Betrachtung zu mittel- und langfristigen, überzeugenden und kommunizierbaren Unternehmensstrategien zu gelangen. Auf dieser Ebene des »Drei-E-Prinzips« spielen nicht nur national-, sondern vor allem globalethische Gesichtspunkte im ständigen Prozeß der Anpassung und Gestaltung des Unternehmensumfelds eine entscheidende Rolle. Hier sind bisher nur wenige Ansätze in der Bildungslandschaft der Wirtschaft erkennbar.

Aber damit nicht genug: Die beiden Ebenen der Effizienz-Erfolg-Relation und die korrespondierenden Ebenen der (Sozial)-Ethik — das Unternehmen mit seinen innersystemischen und intersystemischen Konflikten — werden drittens von einer Art von Konflikten überlagert, die nicht systemspezifisch sind, sondern metasystemischen Charakter haben.

Auf dieser Ebene der Sozialethik geht es um grundlegende Fragen, ohne deren Beantwortung die Konflikte aus den beiden ersten Ebenen des »Drei-E-Prinzips« letztlich nicht zufriedenstellend behandelt werden können. Die Konflikte, die sich auf dieser Ebene abspielen, sind universaler Natur. Es sind jene Konflikte, bei denen dieselben empirischen Fakten im Betrieb oder im betrieblichen Umfeld unterschiedlich bewertet werden.

Die unterschiedliche Bewertung entstammt unterschiedlichen moralischen und ethischen Werthaltungen (Wertepluralismus). Konflikte lassen sich nur lösen, wenn mit philosophisch-argumentativen Mitteln Konsensbildungen möglich werden, die wegen ihrer logischen Überzeugungskraft kommunizierbar sind.

Die zur Lösung metasystemischer Konflikte erforderliche Lernfähigkeit von sozialen Systemen stellt hohe Anforderungen an die Kulturkompetenz des Managements, das sich mit universalethischen Fragen im jeweiligen unternehmensbezogenen empirischen Problemkontext befassen können sollte.

Hier ist das Bildungssystem generell aber noch unterentwikkelter als auf der Ebene der Systemkompetenz.

Besonders bedrohlich ist, daß sich die Schere zwischen der sich beschleunigenden Problemkomplexität und der System- und Kulturkompetenz des Managements noch immer weiter öffnet. Angesichts dieser Situation muß es für die Wirtschaft als stärkste Fortschrittskraft von höchstem Interesse sein, diese Lücke in ihrem Bildungssystem zu schließen.

Angesichts des fast ausschließlich einzelfachlich und disziplinär ausgerichteten Bildungssystems wird die Wirtschaft — mit Hilfe externer Berater — ein multidisziplinäres Informationsmanagement mit zugleich philosophisch-integrativer Kompetenz aufbauen müssen.

Das »Drei-E-Prinzip« sollte hierbei strukturweisend sein.

Tips für die Praxis

- Denken Sie bei wichtigen Unternehmensentscheidungen immer daran, daß Effizienz und Erfolg kein Selbstwert sind, sondern immer etwas mit Ethik, also mit der Wert- und Sinnfrage zu tun haben (»Drei-E-Prinzip«)!
- Machen Sie sich immer wieder mit dem »Drei-E-Prinzip« vertraut und reden Sie darüber — auch gegenüber Lieferanten, Kunden und Investoren (Glaubwürdigkeit!)
- Scheuen Sie sich nicht, vor wichtigen Entscheidungen Mitarbeiter und/oder externe Berater Ihres Vertrauens zu Rate zu ziehen, um komplexe empirische und ethische Fragen mit ihnen gemeinsam zu diskutieren!
- Machen Sie Ihren ganzen Einfluß geltend, damit die kontinuierliche Behandlung komplexer Probleme Ihres Unternehmens (Ihrer Organisation) und seiner Wechselbeziehungen mit Politik und Gesellschaft in die Weiterbildung Ihrer Führungskräfte einbezogen wird! Externe Berater sollten behilflich sein.
- Unterstützen Sie im Bereich des Wissenschafts- und Bildungs-Sponsoring vor allem solche Bemühungen, die er-

kennbar positive Rückkopplungseffekte auf die Lernfähigkeit Ihres Hauses haben.

- Machen Sie sich immer wieder bewußt, daß Kreativität, Innovationsbereitschaft und Erfolg nur dann gesellschaftliche Akzeptanz finden, wenn zur fachlichen Leistungsfähigkeit Ihres Unternehmens auch das empirisch und ethisch untermauerte Systemwissen hinzutritt, ohne das keine langfristige Existenzsicherung heute mehr möglich ist.

Literaturhinweise

KREUTZKAM, JOACHIM / LEISINGER, KLAUS M.: Unternehmensethik in Theorie und Praxis, Verlag C. H. Beck, München 1992

TULEJA, TAD: Ethik und Unternehmensführung, Verlag Moderne Industrie, Landsberg 1987

ULRICH, HANS / PROBST, GILBERT J. B.: Anleitung zum ganzheitlichen Denken und Handeln. Ein Brevier für Führungskräfte, Verlag Paul Haupt, Bern und Stuttgart 1988

KREUTZKAM, JOACHIM, Dr. phil., Goslar

Geschäftsführender Gesellschafter der G.E.M. Gesellschaft für Ethik, Bildung und Management mbH

Unternehmensberatung (Designs für multidisziplinäre Problemlösungen) und Führungskräfte-Fortbildung im Bereich Systemkompetenz und Kulturkompetenz

Autor von
zahlreichen Beiträgen in Fachzeitschriften zu Fragen der Wissenschafts- und Bildungspolitik sowie zu Fragen der Ethik im technischen Zeitalter.

4.4.2 Streß und persönliche Stabilität

Wolfgang Schömbs

Wie können wir unsere geistigen Fähigkeiten in entscheidenden Situationen voll einsetzen? Wie können wir geistige Blockaden vermeiden und im wichtigen Augenblick ganz präsent und locker sein? Wie erreichen wir einen Zustand, von dem man sagt, hier haben Könner ihre genialen Leistungen vollbracht? Hier hat Mozart ganze Symphonien vor sich gesehen? Hier war Boris Becker mental gut drauf? Wie können wir solche Situationen, die jeder hat, besser nutzen, entgegen allen Widerständen im Tagesgeschehen? Wie können wir uns besser auf das Wesentliche konzentrieren? Wie können wir mitten im Streß Mensch bleiben, unser Ich behalten und beruflichen wie schulischen, sportlichen wie privaten, persönlichen Erfolg haben? Fragen, die sich jeder stellt, der Herausforderungen annimmt und höhere Anforderungen an sich und andere stellt. Und wie können wir bei allem körperlich und seelisch gesund und leistungsfähig bleiben, ohne uns in unserer Persönlichkeit zu verbiegen? Wie können wir mit Hochs und Tiefs und mit Druck und Herausforderungen besser umgehen?

Gestandene Führungsleute, Frauen wie Männer, stehen genauso oft ratlos vor diesen Problemen wie junge Menschen, die Verantwortung tragen und ihre Vorzüge genießen wollen. Die Führungsschicht von morgen, die etwas leisten will, die aber vom eigenen Weg träumt und sich gegen negative Vorbilder zu Recht wehrt. Schüler und Studenten genauso wie ihre Lehrer und Professoren. Chefs wie Mitarbeiter. Väter wie Mütter, die sich um die Schulleistungen ihrer Sprößlinge sorgen. Sportler und ihre Trainer. Musiker vor ihren Konzerten; Politiker vor ihren Auftritten und Vorstände vor ihrem Golfball.

Der Weg zur Nummer eins nach dem eigenen inneren Maßstab wird von den mentalen Fähigkeiten geschrieben. Spiele werden im Kopf und in der Psyche entschieden, bei allem Wissen und Können. Und wirksame Streßbewältigung ist mehr als nur das herkömmliche Entspannungstraining oder der Streßausgleich. Dort wird oft nur der negative Streß kompensiert oder verdrängt. Dort wird kein grundlegender positiver Streß, keine positive Spannung und Motivation aufgebaut. Das ist das Ergebnis jahrelanger Forschung, aus der sich eine umfassendere Strategie entwickelt hat.

Ich nenne sie die Drei-Feld-Strategie. Sie hat ihre Bewährungsprobe längst bestanden. Sie setzt mitten in der Streßsituation an und führt zu echter persönlicher Auseinandersetzung mit störenden Faktoren. Erst durch Annahme und Auseinandersetzung mit negativem Streß und inneren wie äußeren Konflikten, Spannungen und negativem Druck wird der Weg frei für Erfolg, Lebenssinn, Qualität und seelische und körperliche Gesundheit.

Das innere Gamma-Spiel

Wieso versagen Spitzensportler im entscheidenden Spiel? Wieso müssen selbst Führungsleute in maßgeblichen Situationen passen, obwohl sie doch gerade da bestens vorbereitet sein sollten? Wieso haben Mitarbeiter trotz Training oft nicht die nötigen Einfälle und Ideen, wenn es darauf ankommt?

Die Antwort liegt in unserer Psyche und den durch sie ausgelösten biologischen und gehirnphysikalischen Prozessen. Streßsituationen können beflügeln. Sie können aber auch umkippen und die persönliche Bestform erheblich beeinträchtigen.

Was im Gehirn vor sich geht, können Geräte heute mittels Gehirnstrombildern sichtbar machen. In Spannungssituationen zeigen die Bilder Wellen im hochfrequenten Gamma-Bereich — vorübergehend gekoppelt mit Phasen von effektivem Stillstand, den bekannten Blackouts. Die Synapsen, unsere zentralen Schaltstellen, unterbrechen den freien Fluß von Transmitterflüssigkeiten und Impulsen unter der hohen Adrenalinzufuhr. Positive Impulse können nicht mehr weitergeleitet werden. Das System, über das normalerweise Einfälle ausgelöst und die im Gehirn gespeicherten Daten zu kreativen Ideen verknüpft werden, ist blockiert. Da nützt auch kein Zwang: »Mir fällt doch sonst auch immer etwas ein, reiß dich zusammen!« Denn: So verkrampft das System nur noch mehr, die hemmende Adrenalinzufuhr wird erhöht, der Blutdruck steigt.

Unbedingt siegen wollen: Im Sport kann man diesen Effekt besonders anschaulich beobachten, wenn unter entscheidenden Wettbewerbsbedingungen einmal Außenseiter siegen, weil sie ohne perfekte Technik, aber auch ohne Favoritendruck an den Start gehen.

Und wer hat das noch nicht bei sich selbst erlebt: Hinterher geht es fast immer leichter. Dann nämlich, wenn der Adrenalinpegel wieder auf Normalniveau zurückgegangen und die Gehirnstrommessungen wieder Wellen im Alpha-Bereich anzeigen. Ein Zeichen, wie wichtig es ist, mit Drucksituationen so umgehen zu lernen, daß Gamma-Blockaden vermieden oder überwunden werden.

Wir müssen also lernen, negative Spannungen besser anzugehen, sie anzunehmen, notfalls zu analysieren und zu klären. Das Ziel: schwierige Situationen aus einem kreativen Alpha-Zustand heraus zu meistern.

Druck lenkt Energien vom Ziel ab

Spitzensportler wie Top-Manager und Spezialisten arbeiten unter hohem geistig-psychischem Druck. Erfolgs- und Umsatzdruck, Ideen- und Innovationszwang und Anpassungsdruck an immer neue Situationen, Menschen, Dienste und Produkte gestalten die tägliche Arbeit. Aber trotz des Gefühls eines hohen Energieeinsatzes geht tatsächlich nur ein Teil der vorhandenen Energien in den eigentlichen Vorgang und kann effektiv genutzt werden. Ein Großteil geht verloren in der Bewältigung von eigenem Binnendruck.

»Ideen, Einfälle und Argumente haben wir ja normalerweise zur Genüge«, stellen viele mit Recht fest, »sie kommen aber oft erst, wenn wir wieder locker und entspannt sind, außerhalb der entscheidenden Situation.« Ein Zeichen dafür, daß wir uns mehr um unsere Psyche, um unsere Denk- und Verhaltenseinstellungen und -sperren kümmern müssen, anstatt vorwiegend Argumentationsrezepte oder Führungs- und Gesprächsmodelle und -methoden zu trainieren. Denn unsere Kreativität kann nur da frei fließen, wo wir unsere Form, unseren ureigenen Stil finden, unseren optimalen inneren Wirkungsgrad.

Wir müssen und können lernen, unsere rechte Gehirnhälfte stärker zu aktivieren — die Seite also, die unsere Intuitionen und unsere Kreativität beflügelt, die für Einfälle, bildhafte, komplexe Zusammenhänge, für Intuition und Fantasie zuständig ist. Alles, was diese Seite einengt und unterdrückt, muß erkannt und geklärt, abgebaut und bearbeitet werden.

Wenn Training vorwiegend auf der Ebene von Argumentationstechniken und dialektischen Rezepten und bei rhetorischen Kniffen ansetzt, ist das gefährlich und zu einseitig! Es verlängert und verstärkt den inneren Druck und Stau. Und die Aura, die Ausstrahlung verhärtet sich. Das passiert leider noch in zahllosen Trainingssituationen, wo oft reine Oberflächen- und Symptombehandlung stattfindet — angeblich aus Zeitmangel. »Die eigentlichen Probleme kamen so gut wie gar nicht zur Sprache«, klagen viele nach solchem Training. Hier wird voreilig die linke Gehirnhälfte übertrainiert — zu Lasten der kreativen rechten Denkhälfte.

Wir müssen uns viel stärker beschäftigen mit dem Super-Perfektionsdruck, mit dem besseren Umgang mit dem Druck konkreter Verhandlungs- und Herausforderungssituationen, bis hin zum richtigen Umgang mit dem Druck vorgegebener Zielvorstellungen.

Die Drei-Feld-Strategie

Umfassendes Anti-Streß-Training ist ein zentrales, von vielen Menschen, nicht nur den Chefs, den Bildungsverantwortlichen und Selbständigen in seiner Tragweite immer klarer erkanntes Feld der eigenen Entwicklungs- und Trainingsarbeit

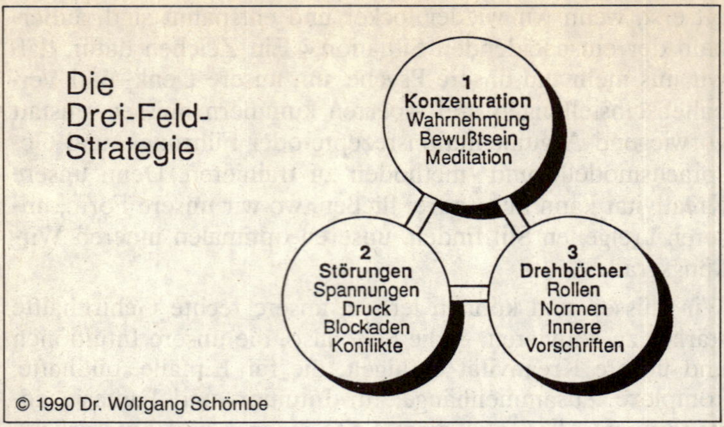

und der Entwicklung ihrer Teams. Wo die zentrale menschliche und ökonomische Bedeutung dieser Arbeit entdeckt wird, ist die »Drei-Feld-Strategie« von gestandenen Profis umfassend akzeptiert, auch wenn der Weg über das eigene Ich manchmal steinig und hart ist und nicht von heute auf morgen mit Knopfdruck zu bewältigen ist.

Hier gibt es keinen Chip, den man einfach einsetzen kann. Sie registrieren, daß die Probleme hier im persönlichen Kern angegangen werden. Subjektiv-emotionale und zwischenmenschlich-beziehungsmäßige Faktoren sind vorwiegend die Ursachen vieler streßauslösender Situationen. Wir machen uns unseren Druck selbst, auch wenn er oft scheinbar von außen kommt. Deshalb wird hier nicht nur auf der rationalen Sach-Schiene gearbeitet. Die Drei-Feld-Strategie setzt in drei Bereichen an, die sich in jedem von uns eng berühren und wo eins das andere zentral beeinflußt.

Feld 1: Konzentration — Alphatraining

Wer schwierige Arbeits-, Gesprächs- und Herausforderungssituationen meistern will, braucht Konzentration, Sammlung, hellwache Wahrnehmung und volles Präsentsein. Nicht: fortgesetzt unter Druck stehen, immer woanders sein, innerlich zerrissen. Sobald es uns gelingt, uns auf einen Vorgang total und gelassen zu konzentrieren, produziert unser Gehirn Alpha-Wellen. Umgekehrt sind wir im Alpha-Zustand in hohem Maße konzentriert. Uns stehen alle Kräfte, Impulse und Informationen, auch aus den entferntesten Ecken unseres Unterbewußtseins, zur Verfügung. Plötzlich können ganze Lösungsbilder vor einem stehen. Mozart, bereits zitiert, hat da das Konzept ganzer Klavierkonzerte vor sich gesehen.

- Je mehr wir im Normalzustand bereits im Beta-Bereich liegen, um so schneller bringen verstärkte Streßsituationen uns in die Gamma-Zone. Bewegen wir uns im Tagesgeschehen jedoch im Alpha-Bereich, um so weniger bringen Streßsituationen uns aus dem Lot. Die Alpha-Phase wird nicht nur im Ruhezustand wie oft angenommen erreicht, sondern in jeder Situation, in der wir uns im Lot fühlen, in der wir ganz im Fluß sind, auch bei höchster Aktivität, mitten in Aktion, im Spiel, in einer Arbeit in der wir das Gefühl für Zeit verlieren und uns pudelwohl fühlen. Wie können wir solche Phasen, die jeder kennt, verstärken, trainieren und bewußt herbeiführen?

- Im Prinzip können wir jeden Arbeitsvorgang für gezieltes mentales Training benutzen. So einfach es klingt: Es genügt bereits, sich auf einen Vorgang bewußt total einzustellen. Wenn es gelingt, für den Moment sich auf eine Sache zu konzentrieren, ist das bereits Alpha-Training. Das ist auch meditatives Handeln, denn Meditation (lat. medies = Mitte) ist im ursprünglichen Sinn hellwaches Präsentsein bei allem, mehr also als nur Versenkung nach innen wie es oft zu einseitig gesehen und hochstilisiert wird.

- Ein vorzüglicher Schlüssel hierzu ist die jahrhundertealte Zen-Lehre, die Lehre des absolut bewußten Tuns: TUE, WAS DU TUST heißt es im Zen sehr einprägsam. Um das zu üben, braucht man kein Stück zusätzliche Zeit, man gewinnt sogar Zeit! Und man ist intensiver, befriedigter und präsenter in seiner eigenen Arbeit.

- Als kleine Übung sei geraten: Konzentrieren Sie sich beim Lesen einmal ganz auf das Papier, das Sie jetzt in der Hand halten — auf die Hände, auf den Text, auf die Buchstaben. Hören Sie auf, schnell lesen zu wollen, schon ans Nächste gehen zu wollen. Lesen Sie allein diesen Text, ganz bewußt. Das ist schon eine wichtige Übung, bei der nicht nur Konzentration, sondern auch gesteigerte Wahrnehmung, innere Harmonie und Gelassenheit eintritt.

Das läßt sich auf viele andere, ganz alltägliche Tätigkeiten übertragen: bewußteres Sitzen, Atmen, Schreiben, Diktieren, Essen, Gehen, Autofahren, Duschen, Schwimmen, Kaffee- oder Teetrinken, Hände und Gesicht Waschen. Vor allem auch: bewußter zuhören, reden und sich auf seinen Gesprächspartner einstellen.

Wie wichtig das für unsere Arbeit ist und wie oft wir mit den Gedanken bereits beim nächsten oder übernächsten Vorgang sind, wird jeder selbst entdecken.

Feld 2: Spannungen, Druck, Belastungssituationen, Blockaden

»Wie werde ich aber«, so die zentrale Frage, »mit Spannungssituationen und Blockaden besser fertig, die die von mir ja gewollte Konzentration beeinträchtigen?«

Unter Druck wird oft nur reproduziert — ohne Bezug zum konkreten Problem. Man dreht sich ständig im Kreise und tritt nur noch auf der Stelle. Negativer Druck verleitet nur zu leicht zu überdimensionierter sachlicher Vorbereitung — eine oft unglaubliche Zeitvergeudung! Dabei verbergen sich hinter dem Druck meist Vorgänge im subjektiv-emotionalen bzw. zwischenmenschlichen Bereich — leider selten ohne weiteres greifbar.

- Nehmen Sie Spannungen und Druck frühzeitig wahr und innerlich rechtzeitig an, und klären Sie sie mit gezielten Schritten! Das Ziel muß sein, aus einem negativen »Inner Game« ein positives zu machen. Positiv im Sinne einer Auseinandersetzung mit der Situation, kein übliches Wegdrängen. Dafür eignen sich unter anderem:

- Ein *Druck-Szenario.* Skizzieren Sie Ihre Situation frei und intuitiv auf einem Papier. Das Umfeld, die Arbeit, die

Menschen, die Familie. Woher kommt der Druck? Wo stehen Sie? Welche Wünsche, Ansprüche, Anforderungen werden an Sie gestellt? Diese Lokalisierung ist Voraussetzung für eine Klärung.

- Der *Anti-Druck-Dialog* — das Gespräch mit dem »leeren Stuhl«, auf den wir unseren inneren Druck, unsere Spannungen und Ängste plazieren. Es kommt zu einem neuen, bewußteren Dialog mit den inneren Spannungsanteilen und zur direkten, jetzt positiven Auseinandersetzung mit negativem Druck.

  Die Methode kommt aus der Gestaltpsychologie und dem Psychodrama. Ungeübten erscheint sie zwangsläufig zunächst etwas ungewohnt — mit Recht, haben wir zuvor davon doch viel zuwenig Gebrauch gemacht. Die Wirkung dieser anspruchsvollen Arbeit überzeugt aber ziemlich schnell. Sie ist der eigentliche zentrale Teil der Bewältigung von negativem Druck und Streß.

- Rollenklärung. Sie klären dabei: In welcher Rolle sehe ich mich gegenüber meinem Gesprächspartner, und von welcher Ebene will ich tatsächlich agieren? Will ich als Partner, Vorgesetzter oder Untergebener handeln? Wie erreiche ich das?

- Klärung von Projektionen. Das heißt: Was schleppe ich an zusätzlichen, persönlichen Dingen neben dem eigentlichen Gesprächsgegenstand in die Situation mit hinein? Sehe ich unbewußt womöglich in meinem Gegenüber jemanden ganz anderen — den berühmten inneren Soziusfahrer? Ein nahezu alltäglicher Vorgang. Äußere Attribute und Verhaltensweisen lösen solche Projektionsvorgänge aus.

- Genauso wie Projektionen spielen »Unerledigte Geschäfte« (Fritz Perls) in eine Situation hinein, obwohl sie damit eigentlich nichts zu tun haben. Persönliche oder sachliche Konflikte, die bislang verdrängt und geschluckt wurden, schwingen als negativer Ballast fortwährend mit.

- Schließlich spielen auch die eigenen Verhaltensweisen in ein Gespräch hinein, der Streß, die eigene Hektik, der

Rede- und Mitteilungsdruck überträgt sich von uns auf andere. Mit offenem Feedback durch andere, die uns mitteilen, was andere verschweigen, kommen wir in diesem Punkt beträchtlich weiter.

Feld 3: Drehbücher

Drehbücher, das sind die inneren Vorschriften, die Normen, unbewußte Einstellungen, die inneren Filme und Cassetten, die sich fortwährend abspulen und uns das Leben schwermachen können. Denn: Viele können uns unangemessen unter Druck setzen. Beispiele für Drehbuch-Muster gibt es viele: Man muß immer eine Antwort parat haben! — Es muß alles perfekt laufen! — Nur keine Schwächen zeigen! — Pausen im Gespräch können tödlich sein! Es ist als Außenstehender kaum vorstellbar, wie selbst gestandene Führungsleute sich dadurch unter Druck setzen — in Situationen, in denen gelassene und ungehinderte Kreativität gefragt ist.

- Lernen wir zuallererst, unsere Drehbücher überhaupt zu erkennen! Dazu eignet sich eine Liste zu den Fragen: Wie und durch welche Einstellungen setze ich mich selbst unter Druck? Wodurch behindere ich die gelassene Ideen- und Fantasie-Entwicklung? Zur weiteren Klärung müssen wir uns direkt mit diesen Drehbüchern auseinandersetzen. Manchmal braucht man dazu Anleitung und Hilfe von außen.

  Jeder hat sein eigenes Innenleben und seine eigene »Geschichte«. Und jeder kennt seine Situationen, unter denen er Streß und Druck empfindet. Deshalb versagen oft die vorschnellen Blitzrezepte und Gießkannenstrategien. Sie zeugen von fehlendem Einschätzungsvermögen der individuellen Situation. Jede Situation muß neu und in Ruhe durchdacht werden.

Die Erfahrungen mit der »Drei-Feld-Strategie« zeigen, daß kritische Situationen tatsächlich erfolgreicher angegangen werden können. Daß das tief in jedem schlummernde Ideenpotential sich freier entfalten kann. Denn: Die »Drei-Feld-

Strategie« baut auf subjektiven Erfahrungen und den Erkenntnissen der modernen Gehirnforschung auf. Linke und rechte Gehirnhälfte müssen parallel arbeiten können, Seele, Geist und Körper müssen in Einklang sein, wenn positive Arbeitsergebnisse und Erfolge zustandekommen sollen. Wir kommen auf Dauer nicht darum herum, uns in ganzheitlicher Wahrnehmung und Denkarbeit zu üben und zu entwickeln. Es gibt viele Gründe, nicht zuletzt unsere seelische und körperliche Gesundheit, ohne die es keinen Erfolg gibt.

So arbeiten auf Dauer erfolgreiche Manager, Führungskräfte, Entscheider und Selbständige der Zukunft, Sportler, Künstler, Trainer, Schüler und Studenten, Wissenschaftler und Politiker anders als in den letzten vierzig und mehr Jahren. Sie machen sich frei von Antrainiertem, Auswendiggelerntem und nur Übernommenem. Sie entwickeln ihren individuellen Stil, mit dem sie in ihren kritischen Situationen ihre Stärken entwickeln und freisetzen können.

Literaturhinweise

Zu Feld 1:

Schömbs, W.: Entspannt konzentriert — Streßbewältigung und Leistung

Schömbs, W.: Entspannt konzentriert im Auto, Konzentrations- und Anti-Streß-Training hinterm Lenkrad, Audio-Cassette mit Begleitbuch

Schömbs, W.: Konzentration auf das Wesentliche — Ganzheitliches Mentaltraining, Audio-Cassette

Zu den Feldern 2 und 3:

Schömbs, W.: Fitneß für den Kopf – Hol Dir Dein Stück Freiheit

Schömbs, W.: Keine Angst vor Konflikten, Audio-Cassette

Schömbs, W.: Miteinander reden, Audio-Cassette

Schömbs, Wolfgang, Dr., Bad Harzburg

Seminare:

Spitzenleistungen durch Streßbewältigung: »Fitneß für den Kopf«

Verhandlungsstreß: »Erfolgreich unter Druck«

4.4.3 Der Wertewandel in Familie, Freizeit, Kultur

Michael Suchan

Der Begriff *»Familie«* löst bei den meisten Menschen ganz konkrete Vorstellungen aus: Vater, Mutter, verheiratet, Kind(er), die unter einem Dach zusammenleben. Neben dieser zivilrechtlichen Institution der Ehe bzw. Familie begegnen wir heute einer Vielfalt familialer Lebensformen. Die Form des Zusammenlebens ist im Moment von sekundärer Bedeutung. Folgenschwerer für Beruf, Karriere und Freizeit und von großer Relevanz sind die Erwartungen, die an Partnerschaft und Familie herangetragen werden.

Die Zeiten, in denen ökonomische oder gesellschaftliche Gründe das Heiratsmotiv darstellten, sind vorbei. Heute bestimmt die Macht der Gefühle die Partnerhinwendung bzw. die Partnertrennung. Dabei scheinen zwei Bedürfnisse den Ausschlag für oder gegen Partnerschaft und Familie zu geben. Einmal das Bedürfnis nach individueller Persönlichkeitsentfaltung, was meist unter dem Stichwort der »Selbstverwirklichung« zu verstehen ist, zum anderen das Bedürfnis nach Gemeinschaft, also ein soziales Bedürfnis wie Partnerschaft, Freundschaft, Liebe, Kinder.

Da immer mehr junge Menschen auf die Befriedigung dieser Bedürfnisse nicht verzichten möchten, Beruf und Karriere diese Wünsche kaum erfüllen, geraten sie in ein Spannungsfeld zwischen Familie und Beruf. Immer mehr junge Karrieristen empfinden ein gesteigertes Mißbehagen, berufliche Spitzenleistungen auf Kosten der Familie zu erbringen. Daher wird der Ruf nach mehr freier Zeit und nach Abheben von der Norm der Arbeitszeitgestaltung immer lauter.

Freizeit, als eine Zeit der Selbstbestimmung, eine Zeit, die frei ist von Verpflichtungen und Zwängen, die der Familie gewidmet werden kann, scheint vielen mittleren und höheren Managern wichtiger zu werden als Karriere. Hier scheint sich ein Wertewandel vollzogen zu haben, der sich in einer geänderten Lebens-, Familien- und Freizeit*kultur* manifestiert und Denkweisen, Rituale, Umgangsformen und Gepflogenheiten hervorbringt, die der unternehmerischen Vorstellung von Karriere, Prestige und Position zu widersprechen scheinen. Es werden aber darüber hinaus auch andere Probleme berührt und diskutiert wie z.B. Familie und Beruf, Mutter und Erwerbstätigkeit, Privatleben und Karriere, neues Rollenverständnis zwischen Mann und Frau, flexible Arbeitszeiten usw. und ihre Vereinbarkeit mit der Unternehmenskultur.

»Die jungen Karrieristen von heute entdecken die Lust am ganzen Leben« (Wirtschaftswoche Nr. 48/91, S. 63). Diese Feststellung des Freizeitforschers Horst W. Opaschowski kennzeichnet mit wenigen Worten den Wertewandel, der sich innerhalb weniger Jahre bei den Nachwuchskräften des mittleren und höheren Managements vollzogen hat. Das betrifft, wie zahlreiche Untersuchungen belegen, die Einstellung zu Familie und Freizeit. Die Bedürfnisse nach außerberuflichen Engagements wie Hobbys, Freunde, Umweltschutz ergänzen sich mit der Einstellung: keine Karriere um jeden Preis, kein Einsatz für den Job rund um die Uhr.

Die von den Führungskräften wie selbstverständlich getroffenen und von den meisten Unternehmen vorausgesetzten Entscheidungen für Karriere gegen Familie, für Geld gegen Freizeit werden mehr und mehr von den Nachwuchskräften in Frage gestellt. Nur für 0,7 % der Führungskräfte war, nach einer Untersuchung von Lutz von Rosenstiel, Freizeit sehr wichtig, bei den Nachwuchskräften aber waren es bereits satte 14,9 %. Die Wichtigkeit der Karriere betonten nur 25,3 % der Jungmanager, im Gegensatz zu ihren älteren Kollegen, von denen 46,3 % meinten: »Mir ist Karriere sehr wichtig« (vgl. Wirtschaftswoche Nr. 48/91, S. 63).

Eine Absage also an die Leistung oder gar Leistungsverweigerung? Nein, keineswegs. Diese Forderung nach mehr Ausgewogenheit zwischen Beruf und Familie bzw. Freizeit stellt das

Leistungsprinzip nicht in Frage, wie H. Klages betont: »Man ist zwar … keineswegs gegen die Leistung, aber man bejaht sie nur noch unter der Bedingung, daß sie für einen selbst sinnvoll und befriedigend ist, ›Spaß‹ bereitet.«

Arbeitsbedingungen, die für Spitzenkräfte selbstverständlich sind, 80% der sog. Wachzeit gehören dem Beruf, und die verbleibenden 20% wirklich freie Zeit werden häufig mit Geschäftsessen und Aktenstudium verbracht, sind für die Mehrheit der jüngeren Manager kein absolutes Muß. »Sanfte Karriere« ist das Zauberwort, denn gesundheitliche Streßfolgen, hohe Scheidungsziffern, frühzeitiges inneres Leergebranntsein und Defizite im persönlichen Leben schrecken den Nachwuchs von einer reinen Karriereorientierung ab. Sie entdekken, daß es Wertvolleres im Leben gibt als die Karriere. Die Familie hat in unserer heutigen Zeit zwei wichtige Funktionen: die des Spannungsausgleiches und die der Erholung. Beides ist für die berufliche Leistung wichtig.

Auf der anderen Seite kann die Familie diese Funktionen nur erfüllen, wenn das Familienleben, vor allem das Verhältnis zwischen den Partnern, ausgeglichen ist. Dazu stellte Capital in einer Untersuchung fest, »daß in fast 90% der Top-Manager-Familien durch den hohen beruflichen Einsatz Schwierigkeiten entstehen und, daß nur 39% der befragten Führungskräfte mit ihrer Zeiteinteilung und -verwendung zufrieden sind«. (Capital Dokumentation: Familie und Beruf, Köln o. J., S. 10) Berufliche Hochleistungen sind auf Dauer nur möglich, wenn Rückendeckung und Unterstützung durch die Familie erfolgt, solange also die Familie mitmacht.

Die Tatsache, daß die Scheidungsrate bei Führungskräften doppelt so hoch ist wie bei anderen Ehen, ist sicher ein Grund für den Wunsch des Jungmanager, die besten Jahre seines Lebens mit der Familie bewußt zu verbringen, und nicht nur Gast zu Hause zu sein.

Längst ist es Zeit für ein Umdenken bei den Verantwortlichen in den Führungsetagen, die nach wie vor Anwesenheit im Betrieb gleichsetzen mit Karrierebereitschaft bzw. Quantität Zeit mit Qualität Arbeit. Personalmanager von heute, ständig auf der Suche nach Führungsnachwuchs, wissen, daß auf dem Markt nicht mehr so viele Ressourcen zu finden sind. Dazu kommt, daß die »Erben« nicht mehr gewillt sind, sich total im Beruf zu engagieren. Die Unternehmen müssen daher Wege finden, ihren Mitarbeitern bei der Erfüllung der Familienaufgaben zu helfen und ihren Freizeitbedürfnissen entgegenkommen. Der Mitarbeiter von heute ist aufgeklärter Pendler zwischen seiner Privat-, Berufs- und Gesellschaftswelt.

Aber auch bei den Frauen hat sich ein Wertewandel vollzogen. Mit der alten Idylle und dem Rollenklischee, nämlich die Frau als Hüterin der Kinder und Heimchen am Herd, der Mann als sturmerfahrener Ernährer im rauhen Erwerbsleben, scheint es vorbei zu sein. Immer weniger Frauen wollen ihren Beruf oder ihre qualifizierte Ausbildung der Karriere des Mannes opfern, immer mehr Frauen suchen im Beruf die Erfüllung. Für nicht wenige Frauen ist der Beruf eine Flucht aus dem Haushaltstrott, ein Streben nach Unabhängigkeit.

Allerdings denkt noch die Mehrheit der Topmanager anders. »Berufstätige Ehefrauen, so befürchten die Manager, behindern sie in ihrer Mobilität und zwängen sie dazu, sich selbst verstärkt mit familiären Problemen auseinanderzusetzen« (Capital 11/89, S. 268). Deswegen können sich, wie Umfragen ergaben, nur 43% der Männer in den Chefetagen ihre Frau als Berufstätige vorstellen, während in 86% dieser Ehen das ungeschriebene Gesetz der Nur-Hausfrauen-Rolle gilt.

Obwohl die Belastungen der Ehefrauen gesehen werden; die sich aus der häufigen Abwesenheit des Mannes und der daraus resultierenden Verantwortungslast für Kind(er) und Familie ergeben, scheint kein rascher Einstellungswandel bei den Männern in Sicht. Junge Managerfrauen nehmen diesen Zustand nicht mehr klaglos hin. Sie sehen sich nicht nur mit ihren Problemen alleingelassen, sie fühlen sich auch nicht ernstgenommen, da es kaum zu einem Gespräch über ihre »unbedeutenden« Probleme kommt. »Was sind auch schon die Probleme der Ehefrau gegen Umsatzsteigerung und Kostenfaktoren«, glaubt Richard Streich, Personalberater, als Ursache für derartiges männliches Verhalten zu sehen. So wird der Traum von einer Frau als »Vertraute und Ansprechpartnerin in allen Lebenslagen« (Streich) weiterhin ein Traum bleiben.

Weder die Männer noch die Unternehmen tragen der Tatsache Rechnung, daß sich in den vergangenen 20 Jahren die Erwerbsstruktur geändert hat. Lag 1972 die Erwerbsquote junger Ehefrauen mit Kindern unter 35 Jahren bei 37%, so ist sie bis zum Jahre 1987 auf 45% gestiegen, während junge Frauen ohne Kinder zu 87% erwerbstätig waren (Familien heute, Statistisches Bundesamt, Ausgabe 1990). Daß dieser Trend auch für Karrierefrauen gilt, zeigt die steigende Zahl von Universitätsabsolventinnen.

Für die jüngeren Frauen ist es heute eine Herausforderung, Beruf und Privatleben zu vereinbaren, wie die Crora-Studie der Mailänder Managementuniversität herausfand. Erwerbstätigkeitszahlen und Einstellungen junger Frauen verdeutlichen einen wesentlichen Teil der gesellschaftlichen Rahmenbedingungen, unter denen Familienentwicklung heute erfolgt. Beide Partner versuchen sich in die Arbeitswelt zu integrieren und den Familienalltag mit der Doppelerwerbstätigkeit vereinbar zu machen.

Allerdings wird diese Vereinbarung dort kaum möglich, wo Betriebe sich schwer tun, mit einer Flexibilisierung der Arbeitszeit, wo der/dem Jungmanager(in) ein Arbeitszeitmodell aufgezwungen wird, was weder dem Lebensrhythmus von Menschen noch dem Zeitplan von Familien entspricht. Unter solchen Arbeitszeitbedingungen werden Familien wenig Möglichkeiten geboten, Erwerbstätigkeit generell mit familialen Interessen — man denke nur an Freizeit, Urlaub — zu verknüpfen. Aber es sind nicht nur die Arbeitszeitmuster, die sich auf das Familienleben auswirken.

Wissenschaftler haben zwei weitere Aspekte herausgearbeitet zu den Möglichkeiten des Umgangs der Familie mit der Arbeitszeit, die bei Unternehmen zum Nachdenken über Flexibilisierung von Arbeitszeiten führen sollten: einmal kommt es bei belastenden Arbeitszeitmodellen darauf an, wie groß die Einflußmöglichkeiten von Arbeitnehmern auf die Arbeitszeit ist. Je weniger Einfluß, desto schwerer wird der Familienalltag belastet. Es soll hier nur an die Betreuung von Kindern gedacht werden, die wegen schulischer Probleme, Krankheit u. ä. geradezu eine flexible Arbeitszeit erfordert. Derartige starre Arbeitszeiten — und das ist der zweite Aspekt — führen, sind beide erwerbstätig, meist bei Frauen zu Streß, der die Konflikte zwischen den Partnern erhöht.

Das Argument, das häufig von Unternehmen gegen Flexibilisierung von Arbeitszeiten angeführt wird, nämlich der enorme Verwaltungsaufwand, wird durch die positiven Folgen einer solchen Beweglichkeit in der Arbeitszeitgestaltung widerlegt. »Die Arbeitsplatzzufriedenheit und die Produktivität erhöhen sich beträchtlich, wenn Mitarbeiter über ihre Arbeitszeiten mitbestimmen können; gleichzeitig sinken Fluktuations- und Krankheitsquoten« (Capital, Familie und Beruf, S. 9). Gerade Führungskräfte geraten schnell in einen Konflikt zwischen Beruf und Familie. Ihre Arbeitszeit ist überdurchschnittlich lang, und es ist ihnen kaum möglich, sich Frau und Kindern angemessen zu widmen. Verstärkt wird dieser Konflikt durch die Tatsache, daß Managerfamilien sehr kinderfreundlich sind, wie die Zahlen zeigen: 46% haben zwei Kinder, »und mehr als jeder dritte ist drei- oder mehrfacher Vater«.

Kinder nehmen bei Top-Managern einen hohen Stellenwert ein, denn die aktive Vaterrolle wird als die Chance für die eigene Persönlichkeitsentwicklung begriffen. Motivation und Inspiration für den Beruf schöpfen sie aus dem Umgang mit ihren Kindern, ergab die Capital-Umfrage (vgl. Capital 11/89, S. 290).

Alleinerziehende Mütter und Väter, Partnerschaften ohne Trauschein, Geschiedene sind das Ergebnis eines Plausibilitätsverlustes der herkömmlichen Familie. Dieser Einstellungswandel junger Menschen schafft für die Unternehmen eine völlig neue Situation. Gerade bei alleinerziehenden Frauen und Männern wird die Erwerbsquote und wöchentliche Arbeitszeit im Beruf sehr stark vom Alter der Kinder beeinflußt. Da sie den familiären Verpflichtungen nachkommen wollen und müssen, andererseits aber auch nicht bereit sind auf beruflichen Erfolg zu verzichten, werden sie den Unternehmen den Rücken kehren, die sich hier nicht partnerschaftlich verhalten. Diese riskieren dann gute Kräfte zu verlieren. Rücksichtnahme auf Familien, Alleinerziehende, Sozialleistungen auch an nicht verheiratete Paare, Freistellungen im Krankheitsfall, Organisieren von Kinderbetreuung, z.B. durch Betriebskindergärten, flexible Arbeitszeiten, Teilzeitverträge, alternative Karrieremodelle sind einige Forderungen an die Unternehmen, um die Spannungen zwischen Familie und Betrieb, Kinderwunsch und Karriere, Freizeit und Beruf abzubauen. Sie sind Voraussetzungen für ein intensiveres Erleben der Freizeit, die es für Menschen mit sehr langen täglichen Arbeitszeiten, mit einem sog. »Workaholic-Dasein«, wie es bei Führungskräften der Fall ist, genau einzuteilen gilt. Denn Zeit ist für sie eine wertvolle Ressource.

Dieses Problem versuchen Unternehmen (Deutsche Bank) mit sog. Clubangeboten zu lösen, »wo Manager, die keine Zeit verlieren wollen und direkt nach der Landung zum Geschäft kommen wollen« (Manager Magazin 10/88, S. 320), beides verbinden: Geschäft und Erholung. Diese Clubs dienen mehreren Zwecken: der sportlichen Betätigung, dem Kurzurlaub mit und ohne Familie, und der Pflege gesellschaftlicher Bindungen. Ein solches Modell kann aber kein Ersatz sein für Freizeit im Sinne der erwerbsarbeitsfreien Zeit. Das Interesse dafür hat bei der jungen Generation stark zugenommen. Sie merken, wie ihnen die Zeit zum Leben fehlt. Ihnen wird aber auch das Mißverhältnis klar, das einerseits zwischen ihrer sehr guten Einkommenssituation und andrerseits den Möglichkeiten, die Früchte ihrer Arbeit zu nutzen, besteht, weil ihnen dafür die Zeit fehlt.

Die Folge ist, daß sich gerade die jungen leitenden Angestellten und Manager gegen diesen Widersinn wehren und für mehr individuelle Zeitsouveränität und mehr Dispositionsspielraum eintreten.

Dies alles zeigt, daß sich die Einstellung zur Erwerbsarbeit gerade in der jungen Generation geändert hat. Es werden andere Akzente gesetzt als in den fünfziger und sechziger Jahren. Die jungen Menschen orientieren ihr Leben auf Gebieten wie Familie, Freizeit, Entspannung, Gemeinsamkeit, Erleben. Dieser Wertewandel ist der Ausdruck einer neuen Kultur, in der neue Lebensformen vorherrschen, ausprobiert und gelebt werden. Wenn Kultur »die Pflege, die Verbesserung, die Verfeinerung menschlicher Beziehungen« bedeutet, dann muß in jedem Unternehmen das Humankapital im Vordergrund stehen. Denn das wichtigste Erfolgspotential und das Wertvollste eines Unternehmens ist und bleibt der Mensch.

Unternehmenskultur muß darauf gerichtet sein, ein von den Mitarbeitern gemeinsam getragenes Normen- und Wertsystem zu erreichen. Das kann nur dann geschehen, wenn sich der Mensch in diesem Wertsystem, in dieser Unternehmensphilosophie wiederfindet, wenn sich das Unternehmen an den Grundbedürfnissen des Mitarbeiters orientiert. Eine solche Unternehmenskultur erlaubt dem einzelnen, sich im Rahmen der betrieblichen Möglichkeiten Freiräume zu schaffen, eine Balance herzustellen zwischen Beruf und Freizeit. Sich den neuen Werten zu stellen, sie nicht nur zur Kenntnis zu nehmen, sondern auch in die Unternehmenskultur umsetzen, ist das Gebot der Stunde. Mit ihrem Privatleben zufriedene Mitarbeiter sind auch berufsmotivierte Mitarbeiter, die sich mit dem Unternehmen und seiner Kultur, die sich im menschenwürdigen Management dokumentiert, identifizieren. Die heutigen Unternehmenstechnologien sind durchaus in der Lage, befriedete Beziehungen zwischen Familie/Freizeit und Beruf zu schaffen. Aber, und das erbrachte die Untersuchung von Capital, die meisten der befragten 500 deutschen Unternehmen scheinen noch nicht allzuviel zur Entschärfung des Konfliktes zwischen beiden Lebens- und Pflichtkreisen beizutragen. Sie übersehen, daß Ansehen, Leistung und letztlich Erfolg eines Unternehmens weitgehend beeinflußt werden von der Unternehmenskultur. Nur ca. 33% haben sich auf diesen Gebieten konkret engagiert. Lösungen zu finden erfordert von allen Beteiligten Toleranz und Flexibilität.

Wandel wie auch Veränderungen wird es auch in Zukunft geben, und sie sind notwendig. Denn die Existenz eines jeden Unternehmens wird auf Dauer nur durch Veränderung gesichert.

Zusammenfassung

- Wenn qualifizierte Fachkräfte durch das Unternehmen ihre Vorstellungen und Interessen berücksichtigt finden, ist dies eine gute Voraussetzung für eine erhöhte Leistungsbereitschaft.
- Eine entsprechend mitarbeiterfreundliche Unternehmenskultur zieht qualifizierte Mitarbeiter an.
- Ein(e) Mitarbeiter(in) kann nur dann berufliche Hochleistungen auf Dauer erbringen, wenn das Privatleben ausgeglichen und erfüllt ist.
- Karrierebereitschaft von qualifizierten Fachkräften ist nicht zu messen an der Länge der Anwesenheit im Büro (Betrieb).
- Hochmotivierte Mitarbeiter erhält und gewinnt man nur mit einer familien- und freizeitfreundlichen Personalpolitik.
- Unternehmenskultur und Familien- und Freizeitkultur sollten sich nicht ausschließen.
- Wer nicht das richtige Verhältnis zu seiner Familie findet, hat wahrscheinlich auch Schwierigkeiten bei der Führung von Mitarbeitern.

Literaturhinweise

LEMPP, REINHARD: Familie im Umbruch, München 1986

NAHRSTEDT, WOLFGANG: Leben in freier Zeit, Darmstadt 1990

ROSENMAYER, L. / KOLLAND, FR.: Arbeit, Freizeit, Lebenszeit, Opladen 1987

SUCHAN, MICHAEL, Prof. Dr., Bernhardswald

Professor an der Fachhochschule Regensburg, Fachbereich Sozialwesen

Familienpädagogik, Medien- und Kommunikationspädagogik, Pädagogische Diagnostik, Dozent im Bereich: Ausbildung der Ausbilder, Mitglied des Prüfungsausschusses der Industrie- und Handelskammer Regensburg

4.4.4 Probleme von heute — Trends für morgen

Jakob Wolf

Die Führungskraft eines Unternehmens oder einer sonstigen privaten bzw. staatlichen Organisation muß sich intensiv mit den Problemen beschäftigen, die in Wirtschaft, Politik und Gesellschaft heute auftreten. Sie muß sich aber vor allem mit den Trends auseinandersetzen, die sich auf der Grundlage der gegenwärtigen Problemsituation in der Zukunft bis zum Jahre 2000 und darüber hinaus auf diesen Feldern abzeichnen. Eine solche permanente Problem- und Trendanalyse sollte zum selbstverständlichen Rüstzeug eines jeden Managers gehören. Nur so kann die Führungskraft strategisches Denken einüben und in der Praxis anwenden.

Zu den Problemfeldern, die im Mittelpunkt einer Problem- und Trendanalyse durch das Management stehen, zählen unter anderem:

- Marktverhältnisse, Markttrends
- Stand und Entwicklung der Managementtechniken
- Anforderungen an die Führungsfähigkeiten einer Führungskraft
- Arbeitszeitverkürzungen
- Bevölkerungsstruktur, Bevölkerungsentwicklung
- Verbrauchertypen, Verbrauchsgewohnheiten, Wertewandel
- das wiedervereinigte Deutschland, EG-Europa, Osteuropa
- Innovationen, Technologieentwicklungen
- Verkehr und Umwelt

Die Führungskräfte sollten folgende Markttrends studieren, die ein Chancenpotential für unternehmerische Aktivitäten und Ideen bieten können:

- Bis zum Jahre 2000 werden ca. 85% der Erwerbstätigen in Betrieben mit weniger als 200 Mitarbeitern beschäftigt sein. Diese Firmen können selbstverständlich nicht alle für ein Unternehmen notwendigen Funktionen selbst wahrnehmen. Sie sind auf Serviceleistungen angewiesen.

- Qualifizierte Mitarbeiter werden immer knapper. Die Anforderungen an die Fähigkeiten der Mitarbeiter wachsen schneller als das bestehende Fähigkeitsniveau. Qualifizierte Mitarbeiter bestimmen aber immer stärker die Wettbewerbsfähigkeit der Unternehmen in unserem Informationszeitalter. Unternehmen, die über eine Unternehmenskultur verfügen und Weiterbildung, Personalentwicklung, problemorientierte Sozialleistungen anbieten (z.B. Betreuung von Kindern), erzielen daher einen entscheidenden Wettbewerbsvorsprung.
- Es findet eine Globalisierung der Ressourcen statt. Ein Unternehmen kann z.B. Forschung und Entwicklung in einem Technologiepark (science park) in den USA betreiben, Produktdesign in Italien in Auftrag geben, die Konstruktion in Deutschland durchführen und die Montage nach Südostasien vergeben.
- Die Produktlebenszyklen werden sich drastisch verkürzen. Daraus ergeben sich starke Veränderungskräfte für Industrie und Handel.
- Marketing nimmt an Bedeutung zu. Der Weg zum verwöhnten Kunden mit immer individueller werdenden Wünschen wird immer schwieriger. Daraus ergeben sich Chancen vor allem für spezialisierte Dienstleister.
- Informationen werden zur Ware. Informationsvermittler, die z.B. weltweit existierende Datenbanken nutzen, werden wichtige Dienstleister für viele Unternehmen.

Jede Führungskraft muß sich darüber im klaren sein, welche Führungsfähigkeiten von ihr in der Zukunft erwartet werden. Es sind dies insbesondere:

- Die Führungskraft im Unternehmen muß global in internationalen Märkten denken. Dies gilt auch für die Führungskräfte mittlerer und kleinerer Unternehmen.
- Die Führungskräfte müssen sich als Manager von strategischen Allianzen mit anderen Unternehmen und Partnern verstehen, die sie je nach Aufgabenstellung verändern oder neu bilden.
- Hierarchien werden mehr und mehr abgebaut. Neue Organisationsformen, die eine Führungskraft beherrschen lernen muß, sind z.B. Netzwerkmanagement oder »Relationship«.
- Die stärksten Veränderungen resultieren aus der Informationstechnologie. Eine Führungskraft, die sie nicht versteht, kann die durch sie entstehenden Chancen nicht nutzen.
- Führungskräfte müssen einerseits strategisch denken und führen können, andererseits müssen sie aber auch über Fingerspitzengefühl verfügen und Kontakt zu den Kunden halten. Der Grundsatz lautet: »Being in touch.«
- Die hohe Wertschöpfung und die kreativen Dienstleistungen, die von den Unternehmen erbracht werden müssen, erfordern besser ausgebildete Mitarbeiter. Die Führungskraft muß die Mitarbeiter im Unternehmen motivieren, sich ständig weiterzubilden.
- Die Führungskraft muß ein Gefühl für die Notwendigkeit dauernder Veränderungen besitzen und solche Veränderungen auch selbst herbeiführen, da sonst die Gefahr einer bürokratischen Erstarrung des Unternehmens zu befürchten ist.

In der Bundesrepublik Deutschland wird sich in den nächsten Jahren das Tempo der Arbeitszeitverkürzungen etwas verlangsamen. Die Erwartung, daß zumindest die ÖTV und die IG-Metall bereits vor dem Jahr 2000 die 32-Stunden-Woche durchgesetzt haben werden, ist wenig wahrscheinlich. Die Wiedervereinigung erzwingt hier eine deutliche Zeitverschiebung. Tatsache bleibt, daß die erwerbstätige bundesdeutsche

Bevölkerung die niedrigste Arbeitszeit in Europa und in der Welt aufweist und damit über sehr viel Freizeit verfügt.

Die bundesdeutsche Bevölkerung im wiedervereinigten Deutschland wird bis zum Jahr 2000 deutlich schrumpfen. Der Ausländeranteil wird sich demgegenüber weiter vergrößern.

Die Altersstruktur der bundesdeutschen Bevölkerung verschiebt sich in gravierender Weise. Die relativ konsumfreudige junge Generation nimmt kontinuierlich ab. Parallel dazu nimmt die ältere Generation weiter zu.

Die Zahl der Ein-Personen-Haushalte steigt ständig an.

Im Konsumentenverhalten in der Bundesrepublik Deutschland zeigen sich in zunehmendem Maße Polarisierungs- und Differenzierungstendenzen. Das Ausgabe- und Einkaufsverhalten ist zwitterförmig. Einerseits nimmt die Preisorientierung beim Einkaufen zu, andererseits wird aber auch immer stärker nach Erlebnis- und Serviceorientierung verlangt.

Die Konsumenten lassen sich in drei Marktsegmente unterteilen:

- Preiskäufer = Wachstumssegment
- Ego-Käufer = Wachstumssegment
- traditionelle Käufer = schrumpfendes Marktsegment

Für die Preiskäufer bildet der Preis eines Produkts das entscheidende Einkaufskriterium. Konsumgüterhersteller und Handelsunternehmen, die mit ihren Marketingstrategien auf den Preiskäufer zielen, bewegen sich daher in einem typischen Wachstumsmarkt.

Die Ego-Käufer (Erlebniskäufer) streben nach Einkaufserlebnissen. Konsumgüterhersteller und Handelsunternehmer, die dieses Erlebnisstreben bestmöglich erfüllen können, befinden sich ebenfalls in einem typischen Wachstumsmarkt.

Dabei ist wichtig festzustellen, daß viele Verbraucher Preiskäufer und Erlebniskäufer zugleich sind. Bei sogenannten »Low Interest«-Produkten, die nicht erklärungsbedürftig sind, ist Sparen beim Einkaufen zu einer gesellschaftlich allgemein akzeptierten Leitnorm geworden. Die Mehrzahl der Verbraucher versucht, diese Güter preisgünstig einzukaufen (Preiskäufer), um zusätzliche Kaufkraft für Einkaufserlebnisse verfügbar zu haben (Ego-Käufer).

Für die traditionellen Käufer stellen Standardbedienung, Qualität und Auswahl die wesentlichen Orientierungskriterien dar. Konsumgüterhersteller und Handelsunternehmer, die auf die traditionellen Käufer zielen, befinden sich in einem schrumpfenden Markt.

Die Wertedynamik im Konsum- und Einkaufsverhalten zeigt folgende Tendenzen:

- Eine zunehmende Warensättigung führt zum Bedeutungsverlust des Warenstrebens und zu einer Bedeutungszunahme des Erlebnisstrebens.
- Der erhöhte Bildungs- und Informationsstand steigert die Anforderungen an Qualität und Art von unternehmerischer Information und Leistung.
- Gesteigertes Gesundheitsbewußtsein führt zu veränderten Ernährungs- und Verhaltensmustern.
- Verändertes Umweltbewußtsein führt zu umweltschonendem Konsumverhalten und zunehmend kritischer Einstellung zu Ressourcenverschwendung.
- Prestigebewußtsein polarisiert sich und führt zu verstärkter Segmentierung in materielle Werteorientierung einerseits (Status) und immaterielle Werteorientierung andererseits (Individualität, Selbstverwirklichung).

Für die Konsumgüterhersteller und Handelsunternehmen resultieren aus diesen Verschiebungen in den Werte- und Einstellungsmustern unter anderem folgende Wirkungstendenzen:

- Lebensbejahung und Lebensgenuß zeitigen einerseits eine hohe Ausgabenbereitschaft für Luxusprodukte und Erlebnisprodukte (Marktsegment der Ego-Käufer), andererseits aber auch den verstärkten Willen und die Notwendigkeit zur Sparsamkeit bei nicht erklärungsbedürftigen Produkten.

- Die Bedeutungszunahme der emotionalen und sinnlichen Umwelterfassung bedeutet bewußte Lebensführung und Bevorzugung von Atmosphäre. Produkte und Einkaufsstätten mit Emotions- und Erlebnischarakter sowie mit zielgruppengerechter Atmosphäre werden in der Präferenz der Verbraucher steigen.
- Das verstärkte Selbstverwirklichungsstreben der Konsumenten erfordert, daß in der Ansprache der Verbraucher und im Leistungsangebot Individualisierung und Marktsegmentierung erfolgen. In dem Maße, wie Kaufverhalten aus der Sicht der Verbraucher zunehmend als Demonstration persönlicher Lebensführung sowie als Leistungsnachweis betrachtet werden, müssen die Produkte und die Handelsleistungen verstärkt dieser Anforderung gerecht werden.
- Hierarchische Strukturen werden abgebaut; damit sind im Einzelhandel alle Angebotsformen vom Discounter bis zum Spezialisten für alle Einkommensschichten allgemein akzeptierte Einkaufsstätten.

Zwischen Wiedervereinigung und Binnenmarkt Europa ergeben sich für die Bundesrepublik Deutschland folgende wirtschaftliche Perspektiven:

- Die Bundesrepublik Deutschland hat sich zwischen 1986 und 1990 mit dem höchsten Zuwachs an Ausrüstungsinvestitionen seit 20 Jahren gut sowohl auf den Europäischen Binnenmarkt als auch, damit verknüpft, auf die wirtschaftlichen Belastungen aus der Wiedervereinigung vorbereitet.
- Eine dritte Ölpreiskrise, die zu rezessiven Tendenzen hätte führen können, ist durch den schnell beendeten Golfkrieg nicht eingetreten.
- Die Bundesrepublik Deutschland lebt derzeit aufgrund der Belastungen aus der Wiedervereinigung über ihre Verhältnisse. Es besteht ein Leistungsbilanzdefizit. Der Abbau der Leistungsbilanzüberschüsse erlaubt aber, realwirtschaftlich betrachtet, über steigende Importe eine Übertragung des bisher geübten »Güterverzichts« der alten Bundesländer auf die neuen Länder. Bei jährlichen Transferleistungen

von ca. 150 Milliarden DM von den alten an die neuen Bundesländer werden daher bis zu zwei Drittel realwirtschaftlich nur umgelenkt, aber nicht entzogen.

- Die wachsende Arbeitslosigkeit in den neuen Bundesländern läßt sich nur durch neue Angebotsstrukturen stoppen bzw. beseitigen. Dabei ist zu berücksichtigen, daß neu eingestellte Arbeitskräfte häufig bereits ab Beschäftigungsantritt das gleiche Produktivitätsniveau erreichen wie ein Arbeitnehmer in den alten Bundesländern. Es kommt daher entscheidend auf das Verhältnis von Neueinstellungen zu Entlassungen an.
- Die Umwandlung einer Planwirtschaft in eine Marktwirtschaft ist bislang ohne Beispiel. Durch die Methoden des »Learning by doing« und des »Trial and error« erwerben sich die Unternehmen in der Bundesrepublik Deutschland ein beachtliches Know-how. In bezug auf die bisherigen Länder des Ostblocks, die alle diese Transformationsprozesse zu bewältigen haben, kann dieses erworbene Know-how zu einem Wettbewerbsvorsprung führen, der die Volkswirtschaft in der Bundesrepublik Deutschland stärkt und ihr zusätzliche Wachstumsimpulse verleiht.

Innovationen, das heißt neue oder geänderte Produkte bzw. neue oder geänderte Verfahren, werden immer mehr zum Erfolgsfaktor der Unternehmen und ganzer Regionen. Es gibt kaum noch große internationale Firmen, die alle ihre Technologien im eigenen Haus entwickeln. Man sucht die Kooperation mit anderen, auch kleineren, spezialisierten Unternehmen und Wissenschaftlern. Es werden sich daher in zunehmendem Maße externe Dienstleister herausbilden, die kleine Entwicklungsfirmen mit größeren Unternehmen zu Lizenzgesprächen zusammenführen.

In bezug auf solche Entwicklungsfirmen, die sich auf bestimmte Technologien spezialisiert haben, ergeben sich Finanzierungsprobleme, die durch Wagnisfinanzierungsgesellschaften gelöst werden, die Venture Capital anbieten.

Folgende zehn Technologien werden als die Schlüsseltechnologien der 90er Jahre angesehen:

1. Mikroelektronik
2. Computertechnologie
3. Gentechnologie
4. Supraleitertechnologie
5. Digitale Bildverarbeitung
6. Mikromechanik
7. Energieerzeugung und -speicherung
8. Glasfaseroptik
9. Neue Werkstoffe
10. Software-Entwicklung

Eine der stärksten Veränderungskräfte in Wirtschaft, Politik und Gesellschaft der Bundesrepublik Deutschland ist in den 90er Jahren der Verkehr. Folgende Entwicklungen sind in diesem Sektor möglich:

- Die Politik, insbesondere die Kommunalpolitik, wird drastische Maßnahmen zur Verkehrsvermeidung ergreifen. Zum Beispiel wird das Innenstadtparken extrem verteuert oder sogar gänzlich verboten werden.
- Die Nachholungsmotorisierung in den neuen Bundesländern führt zu einem wachsenden ständigen Chaos, das von interessierter politischer Seite als Negativauswirkung der Marktwirtschaft, und nicht als Ergebnis der verkümmerten Infrastruktur interpretiert werden wird. Generell ist die Verkehrspolitik die Achillesferse der Marktwirtschaft. Sie wird daher in der Politik ständig an Bedeutung zunehmen und in den kommenden Wahlkämpfen eine immer wichtigere Rolle spielen.
- Die propagierte Verlagerung des Güterverkehrs auf die Schiene stößt schnell an die Kapazitätsgrenzen der Deutschen Bundesbahn. Im übrigen endet der schienengebundene Güterverkehr in der Regel am Bahnhof und mündet in den innerstädtischen Güternahverkehr. Es wird daher in der Zukunft nicht nur der Personennahverkehr verstärkt diskutiert werden, sondern man wird auch den öffentlichen Güterverkehr entdecken. Es werden verstärkt neue Verteilerkonzeptionen entwickelt werden, wie Güterverteilerzen-

tren am Stadtrand, nächtlicher S-Bahn-Gütertransport, Elektrolieferwagenzustellung und dgl.

- Es werden in größerem Maße computergesteuerte PKW-Leitsysteme eingeführt werden.

Die Umweltprobleme werden an Schärfe zunehmen. So ist beispielsweise zu bezweifeln, daß das Duale Entsorgungssystem (»Der grüne Punkt«) den behaupteten Erfolg aufweisen kann. Dies wird dazu führen, daß weitere stärkere Umweltgesetze gefordert und auch eingeführt werden. Die Unternehmen müssen sich vorsorglich schon heute darauf einstellen.

Die größten Veränderungen werden in Deutschland und weltweit in der Ausbildung erwartet. Die Entwicklung wird in Richtung Selbstlernen gehen. Dafür gibt es in unserem Informationszeitalter alle technischen Voraussetzungen.

Zusammenfassung

Die Beiträge dieses Buches liefern Ansatzpunkte dafür, wie man als Führungskraft die vorstehend dargestellten Probleme und Trends erkennt, verarbeitet und eventuell für unternehmerische Initiativen nutzt. Es wird deutlich, daß eine Führungskraft von heute über ein ausgeprägtes Problembewußtsein verfügen sollte, das nicht nur das eigene unternehmerische Umfeld, sondern darüber hinausgreifend auch volkswirtschaftliche, politische und gesellschaftliche Entwicklungen berücksichtigt.

Literaturhinweise

RAPP, ST. / COLLINS, T.: Die große Marketingwende, Landsberg a. L. 1991

REIBNITZ, U. v.: Szenario — Technik — Instrumente für die unternehmerische und persönliche Erfolgsplanung, Wiesbaden 1991

WOLF, JAKOB, Prof., Fachhochschule Regensburg

Unternehmensberater

Autor von:
Marktforschung, Landsberg a. L. 1988
Werbung und Public Relations, München 1992

Autorenverzeichnis

ACKERMANN, ERICH, Dipl.-Kfm., Unternehmensberater (Strategische Unternehmensplanung, Organisation, PPS), Eilsbrunn bei Regensburg.
(Horizontale und vertikale Zusammenarbeit; Zielsetzung und Kontrolle.)

BAUER, KIRSTEN, M.A., Journalistin.
(Umweltschutz im Betrieb.)

BERSCHIN, HERBERT H., Dipl.-Volkswirt, Controller.
(Finanz- und Rechnungswesen; Controlling.)

BORKEL, WOLFGANG, Dr., Bad Harzburg.
(Der Start im neuen Unternehmen.)

BRAUN, SABINE, M.A., Journalistin und Autorin, München.
(Öffentlichkeitsarbeit; Unternehmenskultur; Ökologische Leitungsverantwortung.)

DUDEK-MARSCHAUS, SUSANNE, Dipl.-Soziologin, Personalberaterin, Langen.
(Leistung, Bewährung, Beurteilung; Sich trennen und neu binden.)

DUSCH, MICHAEL, Dipl.-Betriebswirt (FH), Dietldorf, Geschäftsführer der Regionaler Förderfonds für Innovationen und junge Technologieunternehmen Verwaltungs GmbH (REFIT).
(Forschung und Entwicklung.)

ECKL, OTTO HELMUT, Prof. em., Dipl.-Kfm., Dipl.-Hdl., Fachhochschule Regensburg.
(Produktion.)

FROMME, THOMAS, Kirchheim-Heimstetten.
(Personal- und Sozialarbeit; Das System der Sozialversicherung.)

GARHAMMER, CHRISTIAN, Prof. Dr., Fachhochschule Regensburg, Unternehmensberater.
(Unternehmensentwicklung und Unternehmensleitung; Unternehmensplanung.)

GLAHE, WERNER, Prof. Dr., Bad Harzburg.
(Chancen und Grenzen des Wettbewerbs.)

GRAUPNER, HANS-BERND, Gummersbach.
(Persönliche Karriereplanung.)

GRUSCHWITZ, ALEXANDER, Dipl.-Kfm., Würzburg
(Beschaffung, Materialwirtschaft, Logistik.)

HASL, RAINER, Dr., Dipl.-Volkswirt, Unternehmensberater, Regensburg.
(Aus- und Weiterbildung; Die Gewerkschaften.)

HÖLZL, GÜNTER, Ass., Regensburg, Rechtsreferent im Landesverband des Bayer. Einzelhandels e.V., Arbeitsrecht, Wettbewerbsrecht.
(Beförderung, Versetzung, Kündigung.)

KREUTZKAM, JOACHIM, Dr. phil., Goslar, Geschäftsführender Gesellschafter der G.E.M. Gesellschaft für Ethik, Bildung und Management mbH.
(Ethik, Effizienz und Erfolg.)

KRÜGER, GÜNTHER, Betriebswirt (BWA), Kevelaer/Ndrh., Kaufmännischer Leiter, Prokurist.
(Streßbewältigung und persönliche Leistung; Time Management; Eigene Engpässe erkennen und abbauen; Die eigene Weiterbildung; Selbstmotivation.)

LETTAU, HANS-GEORG, Unternehmensberater, München.
(Marketing, Vertrieb, Verkauf.)

LÖRCHER, MICHAEL, Dipl.-Physiker, München, Geschäftsführer Akku Umweltberatungs GmbH.
(Ökobilanz.)

MAELICKE, BERND, Dr., Abteilungsleiter im Justizministerium Schleswig-Holstein, Achterwehr.
(Management sozialer Organisationen.)

MAUDRICH, ERNST, Dipl.-Kfm., Pulheim.
(Bewerbung, Auswahl, Vorstellung; Gesprächsführung.)

MÜHLBAUER, JOSEF, Dr., Geschäftsführer im Landesverband des Bayer. Einzelhandels e.V. Bezirk Oberpfalz/Niederbayern, Regensburg.
(Management der Verbände.)

MÜLLNER, WOLFGANG, Prof. Dr. jur., Fachhochschule Regensburg.
(Der Geschäftsführer.)

NAHR, GOTTFRIED, Prof. Dr., Dipl.-Kfm., Fachhochschule Regensburg.
(Soziale und materielle Absicherung.)

Nerb, Gernot, Dr., Abteilungsleiter für Konjunkturfragen, Ifo-Institut München.
(Der EG-Markt.)

Roth, Maximilian, Ltd. Regierungsdirektor und Kanzler der Fachhochschule Regensburg, Lehrbeauftragter.
(Soziale Pflichten und Rechte des Betriebes.)

Rumpf, Hartmut, Prof. Dr., Fachhochschule Regensburg.
(Delegation, Dezentralisation und Partizipation; Personalentwicklung; Betriebsverfassung und Mitbestimmung.)

Schneider, Hans J., Prof. Dr.
(Erfolgs- und Kapitalbeteiligung.)

Schömbs, Wolfgang, Dr., Bad Harzburg, Seminare: Spitzenleistungen durch Stressbewältigung, Verhandlungsstreß.
(Streß und persönliche Stabilität.)

Suchan, Michael, Prof. Dr., Fachhochschule Regensburg.
(Der Wertewandel in Familie, Freizeit, Kultur.)

Stahl, Thomas, Dr., Dipl.-Soziologe, Regensburg, Sozialwissenschaftlicher Unternehmensberater, Senior Consultant Eurotecnet, Brüssel.
(Konflikt-Situationen.)

Starke, Ralph, Dipl.-Sozialpädagoge/Ökopädagoge, Stadtjugendpfleger.
(Ökologische Gleichgewichts- und Kreislaufmodelle.)

Störle, Wilhelm, Prof. Dr. jur., Fachhochschule Regensburg, Dozent und Rechtsbeistand.
(Prokura und Handlungsvollmacht.)

Strunz, Joachim, Dr., Ltd. Regierungsdirektor Landesentwicklung und Umweltfragen, Regensburg.
(Management der öffentlichen Verwaltung.)

Tänzer, Arnulf, Rechtsanwalt.
(Anstellungsverträge.)

Ulbrich, Klaus, Prof., Dipl.-Hdl., Fachhochschule Regensburg, Organisationsberater.
(Struktur- und Leitungsorganisation; Organisationsentwicklung.)

Vogelsang, Gerd, Dipl.-Kfm., Unternehmensberater, Herlsen, Nachrodt-Wiblingswerde.
(Information und Kommunikation.)

Weissman, Arnold, Prof. Dr.; Müller-Trunk, Bettina, Dipl.-Kfm., Das Weissman Team Marketing und Managementberatung, Schwaig bei Nürnberg.
(Vision, Unternehmensphilosophie, Ziele.)

Wenzel, Georg, Prof. Dr., Dipl.-Volkswirt, Fachhochschule Landshut.
(Fachliche Befähigung, Zuständigkeit und Kompetenz; Vorgesetzten- und Leitungskompetenz; Führungs- und Handlungsverantwortung.)

Wimmer, Michaela, M.A., Journalistin.
(Konjunktur und Rezession; Marktwirtschaft und Weltwirtschaft.)

Wolf, Jakob, Prof., Fachhochschule Regensburg, Unternehmensberater.
(Management-Regelkreis; Werbung; Orientierungsparameter; Die Sozialbilanz; Probleme von heute — Trends für morgen.)

Wolf, Thomas, R.A., Dipl.-Informatiker (Univ.), Softwareentwicklung und EDV-Beratung, München.
(Der Personalcomputer als Führungsinstrument.)

Stichwortverzeichnis

A

Ablauf-Organisation 283 ff.
Ablaufplan 102
Abmahnung 56, 406
Absatzmarkt 269
Absatzpolitische Instrumente 243
Abschreibungsquote 201
Äußeres Erscheinungsbild 142
Allokation 370
Alternativenbewertung 209
Alternativfragen 322
Anerkennung 122
Anforderungsprofil 125
Anlaufverluste 192
Anpassungsfortbildung 335
Anscheinsvollmacht 39 f.
Anstellungsvertrag 13 ff.
Antizyklisch 251
Arbeitgeber 48
Arbeitgeberzuschüsse 398, 400
Arbeitnehmer 48
Arbeitsdirektor 417
Arbeitsentgelt 394
Arbeitslohn 164
Arbeitslosenvermittlung 399
Arbeitslosigkeit 493
Arbeitsproduktivität 154
Arbeitsschutz 403
Arbeitstechniken 104, 335
Arbeitszeit 20
Arbeitszeitordnung 20
Arbeitszeitrecht 405
Assessment-Center 125
Aufbauorganisation 283 ff., 304
Aufgabenanalyse 296
Aufgabenträger 70
Aufhebungsvertrag 131
Aufsichtsrat 27, 29
Aufstiegsfortbildung 335
Aufwandsquoten 201
Ausbilder 157 f.
Ausbildereignungsverordnung 158
Ausbildung 124, 154, 334
Ausbildungsordnungen 156
Ausbildungsplan 158
Autoritärer Führungsstil 73, 87, 164, 188

B

Beförderung 52
Beitragsbemessungsgrundlage 46, 398
Beitragszeiten 46
Belegschaftsaktie 172
Berufliche Bildung 154
- Fortbildung 155, 159 f.
- Umschulung 155
Berufsausbildung 155, 334
Berufsausbildungsvertrag 156
Berufsbildungsgesetz 154, 334
Berufsethos 464
Berufsgenossenschaft 396
Berufsrisiko 123
Berufsschule 155
Berufsunfähigkeit 44

Beschäftigungsgrad 230, 233
Beschaffung 221 ff.
Beschaffungsanbahnung 226
Beschaffungsoperationen 225
Beschaffungsmarktforschung 226
Beschaffungsprogrammpolitik 226
Bestandskonten 265
Bestellvorgang 226
Beteiligungskapital 167
Beteiligungsmodelle 163
Beteiligungsunternehmen 167
Betriebliche Abfallwirtschaft 226 f.
- Altersversorgung 19, 43
- Konflikte 59
- Leistungserstellung 229
- Personalpolitik 164
Betriebsklima 275, 342
Betriebsrat 260, 328
Betriebsschutz 404
Betriebssystem 111, 117
Betriebsverfassungsgesetz 407, 412
Betriebswirtschaftliche Organisationslehre 283
Beurteilung 77 f.
Beurteilungsbogen 78
Beurteilungssysteme 149
Bewerbungsstrategie 135
Bewertungsskala 150
Beziehungsebene 319
Bezüge 29
Bilanz 265
Bilanzanalyse 204
Bilanzgewinn 265
Bilanzverlust 265
Bildungsmaßnahmen 334
Boom 378
Bruttoinlandsprodukt 383
Bruttoinvestitionen 204
Budgetplanung 249, 270
Bürokratie 303

C

Catering 254
Coaching 132
Computerprogramme 112
Controller 264
Controlling 241, 268 ff.
Corporate Identity 81, 252, 343

D

Datensicherung 114
Datentransport 114
Degressive Kostenverläufe 233
Deklatorische Wirkung 36
Delegation 208, 295 ff.
Depression 378
Deregulierung 390
Dezentralisation 298 f.
Diagnosephase 330
Dialog statt Dirigismus 260
Diensterfindungen 20 f.
Dienstleistungsbetrieb 352
Dienstleistungs-Marketing 358
Dienstverhältnis 29
Dienstwagen 18
Differenzierungsstrategie 224
Direktansprache 130
Direktinvestitionen 192
Direktionsrecht 52 f.
Direktversicherung 49
Diskettenlaufwerke 114
Diskontsatz 366
Dispositionsfunktion 262
Divisionalisierung 308
Dokumentationsfunktion 262

Doppelte Buchführung 264 f.
Doppelversicherung 402
Duales Entsorgungssystem 495
- System 155, 334
Duldungsvollmacht 40
Durchlaufzeiten 286

E

EG-Binnenmarkt 384
Eigenkoordination 77
Eigentümer-Manager 186
Eigentümerorientiertes Unternehmen 186
Eignungsanforderung 157
Einarbeitungsplan 143, 147
Einfaches Zeugnis 30
Einführungsprogramme 126
Eingetragene Vereine 356
Eingriffsverwaltung 345
Einheitsgewerkschaften 420
Einlinienmodell 307
Einstellungen 329
Einzelfertigung 230
Einzelprokura 37
Einzelvertretung 30
Einzelvollmacht 34
Elementaraufgaben 70
Emotionen 322
Empfänger 313
Entropiewirtschaft 432
Entschädigungszahlung 24 f.
Entscheidung 279
Entscheidungsprozeß 347
Entsorgung 220
Entstehungsrechnung 426
Entwicklungsphase 330
Erfolgsbeteiligung 16, 163 ff.
Erfolgsfaktoren 331 f.
Erfolgskonten 265
Erfolgsmessung 161
Erfolgsstreben 121
Erstausbildung 335
Ertrags-Beteiligung 167
Ertragslage 189
Ertrags- und Kostenstruktur 196
Erwerbsunfähigkeit 44
Erziehungsstil 124
Erziehungsurlaub 409
Ethik 460 f.
Externe Bildungsmaßnahmen 338

F

Fachkompetenz 79, 145, 257, 350
Fähigkeitsprofil 131
Fahrlässiges Verhalten 32
Faktorkombination 232
Familie 478 ff.
Feedback 146
Fertigungsablauf 230
Fertigungsrationalisierung 234
Fertigungstiefen 222
Fertigungstyp 230
Fertigungsverfahren 231
Festplatten 113
Filialprokura 37
Finanzbuchhaltung 264
Finanzlage 189
Finanzplan 212
Finanzwesen 262 ff.
Firmenimage 251
Firmentreue 128
Firmenwerbung 249
Fixe Kosten 233
Flexible Altersgrenze 44
- Arbeitszeiten 484
Fließfertigung 231
Fließgleichgewichte 440

Fördergespräch 258
Forschung und Entwicklung 216 ff.
Fortbildung 335
Freizeit 478 f.
Fremdkapitalzinsen 199
Fremdkontrolle 75
Fristlose Kündigung 23, 30, 54
Frühindikatoren 377
Führung 85
Führungsanweisung 86
Führungsaufgaben 72, 208, 279
Führungsfunktionen 75, 279
Führungsinstanz 85
Führungspersönlichkeit 351
Führungsprinzip 300
Führungsprozeß 279
Führungsspitze 211
Führungsstil 75, 87, 208, 351
Führungsverantwortung 85, 298
Führungsverhalten 150, 208
F- u. E-Quote 204
F- u. E-Ziele 220
Fürsorgepflicht 27
Funktionendiagramm 71 f.

G

Gehaltsfortzahlung 17
Geheimhaltung 21
Geldpolitik 366
Generalvollmacht 34
Gesamtbetriebsrat 417
Gesamtkapitalrentabilität 278
Gesamtleistung 200
Gesamtprokura 37
Gesamtvertretung 30
Geschäftsführer 26 ff.
Geschäftsklimaindex 381
Gesellschafterbeschluß 27
Gesellschafterversammlung 31
Gesellschaftspolitik 174
Gesellschaftsvertrag 27
Gesetzliche Krankenversicherung 393
- Kündigungsfrist 22 f.
- Rentenversicherung 43
Gesprächsablauf 318
Gesprächsführung 318 ff.
Gestaltpsychologie 475
Gewerkschaften 419 ff.
Gewinnanteil 170
Gewinnorientierung 352
Gewinnstreben 375
Gewinn- und Verlustrechnung 265
Gleichgewichtspreis 365
Global Sourcing 227
GmbH-Organ 27
Goodwill 251
Grafikkarte 115
Grundsatzplanung 210
Grundwerte 341
Gruppenentscheidungen 300
Gruppenfertigung 232

H

Handelsgeschäfte 36, 38
Handelsregister 32
Handlungsanleitungen 297
Handlungsanweisungen 84
Handlungsbevollmächtigter 32
Handlungsverantwortung 85, 298
Handlungsvollmacht 34, 38
Harzburger Modell 298
Hauptbücher 265
Headhunter 127
Herstellungsverfahren 233

Hierarchie 64, 70
Hierarchiestufen 75
Hinterbliebenenrente 19
Höchstarbeitszeit 408
Horizontale Zusammenarbeit 285
Humankapital 485

I

Image 185, 273
Individualsoftware 118
Inflation 366
Informationen 309 ff.
Informationsfunktion 263
Informationssysteme 194
Informationstechnologie 489
Informationsvermittler 488
Informelle Beziehungen 144
- Sozialstrukturen 62
Informeller Rang 147
Inhaltsebene 319
Innerbetriebliche Informationsarbeit 276
Innerbetrieblicher Vergleich 200
Innovationen 203, 493
Inspiration 483
Interdependenz 371
Interne Bildungsmaßnahmen 338
Insolvenzsicherung 48
Instanzen 72, 74
Interessengegensätze 58 f.
Internationale Austauschverhältnisse 368
Interviewer 140
Intrarollenkonflikt 62
Invaliditätsrente 19
Inventur 265
Investitionsgüterindustrie 378
Investitionsplan 211
Investitionsquote 204, 379

J

Jahresabschluß 31
Jahresfehlbetrag 265
Jahresüberschuß 265
Job-Hopper 128
Jugendarbeitsschutzgesetz 408
Just-in-time-Beschaffung 227

K

Kalkulatorische Eigenkapitalverzinsung 170
Kalkulatorischer Gewinn 199
Kapitalbeteiligung 163, 166 f., 170 f.
Kapital-Lebensversicherung 50
Kapitalorientiertes Unternehmen 187
Kapitalumschlag 196
Kapitalverzinsung 197
Karriere 121 ff.
Karriereentwicklung 149
Karrierefaktor 153
Karriereplanung 311
Kartellbildung 374
Kennzahlen 195
Kennzahlensysteme 195
Kennzahlenvergleiche 195
Key-Account-Manager 312
Körpersprache 104, 313
Kognitive Fähigkeiten 126
Kollusion 37
Kommunikation 280 ff., 309 ff.
Kommunikationsinstrument 251, 273

Kommunikationsregeln 82
Kommunikationssystem 104
Kommunikationsverhalten 79
Kompatibilität 374
Kompetenzen 86
Konfliktauslöser 61
Konflikte 82, 123, 319
Konfliktmanagement 59
Konfliktpartner 59
Konfliktumleitung 62
Konfliktursachen 61
Konjunkturzyklen 377 f.
Konkurrenzklausel 24
Konkursausfallgeld 401
Konsumenten-Souveränität 370
Konsumklimaindex 382
Kontenplan 304
Kontrolle 72, 269, 280, 293
Kontrollfunktion 262
Kontrolltechniken 271
Konzernbetriebsrat 417
Kooperativer Führungsstil 88, 286
Kosten 266
Kostenarten 233
Kostenartenrechnung 266
Kostenbewußtsein 175
Kostenführerschaft 224
Kostenrechnung 264, 266
Kostenstellenrechnung 266
Kostenträgerrechnung 266
Kostenverläufe 234
Kreativitätspotential 188
Kündigung 22 f., 53 f.
Kündigungsfrist 55
Kündigungsschutz 260
Kündigungsschutzgesetz 55, 406
Kündigungsschutzklage 57
Künstler-Sozialversicherung 401
Kundenstrukturen 205
Kybernetik 437

L

Lagerumschlag 201 f.
Laptops 120
Laufbahnplanung 339
Lean production 235
Lebenslauf 138
Lehrpläne 155
Lehrwerkstätten 337
Leistung 266
Leistungs-Beteiligung 167
Leistungsbeurteilung 325
Leistungslohnsysteme 170
Leistungsprofil 133
Leistungsrechnung 264, 266
Leistungsverhalten 153
Leistungsverwaltung 345
Leitbild 355
Leitende Angestellte 14, 414
Leitungsbefugnis 207
Leitungsbeziehung 75
Leitungsentscheidungen 74
Leitungskompetenz 77
Leitungsorganisation 303
Leitungsspanne 73, 305
Leitungstiefe 75
Lernbereitschaft 324
Lerntechniken 104
Lernziele 160
Liquidität 202
Lizenzen 219
Logistik 221 ff.
Logistikketten 226
Lohnfortzahlung 260, 398, 405
Lombardsatz 366
Lower Management 280

M

Machtverteilung 360
Management 278
- Buyout 187
Managementkompetenz 257
Managementkreis 281
Managementposition 135
Managementtätigkeiten 278
Marketing 237 ff.
Marketing-Informationssystem 240
Marketing-Regelkreis 239
Marketingziele 247
Marktanteil 204, 269
Marktdynamik 191
Markteinführung 219
Marktforschung 247
Marktleistung 222
Marktmechanismus 370
Marktorientierte Unternehmensführung 237
Marktpreis 364, 374
Marktwachstum 269
Massenfertigung 230
Massenpsychologie 380
Materialeinsatz 202
Materialmanagement 223
Materielle Absicherung 42
Materialwirtschaft 221 ff.
Mediaplan 249
Mediaselektion 249
Mediawerbung 250
Mehrfachfertigung 230
Mehrlinienmodell 307
Mehrstufige Skala 149
Metakommunikation 316
Middle Management 280
Minderkaufmann 35
Minimalkostenkombination 232
Mitarbeiterbefragungen 310
Mitarbeiter-Darlehen 172
Mitbestimmungsgesetz 29, 412 f.
Mittelverwendung 171, 172
Modem 116
Modular Sourcing 227
Montanmitbestimmung 417
Motivation 178, 188, 483
Motivationsstruktur 176
Mutterschutzgesetz 400, 408

N

Nachfragen 325 f.
Nahrungsketten 435
Nebentätigkeit 20
Nettoinvestitionen 204
Net Working Capital 202
Netzpläne 218
Netzwerkkarte 116
Netzwerkmanagement 489
Neutrales Ergebnis 170
Normalleistung 170
Notebooks 120

O

Oberziele 241, 247
Objektorientierte Aufgabenverteilung 287
Objektprinzip 308
Öffentliche Verwaltung 345 ff.
Öffentlichkeitsarbeit 251, 272 ff.
Ökobilanz 443 ff.
Ökologie 432
Offene Systeme 434, 463
Oligopol 370
Operative Planung 211
Optische Platten 114

Ordentliche Kündigung 55
Ordoliberalismus 369
Organigramme 302
Organisationsentwicklung 328
Organisationsansätze 327
Organisationseinheiten 304
Organisationsentwicklung 327 ff.
Organisationsentwicklungsprozeß 328
Organisationsgrad 424
Organisationsstruktur 75
Organstellung 33
Orientierungsmuster 342
Orientierungsparameter 194
Orientierungsrahmen 178
Outplacement 131

P

Partizipation 300 f.
Partnerschaftsentwicklung 163
Partnerschafts-Instrumente 163
Pensionskassen 49
Pensionszusage 19
Persönlichkeitsprofil 80
Persönlichkeitstraining 336
Personalarbeit 261
Personalaufwandsquote 201
Personalberater 127, 130
Personalcomputer 111 ff.
Personaleinsatz 339
Personalentwicklung 257, 333 ff.
Personalentwicklungsplanung 338
Personalführung 69, 103
Personalorganisation 69
Personalpflege 255
Personalpolitik 336
Personalproduktivität 201
Personenbedingte Kündigung 56
Phasenschema 251
Phasen-Theorem 76
Planung 269, 279
Planungshorizont 223
Planungsperiode 250
Planungsrisiko 215
Planungstechniken 271
Planungsverwaltung 345
Portfolioanalyse 269
Preismechanismus 364
Preispolitik 234
Primärforschung 206
Private Krankenversicherung 400
Probezeit 22
Produktinnovationen 190
Produktion 229 ff.
Produktionsablauf 232
Produktionsfaktoren 230
Produktionskosten 364
Produktionsplanung 230
Produktionsverlagerung 232
Produktivität 175
Profitorientierung 354
Progressive Kostenverläufe 233
Projektmanagement 125, 307
Projektorganisation 308, 328, 330
Projektplanung 100
Prokura 34
Prokurist 32
Prozeßinnovationen 190
Prozeßkostenrechnung 267
Prozyklisch 250
Public Relations 251, 272 ff.

Q

Qualifikation 334
Qualifikationskonzept 161

Qualifiziertes Zeugnis 30
Qualitätszirkel 257
Quick Ratio 203

R

Reagibilitätsgrad 233
Realisieren 280
Rechenschaftslegungsfunktion 263
Rechnungswesen 262 ff.
Recycling 227
Regelkreis 437
Registergericht 28
Regressive Kostenverläufe 233
Reisekosten 17
Rentenartenfaktor 46
Rentenreformgesetz 45
Reorganisation 328
Return on Investment (ROI) 196 f.
Rezession 366, 378
Richtungsgewerkschaften 420
Rohgewinnquote 200 f.
Rollenkonflikt 62
Rückkopplung 209, 439
Rückmeldungen 326

S

Sachbezüge 18
Salvatorische Klausel 25
Scanner 116
Scheinvertreter 40
Schriftform 25, 27
Schriftliche Bewerbung 137 f.
Schutzfrist 409
Schwerbehindertengesetz 409
Selbstanalyse 100
Selbstbewertung 68
Selbstfindungsprozeß 129
Selbstkosten 266
Selbst-Motivation 106 ff.
Selbstsuggestion 107
Selbstverwirklichung 260, 478, 492
Sender 313
Serienfertigung 230
Sicherheitsbeauftragter 404
Single Sourcing 227
Software 112, 117
Solidaritätsprinzip 392, 393 f.
Soll-Ist-Vergleich 293
Sortenfertigung 230
Sozialauswahl 57
Sozialbilanz 425
Soziale Absicherung 42
- Kompetenz 79, 83, 257
- Organisationen 352 ff.
- Verantwortung 261
Sozialgesetzbuch 400
Sozialindikatoren 428
Sozialleistungen 253
Sozialpartnerschaft 419
Sozialplan 416
Sozialprodukt 367
Sozialstaat 402
Sozialversicherung 392 ff.
Sponsoring 276
Sprecherausschuß 414
Stabilisierungsphase 330
Stablinienmodell 307
Stagflation 380
Stammkapital 32
Standardsoftware 118
Starke Nachfrageentwicklung 388
Stellen 70
Stellenbeschreibung 70 f., 145 f., 297
Stellenbildung 296
Stellenwechsel 134
Steuerbilanzgewinn 169

Steuerungstechniken 271, 324
Stille Gesellschaft 172
Strategie 291
Strategische Planung 210
Streamer 114
Streß 89, 123
Stückkosten 233
Subjektive Wahrnehmung 153
Subsidiaritätsprinzip 235
supply management 223

T

Taktische Planung 210
Tantieme 16
Tarifautonomie 419
Tarifvertragspartner 175
Team 82
Teamfähigkeit 300
Technologiemanagement 224
Technologisches Umfeld 217
Teilaufgaben 70
Teilpläne 212
Testmarkt 279
Time-Management 95 ff.
Top Management 280, 327
Traineeprogramme 126
Trends 487 ff.
Treuepflicht 24, 27

U

Über- und Unterstellungsverhältnisse 14, 83, 297
Übungsfirmen 337
Umschulung 336
Umweltausschuß 458
Umweltbewußtsein 449
Umweltinformationssystem 454
Umweltmanagement 457
Umweltschutz 189
Umweltschutzbeauftragter 457
Unabhängigkeitsstreben 203
Unbestimmter Rechtsbegriff 54
Unfallversicherung 18, 392
Unternehmensbild 275
Unternehmensentwicklung 188, 207, 338
Unternehmenserfolg 188
Unternehmensexterne Faktoren 186
Unternehmensidentität 343
Unternehmensinterne Faktoren 186
Unternehmenskultur 147, 185, 332, 340 ff.
Unternehmenskulturansatz 331
Unternehmensleitbild 289 f.
Unternehmensorganisation 283
Unternehmensphilosophie 182 f., 289
Unternehmenspotential 269
Unternehmenssteuerung 197
Unternehmensvisionen 180
Unternehmensziele 152, 183 f.
Unternehmerische Oberziele 247
Unternehmerlohn 170
Unternehmernachfolge 187
Unterstützungskassen 49
Unverfallbarkeit 48
Urlaub 18, 29

V

Variable Kosten 233
Verbände 356 ff.
Verbandspolitik 359
Verfahrensvergleichsrechnung 233

Vergütung 14 f.
Verhaltensbedingte Kündigung 56
Verhaltensmuster 342
Verhaltenstraining 150, 331
Verkaufsorganisation 245
Vermögensbeteiligungsgesetz 167, 171
Vermögensbildung in Arbeitnehmerhand 174
Vernetzung 116 f.
Verpflegung 254
Verrichtungsprinzip 308
Verschuldungsgrad 203
Versetzung 52 f.
Versetzungsplan 158
Versicherungsfreiheit 398
Versicherungspflicht 43
Versorgungsmanagement 221 ff.
Versorgungssicherheit 222
Verteilungsrechnung 426
Verteilungsschlüssel 170
Vertikale Zusammenarbeit 285 f.
Vertragsdauer 21 f.
Vertragsstrafe 25
Vertretungsbefugnis 33
Vertretungsmacht 28
Verursacherprinzip 449
Vision 177 ff., 344
Visionäres Management 184
Volkswirtschaftliche Gesamtrechnung 367
- Indikatoren 363
Vollkaufmannseigenschaft 35
Vorgesetzter 74 f.
Vorphase 330
Vorratspolitik 226
Vorsorgeaufwendungen 49
Vorstellungsbilder 180
Vorstellungsgespräch 133, 139 ff.

W

Wahrnehmung 150
Wahrscheinlichkeiten 213
Wechselplatten 114
Wehrdienstzeit 410
Weisungsbefugnis 26, 52
Weisungsrecht 77
Weiterbildung 103 ff., 126, 154, 256
Werbebotschaften 247
Werbebudget 249
Werbeerfolg 251
Werbeerfolgskontrolle 251
Werbeetat 249
Werbemedien 249
Werbemittel 250
Werbeobjekte 248 f.
Werbeplanung 247
Werbepolitik 249
Werbeträger 249
Werbeziele 247 f.
Werbung 247 ff., 277
Werkskantinen 254
Werkstattfertigung 231
Werkzeitschriften 274
Wertewandel 191, 349
Werthaltungen 341 f.
Wertschöpfungsrechnung 426 f.
Wettbewerbsverbot 24, 28
Wirtschaftsausschuß 416
Wirtschaftskreisläufe 431
Workshop 331
Workstations 112

Z

Zeitblockaden 97 f.
Zeitmanagement 259
Zeitplan 102

Zeitplanung 109
Zentraleinheit 113
Zentralisation 298 f.
Zeugnis 30
Zielbündel 173
Zielerreichung 102, 152
Zielgruppe 277
Zielkontrolle 110
Zielsystem 101, 293
Zielvereinbarung 151, 318
Zielvorgabe 151
Zivildienstzeit 410
Zukunftsindustrien 386
Zusatzqualifikation 335
Zusatzversicherung 43
Zwischenbetrieblicher Vergleich 200
Zyklisches Modell 331